中国科学院科技政策与管理科学研究所
"一三五重大研究任务"B类项目：创新发展政策学研究（Y201141z01）

创新发展政策学导论

An Introduction to Policy for Innovation and Development

王胜光 郭雯 温珂 等/著

科学出版社

北 京

图书在版编目(CIP)数据

创新发展政策学导论/王胜光等著. —北京：科学出版社，2016.1
ISBN 978-7-03-045804-9

Ⅰ. ①创… Ⅱ. ①王… Ⅲ. ①技术革新-政策科学-研究 Ⅳ. ①F062.4

中国版本图书馆 CIP 数据核字（2015）第 227281 号

责任编辑：牛 玲 张翠霞/责任校对：胡小洁
责任印制：吴兆东/封面设计：无极书装
编辑部电话：010-64035853
E-mail：houjunlin@mail.sciencep.com

科学出版社 出版
北京东黄城根北街 16 号
邮政编码：100717
http://www.sciencep.com
北京厚诚则铭印刷科技有限公司印刷
科学出版社发行 各地新华书店经销
*

2016 年 1 月第 一 版 开本：720×1000 1/16
2025 年 2 月第五次印刷 印张：19 3/4
字数：316 000
定价：98.00 元
（如有印装质量问题，我社负责调换）

序言

创新发展政策学是中国科学院科技政策与管理科学研究所"十二五"规划中提出的学科建设方向和研究任务,受到中国科学院研究所B类重大项目经费资助。课题组历经三年多的努力,在理论研究、实证研究和中国问题研究三大方面的20多个专题上展开了研究,共形成了18份课题研究结题汇总报告和20余项分课题研究报告,本书的出版是对这项课题研究成果的汇总。

概括地说,本书基本呈现了创新发展政策学研究的基本范围和框架体系,在相关专题上增进或形成了课题组的发现、主张和知识贡献,初步形成了创新发展政策学的研究基础,希望能对推动形成"创新发展政策学"学科起到开启作用。

这些工作主要体现在以下方面。

一、理论研究

开展创新发展政策学研究首先面临的问题是,"创新发展政策学"是什么、研究什么和怎样研究。这是一些似是而非而又必须回答的问题。所谓似是而非是由于这些命题过于庞大,不论从内涵着眼还是从外延着眼都不可能给出确定性的标准和答案,但作为一个学科研究的开展又必须通过对这些问题的回答找寻学科研究的基点、叙事逻辑和边界范围,从而才有可能形成学科的内涵凝结和外延包络。因此,我们对创新发展政策学的研究也首先是从对这些问题的回答着手的(参见第一章创新发展政策学研究的基本命题),尽管回答本身见仁见智,但回答本身并不在于给出绝对的标准和答案,而更在于引发更广泛和更深度的辨析,从而开启和凝结对创新发展政策学无止境的探寻。

顾名思义，创新发展政策学是对国家创新发展政策的研究。由于国情的不同和发展阶段的不同，国家的发展可以有很多路径。但就当代人类文明的发展走向观察，科学和技术的进步要么是一个国家发展的起因，要么是国家发展的状态表现，能够不断发展的国家状态无一不是与国家的科学技术进步紧密关联。因此，现代社会的发展与创新有不可分割的联系，这是我们提出开展创新政策学研究的前提。这也导致我们看待创新发展的视角是强调微观创新与宏观发展互为因果的关联：发展是创新效能的宏观表现，而创新是发展状态的微观映射。这种对应关系就如同硬币的两面而不可区隔。

探讨国家的创新发展还必须植入时间和空间维度。发展本身有时间的意义，也有在全球空间范围内与其他国家比较的意义，是否发展了或发展得好与不好都离不开建立在时间和空间上的观察。从这样的视角出发，课题组认为对国家的创新发展可从四个方面做基本的考量：一是总体或总量经济状态，创新发展指向的是一个国家的经济和市场的不断壮大；二是财富的社会水平和享有程度，创新发展指向的是人民生活水平的不断提升；三是产业实力和竞争优势，创新发展指向的是在全球比较下的生产和创造能力；四是支撑经济可持续发展的基础，创新发展指向的是能够持续赢得未来的国家资源和能力。这些基本视角或认识维度框定了创新发展政策学研究的基本范围。

始于这样的考量，产业、市场、社会、区域和城市等都是创新发展政策研究需要纳入的内容（参见第三章产业创新发展中的政府干预、第四章创新驱动的市场形成与需求侧政策、第五章区域的创新发展与治理、第六章创新发展的社会基础与政策研究）。就产业而言，在本项研究中课题组通过系统协同性和竞争有效性两个维度来识别产业的发展状态，从而识别不同性质或不同表现的市场失灵与系统失灵，由此区分出了不同类型的政府干预模式。就市场而言，课题组回归到"市场从何而来"的基本问题重新审视创新发展的市场，提出伴随创新和市场的发展，自然或自发形成的市场成分会弱化，而政府设计的市场成分加大，由此提出政府是推动创新市场发育和发展的内在动力。就创新发展而言，政府对市场的设计和对市场的营造都不可或缺，尤其是政府应为创新发展设计更精巧和细致的需求侧政策。就社会而言，创新发展的红利要惠及社会，而社会也是创新发展赖以支撑的土壤，这就带来对创新发展政策的讨论必须建立科技、经济与社会的"三元论"认识视角。建立在"三元论"的认识视角下，塑造和形成创新发展的优势紧密联系于承载社会的城市、区域或园区等的能够激励创新和催生创新的生态，这样的生态具有动态演化（或发展路径）的多线程、驱动因素的多样化和演化层级的共生性等特征，这些特征都使得创新发展的政策研究要转变视角，创新主体的自我调节能力、创新资源配置的开放和共享以及共生性的创新体系建立等，应成为未来创新政策体系设计的重要出发点。

就学科建设而言，研究范围的宽泛和研究问题的复杂性也决定了创新发展政策学不可能完全基于某一单一的原则、原理、假设或公理等展开学科完整的逻辑推演。不同于强调因果关系、确定性和决定论的一般性学科研究，创新发展政策学更多的是建立在相关关系、复杂性和不确定性、合作和竞争性选择的演化研究逻辑基础上（参见第二章创新发展政策学的理论基础与研究范式）。在技术变革、制度变迁与经济系统协同演进的场景下，创新发展政策本身也是动态演进的过程，存在制度、政策设计与政策目标对象间的互动和政策学习。这就决定了政策研究需要更多地从决定论、因果关系和还原论等的研究视角转变到嵌入、调适、学习、博弈、选择等不确定的政策生态研究视角。更确切地说，构筑良性的政策生态需要从适应和诱致创新发展社会经济生态的良性演化的视角入手。

二、国际研究

就国际研究而言，对创新发展政策学有意义的讨论需要从英国开始的第一次工业革命开启（参见第九章全球产业创新发展的轨迹、第十章全球经济关系中的后发赶超——国家创新发展战略的构成和形成）。实际上，创新发展——或能够让人类社会显性感受到"创新"带来的财富增加和生活改变——的时点是第一次工业革命。在第一次工业革命前，尽管人类也始终离不开创新来取得发展和进步，但这些改善太过迟缓或微小，以至于在人类日复一日的常态生活中很难纳入作为主导社会经济发展的显性力量中。

自第一次工业革命至今的全球产业发展历程回顾中可以看出，人类200余年来的发展进步显著表现出了创新助推发展的作用，在这一过程中，技术变革、制度变迁与经济系统的升级相互促进，明显加快了人类社会的发展演化。如果不过分纠结孰先孰后或是"先有鸡"还是"先有蛋"的问题，那么演化所表现的就是上述三种力量驱使的社会和经济生态的选择、变异和代际变迁，这种代际转变既是创新发展的始因，也是创新发展的结果。例如，在17~18世纪的英国，就表现为以珍妮纺纱机和蒸汽机等发明引发的技术变革、以新生资产阶级与王权的制度博弈及专利等制度体系的建立、以满足呢绒商远程贸易诉求等的新型产业组织建立，技术变革、制度变迁和经济系统的升级三者协同的作用整体把英国推上全球发展的主导位置。在第二次工业革命中美国、德国的后发赶超也是如此，新技术变革的召唤、响应技术变革的产业垄断组织的出现，以及为固化工业社会进步的制度设计铸成了美国和德国的迅速崛起。

技术变革、制度变迁和经济系统的变化，不论是有意识的调整还是无意识的适应都会在国家的政策层面得到反映，而政策的绩效则体现为国家进步的速度和在全球关系下比较的发展程度。针对在全球经济关系下改善一个国家的发展面貌而言，全球性的技术革命和产业革命、危机和战争、全球经济格局的变动都带来了一个国家创新发展政策可以有效介入的机会，而对创新的组织、有效的资本动员及调整制度、政治和利益分配关系与社会发展相契合则构成了创新发展政策的基本内涵（参见第十章全球经济关系中的后发赶超——国家创新发展战略的构成和形成、第十一章美国为什么能全球领先、第十二章芬兰为什么会具有全球创新竞争力、第十三章德国为什么能成为工业强国、第十四章韩国为什么能迅速崛起）。在这些方面，我们既能看到美国、德国、芬兰、韩国等国家创新发展政策的成功，也能看到拉美等一些新兴经济体后发崛起过程中的政策失败。因此，尽管对创新发展政策而言没有全球普适的绝对的标准，但要让一个国家的创新发展持续走向成功的道路却一定需要正确的政策。

三、中国问题研究

中国改革开放以来的国家政策明显具有了以"富民强国"为目标的发展政策特征，所谓"发展是硬道理"就是这种发展政策的很好说明。但真正表现出显性"创新发展"意义上的政策则更多需要从2006年谈起（参见第十五章中国创新发展的过程与战略构成——改革开放后）。2006年有两个标志性的事件：一是从美国爆发的全球金融危机，金融危机导致新的全球化或全球经济关系新的重塑；二是中国发布了国家中长期科技发展规划纲要，提出了以提高自主创新为导向建设创新型国家的战略目标。中国的创新发展政策也由此呈现出了有意识的体系化建立。

回顾中国自2006年后的创新发展政策，从整体上我们可以梳理出几个重要的脉络：一是国家大政方针从1978~2006年的"以扩大出口为导向的经济大国战略"转变到2006年后的"以自主创新为导向的经济强国战略"。二是创新发展的国家组织方式有结合中国国情的特定表现。主要表现为纵向和横向两个方面，纵向表现为国家战略导向下的级联式垂直整合组织方式，横向表现为以高新区为代表的创新环境支持型创新组织方式。三是在创新发展的资本动员方面表现出了中国特色，典型表现为中央政府运用国家财力采取项目制进行科技投资的方式、地方政府通过土地财政的寻租支持创新的方式和主要由地方政府主导的科技金融融资支持创新的方式。四是从过往阶段的工业化带动城市化开始转变到城市化促进工业化，通过城市化夯实国家创新发展的社会基础，并且以大力度的深化改革和法制建设的方式，完成创新发展的社会运行和创新发展成果的社会分享。

毫无疑问，中国近30多年的经济发展取得了巨大成功，创新发展也日益表现出了加速之势。经过这两个阶段的发展,中国形成了庞大的经济规模、贸易规模、外汇储备、工业能力、工业人口和创新实力,为中国进一步发展打下了坚实的基础。至2013年,中国经济总量排名全球第二;形成了全球最高的工业产能和最为完整的产业体系;研发(R&D)投入居世界第三;研发人员居世界第一;发明专利授权量居世界第三。这样的态势有助于我们对未来的发展形成更为乐观的战略判断,一是中国的经济实力会加速提升中国自身的创新能力,二是中国的全球大市场地位会更好地整合汇聚全球的创新资源。这两个方面都为中国全面实现后发赶超提供了难得的历史机遇,中国的产业基础和市场空间也首次具备了在全球定义创新需求和创新价值的能力。对此本书在第十六章对中国创新发展的战略分析和第十七章中国的大市场地位与创新发展分别给予了全面的分析。

基于这些分析,中国今后政策的关键是需要利用好业已形成的优势而有效抓住机遇,由此未来创新发展的政策着眼点仍需要放置在如何创造性地发挥这些优势方面。这些方面包括巨大经济规模的优势、产业体系完整的优势、举国体制的优势、仍处低位的创新人力和资源成本优势、经济技术范式转变期较少旧范式束缚的优势。这些优势的有效发挥必将把中国推进到创新发展的新阶段和世界强国的发展行列。

四、面向未来的研究

谈到创新发展政策的学科建设,还必须看到正在发生的全局性转变。新技术革命、产业革命和新技术经济范式快速演变,互联网、物联网,以及与此相关联的大数据和云计算等正带来对创新行为、经济活动、社会关系、企业组织和运行方式等全新的颠覆,科技、产业、经济和社会的发展已经进入了由互联网所构筑的全新时代。一个国家的创新发展必须适应这样的时代演变,并对快速进入的新技术经济范式做出新的战略响应。为此,本书在理论研究部分专门安排了一个章节(第七章互联网技术经济范式下的创新发展)讨论了这场转变的原因、原理和政策寓意。

首先是互联网背景下的经济完全不同于传统意义上的经济:互联网实现了任意信息在任意主体间的交互,从而建立了"世界的普遍联系"。从传统经济学意义讲,经济活动由信息不对称导致的交易成本会被无限量压低;互联网同时带来了"数据"作为资源支撑的经济,人类的经济活动和经济产出进入了由"原子"和"数据"所共同构筑的"现实"与"虚拟"的共生世界。两者从根本上改变了传统的经济关系、经济规律和经济系统的运行。数字基因的注入把产品变成互联网终端,产品就具有了传达和感知信息的生命活力;链接网络的云平台提供了开展经济活动的虚拟空间,这就带来产业组织方式和产业竞争方式新的变革;网络连接扩大了人与人之间在虚拟世界的沟通联系,因此构筑了全新的网络社区或网络社会的生活方式。这些变革的本身就是创新,从而大大促进了新时代背景下创新的发生并改变了对创新的组织和方式。由此带来了由"互联网基因"引发并席卷全球的创新创业浪潮,包括开源技术、开放科学和大众创新。并且由于有了虚拟的互联网平台的存在,创新创业愈发呈现生态的特征,如开放的要素创新创业平台、开放的用户参与创新创业平台、开放的创新创业组成空间与共生的创业群落,以及发生在实体创业空间的新型孵化行为。互联网改变了创业生态,促进了创新创业,反过来创新创业的繁荣也不断改善和优化互联网下的创新生态演化,促进了国家和世界不一样的创新发展。

创新发展政策必须要或能够对这样的转变做出积极的响应。这实际上已经为当下的创新发展政策学研究提出了既紧迫又严峻的挑战。中国的创新发展乃至世界的创新发展都需要政策研究者们不断贡献新的知识和智慧。

五、致谢

本书的出版是创新发展政策学研究课题组所有成员心血的结晶。总体研究框架和写作提纲的拟定由王胜光完成。各章的撰写人如下:第一章,王胜光、胡贝贝;第二章,睦纪刚、王胜光;第三章,温珂、张理茜;第四章,郭雯、程郁;第五章,康大臣、王胜光;第六章,冷民、王胜光;第七章,赵夫增、王胜光;第八章,赵作权、王胜光;第九章,睦纪刚、王胜光;第十章和第十一章,王旭琰、王胜光;第十二章,胡贝贝、王胜光;第十三章,史昱、王胜光;第十四章,吕佳龄、王胜光;第十五章,王胜光、王旭琰;第十六章,赵夫增、王胜光;第十七章,赵夫增、王胜光。全书的统稿工作由郭雯、温珂完成。在此,由衷感谢课题组成员不分昼夜的努力付出,同时也真诚感谢所有课题组成员家人们所给予的全力支持。

本课题研究工作的开展和本书的出版都受到中国科学院"一三五"计划项目经费的支持,也是来自中国科学院科技政策与管理科学研究所"十二五"研究工作计划的总体安排,没有中国科学院科技政策与管理科学研究所时任所长穆荣平先生以及研究所学委会的提议,就没有本项目研究的开展。并且,在研究工作开展的过程中,尤其要感谢顾淑林教授历时6年在研究所主持的"创新政策讨论班"以及参与研讨班的所有年轻学子,研讨班分享的知识大大拓展了本项工作的研究视野。

最后必须说,"创新发展政策学"从概念提出到目前所呈现的书稿,涉猎的范围和研究的深度都仅是一个肤浅的开端,因此本书的不足之处也在所难免。

序　言

"创新发展政策学"不论是作为一个学科的建设,还是作为对现实政策的理论解释或应用指导,都有待于实践者和研究者们的共同努力。

王胜光
2015 年 6 月 28 日于北京

目录

序言 ⋯⋯⋯⋯⋯⋯⋯⋯⋯⋯⋯⋯⋯⋯⋯⋯⋯⋯⋯⋯⋯⋯⋯⋯⋯⋯⋯⋯⋯⋯⋯⋯⋯ i

第一篇 理论研究 ⋯⋯⋯⋯⋯⋯⋯⋯⋯⋯⋯⋯⋯⋯⋯⋯⋯⋯⋯⋯⋯⋯⋯⋯⋯ 1

第一章 创新发展政策学研究的基本命题 ⋯⋯⋯⋯⋯⋯⋯⋯⋯⋯⋯⋯ 3
- 第一节 对创新发展政策学研究的基本设定 ⋯⋯⋯⋯⋯⋯⋯⋯⋯⋯⋯ 3
- 第二节 对创新发展政策的认识 ⋯⋯⋯⋯⋯⋯⋯⋯⋯⋯⋯⋯⋯⋯⋯⋯ 5
- 第三节 经济系统的运行 ⋯⋯⋯⋯⋯⋯⋯⋯⋯⋯⋯⋯⋯⋯⋯⋯⋯⋯⋯ 7
- 第四节 创新发展的规律 ⋯⋯⋯⋯⋯⋯⋯⋯⋯⋯⋯⋯⋯⋯⋯⋯⋯⋯⋯ 11
- 第五节 创新发展政策学研究的基本命题 ⋯⋯⋯⋯⋯⋯⋯⋯⋯⋯⋯⋯ 15
- 本章小结 ⋯⋯⋯⋯⋯⋯⋯⋯⋯⋯⋯⋯⋯⋯⋯⋯⋯⋯⋯⋯⋯⋯⋯⋯⋯ 17
- 本章参考文献 ⋯⋯⋯⋯⋯⋯⋯⋯⋯⋯⋯⋯⋯⋯⋯⋯⋯⋯⋯⋯⋯⋯⋯ 18

第二章 创新发展政策学的理论基础与研究范式 ⋯⋯⋯⋯⋯⋯⋯⋯⋯ 20
- 第一节 经济发展理论溯源 ⋯⋯⋯⋯⋯⋯⋯⋯⋯⋯⋯⋯⋯⋯⋯⋯⋯⋯ 20
- 第二节 创新发展政策学的研究范式 ⋯⋯⋯⋯⋯⋯⋯⋯⋯⋯⋯⋯⋯⋯ 30
- 第三节 创新发展政策学的学科建设 ⋯⋯⋯⋯⋯⋯⋯⋯⋯⋯⋯⋯⋯⋯ 33
- 本章参考文献 ⋯⋯⋯⋯⋯⋯⋯⋯⋯⋯⋯⋯⋯⋯⋯⋯⋯⋯⋯⋯⋯⋯⋯ 34

第三章 产业创新发展中的政府干预 ⋯⋯⋯⋯⋯⋯⋯⋯⋯⋯⋯⋯⋯⋯ 37
- 第一节 关于产业创新与政府干预的现有研究 ⋯⋯⋯⋯⋯⋯⋯⋯⋯⋯ 37
- 第二节 政府干预模式的提出：基于嵌入式自治视角 ⋯⋯⋯⋯⋯⋯⋯ 55
- 第三节 政府干预模式研究的核心问题与分析框架 ⋯⋯⋯⋯⋯⋯⋯⋯ 61
- 本章参考文献 ⋯⋯⋯⋯⋯⋯⋯⋯⋯⋯⋯⋯⋯⋯⋯⋯⋯⋯⋯⋯⋯⋯⋯ 63

第四章 创新驱动的市场形成与需求侧政策 ⋯⋯⋯⋯⋯⋯⋯⋯⋯⋯⋯ 67
- 第一节 创新驱动的市场形成 ⋯⋯⋯⋯⋯⋯⋯⋯⋯⋯⋯⋯⋯⋯⋯⋯⋯ 67
- 第二节 政府在创新市场发展中的作用 ⋯⋯⋯⋯⋯⋯⋯⋯⋯⋯⋯⋯⋯ 70

第三节	面向创新发展的需求侧政策	73
第四节	建立能够有效嵌入创新市场的政策体系	77
本章参考文献		78

第五章 区域的创新发展与治理 — 82

第一节	对区域的认识	82
第二节	区域创新发展的生态	83
第三节	区域的创新生态治理	86
本章参考文献		88

第六章 创新发展的社会基础与政策研究 — 89

第一节	创新研究的社会学转向及其认识基础	90
第二节	创新社会与全球创新中心城市建设	93
第三节	探索适于创新社会的政策框架	96
本章参考文献		98

第七章 互联网技术经济范式下的创新发展 — 100

第一节	对互联网经济的认识	100
第二节	新范式下的产品、企业与产业	104
第三节	新范式下的创新	107
第四节	互联网驱动的创新创业生态	111
第五节	互联网范式与创新发展	117
本章参考文献		118

第八章 创新政策工具选择及案例研究 — 119

第一节	创新政策工具体系	119
第二节	创新生态系统	122
第三节	创新政策工具的授权与运行	123
本章小结		128
本章参考文献		128

第二篇 国际研究 — **131**

第九章 全球产业创新发展的轨迹 — 133

第一节	英国的率先崛起	133
第二节	德国的超越	137
第三节	美国的全球领先	142
第四节	日本的奇迹	152
本章小结		154

本章参考文献 ·· 155

第十章　全球经济关系中的后发赶超——国家创新发展战略的构成和形成 ·· 157
　　第一节　背景条件与战略机遇 ·· 157
　　第二节　对创新的组织和组织创新 ·· 162
　　第三节　资本动员与后发追赶 ·· 166
　　第四节　与社会发展契合 ·· 170
　　本章小结 ·· 173
　　本章参考文献 ·· 173

第十一章　美国为什么能全球领先 ·· 175
　　第一节　发展道路的选择与创新体系的塑造 ·· 175
　　第二节　历史视角的审视 ·· 179
　　第三节　高效能动的创新体系和制度 ·· 185
　　本章参考文献 ·· 191

第十二章　芬兰为什么会具有全球创新竞争力 ·· 193
　　第一节　创新发展的过程和轨迹 ·· 193
　　第二节　创新条件和体系建设 ·· 195
　　第三节　产业创新的政策支持 ·· 198
　　第四节　创新发展的市场营造 ·· 201
　　第五节　精巧的政府创新治理架构 ·· 203
　　本章参考文献 ·· 204

第十三章　德国为什么能成为工业强国 ·· 206
　　第一节　德国工业发展的过程 ·· 206
　　第二节　教育和公共研发的制度支撑 ·· 208
　　第三节　提升产业的创新竞争力 ·· 210
　　第四节　营造创新发展的市场 ·· 214
　　第五节　创新发展的社会基础 ·· 216
　　本章小结 ·· 217
　　本章参考文献 ·· 218

第十四章　韩国为什么能迅速崛起 ·· 219
　　第一节　发展概况与特征 ·· 219
　　第二节　经济恢复时期的建设经验 ·· 223
　　第三节　经济结构调整时期的创新发展 ·· 225

第四节　进入发达国家行列后的竞争发展 ……………………… 230
　　本章小结 …………………………………………………………… 234
　　本章参考文献 ……………………………………………………… 238

第三篇　中国研究 ……………………………………………………… 239

第十五章　中国创新发展的过程与战略构成——改革开放后 …… 241
　　第一节　创新发展的战略导向 …………………………………… 242
　　第二节　创新发展的国家组织方式 ……………………………… 245
　　第三节　创新发展的资本来源和投资方式 ……………………… 247
　　第四节　国家创新发展的整体推进方式：从工业化到城市化 … 254
　　本章参考文献 ……………………………………………………… 256

第十六章　对中国创新发展的战略分析 ……………………………… 258
　　第一节　全球化与中国的自主创新 ……………………………… 258
　　第二节　中国创新发展的现状 …………………………………… 259
　　第三节　中国后发赶超的战略优势 ……………………………… 263
　　第四节　对中国创新发展的战略预判与政策需求 ……………… 268
　　本章参考文献 ……………………………………………………… 271

第十七章　中国的大市场地位与创新发展 …………………………… 272
　　第一节　国家的市场规模与创新发展 …………………………… 272
　　第二节　中国的大市场地位与发展机遇 ………………………… 274
　　第三节　营造领先市场，实现技术赶超 ………………………… 276
　　本章参考文献 ……………………………………………………… 277

附录　中国的创新发展政策概览 ……………………………………… 278
　　第一节　树立创新发展的理念 …………………………………… 278
　　第二节　创新发展的法律建设与规划引领 ……………………… 280
　　第三节　支撑科技创新的政策 …………………………………… 283
　　第四节　促进产业创新发展的政策措施 ………………………… 290
　　第五节　营造创新发展的市场 …………………………………… 300
　　结束语 ……………………………………………………………… 302

第一篇

理论研究

第一章

天狗の子

第一章

创新发展政策学研究的基本命题*

现代经济的高效、持续发展越来越依赖于创新的驱动,经济发展政策也越来越强调推动经济发展方式向创新驱动转型。在新的经济发展形势下,有必要建立"创新发展政策学"这一学科门类①,系统研究创新如何驱动发展以及政策如何促进创新发展。创新改变了经济系统的资源要素构成、生产组织行为、市场交易规则和财富分配关系,这些改变与经济系统的整体发展紧密关联,而经济系统运行的各个环节也渗透着创新的作用、交织着知识创造与创新价值实现的过程。

本书将创新置于经济的核心来分析创新经济系统运行的规律及政策作用机理,提出"创新发展政策学"的基本概念范畴和重点命题,搭建了研究的理论框架,尝试建立创新发展政策学"学科"研究的起始基础。

第一节 对创新发展政策学研究的基本设定

创新发展政策学研究系统的创新发展,是把国家、地区、城市、产业或集群等作为一个经济系统,讨论系统组成单元(或个体),以及单元(或个体)间的"创新"与系统整体"发展"的关系。

研究这种关系离不开对创新行为和创新效能②本身的研究,从政策研究的立场出发,创新行为和创新效能主要是科技和创新政策的研究范畴;也离不开对发展过程和发展状态的研究,发展过程和发展状态涉及更大范围的经济政策和

---

* 本章由王胜光、胡贝贝撰写。

① 创新发展政策学研究是在中国科学院科技政策与管理科学研究所时任所长穆荣平先生的倡议下开展起来的。

② "创新效能"是对创新的价值度量,包括两个方面:一是微观层面上由创新所带来的直接经济绩效;二是创新所引发的宏观状态变化效果。

社会政策。因此，创新发展政策关注广泛领域政策对创新发展的作用，其不独立于科技政策、创新政策、经济政策和其他社会领域政策，而是强调这些领域政策对创新发展的作用与影响，或者说是在广泛的政策领域研究"创新驱动的发展"和"发展带动的创新"。

一般而言，政策可以根据目标属性、主体属性和客体属性划分成不同的政策领域。科技和创新政策主要表现为单领域或有限领域政策，政策目标主要针对的是科技和创新活动，政策主体由对科技和创新事物担负责任的政府部门和成员组成，政策客体是科技和创新活动的执行组织和相关参与组织，如各国政府所提出的科技发展计划、科技体制和运行机制改革等都属于这一领域的政策。创新发展政策则涉及多元政策领域，体现多元领域政策对国家创新发展的作用，政策的目标属性和主客体属性不完全限定在科技和创新事物的范畴内。例如，科技发展计划、金融政策、产业政策、区域政策、贸易政策甚至社会保障政策等都会对国家的创新发展产生影响，因此都属于创新发展政策研究的范畴。欧盟委员会所提出的"第三代创新政策"（跨部门、跨组织、跨领域、跨区域的联合性政策项目）（Lengrand et al.，2002）本质上属于同类性质的研究。

从政策研究的视角看，创新可以有微观和宏观两种不同的表述方式。约瑟夫·熊彼特（Joseph Schumpeter）在《经济发展理论》中对创新的微观表述是：①创造一个新产品；②采取一项新工艺；③开辟一个新市场；④发现一种新用途；⑤创建一种新组织（约瑟夫·熊彼特，1990）。而着眼于宏观经济领域，"创新"表达的是经济系统对新事物的采纳或采用，约瑟夫·熊彼特（1990）的概括是"创新是生产要素的新组合"，欧洲委员会（European Commission，1995）在其发布的《创新绿皮书》中则直观地把创新概念表达为"创新就是在经济和社会领域中对新事物成功地生产、吸收和利用"。

从政策研究的视角看发展，一个系统的发展有比较和演进的双重意义。比较是指与其他系统相比的状态，演进是自身与过去相比的状态，发展则是指在这种双重意义上状态的进步和提升。一般言之，"发展是指事物演变和成长的阶段，是由小变大，由一个层次进入一个层次的变化"①。就经济系统的发展而言，迈克尔·托达罗（1992）在其《经济发展与第三世界》一书中，将发展定义为"一个社会或社会体系向着更加美好和更为人道的生活的持续前进"，联合国第二个十年发展战略认为"发展是使个人的福利得到不断进步，并给所有的人带来好处"。结合创新发展政策学研究的目标定位以及上述创新与发展的双重寓意，本研究认为经济系统的"发展"主要指向的是以下四个方面：①基于系统

---

① 资料来源：维基百科，http://zh.wikipedia.org/wiki/%E5%8F%91%E5%B1%95。

间比较的产业竞争优势建立；②系统自身经济规模和质量的提高（如国民经济增长）；③系统组成成员生活水平的改善（如国民中等收入水平）；④驱动系统经济持续发展能力的提升。

值得指出的是，开展创新发展政策研究的背景源于现代经济的发展越来越依赖于创新的驱动，而创新所主要依托的是现代科学技术。因此，研究科学技术进步（技术创新）所带来的发展是创新发展政策研究的重点和起点。当然，正如德鲁克所言，创新还会涉及广泛社会层面的创新，如组织创新和管理创新（Drucker，1993），但就创新发展政策研究而言，研究此类创新主要考察的是科学技术进步所引致的组织和管理变化即由技术发展引致的经济范式转变，也就是说这些创新属于广义的技术创新范畴。

第二节　对创新发展政策的认识

经济系统是围绕供给与需求关系所构成的系统，衔接供给与需求关系的主要机制和力量是市场。

关于经济学理论对市场即经济系统的运行是否需要政府干预一直存在争议，这也是开展创新发展政策研究首先需要回答的问题。对此，以往的创新政策研究从系统失灵（Kline and Rosenberg，1986）和市场失灵（Arrow，1962）的角度已经做过许多解释。但在此有必要指出的是，系统失灵和市场失灵主要是从经济系统自身着眼，而现代经济系统则是在全球开放的条件下运行的，系统自身的创新发展始终置身在国际开放环境的竞合关系中。因此，对处于开放条件下的经济系统，仅就系统失灵和市场失灵来理解创新政策并不充分。对此有必要做进一步分析。

在孤立条件下，经济系统的需求面和供给面是合二为一的，即组成系统的个体既属于系统供给方同时也属于系统需求方，供给面的扩大或改善会同时伴随着需求面的扩大或改善，反之亦然。以此推演，孤立经济系统围绕供给和需求的表现会呈现三种状态：①萎缩或退化的状态；②保持不变的状态；③扩大或改善的状态。第三种状态则表现为经济系统的发展。

当今时代的经济关系已经高度全球化，绝对孤立的经济系统几乎不存在。而处于开放条件下，经济系统的供给方和需求方也可以来自系统外部。因此，不同国家就会处于不同的供给和需求关系状态。图 1-1 显示，不同经济系统会处在供给与需求坐标系的不同坐标位置。

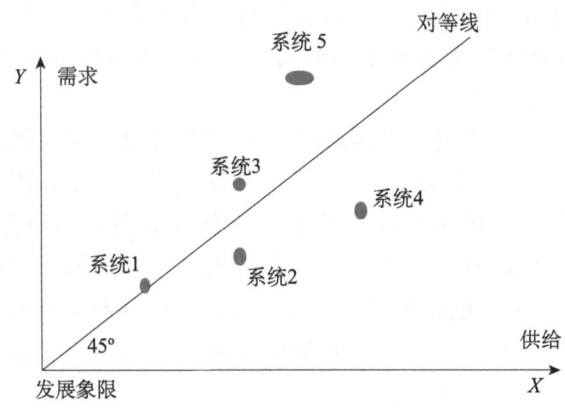

图 1-1 经济系统供给和需求的坐标位置

X 轴代表一个经济系统当期向全球提供的生产和服务供给，也反映了系统为了提供供给所消耗的物质资源、资本和劳动；Y 轴代表系统当期所获得的需求满足，反映了国家有价财富①的持有状态（全球比较），折射出国民收入、社会消费能力、公共福利和公共产品占用等水平。

如果把全球看成是一个统一的经济体，并能够依据公平原则建立起绝对等价的价值交换，那么全球总供给和总需求是对等的，不同时点全球经济会沿对等线上移或下移，随时间的上移代表全球经济的发展，随时间的下移则代表全球经济的衰退。在这样的假设条件下，不同的国家内部的供、需位置也都会全部落在对等线上（如系统 1 位置），位置的高低代表国家依靠自身扩大供给所理应带来的需求满足程度。

但由于绝对等价的交换原则不可能建立，造成在开放条件下一个经济系统自身所提供的供给不能获得自身对等的需求满足，会出现供大于需（如系统 2、系统 4）或需大于供（如系统 3、系统 5）的不同状况，表现为系统在对等线两边不同的偏离。对等线下部的系统表现出由同样的供给所获得的需求比上部的系统要低（如系统 2 与系统 3 两种状态比较）。这经常是不发达国家和发达国家呈现的两种不同的情形。这就在国家与国家之间造成经济发展差别的出现，表现为不同经济系统之间供给和需求的关系失衡，我们把其称为关系失灵。

关系失灵的存在造成一个经济系统供给面的扩大和改善并不必然意味着本国或本系统需求面的扩大和改善，反之亦然。这就带来了经济系统的发展并不必然决定于自身的市场或自身的系统，对经济系统间差别的认识判断和做出响应需要政府政策调整和改变自身经济系统的运行。结合图 1-1 而言，发达国家会希望把握机会、拉大差别，进一步获取更多的需求满足；而后发国家则希望把

---

① 包括物质财富和货币财富，且特指"人造"财富而不包括系统所自然占有"天然"存在财富。

握机会、减少差别，从而建立供给和需求的关系对等。这就引致对政府制定驱动国家发展的政策的诉求。

这也说明一个国家即便自身经济系统内部结构完善和运转正常（即不存在对系统失灵和市场失灵的考虑），政府也需要运用政策促进发展。认真观察各国经济发展政策的研究和制定，会看到许多政策的出台并非完全基于系统失灵和市场失灵。特别是就宏观整体看，国家创新发展的顶层战略设计和基于顶层战略所部署的政策并非源自系统自身的内在矛盾，先发国家的领先战略和后发国家的赶超战略等顶层政策设计都不能简单地套用市场失灵和系统失灵解释。例如，制订战略性规划、动用公共资源和行政力量介入创新和诱发创新市场、加大对产业发展的方向性投资和出台保护性政策等，最先往往都不是观察到了系统失灵和市场失灵，而是在开放条件下政府意识到了与其他经济系统比较的差别存在和新的发展机会，创新发展政策就表现为政府对机会的把握和谋求缩小或拉大差别的政府干预。

由于在开放条件下机会和差别都是常态存在的，创新发展政策也必然经常和普遍。

第三节　经济系统的运行

经济系统是基于供给和需求关系形成的，也是围绕供与需价值流转的关系路径而运行的。基于供与需的价值流转，可以这样概括现代经济系统的运行：

（1）完成生产供给①需要依赖于一定的基础和条件，表现为系统占有的资源。

（2）生产供给需要组织资源（或要素），并把资源转化为产品②。

（3）产品通过市场实现供给与需求的交换。交换把系统提供的产品转化为系统拥有的财富，并表现出财富的效用价值和货币价值。供给者获得了财富的货币价值，需求者获得了财富的效用价值。

（4）完成交换后，价值经由系统再分配在系统中消耗和积累，积累的价值又再度形成资源，支持系统的再生产或再运行。

上述四个步骤表现出经济系统运行的四个基本环节：资源构成、生产供给、市场交换和价值再分配。经济运行的规律表现为围绕这四个基本环节所形成的

---

① 这里"生产"是广义的，包括系统为此开展的对创新、制造、生产和服务的组织。
② 这里"产品"也是广义的，包括有形的产品和无形的服务。

价值流转关系，这种流转关系可简化为图 1-2 所示的关系模型。

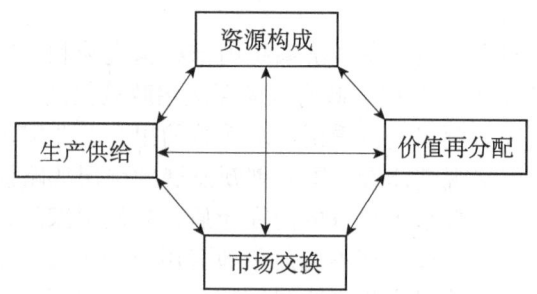

图 1-2　经济系统价值流转的关系模型

一、资源是经济运行的基础，是开展生产和创造供给的条件

资源可以归纳为三种形式的存在：物质资源、社会资源和知识资源。物质资源呈天然的存在，其丰裕程度取决于系统所处的自然地理条件，也取决于对物质的认知和勘探等水平，所以物质资源的存在和社会资源与知识资源的存在互为影响的关系；社会资源是系统人口条件、人工环境和人造财富的形成和积累，通常可以用资本和劳动表征；知识资源是系统通过以往的学习和创造所积累的知识以及所达到的知识水平。

在这里，知识资源不用社会资源替代是因为在现代经济条件下，经济运行越来越依赖把知识作为要素的使用，经济运行越来越与社会构建的知识体系发生紧密关联，如大学、科研院所和大数据积累等已经是经济发展所不可或缺的资源支撑条件。

资源的丰裕程度决定着经济运行的规模和质量，同时也在很大程度上决定着经济运行的方式，各国要素禀赋的差异是决定比较优势的最基本因素（伯尔蒂尔·奥林，1986）。由不同资源条件构成所决定的不同经济系统，往往会有不同的经济运行和发展方式选择。

二、资源作为要素进入生产供给环节，并表现出了资源作为要素使用的货币价值（即价格）

资源和要素在概念上稍有差异[①]。资源是指存在状态，要素是指在生产过程中的使用。例如，用陶土烧制陶瓷，陶土的自然存在状态就是资源（resource），

---

① 经济学用语上通常两者不加严格区分，如《经济学解说》将"资源"定义为"生产过程中所使用的投入"，资源从本质上讲就是生产要素的代名词。

陶土在烧制过程中的使用属于要素（factor）。自然资源、社会资源、知识资源都作为状态存在于系统，但当系统把其投入经济使用，就构成了要素。要素使用是有成本的，资源在且只有在当作要素使用时才有了价格，也就是有了在使用状态的货币价值存在。

在此有必要指出的是，自由市场经济理论通常认为资源作为要素可以依据市场的价格规律自动进入生产供给环节，并遵循成本最小化和效率最大化的使用原则。但实际上，资源往往归属于不同的主体，怎样进入既有市场的原因，也制度、文化和社会背景等原因，不同国家背景的经济系统往往有着不同的把资源作为要素的配置方式，因此如何配置资源也是创新发展政策研究的重点命题。

三、生产把要素转化为产品

这里的生产是广义的生产，产品也是广义的产品。生产供给的过程包含了创新、设计、生产制造和提供服务等多重和多类别的行为，经济系统在生产供给环节的创新水平、技术水平、组织管理水平和企业家及劳动者素质等决定着经济系统的生产能力和效率。国家生产力发展水平主要体现在生产供给环节。

一个经济系统内部生产供给环节的构成和运行高度复杂。国家生产力发展水平既涉及微观层面生产组织单元生产的能力和效率，也涉及宏观整体层面对生产的调整和布局。企业的创新能力和盈利能力、产业和区域的发展水平和竞争能力，以及国民经济结构和经济发展方式等都构成了对经济系统创新发展状态的影响。

四、产品经由市场交换转化为财富并形成价值

在此有必要说明产品、财富与财富价值间的关系。产品是发生在生产环节的制造物或服务设计，产品不被他人需要则不表现为财富，只有被他人需要并需要通过交换才表现为财富。这如同在沙漠里造金字塔，金字塔不被现代人需要因而也就不表现为财富，而在市郊盖房子，房子被人需要就表现为财富。财富具有货币形态的价值表现。

交换是市场的由来，也是市场最基本的职能，市场把产品转化为系统所拥有的财富。通过市场交换，财富被系统供给方和需求方双向分享，即被系统占有或占用。供给方占有了财富货币形态的价值，需求方占用了财富效用形态的价值。

与交换关联，市场另一重要职能是定价。供需转换是通过货币实现的，货

币表现完成了对财富的定价，定价带来对系统拥有财富的货币价值衡量。但定价机制是否合理会反映系统拥有财富的真实程度。定价机制的合理取决于市场的公平，公平产生了市场的等价交换原则。但公平没有绝对的标准，尤其处在开放的国际市场环境下，不存在市场绝对的公平，因而也就不存在绝对的等价交换，这是国家关系不对等和经济系统关系失灵的常态情形。因此，如何形成市场合理的定价机制不完全由市场决定，也产生了政府政策干预的必要。

基于市场的交换和定价，经济系统完成了生产的价值体现和价值的初次分配。交换是否顺畅取决于市场的发育程度、完善程度和规模程度，定价决定着系统财富的价值表现程度。因此，市场的发育程度、完善程度和规模程度，以及定价机制的形成和设计是否合理，在很大程度上代表一个国家经济发展的程度，也反向决定着国家经济发展的进程。就经济系统而言，系统内部是否有完善的市场和是否能够建立起在开放条件下对等的定价能力，是发展状态的重要标志。

五、价值通过再分配把财富融入社会，并形成对系统经济运行的再投入

价值再分配有两大功能。一是把财富的效用价值和货币价值进行社会的再分配，包括在系统中的组织、部门、劳动者和国民间的再分配，即完成经济发展成果的社会分享。一个国家有什么样的经济发展或者说经济发展呈现出什么样的社会效果取决于价值再分配。经济发展成果的社会分享机制对社会发展经济的积极性、系统内部的经济活力和系统发展经济的组织动员力有重要影响。

二是实现对财富价值（尤其是货币价值）在消费、储备和再投入间的再分配，表现为满足即期消费、为未来储备和投入扩大再生产：①满足即期消费反映了社会现时所能够提供的私有财富和公共产品及公共服务的能力和水平。就整体而言，一个国家公共产品和公共服务的水平和能力提高反映了国家发展水平的提高。就个体而言，即期消费能力的增强反映了国民生活水平的提高。②为未来储备在整体上表现为一个国家所建立的社会保障制度和公共基础设施条件，在个体层面表现为国民私人财富的占有。当然占有的程度越高满足感就越高，发展程度也越高。③即期消费和为未来储备之外是对扩大再生产的投入，主要表现为对资源构成的再投入和对生产供给环节的再投入，这反映了系统可持续发展的能力和水平。政府、经济组织和国民都需要在三者间建立平衡，即形成满足现实需求和驱动经济发展之间的合理安排。

再分配制度的建立受政治体制和社会制度安排影响。在政治体制和社会制度所确立的基本框架下，政府政策通过调整被谁占有财富和怎样使用财富能够

对建立良性的分配制度发挥作用，政策的优劣会通过经济系统再发展能力的强弱得到判别。经由价值再分配带来的再投入，使经济系统获得了扩大再生产的条件和能力。经济系统由此开始了周而复始的再创新和再发展运行。

六、政府发展经济的政策

一国政府发展经济的政策表现为在经济系统运行过程中的政府干预。如前所述，由于在经济系统运行环节上都不可避免地存在市场失灵、系统失灵和关系失灵等问题，存在着开放经济条件下的机会和差别，这就带来政策干预的需要。在当代经济环境条件下，完全没有政府政策干预的经济系统几乎是不存在的，问题仅在于需要什么样的政策干预和怎样发挥好政策干预的效果。

第四节　创新发展的规律

世界已经进入了必须依靠创新驱动发展的时代，也可以说当代经济表现为创新经济。

创新经济与工业经济有很大不同。在工业经济发展中，一次根本性创新所带来的产业技术发展水平可以在一个相当长的时段内保持相对稳定。在稳定时期内，经济可以主要由于生产规模和市场规模的扩大以及管理水平的提高驱动发展。例如，康德拉季耶夫（1986）长波周期理论认为，由一次根本性创新所引发的创新浪潮形成之后，在有效时段内创新会逐渐式微，在周期内推动发展的力量转移到市场的扩大和生产效率的提高。但这样的情形已经发生了改变，当代经济中的创新不再仅仅表现为偶发性的推动力量，而是在经济运行的整个过程中都在发生，即便在微观企业内部，创新也融入了日常的生产经营中。可以说，过往工业经济依赖规模，现在创新经济则倚重范围（克里斯·安德森，2006；姜奇平，2008）。回溯历史也会发现，随着新技术革命的深入，规模经济二百年来占绝对优势的现象也正在转变，当今时代由频发的创新所引致的范围经济正成为主导经济增长的力量。

这种变化也意味着在当代经济系统运行中，创新已经远非熊彼特时代的创新。19世纪末和20世纪初期，熊彼特意义上的创新还主要发生在物质产品生产的环节，创新主要带来的是对产品的替代和工艺的改进。因此，熊彼特重点强调创新是生产函数的改变和生产要素的新组合。但今天的创新不仅仅是生产函数的改变也是需求函数的改变,不再是不饱和的市场而是创新带来了新的需求。创新成为系统经济运行的常态,持续性地异化既定的经济路径,并改变着经济系统的发展运行。

由于这些变化,我们必须重新审视经济系统的运行,在这种已经普遍发生并急剧推演的新经济运行中,创新成为持续性地推进世界经济发展的力量。

一、知识成为新经济发展依赖的资源

创新发展的本质可以从知识转化为财富的过程理解。把知识和财富看成两种形态的事物,那么,在微观组织层面上转化的过程就是创新,在宏观层面上转化的过程就是创新发展。创新强调组织单元对新知识的商业转化,创新发展则强调系统进入了新的知识转化为财富状态。因此,创新和创新发展都离不开知识,知识是经济发展所必须依赖的资源(Lundvall,1992;Nelson and Winter,1982)。

广义而言,知识在经济中是常态存在的,我们所做的一切事情都依赖于知识(世界银行,1999),但以往主流经济学教科书并不突出把知识视为独立的资源类别,主要原因在于传统经济学重点关注的是稳态运行的经济。在工业经济相对稳定的运行期间内,由曾经的创新所引致的社会生产力发展水平或技术状态一旦建立,在继后相当长时期内,稳态经济中非竞争性和非排他性(Romer,1990)的知识会普遍被人接受,转化成为劳动者素质提高。因而在以往经济分析中知识仅需要被当成社会资源构成中的劳动力因素加以考虑。

但创新经济则表现出很大不同。创新经济条件下不是人人都可以同等占有全部的知识资源,知识的积累越来越多,新的知识不断涌现,并且更重要的是新的知识与现代经济的关联愈加紧密,这使得现代经济的发展必须依赖于对知识的专门获取。并且随着现代经济中商业化程度的提高和竞争的加剧,知识的非竞争性和非排他性程度也呈现下降趋势,导致需要在经济的运行中把知识作为独立的资源类别考虑。与自然资源不同,知识资源具有累积性(Romer,1990),即越被使用越添加更多。累积知识的重新组合是知识再生产的重要基础,这种链式循环发展能够抵消规模递减效应(Weitzman,1998),最终引致经济的加速增长。

正因如此,经济学研究的根基正在发生着改变(程郁和王胜光,2010)。自熊彼特以来,主流经济学家和非主流经济学家对演化经济学、内生经济增长和技术经济学等的研究逐步趋向一致:创新异化经济的现象并非仅仅需要在创造性毁灭期间内才需要关注,在经济运行的常态区间中也需要当作带来增长和促进发展的重要因素。将技术可能性和企业能力视作给定不变,忽视对技术创新和动态变化，成为均衡分析方法最为严重的问题（Hodgson，1988）。

知识资源的载体主要是大学、科技组织、社会信息部门和企业研发机构等。数据也属于知识资源，伴随着互联网带来的新技术革命，经济系统中出现了大数据和云计算等新型知识资源，互联网是新的资源载体形式（虚拟载体）。知识资源的配置方式决定着知识作为创新要素的流动和使用。由于不同国家知识资源占有方式的不同（如被政府占有、被私人和企业占有、被社会占有，以及被网络虚拟主体占有等多种性质）会衍生出多种不同的资源作为要素进入生产供给过程的方式，从而也就表现出不同的国家创新系统运行。从根本上说，人类社会之所以能够不断发展都是由知识资源永无止境的扩展推动的。当代经济已经表现出知识资源爆炸式增长的特点，加速膨胀的知识资源与现实经济发展日趋同步，其相互加强的作用明显提升并主导着现实经济的运行。

二、智慧运用知识产生了创新，创新的应用和扩散带来了生产的发展

创新是商业过程中发生的行为，表现为在生产供给环节产品形成过程中智慧对知识的运用。智慧对知识的运用同时也产生了新的知识，如发明和专利。新知识一经产生，创新就不仅仅表现为生产要素的新组合，还形成了新的生产要素，这种新的生产要素进一步增加了知识资源。

如前所述，在现代经济条件下，创新已经不是商业过程中的偶发现象，而是常态行为，尽管不能说离开了创新就没有生产，但至少在熊彼特意义上说，离开了创新的经济会逐步进入均衡，均衡后的经济运行仅表现为财富的循环流转，不会有新的财富增加，因而也就不会有发展。那么，如何增进创新的发生？

在微观商业过程中，把知识做智慧运用的人是创新者和企业家。一个系统创新发生的数量和质量取决于创新者和企业家整体的数量和水平。创新者和企业家整体数量和质量的提高与一个国家的制度、文化、历史、科技和经济发展水平等社会环境紧密关联，在特定时期内一个国家所奉行的政策和精神倡导也会带来对创新者和企业家不同的激励。这些都是在政策层面上对创新创业行为和企业家精神研究等很重要的议题。

在系统整体运行层面上，大学、研究机构、企业、政府等私营和公共部门联合构成的组织网络及其相互联系的制度体系，决定着国家的创新绩效（Lundvall，1992；Freeman，1987；Metcalfe，1995）。从系统的视角看，创新行为受到经济运行各个环节的影响，而如何建立这些环节的良性互促机制，是创新系统研究的重点问题。

创新在产业系统中的应用和扩散带来了产业的发展、社会生产力水平的提

高和生产供给规模的扩大。就经济系统而言，企业是生产的主体，时至今日也逐步演变成创新的主体，创新及其应用和扩散也主要是围绕企业这一主体展开的。企业整体的创新能力和应用水平决定着系统整体的创新能力和创新绩效。在国际经济关系下，一个国家的生产所融入的知识的多寡往往代表着一个国家在全球价值链分工中占有的位置的高低，反映出一个国家产业和经济在全球竞争中是否占有优势。

创新是经济系统的活力表现，是经济发展赖以依存的微观行为基础。研究经济系统创新的发生和创新的绩效是创新发展政策研究最为核心的任务。

三、市场把创新和生产转化为财富，并体现出知识的增量价值

市场具有交换和定价两大职能，创新市场也同样如此。尽管创新经济的市场同样也是由供给和需求关系决定的市场，但创新经济已经非同传统经济，创新经济带来市场异化，并且这种市场异化本身也是创新发展的表现。

首先是创新使新的知识融入了产品和服务之中，由于创新结果具有不确定性（North，1990；罗森堡，2001；Lozanick，2002），纯粹自发形成的市场本身无法建立对创新成本的确定性衡量；其次是融入产品和服务的知识无法计量、信息的不对称、市场的不完全和竞争的不充分都会造成供给者和需求者对价值判断的偏离，造成市场扭曲；最后是知识的非排他性造成同类产品生产先行者与后继者花费成本和代价的不同，纯粹自发形成的价格市场不能保证先后两者在收获价值上实现公平。这些异质性尤其反映在全球开放的市场环境下，国内外市场的不对称或不对等会加剧这些方面的市场扭曲。

因此，对创新经济的市场而言，自发形成或自然形成的程度降低，被设计的程度加强，这是创新经济市场与传统经济市场最大的不同。创新经济更凸现了市场从何而来和由谁决定了市场的问题。这也说明，创新经济更需要政府对市场进行干预，许多时候政府的存在是市场的来由之一。比如知识产权制度和知识产权市场，没有政府的政策和规制，市场本身并不存在。

同样经过交换，创新发展的市场完成了对新增财富的价值定价（包括效用价值和货币价值），并实现了效用价值和货币价值在经济系统中的初次分配。并且，市场的发育和市场的定价机制反向影响创新，这是因为在现代经济背景下，效用价值和货币价值是在全球化条件下相互转化的，创新或知识的效用价值提高会提升系统在全球化环境下一个国家财富的货币估价，货币价值提高则能够提升系统在全球化环境下对知识的吸引能力和凝聚能力，即广义的需求能力。两者共同塑造出或衡量着一个系统或一个国家创新发展的整体表现。

因此，"造就有利于促进创新发展的内部市场"和"形成有利于自身经济系统

优势的国际市场",是政府在创新经济发展中必须承担的两大责任。前者在于促进自身创新市场的发育,后者在于在开放和全球化的条件下谋求更大获取自身经济系统的创新价值的能力,即建立在全球经济开放条件下的国际市场定价能力。

四、经由价值再分配社会分享了发展的成果,并形成对创新发展运行的再投入

经由价值再分配,创新发展带来了社会福利和国民生活水平的提高,同时也扩大了系统支撑发展的资源和对生产的再投入。

社会财富的再分配影响系统的创新。一方面,社会价值再分配机制的合理与否决定着对知识资源和创新过程不同的再投入力度。价值再分配决定着对知识资源增长和创新以及其应用和扩散行为的投入力度,决定着能否建立起更为加强的创新发展再循环。国家财政经费预算、税收制度安排、促进形成以企业为主体的创新投入机制等政策安排都直接关系到系统能够建立怎样的持续发展能力。另一方面,社会的再分配机制会增进或减损对创新创业的社会认同,形成有利于或不利于创新的社会氛围和社会关系基础。创新者和企业家队伍的形成、社会创新文化和创业精神的形成都受到社会财富再分配机制的影响,围绕价值再分配所形成的制度环境和社会价值观导向是支撑国家创新发展的社会基础。

政策能够形塑和改善价值再分配的机制,而机制的优劣又反过来影响经济系统会有怎样的运行和发展。并且值得提出的是,分配机制的形成与一个国家的货币政策和金融政策构成有紧密的关联(卡萝塔·佩蕾丝,2007),货币政策和金融政策工具能够改变生产者和消费者的预期,从而改变价值再分配的方式和目标结果。广义来说,一个国家或一个经济社会的财富分配是政治学、经济学、社会学永恒的主题,不同的机制驱动了社会不一样的发展,没有绝对正确的答案,需要根据国家经济发展的现实需求做出恰当的选择。

第五节 创新发展政策学研究的基本命题

一、创新发展政策系统分析模型

结合前文讨论,开展创新发展政策学研究可以建立图 1-3 所示的系统框架分析模型(钻石模型),对此做如下说明。

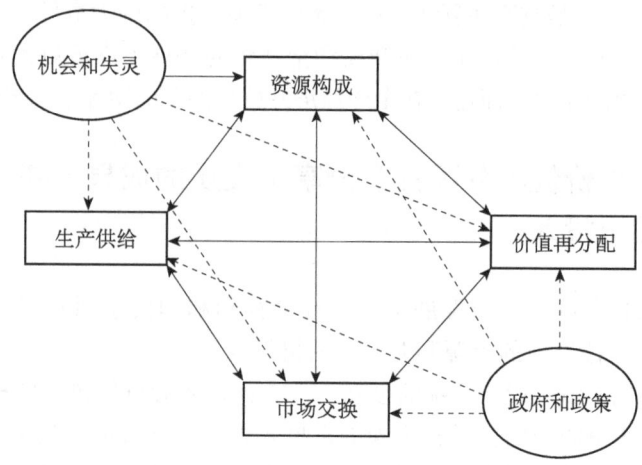

图1-3 创新发展政策分析钻石模型

（1）在经济系统的四个基本运行环节中，市场失灵、系统失灵和关系失灵现象是常态存在的，这是现实经济系统的开放性和不完备性造成的。传统经济学主要从稳态运行着眼找寻经济的路径和规律，而创新发展政策学则要从失灵着眼，为纠正失灵的经济运行寻求解决方式。

（2）开放条件下的经济系统运行始终存在变动的机会，经济系统内部的多要素构成、多样化、复杂性，以及系统内部的不同质和不均衡会不断增进开放系统在耗散结构路径上的异化，带来新的机会和对机会选择的推演。也正是由于有了这些机会和选择，系统才会有不同于以往的变动和发展。这些机会会在系统整体层面上发生，也会在经济系统运行的各个环节上呈现。需要政策辅助经济系统选择机会和把握机会。

（3）机会的普遍性和失灵现象的存在都导致经济系统运行需要政府的存在和政策干预。由此带来了创新发展政策在四个经济基本运行环节上介入的必要性。

二、创新发展政策研究的基本命题

基于政策系统分析模型的构建，可以梳理出创新发展政策研究的基本框架逻辑，这也提出了开展创新发展政策研究一些重要的也是基本的命题。

（1）知识资源的构成和形成。重点研究：知识资源的结构和形成；知识资源在经济发展中的作用；促进知识资源增长的政策机理和政策方式。

（2）促进经济系统中的创新。重点研究：创新的发生机理，以及创新在生产过程中的发生、应用和扩散；国家产业技术能力和竞争优势提升的途径；技术变革与新经济方式；国家创新系统的运行以及创新资源配置的方式和效率。

（3）构建有利于创新发展的市场。重点研究：创新市场的形成机理和对国民经济财富增长的作用机理；内部市场结构及全球贸易规则等与国家创新发展的关系；促进创新发展的税收、货币、金融、贸易和关税等需求方政策。

（4）价值再分配与创新发展。重点研究：创新发展的制度背景、社会基础与价值分配；公共产品、公共服务和公共投资与创新发展；创新发展的社会分享机制与创新文化的形成等政策。

（5）创新发展的国家战略与政府治理。重点研究：国家发展的机会与路径选择（历史的和现实的）；基本国情与促进创新发展的体制和法律建设；国家中长期发展的目标与战略等。

三、作为学科研究的创新发展政策

把创新发展政策作为一个学科研究，除上述内涵性研究议题之外，还需要建立对创新发展政策作为学科的系统性和方法论研究。

系统性研究是把一个国家整体的创新发展政策作为系统，研究各个独立政策间的协同性和互补性。由于创新发展政策目标和手段的多元化、不确定和多样化，作为创新发展的政策系统高度复杂。任何单一的政策都不容易发挥最佳的效果，并且不可避免地存在着政策间的矛盾和冲突。这就需要研究政策的协同性与互补性，以使政策的效力和效率得以最好的发挥（Cunningham et al.，2013）。

同时，创新发展政策也需要开展方法和方法论研究。方法和方法论研究重点体现在解决政策的合理性和有效性问题。从合理性出发，方法和方法论研究需要回答基于什么样的政治关系、行政机制和治理原则制定和执行政策；从有效性出发，方法和方法论研究需要对政策执行过程和执行结果提供监测和评价，这就带来了对政策监测和评价方法研究的要求。通过方法研究所产生的结论或判断反过来会推动理论的构建，并对理论加以证实或证伪。

本 章 小 结

上述对创新发展政策学研究的讨论只是我们的一个初步认识视角，其也是一个"白马非马"的问题。研究者个体对问题不同的把握和对问题不同视角的观察完全可以生成不同的创新发展政策研究。同时，问题的复杂性以及政策研究工具和理论的多样化同样也会造成不可能精准确定什么是创新发展政策学，但这也正是该学科研究的价值所在和魅力所在。相信创新发展政策学的提出一定会激发和凝聚学者们的兴趣，用集成的智慧共同构筑起共同的知识，不断增进国家、政府与社会对创新发展政策的理解认识。

本章参考文献

伯尔蒂尔·奥林.1986.地区间贸易和国际贸易.王继祖等译.北京：商务印书馆.

程郁，王胜光.2010.创新系统的经济学新解释：创新经济体.中国科技论坛，6（6）：17-24.

姜奇平.2008.对长尾战略的范围经济解释.第四届中国杰出管理者年会论文集.

卡萝塔·佩蕾丝.2007.技术革命与金融资本：泡沫与黄金时代的动力学.田方萌，胡叶青，刘然，等译.北京：中国人民大学出版社.

康德拉季耶夫.1986.经济生活中的长波//外国经济学说研究会.现代国外经济学论文选.北京：商务印书馆：10：1-20.

克里斯·安德森.2006.长尾理论.乔江涛译.北京：中信出版社.

罗森堡.2001.不确定性与创新文化.自然辩证法研究，（增刊）：9-12.

迈克尔·托达罗.1992.经济发展与第三世界.印金强，赵荣美译.北京：中国经济出版社.

世界银行.1999.1998~1999年世界银行发展报告：知识与发展.北京：中国财政经济出版社.

约瑟夫·熊彼特.1990.经济发展理论.何畏，易家祥等译.北京：商务印书馆.

Arrow K J. 1962. Economic welfare and the allocation of resources for inventions//Nelson R R. The Rate and Direction of Inventive Activity: Economic and Social Factors. Princeton: Princeton University Press: 609-626.

Cunningham P, Edler J, Flanagan K, et al. 2013. Innovation policy mix and instrument interaction a review. Nesta Working Paper.

Drucker P. 1993. Management: Tasks, Responsibilities, Practices. New York: Harper Business.

European Commission. 1995. Green Paper on Innovation. http://bookshop.europa.eu/en/green-paper-on-innovation-pbvv00950021.

Freeman C. 1987. Technology, Policy, and Economic Performance: Lessons from Japan. London: Pinter Publishers.

Hodgson D. 1988. Orthodoxy and revisionism in American demography. Population and Development Review, 4 (4): 541-569.

Kline S J,Rosenberg N. 1986. An overview of innovation//Landau R,Rosenberg N. The Positive Sum Strategy:Harnessing Technology for Economic Growth. Washington D. C:National Academy Press:275-305.

Lengrand L,Associés PREST,ANRT. 2002. Innovation tomorrow. Innovation policy and the regulatory framework:making innovation an integral part of the broader structural agenda. Innovation papers. No. 28.

Lozanick W. 2002. lnnovative enterprise and historical transformation. Enterprise and Society,(1):35-54.

Lundvall B-A. 1992. National Systems of Innovation:Towards a Theory of Innovation and Interaction Learning. London and New York:Pinter.

Metcalfe S. 1995. The economic foundations of technology policy:equilibrium and evolutionary perspectives//Stoneman P. Handbook of the Economics of Innovation and Technological Change. Oxford and Cambridge:Blackwell Publishers:409-511.

Nelson R,Winter S. 1982. An Evolutionary Theory of Economic Change. Cambrige:Harvard University Press.

North D C. 1990. Institutions,Institutional Changes and Economic Performance. Cambridge:Cambridge University Press.

Romer P. 1990. Endogenous technological change. Journal of Political Economy,98(5):71-102.

Weitzman M L. 1998. Recombinant growth. The Quarterly Journal of Economics,113(2):331-360.

第二章

创新发展政策学的理论基础与研究范式*

理论界对创新发展问题的探讨由来已久,从古典的分工理论,到新古典的增长理论,再到熊彼特的创新理论以及经济增长、创新与发展现象的探讨是经济学永恒的主题,这些探讨也反映了人们对经济现象和创新发展认识的不断深化。

同时,尽管迄今有许多关于创新发展的理论探索,但"创新发展政策学"作为一门学科其研究范式还远未确立。从这个角度来讲,这一学科发展一方面需要汲取和继承前人的知识智慧,另一方面仍需要进行深度的理论探讨并逐步形成自己的研究范式。

第一节 经济发展理论溯源

一、主流经济学的增长和发展理论

(一)早期的增长与发展思想

从早期重商主义开始,学者们就从不同视角观察和分析经济增长和发展问题。这些思想不仅为后来者提供了大量的观点和素材,在一定意义上也开辟了发展经济学的研究路径。

1. 重商主义关于增长的阐述

17~18 世纪商业资本主义的发展促成了重商主义思潮的产生和流行。重商主义学者关注国民财富的增长,认为一国拥有的金银货币越多就越富裕。早期重商主义主张禁止货币流出,晚期重商主义认识到把货币投入国际流通有利于

---

* 本章由眭纪刚、王胜光撰写。部分内容已发表于《中国科学院院刊》2015 年第 5 期。

其财富增加，因此不主张禁止进口而是鼓励顺差。重商主义学者主张把资源都用于生产和流通，特别是生产出口商品，最终形成以"贸易差额"为中心、以货币财富增长为目标的思想。这是经济思想史上最早的系统增长思想。

2. 重农主义关于增长的阐述

重商主义之后，重农学派反过来认为，财富是从土地生产出来的农产品或可供人们衣食之用的生活资料，农产品越多，国家就越富有，人民就越富裕。即只有农业才能创造出纯产品，农产品才是真正的财富。但重农学派在纠正重商主义错误的同时，自己也犯了类似的错误。重农学派的经济政策只重视促进农业生产，排斥其他工商业活动，必然损害工业和商业的发展，最终导致经济发展受到严重的限制（谢识予，2005）。

（二）古典经济学的增长与发展思想

18世纪中叶起，工业革命使生产技术得到极大提高。分工深化，市场进一步扩大，为追求经济增长提供了客观条件。古典学者对经济增长问题进行了比较透彻的研究，形成了比较科学系统的经济增长思想。

在早期发展思想的影响下，亚当·斯密（2008）对国民财富进行了全面系统的研究，在《国富论》中表达的"国民财富"有几个要点：①生产性劳动或有用劳动的产物；②供人们享用消费的必需品和便利品，即有使用价值或效用；③劳动分工能促进生产效率的提高；④有一国的总量概念，但更重要的是人均数量。亚当·斯密的这种财富观为后来的发展理论奠定了科学基础。

马克思生活于科学技术日新月异的工业革命时期，他深切体会到科学技术对于社会历史演变的巨大作用，认为"劳动生产力是随着科学和技术的不断发展而不断进步的"。因此，马克思强调，以技术进步为主要内容的生产力提高是推动资本主义经济增长的重要动力之一。也正因如此，有关技术变迁的理论在整个马克思理论体系中占据着相当重要的地位（杨勇华，2007）。

（三）新古典经济学的探索与停滞

但是自从19世纪70年代后，随着"均衡"研究框架成为经济学的主流之后，经济学家们的兴趣转向了资源配置问题和交换理论，将所有经济现象都还原为价格机制，对技术创新等动态现象视而不见，因而是一种"静态"的理论，对长期经济增长的研究热情减退了。另外，第一次世界大战（简称"一战"）之后出现的经济危机，也引发了经济学家对经济短期波动和长期停滞可能性的分析。直到第二次世界大战（简称"二战"）结束以后，经济增长和发展问题才重新成为西方经济学讨论的主题（方福前，2002）。

二、发展经济学的发展理论

"二战"结束以后,面对政治独立而经济落后的发展中国家社会实践的理论要求,诞生了发展经济学。几种不同的分析思路或理论派别的冲突与纷争使发展经济学的演进呈现出鲜明的阶段性特征。

(一)结构主义理论

"二战"结束后,发展中国家纷纷独立。这一时期的经济学家们,代表人物包括刘易斯(William Arthur Lewis)、罗斯托(Walt Whitman Rostow)等,从发展中国家的实际情况出发,着眼于发展中国家的结构失衡、部门刚性、供给与需求缺乏弹性分析,认为发展中国家经济发展需要宏大的结构变革(不仅仅是边际调整),但其不完善的市场体系不可能胜任这一艰巨任务,因而强调国家或政府在经济变革中的作用。在这一思想的主导下,结构主义的政策强调物质资本积累、工业化和计划化(郭熙保,2000)。

然而,结构主义发展经济学的宏大理论以及其富有号召力的政策主张,在发展中国家的经济实践中并没有取得预期效果,反而助长了政策操作中轻视人力资本、忽视市场机制、歧视农业和闭关自守的倾向。那些接受结构主义政策建议的发展中国家在20世纪50~60年代曾取得了引人注目的发展成就,但自70年代开始却面临重重困难,如经济增长缓慢甚至停滞不前、收入分配恶化、贫困更为严重、农业萎缩和粮食短缺等严重问题(马颖,2001)。

(二)新古典增长理论

从20世纪60年代中期开始兴起的"新古典主义"运动确立了新古典理论在发展经济学中的主导地位[①]。与结构主义政策主张相反,那些注重发挥市场机制和实行开放型发展战略的国家和地区,如"亚洲四小龙",经济增长较快,收入分配渐趋改善,贫困下降,国际收支状况良好。面对这些事实,一些经济学家对结构主义理论进行了反思和批评,发展经济学迈入了新古典增长理论阶段,代表理论有哈罗德-多马模型(Harrod-Domar Model)和索洛模型(Solow Model)。

新古典增长理论认为,经济系统并不具备某种内在的本质特征以使经济保持长期持续增长,而是取决于生产要素之外的因素,因而被称为外生增长理论。

---

① 新古典发展经济学与新古典经济学不同,后者特指主流的、均衡分析框架下的经济学基本理论,以区别于先前的古典经济学;前者指应用新古典学派理论观点和方法的发展经济学分支。

根据新古典增长理论，发达国家国民生产总值增长中的大约 50% 不能归因于生产要素的增长，索洛（1956）称其为"残差"。但是，新古典增长理论不能阐明技术进步的决定过程，也不能解释为什么具有大致相同技术水平的不同国家"残差"的巨大差异，说明新古典经济增长理论在解释现实经济方面的缺陷和困境。

（三）新增长理论

经过 20 世纪 80 年代的困境之后，以罗默（Romer，1986）和卢卡斯（Lucas，1988）为代表的一批经济学家改进了新古典增长模型的不足，相继提出了各种把技术进步内生化的模型，因而被称为内生增长理论或新增长理论。与新古典增长理论不同，新增长理论认为支配生产过程的内部体系比外部力量对经济增长的作用更大，并结合世界各国经济发展的现实提出了技术内生化的思路。他们认为，内生的技术进步产生于对人力资本和科学研究的投资，这种投资具有溢出效应，产生递增的规模收益，从而导致人均收入的长期增长。

新增长理论关于技术进步和收益递增的分析对经济增长理论做出了开创性的贡献，有助于探寻经济增长的机理、动力和影响因素。但是，新增长理论对于工业革命、二元结构这些发展问题的分析思路和新古典主义的基本思想是一脉相承的，仍然强调价格机制在经济增长过程中的核心作用，对于经济发展所应该包含的经济结构的变化并没有涉及，也没有考虑发展中国家政治、制度、文化在经济发展中的作用。因此，新增长理论仍然不是研究经济发展问题的最佳理论（谭崇台和别朝霞，2004）。

三、后发赶超与发展型国家理论

发达国家的经验已经证明，技术创新不是简单地促进增长的外生因素，完全可以通过内生的技术创新和知识扩散实现收益递增，改变经济结构，最终实现经济发展。同时，后发国家的追赶和崛起也不能完全依赖发达国家的资本和技术，因此在各自寻求经济发展的道路上，产生了后发赶超与发展型国家理论。

（一）后发优势和赶超理论

后发优势理论可追溯到德国经济学家弗里德里希·李斯特（2009），他在《政治经济学的国民体系》中提出了后发国家的国家主义思想，他认为一个国家由经济相对落后状态向先进工业国的转变，不是在自然历史趋势下自动发生的，而是必须要借助于国家的力量。特别是在当时工业先进的英国实行自由贸易的国际经济政策，对落后的德国和美国形成经济压制的情况下，落后的德国和美国更应该以国家作为特殊的政治力量，通过保护性关税扶植工业以至整个经济的发展。李斯特从后发国家的角度探讨经济赶超战略的视角，以及其提出的后发国家经济发展的理论主张，为后发优势理论奠定了深厚的思想基础。

后发优势理论正式的创立者是出生于俄国的美国经济史学家亚历山大·格申克龙（Alexander Gerchenkron，2009），他在总结德国、意大利、俄国等国经济追赶经验的基础上，于1962年创立了后发优势理论。他认为：①在一个相对落后的国家，会产生"落后就要挨打"的紧张状态，这能够激起国民要求工业化的强烈愿望，以致形成一种社会压力，促使后起国家迅速实现工业化的要求。②要达到经济发展的结果，存在各种可替代的路径，后起国家能够也必须根据自身的实际，选择有别于先进国家的不同发展道路和不同发展模式。③后起国家能够引进先进国家的技术、设备和资金。后起国家引进先进国家的技术和设备可以节约科研费用和时间，快速培养本国人才，在一个较高的起点上推进工业化进程；资金的引进也可以解决后起国家工业化中资本严重短缺的问题。④后起国家能够学习和借鉴先进国家的成功经验，吸取其失败的教训，避免或少走弯路，采取优化的赶超战略，从而有可能缩短初级工业化时间，较快进入较高的工业化阶段。

格申克龙在对比研究中，对后起国家赶超特点进行观察总结，指出一个国家的经济越落后，其工业化的起步往往越缺乏连续性，而呈现出一种由制造业的高速成长所致的突然的大冲刺进程；在其工业化进程中对大工厂和大企业的强调也就越明显；强调生产资料而非消费资料的生产；工业化进程中国民消费水平越低；工业化所需资本的动员和筹措越带有集权化和强制特征；工业化中农业就越不能对工业提供市场支持，农业也越受到抑制，发展相对较慢（王秀中，2010）。

1966年，美国经济学家列维（M. Levy）在《国际关系背景下的现代化和社会结构》（*Modernization and the Structure of Societies：A String for International Relations*）一书中，从现代化角度将后发优势理论具体化。列维认为后发优势包括：①后发国对现代化的认识要比先发国在自己开始现代化时对现代化认识丰富得多；②后发者可以大量采用和借鉴先发国成熟的计划、技术、设备，以及与其相适应的组织结构；③后发国家可以跳越先发国家的一些必经发展阶段，特别是在技术方面；④由于先发国家的发展水平已达到较高阶段，可使后发国家对自己现代化前景有一定的预测；⑤先发国家可以在资本和技术上对后发国提供帮助。列维尤其提到资本积累问题，认为先发式现代化过程是一个逐步进化的过程，因而对资本的需求也是逐步增强的，而后发式现代化因在很短的时间内迅速启动现代化，对资本的需求就会突然大量增加，因此后发国需要特殊的资本积累形式。实行这种资本积累，也必然要有政府的介入。

继列维之后，1989年阿伯拉莫维茨（Abramovitz）等又提出了"追赶假说"，他认为后发赶超只是一种潜在性和可能性，而非现实性。后发赶超只有在一定的限制下才能成立。后发国家只有在社会进步的状态下，即具有不同质量的政治、商业、工业和财经制度等经济追赶的内在因素，才可能通过赶超实现与先发国家之间的技术差距。即他认为后发国家与其说是处于一般性的落后状态，不如说是处于技术落后但社会进步的状态，这才具有经济高速增长的强大潜力，实现后发赶超。

1993年，伯利兹（Brezis）、克鲁格曼（Krugman）等在总结发展中国家成功发展经验的基础上提出了基于后发优势的技术发展的"蛙跳"模型。它是指在技术发展到一定程度、本国已有一定的技术创新能力的前提下，后发国家可以直接选择和采用某些处于技术生命周期成熟前阶段的技术，以高新技术为起点，在某些领域、某些产业实施技术赶超。1996年，范艾肯（van Elkan）在开放经济条件下建立了技术转移模仿和创新的一般均衡模型，他强调的是经济欠发达国家可以通过技术的模仿、引进或创新，最终实现技术和经济水平的赶超，转向技术的自主创新阶段。

后发优势理论的提出和发展研究，为后发地区的加速发展提供了理论依据和现实途径。

（二）发展型国家理论

发展型国家理论是对东亚发展经验的总结，用来解释后发国家政府主导经济发展来实现经济追赶。发展型国家理论作为国家主义思路比较成熟的理论形式始于查默斯·约翰逊（Chalmers Johnson，2010）的《通产省与日本奇迹：产业政策的成长（1925—1975）》。约翰逊认为，发展型国家是指国家政府有意识地将发展视为优先，利用政策工具，将国内稀缺资源投入重要产业部门，以提升国家的生产能力和竞争能力。

早期发展型国家理论是基于韦伯（Max Weber）的官僚体系的观点来看待国家机器带领经济发展国家机器之所以具有发展能力，主要是因为：首先，这些国家机器具有强大的国家能力，国家官僚体系一方面具有规划政策的能力，另一方面也具有有效执行这些政策的能力。其次，国家机器具有自主性，也就是决策官僚体系能够排除私人利益的影响，从国家整体利益的角度来规划发展政策。最后，国家机器具有各类前瞻性机构来规划和研究引导性的政策，之后官僚体系将之付诸实践，如日本的通产省或韩国的经济企划院等。

发展型国家理论集中讨论的另一个关键问题是国家与市场的关系问题。为了能够实现经济发展目标，国家对经济（市场）进行干预，通过实施产业政策，对私人部门给予指导、约束、协调，使资源配置符合国家经济的长远发展需要。这种观点虽然强调了政府干预的重要性，但约翰逊明确指出，市场是支撑东亚经济成功的制度基础，政府干预是在市场经济条件下进行的。因此，不能简单地把发展型国家理论和新古典主义的分歧理解为政府干预和自由市场的对垒。

后来很多对东亚经济发展的研究，则在国家与市场这个基本问题上更加细化东亚国家能力，提出了受管制的市场（governed market，Wade，1994）、国家能力是建立在与社会合作的嵌入性自治（embedded autonomy，Evans，1995）、国家的政策引导应服从市场的原则（market conforming，查默斯·约翰逊，2010）等。

韦德提出的"受管制的市场"理论的，贡献在于，指出与新古典主义的自由市场或模拟自由市场相对立的，不是国家或政府，而是一种不同的政府和市场组合，即受到政府管制的市场。就像新古典主义者也不同程度上承认政府作用的存在一样，发展型国家理论也没有否认市场的重要性。二者的区别在于如何理解政府和市场在东亚的组合方式。

阿姆斯登（Alice Amsden，1989）基于韩国的经验，对发展型国家运作进行了出色的阐释。她立论的实质是：韩国是有指导的市场经济（guided market economy），工业化处于优先地位，而市场因之受到限制。政府在掌控和利用国内与国际力量并使之为民族经济发展服务方面扮演了一种战略性角色。韩国的产业政策具有强烈的选择性，政府通过干预把投资引向那些战略性部门。为达到这一目标，政府有意地造成了一种价格扭曲，如对长期信贷实行优惠利率。这种价格扭曲并没有像在其他国家那样导致资源浪费，原因在于政府同时对私人企业有约束作用，也就是对那些接受补贴的企业提出了严格的业绩要求，表现不佳者往往要受到惩罚。阿姆斯登的研究的洞见就在于，她认为韩国政府在推行产业政策的过程中，推行的是一种对公司采取支持和约束相结合的政策。

在1987年弗雷德里克·戴约（Frederic C. Deyo）主编的论文集《亚洲新工业主义的政治经济学》中，查默斯·约翰逊和哈根·库所撰论文，区分了发展型国家的政治基础和国家干预以及有效的政策实施的制度基础。就前一方面而言，东亚发展型国家的战略性地位有赖于其与本国资本家结成的政治联盟，同时挫败了左派并剥夺了有组织的劳工或其他群众性组织的政治权力；就后一方面看，国家干预有赖于政府机构和主要的私人公司之间的组织和制度联系。

（三）经济发展的"中国模式"

一般认为，"中国模式"这一概念发端于时任美国《时代》周刊高级编辑约舒亚·库珀·拉默（2004）撰写的《"北京共识"提供新模式》一文。他认为，"北京共识"具有艰苦努力、主动创新和大胆实验（如设立经济特区），坚决捍卫国家主权和利益（如处理台湾问题），以及循序渐进（如"摸着石头过河"）、积聚能量和具有不对称力量的工具（如巨额外汇储备）等特点，是与"华盛顿共识"不同的发展模式，对其他发展中国家有一定的参考价值。"中国模式"不仅关注经济发展，同样注重社会变化，也涉及政治、全球力量平衡等诸多方面（郭盛，2011）。

与"华盛顿共识"的自由市场主义形成突出对比，中国经济模式是政府主导型的市场经济。西方学者往往将"中国模式"这种市场经济形态称为国家资本主义。有学者认为，"中国模式"是一种国家政权对经济具有决定性影响力的经济体制，国家确定经济优先发展方向和目标，引导经济体制向符合市场需求的方向发展。"中国模式"的一个突出特点是长期坚持走市场经济与计划方法相结合的道路，对于中国这样的大国而言，市场与计划相结合是唯一可行的方式。

"中国模式"成功的基本条件，有学者认为是充分发挥了劳动力资源丰富和劳动力成本低廉（即"人口红利"）的优势。最近30年，中国的劳动力对中国经济的增长贡献率达26.8%。也有人提出，"中国模式"的成功在于"发挥三大优势"，即努力发挥劳动力资源丰富、市场广阔和作为后发国家等三大优势。

具体到经济政策和发展手段，武汉大学郭熙保（2011）提出四大特点：①增长优先，从"以经济建设为中心""效率优先，兼顾公平"，到"发展是第一要务"；②投资驱动，依靠投资和资本积累驱动经济增长和加快工业化进程；③沿海先行，利用沿海地区优越的区位优势和较发达的经济基础，国家给予资金扶助、关税减免、下放审批权等特殊优惠政策，加快对外开放和引进外资，培育沿海城市为增长极，再通过示范效应和扩散效应，带动全国各地发展；④鼓励出口，坚持外向型发展战略，根据国内劳动力丰富、劳动成本低廉的比较优势，广泛通过来料加工、来件装配、来样加工和补偿贸易的方式出口创汇。

四、创新经济学的发展理论

（一）创新经济学的形成和发展

如前所述，创新与经济增长/发展的关系在古典经济学时代是一个广受关注的问题。但主流经济学自"边际革命"之后，把创新排除在经济学的研究范围之外。直到1912年，熊彼特在《经济发展理论》中指出，决定经济发展的主要因素，是以新产品、新工艺的市场化为主要内容的创新，资本、劳动力与之相比处于从属地位。在熊彼特看来，没有创新的经济系统会处于一种"循环流转"的均衡之中，是创新打破这种均衡、推动经济向前发展。遗憾的是，熊彼特的理论在相当长的时间里，没有得到应有的重视。"二战"之后，美国等工业化国家的经济快速发展，传统的资本和劳动力要素已不能对此做出合理的解释。学者们才开始认识到，创新在经济生活中扮演了重要的角色，熊彼特的创新理论才得到学者们的重视（柳卸林，1993）。继承熊彼特思想的经济学家们，包括大卫·兰德斯（Landes，2007）、纳尔逊和温特（Nelson and Winter，1982）、内森·罗森堡和小伯泽尔（1989）、弗瑞曼（Freeman，1987）、乔尔·莫基尔（2008）等，试图将技术变化、制度变化纳入到分析框架之内，弥补主流经济学的不足。他们分析了技术变化在有关微观经济行为、经济调整过程及经济系统的转型方式方面的重要作用。人们已逐渐意识到，有效的技术和制度创新是经济发展的主要动力和源泉。

目前的创新理论还不是一个完整的理论体系，学术界围绕创新问题产生了不同的分支和学说。演化理论犹如一根线，在提供了一套补充和拓展熊彼特理论的分析视角和工具的同时，把不同学派的创新研究有机结合起来。"一战"之前，演化分析和生物学类比在经济学界一度非常流行，阿尔弗雷德·马歇尔（Alfred Marshall）在《经济学原理》序言中提出，"经济学的麦加在经济生物学而非经济力学"。但是由于"边际革命"的影响，主流经济学彻底走向了物理学的方向。现代演化经济学的复兴始于纳尔逊和温特（Nelson and Winter，1982），他们对新古典范式在理论、经验和实际的局限性方面提出了挑战，建立了一个较为完整的理论框架。演化理论抛弃了利润最大化假设，充分考虑了微观个体的差异性、技术创新中技术的多样性和创新过程的路径依赖性，从而更好地把握了经济系统的运行机理和演化过程。现代经济演化理论将科技与经济、技术与制度、创新与发展有机结合起来，成为创新发展理论的重要来源。

（二）创新经济学关于发展的阐述

根据对创新要素强调程度的不同，创新理论可以分为技术学派（以兰德斯和莫基尔为代表）、制度学派（以罗森堡为代表）和国家创新系统学派（以弗瑞曼、纳尔逊和伦德瓦尔为代表）三个分支。

1. 技术创新与经济发展

技术创新理论认为，技术变化是一个学习性的过程，技术创新为经济系统的企业提供了获取超额利润的机会。追求利润的企业和追求个人效用的消费者构成经济系统的主要行为主体，在市场经济中他们通过产品市场、劳动市场和资本市场等完成资源的分配与使用，决定生产什么、生产多少及为谁生产等问题。

技术创新通过改变要素（人力资源、自然资源、资本）的相对边际生产率，使它们各自的收益率有所不同。技术创新首先在特定的产业部门出现，进一步又由于创新的方向以及影响创新的资源稀缺度不一样，导致生产要素的替代和重组。这种替代和重组又可以分为两种情况：一是生产要素自身由低素质向高素质转化；二是不同生产要素之间进行的替换、替代和重组的结果是要素流向科技含量高、效益好的产业，同时创造了新的产业，继而通过关联效应和辐射效应产生了新兴产业群，并对传统产业进行技术改造，最终对整个经济发展起推动作用。

2. 制度变迁与经济发展

制度是协调人的行为、降低交易成本的产物，包括组织结构、法律条款、政策措施、文化传统等各种形式。科斯（Coase，1937）在批评新古典经济学基本假设的基础上，建立了制度分析理论。制度学派的另一代表人物诺思（North）在一系列论著中系统地分析了制度变迁对经济增长的决定性作用，认为"有效率的经济组织是经济增长的关键，一个有效率的经济组织在西欧的发展正是西方兴起的原因所在"（道格拉斯·诺思和罗伯斯·托马斯，2009）。

制度学派认为，制度是一系列用来确定生产、交换与分配的基本的政治、社会、法律规则，制度安排是支配经济单位之间可能合作与竞争方式的规则。这些规则不仅造就了引导和确定经济活动的激励系统，而且决定了社会福利与收入分配的基础。制度的功效在于通过保护产权和一系列的规则来界定交易主体间的相互关系，减少环境中不确定性和交易费用，把闲置的经济资源组合起来，或者重组没有被有效利用的经济资源，进而增进生产性活动，使经济活动中的潜在收益成为现实，最终推动经济发展。

3. 国家创新系统理论

技术与制度都是经济发展的重要驱动力量，但学界对二者的关系还未达成共识。纳尔逊（Nelson，1994）认为，技术与制度是协同演化关系，这是经济发展背后的主要推动力。这一观点与国家创新系统理论的思想完全吻合。国家创新系统理论认为，技术、制度、政治、文化等各个子系统都以自己独特的方式发展变化，但同时它们之间又相互依赖，共同演进，它们的协调配合促进了经济创新发展。

创新系统概念的提出对学术界及政界产生了巨大影响，许多著名学者都被吸引到这一领域。弗瑞曼（Freeman，1987）继承了李斯特和熊彼特的思想，在《技术政策与经济绩效：日本国家创新系统的经验》（*Technology and Economic Performance：Lessons from Japan*）中首先提出了"国家创新系统"概念，指出国家创新系统既包括各种制度因素和企业技术行为因素，还包括大学、政府等公共机构。以纳尔逊、罗森堡和伦德瓦尔（Lundvall，1992）为代表的一批学者主要进行案例研究，揭示国家创新系统的运行机理和政策含义，并在《国家创新系统：一个比较研究》（*National Innovation Systems：A Comparative Analysis*）中比较了多个国家的创新系统（Nelson，1993）。20世纪90年代中期，经济合作与发展组织（OECD，1997）也启动了国家创新系统研究项目，并出版了一系列报告。此后，创新系统理论成为指导各国科技与创新政策的理论基础。

第二节　创新发展政策学的研究范式

尽管创新发展理论为创新发展政策研究奠定了理论基础，但当前的研究还缺乏完整统一的分析框架。创新发展政策研究要想成为一门新兴学科，既要继承也要超越传统理论，建立科学的研究范式，即必须要有自己独特的研究对象、研究内容、概念范畴、研究方法等学科范式构成要素（托马斯·库恩，2003）。

对同一学科不同子领域的各分支来说，都会遵从该学科的基本范式，区别在于因不同研究对象和内容导致的亚范式或次范式的不同。创新发展政策学的基本范式属于政策科学，但研究对象——创新发展政策，与传统发展政策的理论基础和政策取向截然不同。因此，本书不再赘述政策科学的基本范式，而是通过对比创新发展政策与传统发展政策的范式差异，归纳创新发展政策学的范式特点，这也契合了"经济学途径历来是政策分析或政策研究的一个主导途径"的传统（陈振明，2003）。

一、研究内容

一门学科的研究内容、范围和边界，是该学科区别于其他学科的最重要的标志，界定研究对象对界定该学科具有基础性的作用。如前所述，政策学的基本理论将各类政策的过程和工具作为主要研究对象，但特定领域的政策分析除了研究广义的政策原理之外，还要研究具体领域的现象和规律。

就研究内容而言，主流经济理论将经济发展看作"量"的变化，即通过生产要素的规模扩张达到经济总量的增加，技术和制度被视为外生变量，没有在政策体系内给创新分析留下独立的空间。在传统经济理论的导向下，其政策分析是一种研究既定资源配置效率的范式，因此纠正市场失灵、谋求资源的最优配置成为均衡框架下政策的基本策略（Metcalfe，1995）。从本质上来说，主流经济发展政策是一种静态的、外部干预型的政策。

与主流经济政策理论强调市场交易机制和效率的制度设计不同,在创新发展政策学看来,发展水平的高低是由生产和创新活动决定的,判断政策优劣的重要标准在于是否有利于生产和创新(埃里克·赖纳特,2007)。因此,这种政策是寻求对经济动态发展过程的解释,是一种动态的、内部干预型的政策,其核心特征在于将注意力放在对创新的支持系统上,即通过完善创新活动的制度和关系来提升创新能力,促进创新的发生和进行(眭纪刚和苏竣,2009)。

概括而言,创新发展政策学的研究内容包括:为什么不同时期、不同国家的经济发展特性不同?发达国家在历史上处于落后地位时,采取了哪些政策措施?这些政策的理论基础和学说如何论述?发展中国家应采取什么政策手段实现创新发展?政策过程有何特点?虽然创新理论、发展经济学、公共政策对上述问题都有所涉及,但创新发展政策并非各自研究的核心问题,而是处于三个学科边缘的交叉地带(但并非三者的简单叠加或交集,而是有自己独特的范式)。这些学科之间的关系如图2-1所示。

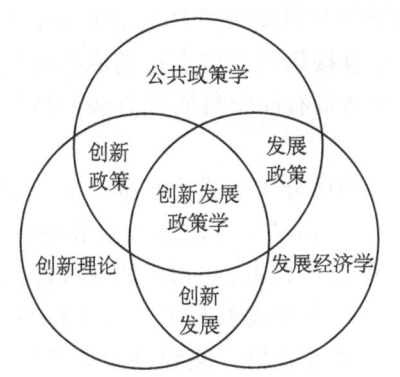

图 2-1 创新发展政策学与相关学科的关系

二、研究假设

一门学科的基本假设相当于研究纲领的"硬核",是不受经验检验的陈述和命题所形成的集合,是一组具有启发力的理论或预设。如果遭到反驳和否定,整个研究纲领就会遭到动摇或彻底的否定。因此,研究假设也是一个学科区别于另一学科的基本特征(Lakatos,1999)。

在传统的新古典发展范式中,假设人具有经济人偏好和完全理性,即任何个人都是无所不知、无所不能的。受此假设的影响,传统发展政策学认为,政策制定者可以完全掌握各种信息,并对其加以利用。因而其政策分析关注最优政策工具组合,以及导致偏离最优目标的条件和结构,即如何调整该条件与结构才能克服政策制定中的有限理性或信息不完全问题。

与新古典范式的假设不同，创新发展政策学秉承了创新发展理论的思想，假定人的"有限认知"，决策过程追求满意原则而非最优原则。政策制定所涉及的主体对于可使用的政策工具、手段—目标关系，以及政策效应的知识是有限的，并且由于认知受限以及信息处理能力有限，他们对价值观、目标及兴趣持有并不完整的观念，这使他们的学习具有选择性，所以有限认知是与选择性的注意力过程以及学习关注的信息相伴而生的（王焕祥，2010）。在现实的政策过程中，政策制定者在有限理性的制约下，对市场行为或技术机会并不具备信息优势和知识优势，因此创新政策和企业的创新战略一样有失败的可能。这些局限性在新的范式出现时尤其强烈，只能通过学习解决这种局限性（金雪军和杨晓兰，2005）。

三、研究方法

一门学科的发展和繁荣与其研究方法息息相关，从学科发展的角度来看，研究方法是否合理或完善直接影响到该学科的成熟与发展。不同政策领域因研究对象不同，或多或少都会带有原学科研究方法的特征，导致其政策分析方法的差异。

传统经济政策理论以均衡分析范式为基础，为了追求形式上的科学化，大量使用物理学隐喻和数学工具，"放弃对现实世界的研究而专注于构建形式主义的模型，使经济学家丧失了判断与理解实践问题和复杂情况的直觉能力"（杰弗里·霍奇逊，2007）。这种政策范式重点关注特定目标下的最优政策建议，强调如何使经济政策最为有效，使经济主体产生正确的激励，进而使得经济绩效提高。尤其重要的是，这种政策分析具有还原论特征，资源配置问题被还原为单纯的市场行为和价格问题，好的政策就是使价格"正确"（王焕祥，2010）。基于这种方法提供的政策建议虽然具有很强的精确度，但是只能度量经济活动中量的差异，而不能抓住经济行为之间质的区别（埃里克·赖纳特，2010）。

演化的发展政策理论反对主流经济政策理论的还原论方法，而是采用本体论方法，在生物进化论基础上提出了自然选择的经济思想，借鉴基因、变异、复制和选择等生物学概念，把历时而变的变量或系统作为研究对象，把经济演化看成一种非线性的、远离均衡状态、拥有多种发展方向的学习过程，注重对选择环境的考察，探求引起这些变化的动态过程，解释变量或系统为何以及如何达到目前的状态（眭纪刚和苏竣，2009）。在有限理性假设前提下，创新发展政策范式将政策学习作为核心概念纳入到政策框架中，认为政策制定过程是一种不断调适的学习过程,包括从多样化的主体中的交互式学习、意会性知识的学习,以及从失败中总结经验的学习等。既然无法在事前设计一个完美的政策,那么政策设计应该遵循模糊性原则(王焕祥,2010)。

四、创新发展政策学研究范式的特征

创新发展政策学强调创新与经济发展的关系,认为技术变革、制度变迁与经济系统存在着协同效应,强调系统观和过程观。概括来讲,创新发展政策学具有以下范式特征(表2-1),可以看出,这种范式与主流的经济政策范式存在着显著的差异。

表2-1 创新发展政策学与主流经济政策范式的比较

范式维度	主流经济政策范式	创新发展政策学范式
分析对象	资源配置	资源创造
理论基础	新古典经济学	演化发展经济学
基本假设	稳定偏好;完全理性	认知模式不断变化;有限认知
分析框架	手段-目标分析	附加了"过程约束"的手段-目标分析
分析方法	均衡-最优分析,静态和比较静态研究;不包含政策创新与变迁	非均衡-多样化分析,创新动态过程研究;包含政策创新与变迁的动力模型
政策手段	财政政策和货币政策的组合	财政、货币、知识创造、技术创新等政策
政策性质	最优的数量型经济政策	适应性的质量型政策
政策过程	有限理性,利益冲突与协调	有限认知+创新理性,互动学习过程

第三节 创新发展政策学的学科建设

"创新发展政策学"虽然是一门新兴的交叉学科,但自创新理论引入我国以来,本领域发展大致经历了问题描述与归纳、理论研究、思维方法奠基、方法论研究、学科体系完善等阶段。可以说,经过多年来的学科建设和理论研究的深化,"创新发展政策学"已初具雏形,目前围绕创新发展政策学的学科建设以及"创新发展"的核心问题,形成了相对固定的、多领域的学科理论体系及理论研究领域,有望形成中国特色的新兴交叉性学科。

本学科理论体系和研究领域包括有关广义政策学和政治经济学的研究领域,如经济社会发展的一般规律、创新发展的政策分析等;同时,作为学科基本理论研究的创新发展政策学学科范式,还包括如下学术理论领域:演化经济学、科技史、经济史、政治经济学等。就学科建设而言,现阶段的研究尚需进一步搭建创新发展政策学的研究基础，包括：①创新发展政策学的研究对象与范围，即它与创新理论、发展经济学和公共政策学等相关学科与理论的联系和区别等问题的研究；②对创新发展过程中的规律性，创新发展的表现、性质和特点，解决创新发展的方法和对策等问题的研究；③对一个国家、区域和世界范围内的发达国家创新"发展"政策学、发展中国家创新发展政策学的比较研究；④对作为理论基础的广义政策学的理论和方法问题的研究；等等。

这些工作都有待于同行学者们的共同努力。

本章参考文献

阿尔弗雷德·马歇尔.2007.经济学原理.刘生龙译.北京：中国社会科学出版社.

埃里克·赖纳特.2010.富国为什么富，穷国为什么穷.杨虎涛，陈国涛等译.北京：中国人民大学出版社.

埃里克·赖纳特，贾根良.2007.穷国的国富论.贾根良，王中华等译.北京：高等教育出版社.

查默斯·约翰逊.1992.政治制度和经济运行：日本、南朝鲜和台湾的政府与企业之间的关系//弗雷德里克·戴约.东亚模式的启示——亚洲四小龙政治经济发展研究.王浦劬译.北京：中国广播电视出版社：139-174.

查默斯·约翰逊.2010.通产省与日本奇迹：产业政策的成长（1925—1975）.金毅，许鸿艳，唐吉洪译.长春：吉林出版社.

陈振明.2003.政策科学——公共政策分析导论.北京：中国人民大学出版社.

大卫·兰德斯.2007.解除束缚的普罗米修斯.谢怀筑译.北京：华夏出版社.

道格拉斯·诺斯，罗伯斯·托马斯.2009.西方世界的兴起.厉以平，蔡磊译.北京：华夏出版社.

方福前.2002.论发展经济学失败的原因.中国人民大学学报，4：53-57.

弗雷德里克·戴约.1991.经济起飞的新视角：亚洲新兴工业化实体的政治经济分析.王燕然，王逾西译.北京：中国社会科学出版社.

弗里德里希·李斯特.2009.政治经济学的国民体系.邱伟立译.北京：华夏出版社.

郭盛.2011."中国模式"研究综述.红旗文稿，2：20-23.

郭熙保.2000.发展经济学评述.经济学动态，4：67-70.

郭熙保.2011.论中国经济发展模式及其转变.当代财经，(3)：5-11.

杰弗里·霍奇逊.2007.演化与制度：论演化经济学和经济学的演化.任荣华等译.北京：中国人民大学出版社.

金雪军，杨晓兰.2005.基于演化范式的技术创新政策理论.科研管理，2：55-60.

柳卸林. 1993. 技术创新经济学的发展. 数量经济技术经济研究, 9: 67-76.

罗伯特·韦德. 1994. 驾驭市场. 吕行建等译. 北京: 企业管理出版社.

马颖. 2001. 发展经济学60年的演进. 国外社会科学, 4: 21-28.

内森·罗森堡, 小伯泽尔. 1989. 西方致富之路: 工业化国家的经济演变. 刘赛力等译. 北京: 生活·读书·新知三联书店.

乔尔·莫基尔. 2008. 富裕的杠杆: 技术革新与经济进步. 陈小白译. 北京: 华夏出版社.

眭纪刚, 苏竣. 2009. 技术的演化和演化的技术政策. 科学学研究, 12: 1793-1800.

谭崇台, 别朝霞. 2004. 从发展经济学的观点评新增长理论的最新进展. 经济学动态, 6: 15-19.

托马斯·库恩. 2003. 科学革命的结构. 金吾伦, 胡新和译. 北京: 北京大学出版社.

王焕祥. 2010. 新古典与演化经济学经济政策分析范式的比较研究. 社会科学辑刊, 3: 152-157.

王秀中. 2010. 一部论述后发优势的经典之作——亚历山大·格申克龙的《经济落后的历史透视》中译本简评. 财经问题研究, (11): 3.

谢识予. 2005. 斯密经济增长思想的理论内涵及现实意义. 复旦学报(社会科学版), 3: 162-168.

亚当·斯密. 2008. 国民财富的性质和原因的研究（上卷）. 郭大力, 王亚南译. 北京: 商务印书馆.

亚历山大·格申克龙. 2009. 经济落后的历史透视. 张凤林译. 北京: 商务印书馆.

杨勇华. 2007. 马克思关于技术变迁的演化经济思想. 经济学家, 4: 65-70.

伊·拉卡托斯. 1999. 科学研究纲领方法论. 兰征译. 上海: 上海译文出版社.

约瑟夫·熊彼特. 1990. 经济发展理论. 何畏, 易家祥等译. 北京: 商务印书馆.

约舒亚·库珀·拉默. 2004-05-31. "北京共识"提供新模式. 环球时报, 第十八版.

Abramovitz M, Galambos L, Gallman R. 1989. Thinking about Growth. London: Cambridge University Press.

Amsden A. 1989. Asia's Next Giant: South Korea and Late Industrialization. London: Oxford University Press.

Brezis E S, Krugman P R, Tsiddon D. 1993. Leap-frogging in international competition: A theory of cycles in national technological leadership. American Economic Review, 83: 312-333.

Coase R. 1937. The Nature of the Firm. Economica, 6: 386-405.

Evans P B. 1995. Embedded Autonomy: States and Industrial Transformation. Princeton: Princeton University Press.

Freeman C. 1987. Technology and Economic Performance: Lessons from Japan. London: Pinter Publishers.

Levy M. 1966. Modernization and the Structure of Societies: A String for International Relations. Princeton: Princeton University Press.

Lucas R. 1988. On the mechanics of Economic Development. Journal of Monetary Economics, 22: 3-42.

Lundvall B-Å. 1992. National Systems of Innovation: Towards a Theory of Innovation and Interactive Learning. London: Pinter Publishers.

Metcalfe J. 1995. Technology systems and technology policy in an evolutionary framework. Cambridge Journal of Economics, 19 (1): 25-46.

Nelson R, Winter S. 1982. An Evolutionary Theory of Economic Change. Cambridge, London: The Belknap Press of Harvard University Press.

Nelson R. 1993. National Innovation Systems: A Comparative Analysis. New York: Oxford University Press.

Nelson R. 1994. The co-evolution of technology, industrial structure, and supporting institutions. Industrial and Corporate Change, 3: 47-63.

OECD. 1997. National innovation systems.

Romer P M. 1986. Increasing returns and long run growth. Journal of Political Economy, 94 (5): 1002-1037.

Solow R. 1956. A contribution to the theory of economic growth. Quarterly Journal of Economics, 71 (1): 65-94.

第三章

产业创新发展中的政府干预*

世界近现代历史经验表明,大国的崛起都有着鲜明的产业特征。以蒸汽机的发明和广泛使用为标志的第一次工业革命,推动了纺织、采矿等行业的发展,促使英国逐步取代荷兰成为世界经济中心;以电力和内燃机为标志的第二次工业革命,创造了电力、电器制造、汽车、石化等一大批新兴的技术密集型产业,促成了美国和德国的崛起。今天,以信息技术和新能源技术为特征的第三次工业革命,为亚太新兴经济体的崛起提供了历史契机。

尽管市场是驱动产业发展的决定性力量,然而,政府通过制定产业政策促进产业发展却是普遍经验。伴随着现代产业分工的纵横深化所带来的价值链层面的竞争,更加倚赖科学与产业的合作,尤其需要政府通过加大研发投入和知识产权保护以及引领需求等干预措施,与企业、大学和科研机构共同探索新的科学技术及其应用模式,以科技创新引领新兴产业发展。特别是自20世纪70年代以来,如美国硅谷、印度班加罗尔、日本筑波,以及我国北京的中关村和台湾省的新竹等国内外以产业集群为特征的区域经济发展现象备受关注,凸显出政府在产业集群的形成和发展过程中发挥着不可或缺的作用。可以说,产业的创新发展离不开政府干预。

第一节 关于产业创新与政府干预的现有研究

一、主流经济学视角下的产业创新与政策主张

在主流经济学分析中,产业是居于宏观经济与微观经济之间的中观经济,对其研究包括了产业内和产业间两个视角。主要关注产业内部各企业之间相互

---

* 本章由温珂、张理茜撰写。

作用关系和产业发展规律的是源于微观经济学的产业组织理论，而研究产业与产业之间互动联系的规律以及产业在空间区域中的分布规律的则包括产业结构理论、产业关联理论和产业布局理论。从创新发展的主题来看，产业组织理论代表了主流经济学对技术创新与产业发展的关系的研究。

产业组织理论，关注的是马歇尔冲突——垄断和竞争的关系，其起源可以追溯到亚当·斯密的《国富论》。在这本著作中，亚当·斯密提出了市场结构理论，即市场自发调节的、在完全竞争状态下的厂商行为，最早论述了合理的生产组织能带来社会资源的优化配置。此后经过近百年的发展，西方产业组织理论已形成较为完整的理论体系，最主要的流派及其理论观点如下所示。

（一）结构-行为-绩效理论与促竞争的积极干预

结构-行为-绩效（Structure-Conduct-Performance，SCP）范式的理论来源是垄断竞争理论，主要代表人物是美国经济学家张伯伦（E. H. Chamberlin）和英国经济学家罗宾逊（J. Robinson）。1933 年，他们分别提出了垄断竞争理论。垄断竞争理论批判了新古典经济学对市场形态所作的简单的竞争-垄断二元划分，而是从产品差别化出发，对现实经济生活中竞争和垄断的混合进行了分析，并依据垄断因素的强弱程度，对市场形态进行了分类，研究了价格机制在各种市场形态中所发挥的具体作用。他们的研究实际上已经包含了哈佛学派 SCP 分析范式（图 3-1）的雏形，并发动了经济理论从规范研究到实证研究的转变，为哈佛学派正统产业组织理论的诞生奠定了方法论基础（张爱民，2007）。

哈佛学派对产业组织理论的研究，是后者成为一个较完整的理论体系的标志。哈佛学派研究的核心成果即 SCP 范式，最早由哈佛大学的梅森教授提出。1938 年，梅森教授建立了一个产业组织研究小组，他们对各主要行业市场竞争过程的市场结构、竞争行为和竞争结果作了大量的经验实证分析，提出了产业组织的理论体系和研究方向。梅森认为，产业经济学的研究既要靠实践经验的研究和经济制度的研究，又需要有一个理论上的分析框架，即结构-行为-绩效这个分析框架，他着重研究市场结构，特别强调了市场结构和其他客观市场条件的重要性，把它作为认识市场上的企业行为的关键，并将市场结构作为产业经济分析的统一基础（王健，2012）。

此后，正式提出 SCP 研究范式的是梅森的学生贝恩。1959 年，贝恩出版《产业组织》一书，此书的出版标志着产业组织理论的正式形成。贝恩认为，产业组织理论由市场结构、市场行为、市场绩效和政府政策组成，企业的市场结构、市场行为、市场绩效之间存在着单向的线性关系，即市场结构决定市场行为，市场行为进而决定市场绩效。

市场结构的中心内容是竞争和垄断的关系（张爱民，2007）。根据竞争和垄

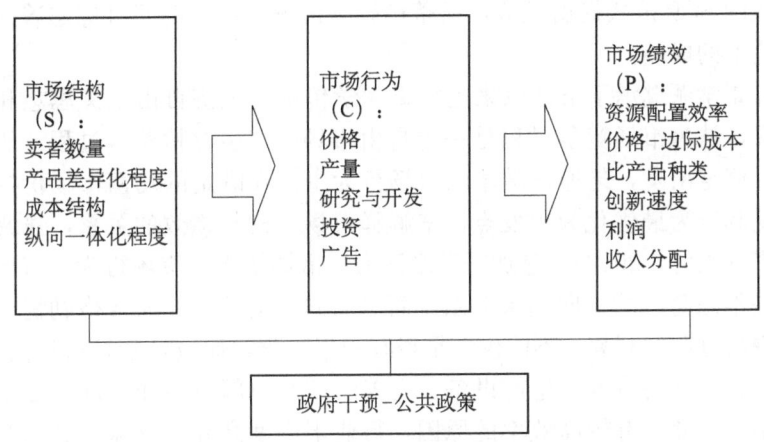

图 3-1 哈佛学派 SCP 理论体系
资料来源：王健（2012）、彭颖（2010）

断程度的不同，并结合进入壁垒和厂商数量、产品差别程度、进入市场的难易程度，以及厂商对产量和价格的控制程度等因素，把市场分为四种类型：完全竞争、完全垄断、垄断竞争和寡头垄断。根据哈佛学派的 SCP 范式，如果现实中的市场结构是集中的，垄断厂商就有可能限制产出、提高价格、提高进入壁垒，以谋取垄断利润，阻碍技术进步，破坏资源的有效配置（王健，2012），从而降低市场绩效。因此，哈佛学派对政府干预持支持态度，认为有效的政府政策首先应该着眼于形成和维护有效竞争的市场结构，主张对垄断和寡占采取规制政策。哈佛学派的这种政策主张对"二战"后以美国为首的西方发达市场经济国家反垄断政策的开展和强化都曾经产生过重大的影响。

哈佛学派开创性地提出了 SCP 范式，对产业经济学做出了突出的贡献，但其研究仍然有一定的局限性。首先，哈佛学派的理论强调经验性研究，缺少深厚而明确的理论基础和系统分析（牛丽贤和张寿庭，2010）。其次，SCP 范式过于强调市场结构、市场行为、市场绩效三者之间的单向决定关系，而忽略了各环节的反馈效应，研究结论难免有失偏颇。因此，虽然 20 世纪六七十年代其他学派的兴起导致了哈佛学派 SCP 范式的衰落，但其衰落最根本的原因还是 SCP 范式本身的理论缺陷。

（二）芝加哥学派与促效率的积极干预

20 世纪 60~70 年代，美国经济遇到了"滞胀"现象，不少经济学家将经济不景气的主要原因归咎于哈佛学派主张的反垄断产业政策，哈佛学派产业组织理论受到了激烈的批评（王健，2012）。以斯蒂格勒（J. Stigler）、德姆塞茨（H. Demsetz）、波斯纳（R. Posner）、布若曾（Y. Brozen）等为代表的芝加哥学派向传统的 SCP 范式提出挑战，斯蒂格勒《市场组织》的问世标志着芝加哥学派在理论上的成熟。

芝加哥学派继承了奈特以来芝加哥大学传统的经济自由主义思想和社会达尔文主义，认为市场竞争过程是一个自由市场的"生存检验"过程。从价格理论的基础假定出发，芝加哥学派以市场行为主体在既定的均衡市场价格和数量条件下使其行为最优化为出发点，来解释市场结构与绩效的关系，强调市场的竞争效率（王健，2012）。芝加哥学派认为，市场结构、市场行为、市场绩效三者之间并不是简单的单向因果关系，而是双向互动关系。斯蒂格勒提出，判断市场集中与分散的利弊，不能仅看是否有利于竞争，而应该看是否提高了效率，规模经济、先进的技术和生产设备、完善的厂商内部组织和管理制度是高集中度市场中大厂商具有较高效率的原因，行业集中度高并不意味着必然存在垄断行为，更可能是高效率的结果。

芝加哥学派还修改了哈佛学派的进入壁垒定义，认为进入壁垒是新进入企业必须负担的而市场上现存企业不需负担的成本，即新企业比老企业多承担的成本。产品差别化、规模经济和绝对成本优势均是先进入者的在位优势，而不再是进入壁垒。除了政府的进入规制以外，真正的进入壁垒在实际中几乎不存在，所以市场中的现存企业都面临着潜在进入者的竞争压力。因此，芝加哥学派主张以实现经济效率为目的的反垄断政策，对 20 世纪 70 年代的美国反托拉斯活动，以及政府管制政策产生了深远的影响。

芝加哥学派修正了哈佛学派的 SCP 范式，提出结构、行为、绩效之间的双向互动关系，拓宽了研究的视野。但芝加哥学派的理论缺乏经验性的检验，并且在企业高利润的来源是自身的高效率还是垄断的问题上还存在争议。

（三）新奥地利学派与减少干预

20 世纪 70 年代，和芝加哥学派几乎同一时期发展起来的另一个具有较大影响的产业组织理论学派是新奥地利学派，以米塞斯（Mises）、哈耶克（Hayek）、熊彼特等人为代表。其理论建立在门格尔（Menger）、庞巴维克（Bohnbawark）创始的奥地利学派传统思想和方法之上，因此被称为新奥地利学派。

新奥地利学派认为，市场本身就具有自我调节作用，是可以进行自我淘汰的，排除政府干预的可能，垄断企业实际上是经历了激烈的市场竞争后存活的最有效率的企业。而且，他们认为政府的干预不但不能有效地促进市场，提高竞争效率，反而会扭曲市场，妨碍市场的自由竞争。因此，他们反对政府干预市场，反对企业分割及禁止兼并等政策，并否定政府管制及反垄断政策。

在 20 世纪 70 年代哈佛学派在美国失去主导地位的背景下，新奥地利学派的崛起为产业组织理论带来了新的角度和观点，其主张的创新精神和企业家精神影响了美国的政策的制定,对美国经济产生了深远的影响。

(四)新产业组织理论与激励性管制

20世纪80年代,产业组织理论又被注入新的血液,博弈论、交易费用理论和可竞争市场理论被引入产业组织理论,随之形成新产业组织理论。其代表人物主要有梯若尔(Tirole)、夏皮罗(Shapiro)、萨勒普(Salop)、施马兰西(Schmalensee)、施瓦茨(Schwartz)等。新产业组织理论改写了哈佛学派的SCP范式,同时对芝加哥学派的正统观念和政策主张提出了挑战,新的分析范式几乎重构了整个产业组织理论(李丹和吴祖宏,2005)。

1. 理论范式

新产业组织理论对哈佛学派的SCP范式提出质疑,认为市场结构和市场绩效是企业博弈的结果,结构、行为、绩效之间不是静态的单向关系,而是动态的双向关系或多向关系。同时,新产业组织理论也对芝加哥学派的静态价格与产出框架提出质疑,一些在芝加哥学派看来非理性的或有利于提高效率的价格和非价格行为,在引入博弈论和不完全信息以后得出了不同的结论。例如,厂商的掠夺性定价行为,芝加哥学派认为掠夺性定价是非理性的,不符合厂商长期利润最大化目标,新产业组织理论通过引入信息不对称则得出掠夺性定价行为是厂商理性行为的结论(李丹和吴祖宏,2005)。新产业组织理论运用非合作博弈模型实现了对阻止性定价、合谋与默契、产品差别化、广告行为和技术创新、设置进入壁垒等策略性行为的动态分析,使人们对各种复杂动机和效果的理解达到了新的高度。

新产业组织理论在理论范式上的创新表现在三个突破上(余东华,2004):一是突破了传统产业组织理论只重视市场结构的分析框架,从重视市场结构的研究转向重视市场行为的研究,即由结构主义转向行为主义;二是突破了传统产业组织理论单向、静态的研究范式,建立了双向、动态的研究框架;三是突破了传统产业组织理论的传统新古典假定,建立了不完全信息条件下市场行为的分析范式。

2. 博弈论的应用

新产业组织理论的很多成果在一定程度上得益于研究方法的突破。英国威尔士大学教授卡布尔(2000)认为,新产业组织理论的产生,尤其是博弈论的应用,使产业组织理论成为20世纪70年代中期以来经济学中最富生机、最激动人心的领域。

博弈论分析方法是20世纪70年代以后产业组织理论的主要研究方法,对产业组织理论的发展做出了重大贡献,我们可以说,产业组织经济学近二十年来在理论方面的重大成果都是由于博弈论分析方法的广泛应用而取得的。博弈论为经济学家理解和分析多元垄断和寡占状态下的市场结构、不完全竞争市场的定价、企业战略行为及反垄断规制等领域提供了一个强有力的分析工具（余东华，2004）。同时，博弈论及机制设计、不完全合同理论的应用也使得产业经济学的理论基础大大加强，以至于人们将新产业组织理论称为理论性的产业组织理论（Tirole，1988）。新产业组织理论运用博弈论将库诺特、伯川德等人的多元垄断理论进行严密细致的理论化，并用纳什均衡阐明企业的行为，分析在市场初期条件给定时，如何通过企业行为实现新的均衡。也就是说，博弈论为新产业组织理论将分析的重点放在企业战略行为上，提供了一种新的理论手段。

3. 激励性管制

新产业组织理论基于政府和企业间信息不对称，提出建立激励性管制机制，激励企业进行技术创新，从而提高效率，降低成本。对于政府干预，新产业组织理论不同于哈佛学派的完全支持态度和芝加哥学派的完全反对态度，强调采用激励性管制方式，在政府强烈干预和不干预之间寻求一个最佳的平衡点。

产业组织理论最具代表性的四种流派在理论基础、研究方法、主要观点和政策主张方面都表现出不同的侧重点（表3-1），但相同的是，它们都对产业组织理论的发展做出了重要贡献，对产业经济学的发展产生了深远影响。

表3-1 产业组织理论四种主要流派比较

主要流派	理论基础	研究方法	主要观点	政策主张
哈佛学派	垄断竞争理论	实证研究	结构-行为-绩效单向线性关系	以竞争为目标的反垄断政策
芝加哥学派	经济自由主义、可竞争市场理论	演绎推理	结构-行为-绩效双向互动关系	以效率为目标的反垄断政策
新奥地利学派	信息不完全	过程分析	创新精神、企业家精神	自由市场
新产业组织理论	博弈论、交易费用理论和可竞争市场理论	博弈论和信息经济学	结构-行为-绩效动态的双向关系或多向关系	激励性管制

资料来源：李丹和吴祖宏（2005）。

20世纪90年代以来，新产业组织理论又进入一个新的快速发展期。研究领域拓展到了对企业制度的研究、对国际经济现象的研究，取得了显著的成果。随着历史数据的积累和数据的易获得性的增加，研究方法也出现了多样化的趋势，经济时间序列的线性和非线性方法、协整模型和误差修正模型、双线形模型、Threshold自回归和混沌模型，以及推测变差方法等方法逐渐应用到产业组织理论的研究中来。博弈论方法得到了更广泛的应用的同时，案例研究方法再次得到重视。

二、创新经济学研究产业创新的理论探索与政策主张

创新经济学对产业创新与政府干预的解释，充分体现在其从线性模型向系统模型的理论探索之中。创新经济学的演化分析范式，使其对创新实践更具解释力，但试图还原复杂系统的努力，却也使得创新经济学对政府干预的认识视角多元，政策主张尚不能形成较为规范的逻辑架构。

(一) 技术-产业生命周期理论与分阶段干预

1. 产品生命周期理论

今天，产业生命周期模型已成为分析产业动态发展的基本工具。产业生命周期，是指产业从产生到衰亡具有阶段性和共同规律性的厂商行为的改变过程（张会恒，2004），其理论溯源于产品生命周期理论。1966 年，哈佛大学教授雷蒙德·弗农（Raymond Vernon）在其《产品周期中的国际投资与国际贸易》一文中首次提出，产品和人的生命一样，要经历形成、成长、成熟、衰退这样的周期（图 3-2）。

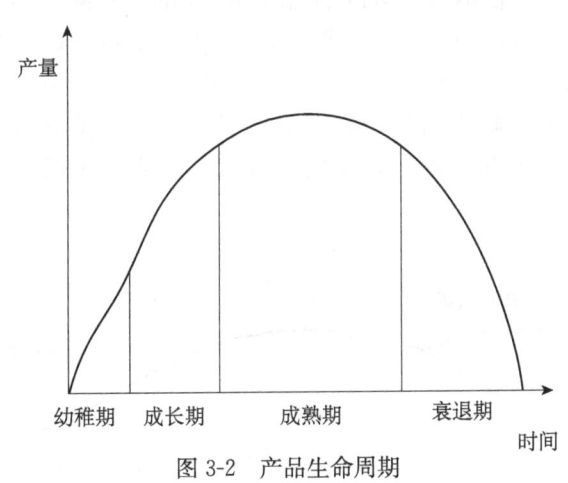

图 3-2　产品生命周期

资料来源：Vernon（1966），笔者翻译

2. 技术应用生命周期模型

事实上，技术应用生命周期的提出要比弗农确立产品生命周期理论还要提早四年。著名的传播理论家埃弗里特·罗杰斯（Everett Rogers）1962 年公开出版了《创新的扩散》（*Diffusion of Innovations*）一书，该书成为新科技传播研究的奠基之作，提出技术应用生命周期模型（Technology Adoption Lifecycle），

揭示了技术应用与市场扩大的动态发展过程，见图 3-3。

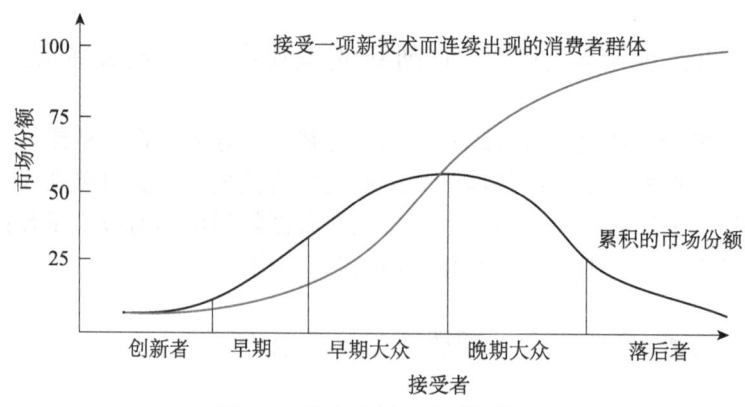

图 3-3　技术应用生命周期模型

资料来源：Rogers（1962），笔者翻译

根据统计特征和心理特征，Rogers 将任何一项创新或创意的接受者分成五类：创新者（吃螃蟹者）、早期接受者、早期大众、晚期大众和落后者。长期来看，技术应用的过程可以被描绘为一个典型的正态分布曲线或钟形曲线。

3. A-U 模型

哈佛大学教授阿伯纳西（William J. Abernathy）和麻省理工学院教授厄特拜克（James M. Utterback）从 20 世纪 70 年代起将技术创新与扩散的特征与产业发展规律联系起来进行研究，建立了 A-U 模型。该模型依据创新活动的特征将产业发展进行阶段划分，真正实现了技术创新经济学与产业组织理论两条不同理论脉络的知识融合，奠定了技术—产业生命周期理论的基石（图 3-4）。

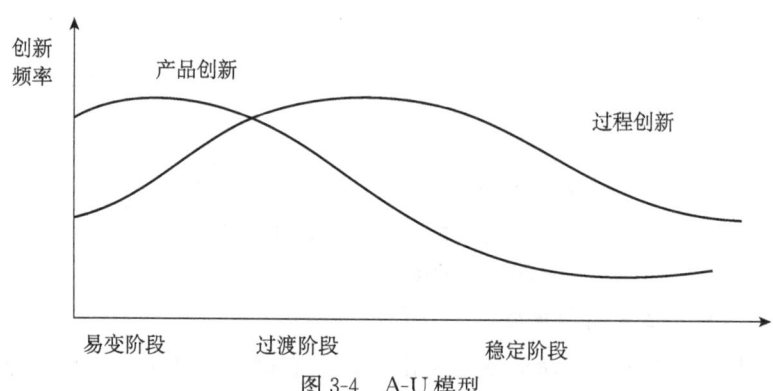

图 3-4　A-U 模型

资料来源：Utterback and Abernathy（1975），笔者翻译

A-U 模型把产业发展过程划分为易变阶段、过渡阶段和稳定阶段，在三个

阶段上，产品创新和过程创新的频率分布呈现出规律特征。

在易变阶段，许多企业进行一系列的产品创新探索，市场不成熟、存在高度不确定性，技术也是不成熟且高度不确定的。创新者争相开发具有各种外形和功能的产品以得到用户的青睐。产品设计变动频繁，制造工艺和产业组织不稳定，用户的反馈指导产品创新走向某个（些）市场需要的方向。这一时期，研发支出较高，但经济效益往往并不显著。

在过渡阶段，经过大量技术和市场实践后，主导设计出现了，市场逐渐明朗；创新活动在主导设计的基础上转向以过程创新为主，产品创新的频率大大下降；企业为追求规模效益，产品工艺成为创新活动的重点，过程创新频率迅速上升。

在稳定阶段，产品和工艺技术都已经成熟，市场需求稳定，创新的重点是降低成本、提高质量，以及为细分市场提供有针对性和精细服务的过程创新。

阿伯纳西和厄特拜克指出，产业发展的关键是产品主导设计的形成，它是在技术和市场以及其他制度因素的交互作用中选择的结果，通常不是技术上最优化的设计。至20世纪90年代，美国学者同时也是管理实践者的杰弗里·摩尔（Geoffrey Moore）从技术应用生命周期理论出发，指出对于非连续的或者破坏性的创新来说，在前两类技术采用者与第三类的早期大众之间存在一个鸿沟，是企业技术创新面临的"死亡之谷"。从创新扩散的过程来看，主导设计的形成处在从易变阶段向过渡阶段转变的时期，也恰是从早期接受者到早期大众的阶段。跨越创新"死亡之谷"，一定是市场选择的结果，而非政策选择的结果。

4. 逆 A-U 追赶模型

Kim（1997）在对韩国汽车、电子等产业的发展历程进行深入研究后，提出后发国家产业追赶发展与发达国家产业创新发展其实是两个方向不同的过程：后者是一个技术应用于市场的创新扩散过程，而前者则是一个从引进技术、消化吸收到改进的过程，这一过程可被描述为逆 A-U 模型（图 3-5）。

从时间轴上看，逆 A-U 模型依次包括引进、消化吸收和改进三个阶段。

（1）引进阶段。由于后发国家不具备充足的技术能力和知识基础，所以往往选择引进国外较为成熟的技术来启动产业发展。在这一阶段，企业应用引进的技术组装生产出标准的、无明显差异的产品。由于劳动力成本较低，且在受到保护的市场中没有成本压力，所以这一阶段的生产率比较低。该阶段的主要任务是将国外技术加以转化，生产出产品，因此，企业在提高生产技术和管理水平方面付出了较多的努力。在技术引进初期，国外技术支持对企业排除生产故障、解决生产问题非常重要，而随着本国技术人员对生产技术的掌握和熟练程度的提升，对国外技术支持的依赖就越来越小，直至消失。

（2）消化吸收阶段。后发国家成功地引进技术之后，生产技术很快在全国范围内得到传播，越来越多的企业加入生产。后进入者从首批进入者中学习先进技术并猎取有经验的技术人员，从而加剧了竞争。竞争促使本国企业努力消化吸收国外技术，生产出有差异的产品。技术努力的重点是生产技术和渐进的产品创新（吴贵生和王毅，2009）。后发国家的企业消化吸收引进的生产技术，通过对技术的改造来开发新产品，不再依赖国外技术转让。

（3）改进阶段。随着后发国家的技术日趋成熟，产品逐渐升级，国内市场的需求逐步得到满足，于是开始着手开发国际市场，进行产品出口。与此同时，后发国家的企业在对引进的生产技术成功消化吸收改造的基础上，企业的生产能力不断提升，技术不断更新，以满足国际市场竞争的需求。通过不断的努力，改进后的技术被应用于各条生产线。

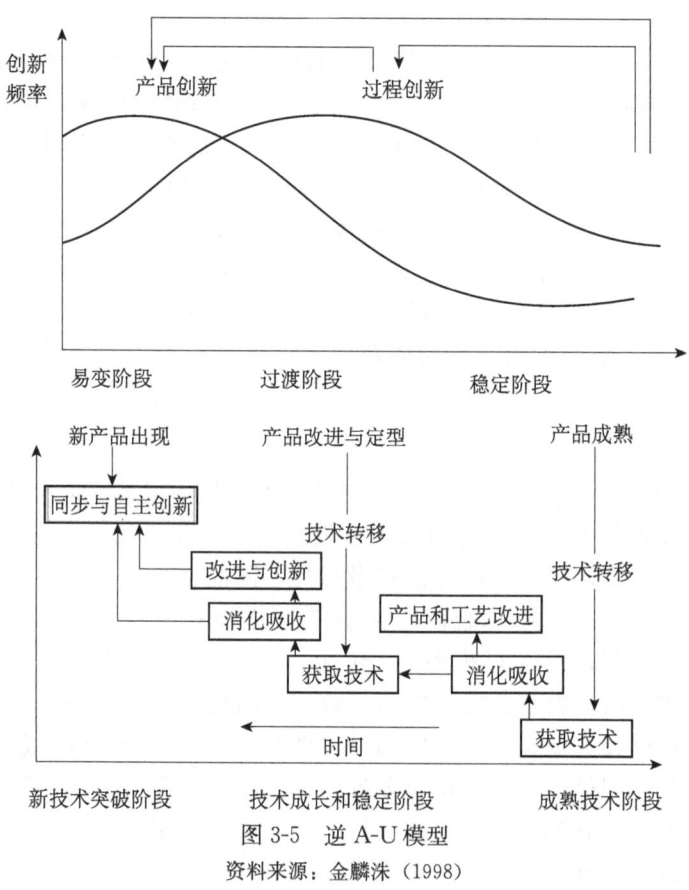

图 3-5　逆 A-U 模型

资料来源：金麟洙（1998）

5. 立足产业阶段的政府干预

技术创新扩散的周期性及产业技术生命周期理论的不断完善，为政府针对产业发展不同阶段而采取不同的干预措施提供了理论依据。在产业创新发展的早期，政府既可以通过政府采购手段做市场的创造者，也可以选择不干预做市场的守夜人，让新产业自由萌芽；而在产业快速发展时期，伴随着主导产品设计的形成，竞争从产品创新向过程创新转换，政府更适合做守夜人，让市场通过竞争机制优胜劣汰；当产业发展进入到成熟阶段，市场上的大企业会凭借其规模优势、成本优势等阻碍代表着新兴技术发展方向的小企业的发展，阻碍创新的产生，此时，政府应着重于反垄断政策，干预市场的资源配置；最后，产业步入衰退阶段，创新资源会从产业出逃，政府需要积极促成学术界和产业界的合作，寻求新兴技术和产业发展。

当然，依据产业技术生命周期理论所总结的政府干预，是基于发达国家的经验而言。对后发国家的产业追赶发展来说，由于其发展历程呈现出与技术创新扩散相反的过程，所以各阶段的政府干预表现出不同策略，但促进技术学习和科学与产业的合作是后发国家政府干预产业创新发展时贯穿始终的主线。

（二）产业价值链理论与分环节干预

1. 产业链、供应链与价值链

产业链研究具有浓厚的中国特色（朱凤涛等，2008）。国内学者对产业链基本理论研究给予了很大关注。从内涵界定上，产业链被认为是产业纵向关联的划分，是针对一系列相关联的特定产品或服务，寻找导致这些产品满足需求的，从原材料的提供到市场的销售等，前后顺序关联的、横向延伸的、有序的经济活动的集合（杜义飞，2005）。利用产业链来研究产业结构上的"链"化和在时序上的前后或在关联上的上下游的关系，探求实现区域创新的产业发展规律，是目前国内产业链研究的核心内容。

国外学者对产业链的研究相对较少，更多的是从供应链和价值链的角度来研究产业上下游关联关系。

供应链管理立足于生产经营者的角度，以产品的功能和成本为中心，其目的是降低成本和提高反应速度。供应链分析是从物流出发，研究物流在企业之间、在时空上的有序流动和分布。目前关于供应链的研究方法最为规范、成熟，研究成果也最为丰富。

价值链是美国学者迈克尔·波特为分析企业内部经营活动而提出的一个分析工具。价值链管理是基于顾客的价值观，以资源和能力为中心，其目的是构筑企业竞争优势。价值链分析是从价值创造出发，研究企业价值生成机制，分析不同生产经营活动对于企业价值增值的贡献。

产业链具有结构和价值二维属性（杜义飞和李仕明，2004；朱凤涛等，2008）；供应链与产业链"形似"，二者覆盖从最始端的原材料采购到最终端的消费者服务的全过程与所有环节；价值链则与产业链"神似"，二者均体现了最核心的价值创造和价值获取活动与环节。但是，价值链对资源和能力的关注，使其更适用于分析知识创造及其价值实现的创新过程，因而在产业创新研究中得到了广泛的应用。迈克尔·波特也曾指出，每个企业都是处在产业链中的一个环节，要赢得和维持竞争优势不仅取决于其内部价值链，而且还取决于在一个更大的价值系统中。因此，追寻波特逻辑的学者们提出了产业价值链的概念，将价值链分析拓展至产业层面，考虑更宏观的价值创造的组织形式。

2. 产业价值链的内涵与分类

产业价值链，是价值链这一分析工具在产业层面上的延伸。尽管都是以价值为核心，将价值增值作为活动目标，然而作为产业链和价值链的整合，产业价值链的内涵却与价值链有所区别。传统价值链的分析对象偏重单个企业，而产业价值链的分析对象则是一个产业。在对价值创造过程的分析中，价值链注重价值创造环节，而产业价值链更关注组织及功能的关系。在产业价值链形成之前，各企业的价值链是松散的，经过产业整合，不同的企业被整合在一个产业价值链体系中。相同行业的企业或许会有相同的价值链，但不同产业的产业价值链必不相同。

从波特对价值链的定义出发，国内许多学者曾对产业价值链做出明确界定，比如，潘成云（2001）认为，产业价值链是指以某一项核心技术或工艺为基础，提供能满足消费者某种需要的效用系统为目标的具有相互衔接关系企业的集合；杜义飞和李仕明（2004）认为，产业价值链是产业链背后所蕴藏的价值组织及创造的结构形式，代表着产业链的价值属性，决定产业链的经营战略和竞争优势。显然，这些界定都是从市场和产业组织的视角来认识产业价值链。我们认为，从创新的视角来理解产业价值链，它应该是一个内涵更为丰富的概念，不仅仅包括企业集合，也包括大学、科研机构等技术的提供者，甚至可能包括资助研发或购买新产品的政府。产业价值链是围绕知识的创造和价值实现过程，从价值的视角认识产业创新特征和过程的线性分析工具。理解其内涵关键应把握三点：①知识的创造、转移和商业化的线性过程；②价值创造链条上创新主体间的互动机制；③这些主体间发生关联的结构形式。

产业价值链具有系统性、循环性、增值性。系统性，是指产业价值链的各个组成部分相互联系、相互制约，构成一个完整的动态系统。一个运行良好的产业价值链应能使系统内各部分间产生协同效应，从而达到整体效应大于部分之和的效果。循环性，是指价值增值的过程是一个不断循环的过程，产业价值链中的资金流、物质流和信息流应实现有效的流动和循环，否则该产业价值链即缺乏"活力"。增值性，是指后一个价值增值环节在前一个价值产品的基础上，进一步面向新的客户，生产出新的价值产品。但前一环节投入的价值量并不一定都能在后面实现，若存在价值增值瓶颈，价值链上一部分投入的价值将会损失，无法实现增值。

根据分类视角的不同，可以将产业价值链区分为不同的类型。从产业价值链的形成原因看，可以分为内生型和外力推动型。内生型产业价值链是由市场需求、企业间的竞争与合作等原因而形成的产业价值链；外力推动型产业价值链是指在政策等外力的推动下形成的产业价值链。从产业价值链的发展阶段看，可分为成熟型和发展型。成熟型产业价值链比较复杂和稳定，价值链内的企业已经形成了良好的价值网络，相互之间关系成熟；发展型产业价值链内的企业还未形成成熟的价值网络，产业价值链还未能完全发挥其协同效应。从产业价值链的形态来看，可分为技术主导型、生产主导型和经营主导型，分别是由技术、生产和经营销售类企业占主导和核心地位而形成的产业价值链。

3. 全球化视角下的产业价值链——全球价值链

跨国公司在全球的战略布局使得产业价值链在全球进行延伸，形成了全球价值链。从价值链到产业价值链再到全球价值链，研究的范围不断变大，研究对象越来越复杂。

联合国工业发展组织（United Nations Industrial Development Organization，UNIDO）在2002~2003年的工业发展报告《通过创新和学习来参与竞争》（*Competing Through Innovation and Learning*）中曾对全球价值链做出界定，将其定义为在全球范围内为实现商品或服务价值而连接生产、销售、回收处理等过程的全球性跨企业网络组织，涉及从原料采购和运输、半成品和成品的生产和分销直至最终消费和回收处理的整个过程。从价值创造的特征来看，产业价值链与全球价值链的内涵没有本质区别，但由于后者的空间范围更为广阔，导致在分析时需要考虑国际政治、人均经济发展水平、受教育程度等更多影响因素。而正因为这些新的影响因素的加入，激发学者们在从国别的视角来研究产业价值链时，创造了全球价值链理论。目前，全球价值链理论重点关注全球价值链的形成、布局等问题。

关于全球价值链的形成，学者们认为存在两种不同的驱动力，分别来自生产者和采购者。生产者驱动型全球价值链是由生产者通过投资来创造市场需求，形成全球生产的垂直分工结构（Henderson，1998）。在生产者驱动型价值链中，一般来说跨国公司是主导企业（池仁勇等，2006）。购买者驱动型全球价值链是拥有品牌优势和销售渠道的发达国家的企业，通过全球采购和贴牌生产等跨国商品流通网络，培养强大的市场需求，推动那些倡导出口导向战略的欠发达国家（或地区）的工业化。购买者驱动型全球商品链里，链条的核心与动力之源是那些成熟的大型零售商与品牌商（Henderson，1998）。

4. 围绕价值增值环节的政府干预

全球价值链使世界各国的经济更加紧密地联系在一起，任何国家或地区一旦脱离全球价值链，可能就会丧失发展良机。伴随着全球价值链的延伸，产业分工加速细化，也导致了价值链各环节在发达国家和发展中国家的不同布局。

图 3-6 是产业价值链各环节价值增值的分布示意图，施振荣先生将其称为"微笑曲线"。如图 3-6 所示，产业高附加值的战略价值环节位于价值链前端的研发、设计及核心零部件制造等环节，以及价值链后端的营销、广告与品牌管理售后服务等环节，价值链中间的物流、制造等环节则是附加价值较低的环节。从国际分工来看，价值链附加价值高的环节多布局于发达国家，而附加价值较低的加工制造环节多布局于发展中国家。

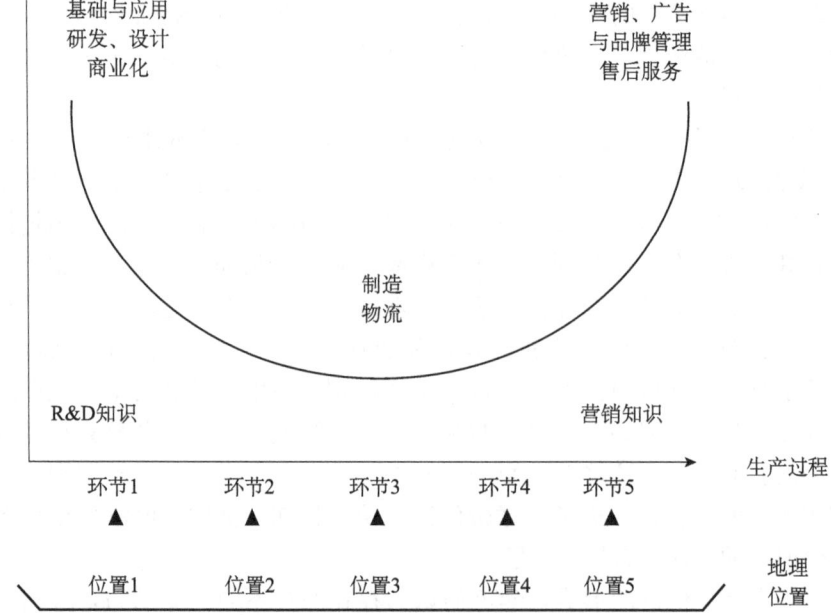

图 3-6　全球价值链空间分布示意图

资料来源：吴明（2012：47）

全球价值链空间布局和产业分工的差异使发达国家和发展中国家的产业发

展战略具有明显的差别。发展中国家如中国的产业政策旨在支持企业从低附加值的加工制造环节跃升至高附加值的研发和品牌网络环节，而发达国家的产业政策则在保持研发和品牌优势的基础上，强调制造环节的回归和升级。

(三) 产业创新系统理论与系统性干预

1. 产业创新系统理论的溯源与提出

产业创新系统理论，由两个理论脉络汇集而成：一是创新系统理论；二是产业区位理论。

20世纪80年代末以来，从系统的视角出发，用系统的观点与方法研究创新问题逐渐成为经济学界的一种新趋势。创新包含从创新构思产生到创新实现，直到创新投放市场后改进创新的一系列活动及其逻辑关系，这一系列活动和逻辑关系是一个相互关联的系统。创新系统（System of Innovation）逐渐成为一种新的分析工具，并由此诞生了一系列各种类型的创新系统理论（彭勃，2012）。创新系统是由一系列要素、组件、部分、方面、机构、企业和单位所构成的集合或网络，该集合或网络通过自身作用和影响，创造、扩散和使用着新技术（Granstrand，2000）。对于创新系统的研究重视系统的运行过程、系统构成的网络，以及系统各要素的协同演进。

在创新系统的理论演进过程中，最早出现的是国家创新系统（National System of Innovation）理论。国家创新系统是一组独特的机构，它们分别或联合推进新技术的发展和扩散，提供政府形成和执行关于创新政策的框架，是创造、储存和转移知识、技能和新技术的相互联系的机构系统（OECD，1997）。国家创新系统侧重制度—组织之间的关系，其核心思想是通过制度和政策手段刺激科技知识在组织网络中的快速高效流动（王明明等，2009）。随着全球化和通信技术的发展，经济活动一方面表现为全球范围的扩散，另一方面表现为空间聚集和本地化趋势越来越明显（周青等，2012）。经济竞争，不再只以国家为单元来进行，而更多的是表现为区域竞争力。由此，区域创新系统（Regional System of Innovation）的概念1992年被Philip Cooke教授正式提出（Cooke，1992）。区域创新系统是由在地理上相互分工与关联的生产企业、研究机构和高等教育机构等构成的区域性组织体系，这种体系支持并产生创新（Cooke，1996）。产业创新系统理论的出现略晚于国家和区域创新系统理论，但其出现却是必然，因为后两者都很难将技术属性纳入创新系统的分析范畴。于是，从产业技术特性出发成为产业创新系统区别于国家创新系统和区域创新系统的最重要特征。而这一特征也使得产业创新系统在微观层面上更具解释力，日益成为创新系统理论的重要组成部分和推动创新系统理论发展的主要动力。

产业区位论，是由经济学家马歇尔提出的。马歇尔通过研究，提出了"产业区"的概念，即同一产业在区位布局上大量集中，从而形成了产业区。产业在地理上的集中会产生产业集群，产业集群具有规模效应和集聚效应，从而产生正外部性。产业区实际上形成了一个小的创新环境，各中小企业连同当地社会通过这个环境进行有效的竞争与合作，对新技术、新工艺的产生与传播起着积极的作用，因此，可以说马歇尔的思想已具备了产业创新系统思想的雏形（彭勃，2012）。

2. 产业创新系统的内涵与基本要素

产业创新系统（Sectoral System of Innovation）这一概念，最早由 Malerba 于 20 世纪 90 年代中后期提出（Breschi and Malerba，1995）。在 Malerba 的早期研究中，创新主要指技术创新，他认为创新系统的差异源于技术范式的不同。所以，Malerba 最初对产业创新系统的定义是特定产业（sector）内，通过竞争、合作，以及其他各种形式的交互作用参与新技术创造与使用的企业的集合。可以看出，限定于企业范围内和强调技术要素是 Malerba 早期研究产业创新系统的两个核心要点。

后来随着研究的逐步深入，Malerba 对产业创新系统内涵的认识更加成熟。首先，创新不再仅仅被视为技术创新，还包含了组织创新和制度创新。其次，产业创新系统内除了市场组织——企业外，还包括大学和科研机构、政府机构等非市场组织，后者在产业创新发展中扮演着同样不可或缺的角色。于是，Malerba 对产业创新系统给出了更为广泛的界定，是指为了通过各种活动以及市场和非市场的交互作用来制造、生产与使用特定的产业产品群的行为者的集合。用"行为者"代替"企业"，突出表达市场和非市场的交互作用，是 Malerba 深入认识产业创新系统的重要标志。

关于产业创新系统的构成要素，Malerba 的认识经历了从 6 要素到 3 要素再到 7 要素的变化。目前，学界较为普遍接受的是 7 要素理论，包括：①企业；②（除企业外的）其他行为者；③网络；④需求；⑤制度；⑥知识基础；⑦系统运行过程与协同演进（Malerba，2002）。

3. 产业创新系统的分析框架

Malerba（2002）认为，分析产业创新系统，应关注其五个构件（building blocks）：①知识基础和学习过程；②基础技术、投入和需求、关键联系和动态互补性；③企业和非企业组织间互动的类型和结构；④制度；⑤多样性产生的过程和选择过程。

随后，Bergeki 等（2005）在总结前人研究的基础上，提出一个包含八步骤的产业创新系统分析框架：第一步，确定分析的出发点，即定义要关注的产业创新系统；第二步，识别产业创新系统的结构要素（行为者、网络、制度）；第三步，功能分析，描述这个产业创新系统的实际运行状况，由此概括描绘出这一系统已实现的功能模式；第四步，评估这些功能的发挥情况，并确定实现理想的功能模式的"过程目标"；第五步，识别那些促进或阻碍理想功能模式实现的结构特征；第六步，明确关键的政策问题，促进或阻碍理想功能模式发展的结构性要素，就是关键的政策问题；第七步，评估不同政策手段对这些促进/阻碍机制和功能模式的预期影响；第八步（图中没有标明），反思、学习和改进（图3-7）。

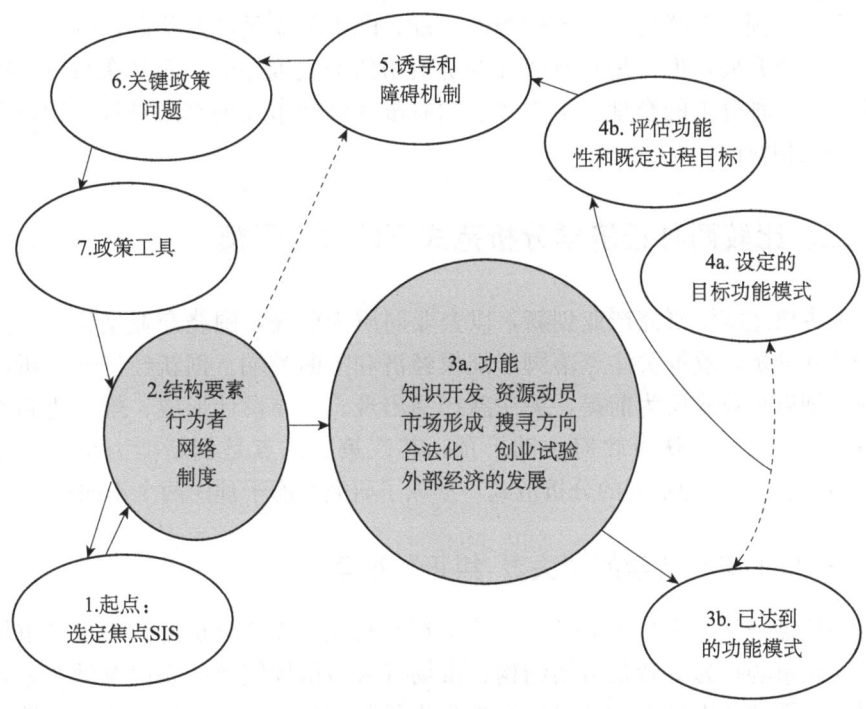

图3-7 产业创新系统的分析框架
资料来源：戚汝庆（2012）

比较来看，Malerba的分析框架为人们研究产业创新系统提供了一个重要思路和理论基础，并得到了广泛采用。而Bergeki等的研究更使得产业创新系统成为一个操作性很强的分析工具。产业创新系统理论为我们研究产业创新问题提供了一个新的研究思路和一个很好的分析框架，近年来已经引起国内外学者和政策制定者的密切关注，但从总体来看，国内外学术界对产业创新系统的理论和实证研究迄今仍处于探索阶段，尚未建立起完整的理论体系（胡明铭和徐姝，2009）。

4. 面向创新系统的政府干预

基于产业创新系统理论，政府既是系统内创新活动的行为主体，也是系统制度环境的建构主体。作为创新活动的行为主体，政府既可以直接资助研发活动，也可以设立新的研发机构，来为创新提供技术源头。作为制度环境的建构者，政府不仅能够通过减免税的优惠政策鼓励企业加大研发投入，而且也需要加强知识产权保护激励创新，以及设置市场准入规则为企业施加创新压力，等等。面向创新系统的政府干预，是从创新的需求出发，寻求政府和市场的合理分工，共同构筑有效运转的创新生态系统。需求在空间和时间上的异质性，造成了政府干预的多样性。干预的判断标准，既不是立足产业阶段，围绕产业阶段的工作来开展，也不是具有明确的价值增值的政策导向，而是在与市场的合作中求得一种分工的合理。由于政府的有限理性和市场的有限理性，所以分工的合理是相对的。

三、比较两种经济学分析范式下的政府干预

新古典经济学研究产业创新，以企业同质为前提，围绕产业结构、行为和绩效展开分析，政策关注点落脚于规模经济和垄断弊端。创新经济学分析产业创新，则以企业异质为前提，关注新产品出现、主导设计形成、规模化到逐渐衰退的动态过程，认可政府主动干预，其政策关注点是创新能力培育和制度（组织）创新。两种不同的分析范式，形成了研究政府干预的两个不同视角。

（一）主流经济学的"失灵-纠正"视角

主流经济学，从 SCP 理论到新产业组织理论，无论分析的侧重点是市场结构，还是市场行为或者是市场结构、市场行为与市场绩效的多向互动关系，其解释政府干预的出发点和动机均是市场失灵的存在。比如，知识的公共性和外部性，造成企业研发投入的不足和对知识产权界定的需求；信息的不对称性，造成大学、科研机构的知识供给和企业的知识需求之间出现断裂；产业发展中技术和市场的不确定性，阻碍了创新的产生；技术的锁定造成垄断，可能出现优胜劣汰的资源错配；等等。这些问题的存在成为政府干预的理由，也决定了政府干预产业创新的范围、方式和对象。

（二）创新经济学的"活动-组织-制度"视角

创新经济学的研究者们，对政府干预的理论建构有一个逐步深入的过程。早期的技术—产业生命周期理论，秉承着主流经济分析范式中对市场机制的尊

重，政府干预被视为外生变量。然而，20世纪80年代对东亚国家崛起的深入研究，逆A-U模型的提出及价值链理论发展到全球价值链阶段，创新经济学研究开始重点关注政府在产业创新中的积极主动的干预行为，再到创新系统观的形成和完善，基本确立了创新经济学将政府作为创新过程的内生变量的理论主张。瑞典学者埃德奎斯特（C. Edquist）以创新活动为基础，完成了从系统视角建构政府干预理论的分析框架。埃德奎斯特指出，以活动过程为主线，政府干预关注的是开展这些活动的组织以及影响组织开展活动的制度，这便构成了更具动态的"活动-组织-制度"视角（埃德奎斯特和赫曼，2012）。由此，政策研究的焦点成为，围绕着创新系统中每个活动的绩效来分析市场和政府之间的分工与合作，并判定这种分工是否合理。

比较而言，主流经济学的"失灵-纠正"视角为政府干预行为提供了最经典的微观解释，但是它却将政府作为创新的外生变量，无法分析技术创新所引发的经济、社会及组织制度的系统性变迁，以及这一变迁过程中政府角色、职能和管理方式的不断调整。"活动-组织-制度"视角在将政府作为内生变量纳入分析框架的同时，实现了从创新动态性认识政府干预的变化，但它同样将关注重点放在了市场和政府分工合作的条件，没有解释由政府和市场建构的制度是如何进一步规制和引导着市场和政府的协同演进，形成产业创新的自我强化机制的。

第二节　政府干预模式的提出：基于嵌入式自治视角

一、为什么选择嵌入式自治视角？

嵌入性自治，是Evans（1995）在分析巴西、印度和韩国的计算机产业的转型发展时提出的概念，指具有内部一致性的官僚组织与社会紧密连接、高度嵌入到社会关系中。Evans旨在使用这一概念来分析经济发展过程中政府与社会的关系，尝试回答一个基本问题，即不同的政府干预会产生不同的结果。Evans认为，嵌入性自治是新兴工业化国家成功支持经济发展和产业转型的制度结构基础，而一个政府只有同时具备嵌入性与自治性的特征，才能称为发展型政府。

嵌入，意味着政府在与特定社会团体的连接互动中共同推动经济发展和社会转型，缺乏嵌入的政府将没有能力调动分散的私营部门和社会资源共同努力推动国家发展。自治，将政府自身的建构放入了经济和社会系统的分析框架中，强调政府的独立和自治是实现国家战略引导的基础，并且只有相对的自治才能够避免受到利益集团的制约，制定战略与政策、贯彻落实特定政策目标与任务，进而有权威和能力去组织、动员和协调资源推动经济发展。

从嵌入式自治视角来看，在产业创新发展过程中，市场是一个由参与者相互作用而再生产出来的具有丰富内涵的社会结构（Swedberg，1994；White，1981），嵌入了国家发展路径和政体组织形式等因素，其形成过程并不是完全自发自生的，而是被政府和各种社会力量所推动和建构的结果（Fligstein，1996；Polanyi，1957；汤姆·伯恩斯，2000）。而同时，政府也渗透在市场社会结构中，市场的主体构成及其社会关系发生变化时，会通过与政府的多种社会联系影响政策决策者的思想和理念，进而在新的意识形态、经济理论和思想及利益关系下重塑政府和形成新的政策范式，由此改变政府的政策及其目标与手段（Dobbin，1994）。由此，政府与市场的互动构建了产业创新发展的制度框架。政府与市场虽处于相互嵌套的制度结构下，但它们有着各自相对独立的运行规则，即市场以价格机制自发调节经济运行、政府以官僚行政制度保障内部一致性。嵌入式的互动不是以行政手段干预市场机制或让市场逻辑侵入行政体制，而是各自在相对独立的规则下自主运行中形成一种动态的反馈调节机制。

相比于主流经济学的"失灵-纠正"视角和创新经济学的"活动—组织—制度"视角，嵌入式自治理论将政府干预的分析重点放在了政府与社会构成网络关系在产业创新发展中的互动演进，不仅能够更好地解释政府从市场需求出发寻找政策作用点，而且能够有效分析政府与市场的各种嵌入机制和互动效率，以及保持自治的政府在反馈调节作用下对自身职能和行为方式的调整。

此外，嵌入式自治理论另一个较为突出的优势是，其对政府与社会网络关系的关注使得产业创新的经济学分析与政策过程理论建立起一致的分析基础。

二、什么是政府干预模式？

模式，即事物的标准样式，指在物体或事件上产生的一种规律变化与自我重复的样式与过程。之所以从模式的角度来理解政府干预，是因为从产业需求所决定的政策目标出发，政府嵌入产业创新的机制和过程呈现出规律性关联。依据过程管理的逻辑，政府干预模式主要包括以下三个基本要素：设定政策目标、选择政策工具和治理政策网络。

政策目标是政府干预所要达到的目的。政策目标的设定受诸多因素的影响。就产业创新而言，主要取决于产业发展的需求，当然，也源于政策工具的有效性、成本和可选择性的约束，以及决策者主观抱负的影响（周振华，1989）。一般而言，政府干预产业创新的目标（也可以称为产业政策目标）可以设定为促进产业创新发展根据产业状况而设定的一组经济变量指标,如产业技术的领先、规模效益的实现和产业结构调整等。许明强和唐浩(2009)提出分三个层次理解产业政策目标:初级目标在于促进或抑制特定产业发展,它也是产业政策的短期目标;中级目标在于促进产业内部和产业间关系协调和优化;高级目标在于产业全局性和长期性发展,以及社会和环境全面发展,进而增强综合国力。

政策工具是被决策者及实践者所采用,或者在潜在意义上可能采用,来实现一个或更多政策目标的手段(顾建光,2006)。根据政府干预的强制性程度,政策工具一般被划分为直接供给、混合工具及自愿性工具三大类(Howlett and Ramesh,1995)。而在创新研究中,学者们更习惯于围绕创新的线性模式把政策工具分成供给侧、需求侧和环境面三大类。从嵌入式自治视角来看,政策工具是政府嵌入市场的机制设计。政策工具的选择,也就是嵌入机制的选择。依据巴格丘斯的梳理来看,政策工具选择的方法论可分为三种:第一是传统的工具论,将目标—手段的理性作为政策工具选择的基础;第二是修正的工具论,强调政策环境与政策工具之间的关联,政策设计变为针对具体的政策环境选择相匹配的政策工具;第三是制度论,认为政策工具的选择是一种制度性的过程。这三种方法论——工具-目标、工具-背景和工具-过程,在政府干预过程中不是非此即彼的关系,而是可以被综合运用。一个符合逻辑的过程是:从目标出发搜寻可能的政策工具,针对具体的政策环境对政策工具进行筛选,最后选择的政策工具实际是在利益相关主体互动的过程中确定下来的。政策工具选择的存在,是我们判断政府干预模式存在的出发点。

政策网络[①],彼得·卡曾斯坦将其定义为,把政府和社会主体链接在一起共同参与政策程序的网络(Howlett and Ramesh,1995)。这一概念是建立在特定的利益基础之上的,它把政策的利益相关者及其之间的非正式关系纳入到政策过程的分析中。Klijn(1996)指出,政策网络具有三个显著特征:①主体间相互依赖;②政策网络是一个过程;③政策网络的活动受到制度约束。政府干预创新的过程,也可以看作是政策网络的形成和治理过程,取决于政府自治结构、利益相关主体认知、互动规则,以及其他政策网络的影响等因素。政策网络与多元治理紧密关联,改变了原来由政府(特别是中央政府)部门主导的、单一的政策制定模式,调动网络中各利益相关主体的积极性和能动性。

[①] 政策网络理论,兴起于20世纪70年代,是对传统的以政府为理性中心的政策科学范式的替代。二十世纪九十年代,政策网络理论逐渐分化为网络管理学派和网络分析学派。

三、政府干预模式的分类模型

嵌入式自治视角为我们对政府干预模式进行分类提供了两个分析维度：嵌入，引导我们关注政府嵌入方式的选择，而嵌入方式的选择直接关联政策工具的选择；自治，促使我们重新审视政府官僚制度在政策过程中扮演的角色（Forrest，2003），不仅关注官僚制度的内部结构，更关注政府在与市场互动过程中形成的资源动员能力和建构的政策网络治理。

（一）政府嵌入方式

嵌入，将政府作为一个嵌入在市场和社会中的主动参与者和被作用者，为理解政府干预与产业创新引入了更系统全面的视角。理解政府嵌入的理论基础是嵌入性理论。

嵌入性，是嵌入性理论的核心概念，最早由 Polanyi（1944）在他的《大变革》一书中首次提出，并应用于经济理论分析。嵌入性，是指经济作为一个制度过程是嵌入在经济和非经济制度之中的，经济行为总是嵌入于文化、习俗等的非经济行为中。Granovetter（1985）对嵌入性做进一步的研究和阐述，建立了新经济社会学分析的基本假定，即经济活动者的自利行为受所处社会网络的影响，并提出把网络分析作为研究经济社会学的主要方法。嵌入性理论成为连接经济学、社会学与组织理论的桥梁（兰建平和苗文斌，2009）。

伴随着嵌入性理论研究的深入，学者们通过对嵌入性进行分类，逐步建立嵌入性的分析框架，代表性研究成果有 Granovetter 和 Swedberg（1992）的关系嵌入性和结构嵌入性，以及 Zukin 和 Dimaggio（1990）的结构嵌入性、认知嵌入性、文化嵌入性和政治嵌入性。这些嵌入类型的划分，其最大贡献是将外部环境、网络结构和社会关系纳入了分析范围，但是却忽略了嵌入的行为特征。Andersson 等（2002）在分析跨国公司子公司嵌入东道国社会网络时，从企业行为和价值链的视角，提出了商业性嵌入（business embeddedness）和技术性嵌入（technical embeddedness）的划分。

分析政府干预产业创新，我们不仅需要关注关系嵌入性和结构嵌入性来解释政府与产业创新过程中其他主体的紧密关系以及政府在市场社会关系中的位置，分析结构、认知、文化、政治等方面解释外部环境对政府嵌入产业创新发展的影响，更需要研究政府的嵌入行为所带来的嵌入绩效的不同。

受 Andersson 等（2002）的研究启发，我们从政府有目的地选择政策工具出发，将政府嵌入分为资源嵌入和制度嵌入两种类型。资源嵌入，是指以其所掌握的土地、资本、教育、科研等要素资源为基础，在参与经济运行和为产业创新发展创造有利条件的过程中所建立的经济性嵌入关系；制度嵌入，则是指政府通过市场准入、标准化、知识产权保护等手段保护技术领先者并规范产业创新发展的市场环境的过程中，与市场主体和社会主体建立起的制度性嵌入关系。资源嵌入和制度嵌入是相互独立的，但政府干预产业创新却可以同时运用资源嵌入和制度嵌入两种方式。

(二) 政策网络凝聚度

政府以资源嵌入、制度嵌入或混合嵌入的方式嵌入市场社会关系之中，其目的是发挥政府动员能力，与市场协同推动产业创新发展。而政府动员能力的实现，取决于政府与政策网络中其他结构主体的协同互动。

政策网络，是将网络理论引入政治学和公共政策学而形成的一种研究政府与利益集团之间复杂关系的分析概念和视角。政策网络的形成由政策问题所决定。针对辨识出的政策问题，当政府通过各种政策工具嵌入市场后，便形成了不同的政策网络。作为政策过程分析的新范式（石凯和胡伟，2006），政策网络理论为政策过程分析增加了除阶段划分之外的第二个分析维度——结构维度，从而能够解释不同政策领域、政策相关部门的结构特征对政策过程的影响（朱亚鹏，2006）。大体上，政策网络理论可以被划分为两个流派（Borzel，1998）或两种分析途径（任勇，2005）：利益中介分析和治理分析。前者把政策网络看作是利益中介机制，通过分析部门与次级部门差异、公私行动者的角色，以及非正式和正式关系来描述政府和利益集团之间因利益表达而建立起的互动关联，以英、美学者为代表；后者则把政策网络视为一种特殊的治理形态，即当政治资源广泛分布在公共部门与私人部门时的一种政治资源动员机制（Borzel，1998），以德国、荷兰学者为主要代表。两个理论流派都关注政策网络中结构主体间的互动协同，只是分析的视角不同。

从研究政府动员能力的立场出发，我们分析政策网络的协同互动更关注的是政府动员广泛分布于公共部门和私人参与者的各种资源，因此，更适宜采取治理的分析途径。基于治理的视角，政策网络既不同于政府的计划干预，也不同于自由市场的资源配置，它重视政策过程中的组织间学习——也被称为政策网络学习（王春福，2006）。在政策网络中，任何学习都不是单向的，而是多向度、多回路的全方位学习，这就意味着政府在发挥动员能力的过程中既要避免控制倾向，又要充分关注政策反馈，既要承担起领导协调的职能，更要重视与其他组织的合作和交流。而且，在治理的观点中，强调政策网络学习的自组织性（任勇，2005）。自组织学习的特征是，各主体基于信任和互惠关系在互动过程中会不断调整自身适应网络环境的变化，推动网络结构的演进。就政策网络中的政府而言，其官僚层级和业务模块在自组织学习中不仅会发生内部结构变化，而且与其他主体的关系结构也会发生变化。在这种内、外部关联变化的过程中，政府动员资源的能力得以形成，公共政策效力得以实现。

王春福（2006）提出，政策网络学习是公共政策效力实现的内在机制；Marsh（1998）发现，政策网络结构是解释政策后果变化的关键自变量。两种观点揭示出社会学研究中的一个恒久话题——行为主义和结构主义论争（石凯和胡伟，2006）。然而，在治理分析途径中，政策网络的行为和结构是互相依赖、可以实现统一的。政策网络学习是政府动员能力的内在行为机制，政策网络结构则是政府动员能力的外在结构表现。

政策网络学习会促使政策网络结构趋于更加紧密，而政策网络结构的趋紧又会带来政策网络学习的深入。在结构紧密的政策网络中，成员之间的相互影响非常频繁，在频繁的互动过程中，政策网络追求的目标、实现目标的工具和网络活动的规制等会逐渐制度化，并反过来制约和影响网络主体的内部结构与行为。反之，在较为松散、制度化程度较低的政策网络中，组织间学习不频繁，基于互动而进行的自我调整较少，从而对结构变革的影响也较弱（Forrest，2003；Marsh and Smith，2000）。如果以政策网络凝聚度来测量政策网络结构的变化，那么凝聚度高的政策网络显然与更为频繁和深入的政策网络学习相对应，而凝聚度低的政策网络则喻示着不经常的、浅层次的政策网络学习。因此，政策网络凝聚度高，意味着政府的动员能力较强，公共政策效力易于充分发挥；而政策网络凝聚度低，则表明政府与其他主体的互动学习少，动员能力低，政策效力不易实现。

（三）分类模型

综合政府嵌入方式和政策网络凝聚度两个维度和相关分析，我们可以将所有政府干预模式分成六种类型（表3-2）。

表3-2　政府干预模式

政府嵌入方式		政策网络凝聚度	
		低	高
	资源嵌入	投入型	撬动型
	制度嵌入	平衡型	激励型
	混合嵌入	主导型	引领型

（1）投入型。政府利用直接投资、政府采购和税收优惠等政策工具，以资源嵌入的方式嵌入到市场社会结构中。在围绕政策问题而建构的政策网络中，政府与其他利益相关主体间的互动不太频繁，政府能够调动的社会资源有限。政策目标的实现主要是靠政府的资源投入来推进。

（2）撬动型。政府同样选择直接投资、政府采购和税收优惠等政策工具，以资源嵌入的方式干预市场,但在政府与利益相关主体形成的政策网络中,组织间的学习较为频繁和深入,更易于达成共识。此种情形下,政府的资源投入能够撬动更加广泛的社会资源,从而充分发挥公共政策效力。

(3) 平衡型。政府以市场准入、标准化或反垄断等规制手段,旨在保护技术创新、营造公平竞争的市场环境。但是,由于政策网络凝聚度不高,前述政策工具的出台并非是各利益相关主体充分互动达成共识的结果,更大程度上是政府为了弥补市场失灵而加强规制。因此,在由政府和市场所形成的产业创新的制度框架中,政府是在努力与市场形成一种平衡。

(4) 激励型。政府以制度嵌入的方式,为产业创新创造市场空间。相关政策工具的选择和政策内容的设计,经过了与政策网络中利益相关主体的较深入、频繁的互动。并且,在与外部主体的有效互动中,政府内部也围绕政策执行优化垂直管理和功能结构。因此,愿意以创新谋求发展的市场主体与政府形成良性互动,使得公共政策能够通过制度嵌入有效激励产业创新发展。

(5) 主导型。政府以资源和制度两种方式嵌入市场,综合运用多种政策工具扶持和激励创新。在一个凝聚度不高的政策网络中,政策利益相关主体对政策的反应相对被动,资源和制度的混合嵌入使得政府在政策网络中拥有主导权。此种干预适合目标较为明确的产业追赶发展。

(6) 引领型。引领型政府干预模式与结构紧密的政策网络紧密相关。通过有效的政策网络学习,政府以资源嵌入和制度嵌入的混合嵌入方式,引导创新资源的集聚并为创新营造公平竞争的外部环境。在利益相关主体间频繁的互动过程中,围绕产业创新发展的目标,政策工具的选择和网络活动的规则逐渐制度化,并反作用于政府和市场的内部结构与行为。政府在这一过程中发挥着引领而非主导的作用,产业创新路径的选择最终是由市场来决定的。

第三节 政府干预模式研究的核心问题与分析框架

政府干预模式研究的目标是解释产业创新发展过程中政府干预的动机和行为及其变化。实现目标的关键是,准确把握研究问题,并能针对问题将政府干预模式的静态分析和动态分析相融合,建构恰当的分析框架。

一、核心问题

模式形成和模式转换,是政府干预模式研究的核心问题。进一步,我们又可以将这两个核心问题细化为若干个研究问题。比如：

（1）哪些因素影响政府干预模式的形成？在多大程度上对模式形成产生影响？

（2）不同的政府干预模式与产业发展的不同阶段存在相关性吗？

（3）如何判定政府干预模式的转换？

（4）政府干预模式转换存在哪些路径选择？

（5）造成路径选择差异的原因是什么？

对这些问题的回答，将引导我们在产业层面上更深刻理解政府和市场的关系。

二、分析框架

提出政府干预模式的概念和分类模型，是对政府干预模式的静态分析。而对上述问题的回答，需要我们围绕产业创新发展的动态过程将静态分析嵌入动态分析，建构一个更具解释力的分析框架。幸好前人的工作为我们提供了基础，使得我们发现了在产业层面上开展创新政策研究的一些重要判断。这些判断关注的是政府干预模式的动力机制、发展路径和经济社会背景。综合这些命题，构成了政府干预模式研究的分析框架。

（一）政府干预模式的形成源于"目标-工具-网络"逻辑建构中利益相关者的博弈

这是在微观层面认识政府干预模式的形成机理。政策的利益相关者的利益博弈是政府干预模式的动力机制。在建构"目标-工具-网络"逻辑关联的过程中，利益相关者是一个核心概念。利益相关者由政策目标所确定，形成政策网络的结构，又影响着政策工具的选择。依据利益相关者理论，政策设计首先需要辨别利益相关者，分析他们的利益、观点及约束条件，然后确定采取何种行动策略来实现目标（Crosby，1991）。因此，政府干预模式的形成源于利益相关者的互动，在很大程度上受利益相关者力量对比和政府主观偏好的影响。

（二）政府干预模式伴随产业的阶段性发展而动态演进

这是从产业创新发展的演化视角理解政府干预模式动态性的基础认识。基于产业—技术生命周期理论，产业发展呈现阶段性特征：从初期的技术不确定、较少企业进入，到产品主导设计出现、规模效益显现、竞争加剧，再到产品成熟、需求稳定、过程创新竞争激烈。在不同阶段上，产业的结构和主体行为发生变化，相应地，政府干预的目标和手段也随之不断调整。所以，针对同一产业，政府干预模式并非固定不变，而是处在动态演进中。因此，政府干预模式转换选择什么样的演进路径、受到哪些因素的影响，成为从模式视角研究政府干预的重要内容。

（三）政府干预模式根植于技术与制度协同演进的产业创新系统

这是研究政府干预模式形成和演进过程的嵌入性的基本判断。纳尔逊和温特（Nelson and Winter，1982）最早强调技术与制度的协同演化对经济增长的推动作用。技术变迁对制度的影响表现在技术创新引发制度需求和技术创新促进制度实施两个方面：当一种新技术出现时，就需要一个新制度来保证新技术的应用和推广；而新技术也可能会降低制度的实施成本，使原先难以实施的制度得以实施。制度变迁对技术的影响则表现为：组织的自由程度对技术创新有潜在影响，制度对技术创新有激励作用，制度会影响技术的创新及扩散速度，制度会影响技术选择的正确性（眭纪刚，2013）。在将技术与制度协同演化的思想应用到产业系统内展开分析的过程中，Murmann（2003）和 Malerba（2006）做出了重要贡献。从嵌入性自治的视角来看，政府干预产业创新必须从理解技术与制度的协同演进出发，识别技术和制度协同演进的方向，设定政策目标，基于对产业创新系统的认识，发现政策网络中的利益相关主体，推动政策工具的选择过程。

本章参考文献

埃德奎斯特 C. 2012. 全球化创新变迁与创新政策：以欧洲和亚洲 10 个国家（地区）为例. 胡志坚，王海燕译. 北京：科学出版社.
池仁勇，邵小芬，吴宝. 2006. 全球价值链治理、驱动力和创新理论探析. 外国经济与管理，28（3）：24-30.
杜义飞. 2005. 基于价值创造与分配的产业价值链研究. 电子科技大学博士学位论文.
杜义飞，李仕明. 2004. 产业价值链：价值战略的创新形式. 科学学研究，22（5）：552-556.
顾建光. 2006. 公共政策工具研究的意义、基础与层面. 公共管理学报，(4)：58-61.
胡明铭，徐姝. 2009. 产业创新系统研究综述. 科技管理研究，(7)：31-33.
金麟洙. 1998. 从模仿到创新. 北京：新华出版社.
卡布尔. 2000. 产业经济学前沿问题. 于立，张嫚，王小兰译. 北京：中国税务出版社.
兰建平，苗文斌. 2009. 嵌入性理论研究综述. 技术经济，28（1）：104-108.
李丹，吴祖宏. 2005. 产业组织理论渊源、主要流派及新发展. 河北经贸大学学报，26（3）：

48-55.

牛丽贤, 张寿庭. 2010. 产业组织理论研究综述. 技术经济与管理研究, (6): 136-139.

潘成云. 2001. 解读产业价值链——兼析我国新兴产业价值链基本特征. 当代财经, (9): 7-11.

彭勃. 2012. 中国汽车产业创新系统演进与绩效研究. 清华大学博士学位论文.

彭颖. 2010. 产业组织理论演进及其对我国产业组织的启示. 资源与产业, 12 (5): 174-179.

戚汝庆. 2012. 中国光伏产业创新系统研究. 华中科技大学博士学位论文.

任勇. 2005. 政策网络的两种分析途径及其影响. 公共管理学报, 2 (3): 55-59.

石凯, 胡伟. 2006. 政策网络理论: 政策过程的新范式. 国外社会科学, (3): 28-35.

眭纪刚. 2013. 技术与制度的协同演化: 理论与案例研究. 科学学研究, 31 (7): 991-997.

汤姆·伯恩斯等. 2000. 结构主义的视野: 经济与社会的变迁. 周长城等译. 北京: 社会科学文献出版社.

王春福. 2006. 政策网络与公共政策效力的实现机制. 管理世界, (9): 137-138.

王健. 2012. 基于产业组织理论的我国煤炭产业整合研究. 中国地质大学博士学位论文.

王明明, 党志刚, 钱坤. 2009. 产业创新系统模型的构建研究——以中国石化产业创新系统模型为例. 科学学研究, 27 (2): 295-301.

吴贵生, 王毅. 2009. 技术创新管理. 北京: 清华大学出版社.

吴明. 2012. 全球价值链空间分布测度及中国位置. 云南大学博士学位论文.

许明强, 唐浩. 2009. 产业政策研究若干基本问题的反思. 社会科学家, (2): 61-64.

余东华. 2004. 新产业组织理论及其新发展. 中央财经大学学报, (2): 49-54.

张爱民. 2007. 基于 SCP 范式的中国汽车工业产业组织研究. 福建师范大学硕士学位论文.

张会恒. 2004. 论产业生命周期理论. 财贸研究, (6): 7-11.

周青, 刘志高, 朱华友, 等. 2012. 创新系统理论演进及其理论体系关系研究. 科学学与科学技术管理, 33 (2): 50-55.

周振华. 1989. 产业政策目标: 选择的有效性. 天津社会科学, (4): 26-33.

朱凤涛, 李仕明, 杜义飞. 2008. 关于价值链、产业链和供应链的研究辨识. 管理学家 (学术版), (4): 373-380.

朱亚鹏. 2006. 公共政策研究的政策网络分析视角. 中山大学学报 (社会科学版), (3): 80-83.

Andersson U, Forsgren M, Holm U. 2002. The strategic impact of external networks: Subsidiary performance and competence development in the multinational corporation. Strategic Management Journal, 23 (11): 979-996.

Bergeki A, Jacobsson S, Carlsson B. 2005. Analyzing the dynamics and functionality of sectoral innovation systems—A manual. Paper to Be Presented at the DRUID Summer Conference.

Borzel T A. 1998. Organizing Babylon—on the different conceptions of policy networks. Public Administration, 76 (2): 253-273.

Breschi S, Malerba F. 1995. Sectoral innovation systems: Technological regimes, Schumpeterian dynamics, and spatial boundaries//Edquist C. Systems of Innovation. London: Frances Pinter.

Cooke P N. 1992. Regional innovation systems: Competitive regulation in the new Europe. Geoforum, 23 (3): 365-382.

Cooke P N. 1996. The new wave of regional innovation networks: Analysis, characteristics and strategy. Small Business Economics, 8 (2): 159-171.

Crosby B L. 1991. Stakeholder Analysis: A Vital Tool for Strategic Managers. Washington, D. C.: USAID.

Dobbin F. 1994. Forging Industrial Policy: The United States, Britain, and France in the Railway Age. Princeton: Princeton University Press.

Evans P B. 1995. Embedded Autonomy: States and Industrial Transformation. Princeton: Princeton University Press.

Fligstein N. 1996. Markets as politics: A political-cultural approach to market institutions. American Sociological Review, 61 (4): 656-673.

Forrest J. 2003. Networks in the policy process: An international perspective. International Journal of Public Administration, 26 (6): 591-607.

Granovetter M S. 1985. Economic action and social structure: The problem of embeddedness. American Journal of Sociology, 91 (3): 481-510.

Granovetter M, Swedberg R. 1992. The Sociology of Economic Life. Boulder, San Francisco, and Oxford: Westview Press.

Granstrand O. 2000. Corporate innovation systems: A comparative study of multi-technology corporations in Japan, Sweden and the USA.

Henderson J. 1998. Danger and opportunity in the Asia-Pacific//Thompson G. Economic Dynamism in the Asia Pacific. London: Routledge: 356-384.

Holmstrom B R, Tirole J. 1989. The theory of the firm//Schmalensee R, Willig R. Handbook of Industrial Organization (Volume 1). Amsterdam: North Holland.

Howlett M, Ramesh M. 1995. Studying Public Policy: Policy Cycles and Policy Subsystems. Toronto: Oxford University Press.

Kim L. 1997. Imitation to Innovation: The Dynamics of Korea's Technological Learning. Boston: Harvard Business Review Press.

Klijn E H. 1996. Analyzing and managing policy processes in complex networks: A theoretical examination of the concept policy network and its problems. Administration and Society, 28 (1): 90-119.

Malerba F. 2002. Sectoral systems of innovation and production. Research Policy, 31 (2): 247-264.

Malerba F. 2006. Catch-up in Different Sectoral Systems. Milan: Globelics Conference.

Marsh D, Smith M. 2000. Understanding policy networks: Towards a dialectical approach. Political Studies, 48 (1): 4-21.

Marsh D. 1998. Comparing Policy Networks. Buckingham: Open University Press.

Murmann J P. 2003. Knowledge and Competitive Advantage: The Coevolution of Firms, Technology, and National Institutions. Cambridge: Cambridge University Press.

Nelson R R, Winter S G. 1982. An Evolutionary Theory of Economic Change. Cambridge: Belknap Press of Harvard University Press.

OECD. 1997. National Innovation Systems. Paris: OECD Publications.

Polanyi K. 1944. The Great Transformation. New York: Farrar & Rinehart.

Polanyi K. 1957. Trade and Markets in Early Empires. Chicago: Henry Regnery.

Swedberg R. 1994. Markets as Social Structures//Smelser N, Swedberg R. The Handbook of Economic Sociology. Princeton: Princeton University Press.

Tirole J. 1988. The Theory of Industrial Organization. Cambridge: MIT Press.

Utterback J M, Abernathy W J. 1975. A dynamic model of process and product innovation. Omega, 3 (6): 639-656.

White H C. 1981. Where do markets come from? American Journal of Sociology, 87 (3): 517-547.

Zukin S, Dimaggio P. 1990. Structures of Capital: The Social Organization of the Economy. Cambridge: Cambridge University Press.

第四章

创新驱动的市场形成与需求侧政策*

创新可以创造一个原本没有的潜在市场，而市场也可以"定义"创新。创新市场的塑造有企业、行业组织、公众及用户等的广泛参与，同时政府通过国家宏观法律、法规、规制等行政手段也推动了新兴市场的设计与形成。

第一节 创新驱动的市场形成

一、创新驱动的市场内涵与特点

创新驱动的市场是由新技术、新服务的创新而形成的市场，以及对有商业价值的新技术、新构思等原创性信息进行交易的场所。本书所强调的创新驱动的市场在以下四个方面与主流经济学的市场有所不同。

1. 以竞争为核心而非价格机制

无论是古典经济学还是新古典经济学，都认为市场是"自由放任"的秩序，是以自发调节供需平衡的价格为基础的。生产者仅根据当前市场的某些商品价格判断未来生产经营活动的预期，通常在某种商品供需不平衡导致价格上涨或下跌后才做出增加或减少这种商品供给的决定。

创新驱动的市场是企业家通过发现市场存在的利润空间，并通过知识、技术与制度的系统构建而形成的。奥地利学派将市场看作是一种过程，是经济活动的动态行为者不断调整个人计划，并由新计划的交互作用而产生的一种新的市场形态。柯兹纳的市场过程观认为，"在一种完全协调的世界上，所有的利润机会都已被利用，不存在企业家的空间；但在一种非均衡的世界里，协调但脱

---

* 本章由郭雯、程郁撰写。部分内容已发表于《中国科学院院刊》2015年第5期。

节是不完全知识的结果，而不完全知识恰好是利润机会的来源"。企业家通过对新知识的发现和扩散，修正他们的计划，面向市场均衡进行调整。

2. *市场的参与者不仅是买卖双方，政府是创新市场的直接参与者*

随着经济繁荣与危机的周期轮回，从自由主义到国家干预主义，回到新自由主义之后又提出新国家干预主义，这一经济思想的发展过程体现了市场与政府的主导作用交替更迭的演进。

自由市场经济理论认为，市场能够通过价格信号自发调节供需平衡，国家干预主义则指出，外部性、有限理性、不完全信息等多种因素会导致市场失灵，政府干预是保障经济有效运行的必要条件。新国家干预主义则进一步强调市场是市场参与者间相互作用而再生产出来的结构。作为一种规则，现实中的市场并不是单一的经济交换关系，而是具有丰富内涵的社会结构，是被政府和各种社会力量所推动和建构的结果（汤姆·伯恩斯，2000；Polanyi，1957；Fligstein，1996）。国家是市场的内生变量，通过国家制度的建立，秩序约束和规范市场主体的行为活动，减少交易费用，提高市场效率，促进社会利益的最大化。如果仅仅依赖于市场的自发调节，依赖于完全竞争机制和价格机制这种交易成本高昂的资源配置方式，那么是不可能取得经济效率的。

3. *市场不完全依赖需求自发生成，市场可以被创造*

市场的形成离不开需求。经济学一般认为，需求是在一定的时期，在既定的价格水平下，消费者愿意并且能够购买的商品数量，显示了随着价钱升降而其他因素不变的情况下，某个体在某段时间内所愿意购买的某货物的数量。而创新的市场则有所不同，技术突破和制度与规则等的建立也可以将潜在需求转化为现实需求，从而产生新的市场领域。例如，环境领域新的规制、标准的产生会创造新的市场，创造出对新能源、新材料等新兴产业的需求。

4. *创新市场的供需双方呈现融合趋势*

一般而言，以往市场的供需双方边界分明。但对创新市场而言，尤其是互联网及移动互联网技术的发展所带来的新兴市场，弱化了市场供需双方的主客体边界，开放创新模式的出现使用户和供应商的边界也日益模糊，创新活动也从组织内部向组织外部延伸，组织外部的用户或消费者也可以直接成为创新的参与者和开发者。由技术的跨界整合、服务的系统融合所带来的创新市场中，产品的边界也呈现融合态势。例如，计算机、平板电脑、手机等单一产品已经更集中地体现为互联网市场的"智能终端"，作为最终消费品的产品特性边界在日益模糊，作为智能终端，实际上其成为"再生产"的一部分。

二、创新驱动的市场形成机制

1. 创新创造出新的市场

创新创造了原本没有的潜在市场。因为原本没有这样的产品和服务，是创新者的创新打开了用户的需求认知，从而生成了这样的市场。在形成市场的过程中，第一个创新者"定义"这样的潜在市场，随着市场的发育首先获得垄断的市场利润，随着进入者的增多、竞争强度的增大，其垄断利润会下降。随着新产品需求不断被满足，其渗透效应不断加强，市场逐步扩大和成熟。创新会创造一个"调整缺口"（adjustment gap），即产品或服务生命周期中可能的最大市场规模和当前实际需求之间的缺口。缺口期会增加市场和子市场的规模，产生部门内的细化分工和关联衍生子部门，引致一系列新的产品和服务不断被创造，进一步扩大了这一市场空间。

2. 竞争和产业生命周期更替催生创新市场

竞争支持更快的发展，也促进更多市场导向型创新的出现。从竞争与需求来看，首先，处于竞争性市场结构的客户比处于垄断市场结构的客户更加挑剔，从而促使供应商降低产品价格，提高产品质量，并努力开发出更多新产品以满足消费者的需求。其次，处于竞争激烈的市场中的厂商通过不断开发和生产新产品可以更早地了解到消费者的真实需求，创造其他企业所不能创造的东西。这就带来了新的产品和服务，从而产生了新的市场。

产业生命周期也会催生创新市场。正如产业生命周期理论所言，产业的发展会经历一个从初创期、成长期、成熟期到衰退的过程。随着产业发展进入成熟期，主导设计和规模经济形成，竞争的加剧和产品的饱和导致资本投入转向新形成的新技术范式产业，由此也就形成了由新产品或新服务的产生而带来的创新市场。

3. 新规制设计出新的市场

政府规制是市场经济条件下国家干预经济政策的重要组成部分，是政府为实现某种公共政策目标，对微观经济主体进行规范与制约，通过规制部门对特定产业和微观经济活动主体的进入、退出、价格、投资，以及涉及环境、安全、生命、健康等行为进行监督与管理（监管）的政策手段。同时，政府本身既是公共服务的提供方，也是公共服务的需求创造者。这两个方面都影响着创新市场的形成。例如，知识产权制度的设立产生了知识产权市场；政府通过对环境、安全、健康等社会问题的规制与标准的设立带来了对新兴技术和新兴产业市场的需求。着眼于人类社会时至今日的发展，可以说政府对法律、法规、标准等的设立是一个创新市场诞生的前提条件，也是创新扩散的必要基础。

三、创新与市场的协同关系

创新能创造创新市场，同时市场也促进了创新。创新驱动的市场是生产商在不断地、被动地响应新的用户需求过程中通过渐进性创新逐渐形成的，同时创新的市场也是用户与生产者的交互学习的过程，甚至是由用户自身对新产品或服务的开发使用创造出来的。

在市场影响创新方面，Pinch 和 Bijker 在 20 世纪 80 年代提出了技术的社会建构框架。在他们看来，科学事实和技术产品都是由社会建构的，技术发展过程是一个技术形态变化和社会群体选择不断交替的过程。20 世纪五六十年代出现的"需求拉动"就旨在说明需求会影响资源配置，推动创新能力朝着满足社会或市场需求的方向发展（Schmooker，1966）。具体而言，从需求的角度来看，市场对创新的影响可以具体表现为以下三个层次：第一层，创新对市场需求的响应。新需求的出现需要新的产品或服务的解决方案，从而产生创新。第二层，用户与生产者共同创新。基于信息技术的飞速发展，产品的生命周期不断缩短，用户与生产者的交互性开放创新模式逐渐成熟，创新被看作是用户与生产者不断交互学习的过程（Lundvall，1988；von Hippel，1986）。第三层，用户创造的创新。用户成为创新的源泉（von Hippel，1976），用户不仅是促使创新的合作者，更是新产品或新服务的创新提供者。

第二节 政府在创新市场发展中的作用

政府可以通过各种直接或间接的形式影响治理机制的选择进而来架构市场经济体系，引导市场发展（高柏，2008）。后期的国家干预主义认为，国家作为市场的内生变量，可以通过各种直接或间接形式的治理机制选择进而影响市场的架构和体系，引导市场发展的方向和规范市场的运行。创新市场的形成也离不开政府，特别在新兴市场和技术创新领域，因为创新的外溢性、系统失灵、结构僵化、预见短视等一系列问题的存在（Salmenkaita and Salo，2002；Smith，2000；Laranjaa et al.，2008；Bleda and Río，2013），创新市场更需要政府的积极参与。

一、政府的角色

总体而言,政府在创新市场形成过程中所扮演的角色主要表现在以下四个方面。

1. 政府是市场制度的构建者

政府可以启动市场。在原本没有市场或既有的市场主体在现行机制下不愿意进入的情况下,政府直接担当行动者的角色组织资源参与经济运行以弥补市场的功能缺失,比如,建立直属的运营实体通过对资源的初次开发和优化配置发挥对市场的孕育和启动作用,特别是在新兴领域的起步发展期需要政府大力推动来完成市场发展所需要的各类互补性条件建设。基础设施是市场扩张的关键性要素,尤其要及时响应、调整、构建适合新兴产业发展的基础设施和市场环境,如三网融合国家作为一个基础设施供应商的作用被特别强调。

2. 政府是创新市场的首要用户

西方学者认为,当一个国家处在人均 GDP3000 美元以下的时候,政府对社会成员提供的公共服务的发展是相对比较慢的;到了人均 GDP3000 美元以后,这方面的投入会大幅度增加。公共部门不仅能够促成用户、消费者和其他创新利益相关者的交互,从而培育和发现市场的偏好或需求(von Hippel,1976),还能够在创新过程中扮演唯一最重要的新产品和服务的用户(Lundvall,1992)。公共部门作为创新的领先用户,更能够容忍较高的进入成本,更便于对公众消费起到引导、示范作用,并能够联合产业部门的政策目标实施创新,加速创新的扩散,促进技术竞争的升级。例如,欧盟 2020 战略旗舰计划、地平线 2020 计划等都将健康、社会福利、气候变化、资源效率和原材料、安全清洁能源、包容性增长、创新与安全社会、视频安全、可持续农业、海洋鱼海洋生物、生态经济、绿色综合交通等公共服务作为政府采购的优先领域。

3. 政府是新兴市场的创造者

不同发展阶段国家对重点产业发展的选择不同,政府需要引领国家进入"恰当的产业"(赖纳特,2005)。政府可以通过制定政策和建立制度来影响市场行动者的行为倾向和选择,以政策资源的合理化配置改变市场的约束激励机制。例如,以政策资助和补贴强化对创新的激励;由政府确立产权关系、交换规则、治理结构和控制理念来创造市场、激发市场活力和规范市场;通过制定规制和标准影响创新的速率和方向(Lundvall,1992);以知识产权制度为基础创建技术交易市场、以环境规制放大节能环保产业市场、以反垄断制裁约束市场等。

4. 政府是市场理念的引导者

政府可以营造市场环境,政府通过基础环境和创新载体的建设、理念和价值观的强化与引导、新概念和思想的宣传与推广、文化交流活动的组织与平台搭建，以及服务机制与方式的创新等塑造有益于企业和市场发展的社会文化环境，由文化来架构和规范市场（DiMaggio，1994；Zelizer，1988）。

政府的角色体现了在创新发展所引致的系统变迁过程中，技术、市场和制度是协同演化的（Nelson and Winter，1982；Pelikan，2003；Perez，2010；Lundvall et al.，2002）。就上述四方面而言，政府扮演何种角色还取决于创新市场的发展情况，职能和管理方式也是随之不断转变和调整的。例如，Mahmood 和 Rufin（2005）认为，当国家还远离技术前沿时，政府能够通过对政治经济的中央集权控制促进经济发展；而当国家已经接近技术前沿时，政府的角色必须转变，政治和经济的自由化就变得越来越有必要。

二、政府的作用

上述角色重点在以下三个方面体现了政府对创新市场形成的促进作用。

1. 培育战略利基市场，提供幼稚产业发展的保护性空间

新兴产业的发展受制于现有制度规则、基础设施、配套产业、消费者偏好，以及维护体系和分销网络的制约，面临着产业发展与社会制度条件不匹配和不支撑的问题。作为一种新的技术和新的产业，还需要进一步完善其技术体系、让消费者了解和接受并掌握使用的技巧与技能，以及使成本降低到大多数使用者能够承受的程度。因此，新技术和新兴产业的发展离不开政策的支持和培育。战略利基市场的培育是强调细分市场对培养创新和诱导新兴产业发展的作用，将有意识、有目的地创建战略细分市场作为培育新兴产业的重要政策方法。利基市场的保护实际上是为新兴技术或新兴产业创造一个"保护性空间"，如通过建立示范项目、政府采购、补贴、税收优惠、信贷支持等措施，支持企业的进入和投产，以避免新技术被成熟的市场排斥或挤出，并使新兴技术在产业实践中学习和积累技术能力与市场经验、形成完整的供应链和健全的产业结构，形成战略利基市场[①]。

2. 构建社会技术愿景，引导创新需求

社会技术远景（socio-technical landscape）是由广泛外部因素所勾勒的发展图景和社会制度框架，它包括一系列反应社会结构和发展趋势的因素（Geels，

---

① 战略利基市场的形成需要通常需要经历三个过程，分别是建立预期、形成网络和深入学习（Schot and Rip，1996）。预期是明确行为主体投入新技术和新兴产业的合法性，并释放出未来巨大市场前景的信号；预期能够转化为具体的议事日程和启发式搜索，从而直接指导试验和完善方案的设计（van Lente，1993）。社会网络包括触发转型的所有主体，他们的观念和态度决定着当前设计及试验方案的选择，在主流技术范式下为新技术的产生和新兴产业的发展创造机会和条件。学习既包括技术与市场能力学习，也包括方法、规则和制度的学习，学习和适应的程度直接影响到新发展路径的可行性。

2002)。Scott（1995）指出，管制、规范和认知的约束和引导能够有意识地构建新的社会技术远景，促进新兴产业的发展。管制是指约束行为和调节互动关系的正规制度，包括法律、政府规章、审批、协议、程序、标准及奖惩的激励结构等，具有强制的约束性；规范是由社会学家所强调的价值、规则、权利和义务、责任和任务预期等规范性约束，是内化于社会活动中的行为准则；认知是人们看待世界的方式和方法以及由此对世界和现实所赋予的意义，如信念信仰、偏好、象征、知识架构、刻板印象等，它影响着人们对新兴事物的理解、认识和接受程度。政府通过构建社会技术远景、高层的战略共识、规划与承诺、相关知识的宣传与普及、相关技术技能的培训与教育，以及消费价值观的引导，建立适应性的制度和法律等支撑性的制度环境，提高社会对新兴产业的认可和支持，加速创新的广泛应用与推广。

3. 培育领先用户与领先市场，促进创新扩散

在全球化竞争中，市场作为一种战略性资源，对推动一个国家或地区的科技创新具有至关重要的作用。领先市场由于能提供创新产品和服务并带来竞争优势和高经济增长率而受到越来越多国家的重视。领先市场是新兴技术扩散的源头，也是未来全球市场形成的发端。领先市场的形成不仅是国家或地区技术优势的体现，同时也是一国建立全球产业竞争优势的重要手段。

领先市场源自领先用户。领先用户能够在大规模创新需求前察觉到这种需求，并对创新产品的早期使用发现问题和提出解决方案，从而减少创新的风险，加快创新扩散的速度，并能够引导创新的快速市场渗透。公共部门作为领先用户具备着诸多先天的优势：①可以容忍较高的进入成本；②对公众消费起到引导、示范作用；③便于联合产业部门的政策目标实施创新；④加速创新的扩散；⑤促使技术竞争的升级。因此，政府对领先市场的培育是有效推动创新市场形成的重要途径。

第三节 面向创新发展的需求侧政策

政府对创新市场的作用方式重点表现为政府需求侧政策工具的运用。需求侧创新政策（demand-side innovation policy）是为引入创新或促进创新扩散而采取的一系列激励创新需求、提升创新实现条件的公共措施（Elder，2007）。Miles（2010）提出，有两种需求导致的创新政策（demand-led innovation policy）：一种是需求驱动的创新政策，其政策目标是促进需求导向的创新进程，如

提高市场研究工具的使用、促进用户创新等；另一种是基于需求的创新政策（demand-based innovation policy），指促进创新或以某种特定的顺序或方向促进创新，如激励使用高效能灯泡，鼓励更多的研发投入到该产品领域。这两个方面的政策工具主要表现为以下政策类型。

一、面向创新的公共采购

政府采购已经作为一种以需求为基础的创新政策，在引导产业发展方向、降低创新风险、提高企业的产品竞争力、刺激用户对创新产品的需求等方面发挥着重要的作用。Rothwell 和 Zegveld（1981）的实证研究发现，从长期来看政府采购比研发补贴能在更多领域激发更多的创新活动。同时，政府采购制度作为一种非关税贸易壁垒，是各国保护本国产业的有效手段。利用贸易保护政策，逐步提高落后国家的平均生产力水平，是发展中国家维护其本国利益并逐步摆脱落后的重要路径之一。政府采购政策作为国际贸易中保护本国经济的一个合理、合法的手段，为大多数国家采用，以国家安全、保护国内产业为由对国内产品采取优先购买的政策已是国际惯例。

因而，政府采购往往被作为实施创新战略的重要工具。国际上激励创新的政府采购通常包括以下六种采购类型。

（1）一般采购和战略采购。一般采购是指按一般的政府采购程序组织的，只是将创新作为评标的必要标准。一般采购通常是由专门部门负责的政府采购，而不必要是特定的负责创新政策的各个部门，如英国目前就采取这种方式；战略采购是指为促进特定市场发展而购买特定技术、产品或服务的政府采购。战略采购是部门政策的一部分，因而很大程度上是由负责创新的部门发起或受其协调的。在大多数情况下，战略采购是由与战略目标相关的特定部门实施的，如国防部、铁道部、工信部等。

（2）商业化后采购和商业化前采购。商业化后采购是指对已经实现了商业化过程的技术、产品或服务的采购。这类政府采购主要是通过带动和扩大市场来促进创新和产业能力的提升，帮助产业实现市场有效的规模；商业化前采购主要是指购买潜在供应商尚未投放市场的技术、产品或服务，一般是以研发服务合同的形式采购。商业化前采购又可以分为实验品采购和研发合同采购两种形式。当技术、产品或服务创新程度很高、特殊性很强时，就更多地需要商业化前采购。在国际上，商业化前采购被广泛地应用于支持创新，主要是因为商业化前采购既符合政府采购和贸易规则，又能够有效地帮助潜在供应商分担创新风险、完善技术和创造市场，因而政府可以更灵活地应用商业化前采购来支持自主创新。

(3) 直接采购和间接采购。直接采购是指采购的技术、产品或服务直接用于满足政府部门自己的职责和任务需要，即公共部门是最终的需求用户，如高速铁路、市政服务等；间接采购是指引导和支持私人部门的政府采购行为，政府只是中间需求者，最终需求者是企业或个人消费者。间接采购又可以分为合作采购和催化采购。合作采购是指公共部门与私营部门共同购买和使用创新成果，如环保办公设备、智能能源设备等。催化采购是指最终只能由个人或私营机构消费和使用的创新产品或服务，但由政府采购支持其使用，也就是说，虽然政府是最初的购买者，但最终的广泛使用和消费都是在私人部门。间接采购的重要作用是启动市场和支持私人部门转向对新产品或服务的使用。

政府采购主要采取以下方法：①竞争性谈判。竞争性谈判主要体现公开、透明、公平竞争的采购目的。②预期承诺采购。预期承诺采购以激励创新为目的，可以更多地适应创新市场的不确定性、风险性等特征，可以为有市场预期的创新产品或服务提供一定的保障。③设计竞赛。设计竞赛采购方式是为激励能够解决特定问题的创新解决方案的产生的，通过设计竞赛为满足需求的创新方案提供公共服务订单以及为某项重大技术突破提供奖励。④单一来源采购。单一来源采购是没有竞争的谈判，但在适当条件下采购人向单一的供应商征求建议或报价来采购货物、工程或服务。当所购产品在一定期限内，属独有专利、艺术品、秘密咨询、原形态或首次制造、合同追加、后续扩充等特殊的采购，就可以被认定为单一来源渠道而采用非竞争性的单一来源采购。

二、规制和标准

1. 规制

规制和标准在商品和服务的市场形成过程中发挥着重要作用。规制是公共实体机构和政府实施的以影响经济领域私有部门行为为目的的规则。规制（如贴标、再循环法规、排放标准等）可以影响产品或服务的性能（质量、兼容性）或后果（健康、安全、环境），对创新的产品和服务的需求有直接影响。但由于其不涉及公共资金的直接支出，因此对创新的影响是间接的（Geroski，1990）。

规制作为一项政策工具对创新的间接影响主要体现在两个方面。一是激励创新，即通过规制或法规的出台提出对现有产品或服务的修订与完善。例如，日本经济贸易产业省实施的"METI领跑者"项目，首先在23个产品组中将最高能效产品设为标准，然后根据产品的性能对该标准不断地进行修改和设置。这种更灵活的标准设置对生产者起到了积极的激励作用，使得生产商在没有公共财政支持的条件下，快速地提高其产品性能。二是诱发创新，即通过规制的出台导致新技术的开发，从而带来新的市场机会和新兴产业的发展。例如，德国在《可再生能源购电法》废止后立刻出台了《可再生能源法》,该法规定,新建大厦的业主必须使用新能源,并规定了补偿性的收购价格保持 20 年不变,从而有效地培育了新能源市场的形成。

欧洲学者从规制对创新的影响中总结出了规制的三大类型,即经济规制、社会规制和制度性规制。经济规制主要体现为市场准入门槛的设立、价格管制(放松)、增加竞争与反垄断;社会规制很少被研究,现有的研究与讨论更多的是在环境保护层面的规制,另外,社会规制也包括劳工保护、产品和消费者保护的相应规制;制度性规制包括产品可靠性规制、知识产权保护等。

2. 标准

规制与标准在激励创新,甚至是诱发形成一个新的创新市场方面都发挥着重要的杠杆作用。所不同的是,规制的形成、发布与实施主体是政府或权力部门,而标准是基于不同领域参与主体(产业界、国家、区域或国际)所达成的行为和责任共识。政府在标准制定和实施过程中只是充当促进者或协调者的角色。政府可以直接通过资金资助标准的制定过程,并将标准与其他政策工具相结合使用,如在公共部门激励创新的政府采购文书中,或是在招投标文件中,要求满足一定的技术或行业标准。

标准可以有效激励创新。Blind(2009)总结了标准对创新的催化作用,主要体现在以下几个方面(需求侧创新政策,2013):标准化减少了发明、研究成果和创新技术进入市场的时间;标准化促进了创新产品的扩散(尤其是对创新的经济影响有作用);标准化提供了平等的竞争环境,因此也促进了竞争和创新;标准化是网络产业的基础,使新技术更易于替代旧技术,还允许新、旧技术一同存在。平台技术也是上游或下游市场创新的技术基础;标准化反映了用户的需求,因此也推动了新产品在早期使用者间的扩散;标准制定了产品对环境、健康和安全方面的最低要求,也加强了人们对创新型产品的信任。

最直接作用于创新的是技术标准。国际标准化组织(International Organization for Standardization,ISO)和国际电工委员会(International Electrotechnical Commission,IEC)把技术标准定义为"得到一致(或绝大多数)同意,并经公认的标准化团体批准,作为工作或工作成果的测量准则、规则或特性要求,供(有关各方)共同重复使用的文件,目的是在给定范围内达到最佳有序化程序"。根据技术标准制定的对象又可将其分为以下三类:基础标准,即对以标准化共性要求为前提条件的对象制定的标准,如保证产品零件互换性的标准有公差、配合等;方法标准,即以生产过程中的重要程序、规则、方法为对象的标准,如计算机公式、工艺规程、作业指导书、试验方法、验收规则和包装、运输方法等;产品标准,即以产品及其构成为对象,对产品的质量和规格所做的统一规定,如产品的精度、外观、成分、物理化学性质等。技术标准的形成通常需要三个途径，即市场竞争、产业协约、行政规制。

三、激励创新市场的私人需求

政策工具的另一个重要方面是激励创新市场的私人需求，有如下表现。

一是面向消费者的教育。加强消费者教育和意识提升的举措，有助于提高透明度，并帮助消费者进一步发展其技能、知识和信心，进而推动市场成果发展。

二是传达愿景与路线图。为公众勾勒或描绘出未来产业、技术、经济的发展图景和社会制度框架是引导消费者理性消费、合理客观认知新产品或服务从而促进新兴产业发展的重要手段。其中，产业规划、重点领域培育计划、技术预见、情景分析、技术路线图等则是政府提高消费者认知能力和引导消费的重要手段。

三是面向消费的税收激励。不同于以往更多鼓励研发投入的税收激励政策，需求主导的税收激励是以刺激消费、拉动需求为目的，为减少创新产品的市场不确定性，加速公众对创新产品的接受速度所制定的面向消费的税收激励政策，如面向新能源、新技术的创新产品采购等。

第四节　建立能够有效嵌入创新市场的政策体系

随着创新系统理论的发展，需求方政策的重要性得到了认识，如 von Hippel（1976）、Mowery 和 Rosenberg（1979）就提出系统的创新政策需要促进用户、消费者和其他创新利益群体的相互作用。到 2007 年，Edler 和 Georghious（2007）指出，公共部门是潜在的且非常强大的需求侧创新驱动者。与以往以研发投入、财政补贴、税收减免等为主导供给侧政策不同，需求侧政策更加体现了政府与市场的相互嵌入。嵌入提供了市场信号与政府政策相互传导的机制，使政府能够实现相机决策、市场能够响应政策发展需要，表现出政府与市场的协同演进。

而就现代创新经济的发展而言，这样的相互嵌入是政策有效性的前提。因此，建立有效的促进创新发展的政策体系必须着眼于这种嵌入关系：第一，政府的职责与服务不能脱离市场实践，政府需要从市场中去寻找政策的着力点。例如，政府所建构的"制度网"（如工商、税务、海关等制度）要与企业建立常规性行政业务联系，政府所掌握的土地、资本、教育、科研等要素资源要成为企业创新发展的平台。第二，相互嵌入的市场会以其自身的运行规律倒逼政府的政策和改革，如市场对政策选择方向的淘汰会改变政府支持方向与方式、市场机制会催生企业家型政府并强化市场对政府的约束。第三，必须认识到政府与市场是相对独立、自主运行的。市场以价格机制自发调节经济运行，政府以官僚行政制度保障内部一致性，有效的政府干预不应是以行政手段对价格、需求、供给进行固定或管制，而是利用其嵌入市场的关系创造和建立有利于社会经济协调发展的市场机制，借助市场的力量来实现政策目标。

本章参考文献

毕克新，田红娜，李海涛. 2012. 基于技术预见的制造业绿色工艺创新战略制定研究. 软科学，(5)：10-14.

波兰尼. 2007. 大转型：我们时代的政治与经济起源. 冯刚，刘阳译. 南京：江苏人民出版社.

OECD. 2013. OECD报告：需求侧创新政策. 常静等译. 上海：上海科学技术出版社：42-43.

大卫·李嘉图. 2005. 政治经济学及赋税原理. 周洁，王亚南译. 北京：华夏出版社.

高柏. 2008. 经济意识形态与日本产业政策：1931—1965年的发展主义. 安佳译. 上海：上海人民出版社.

霍奇逊. 1993. 现代制度主义经济学宣言. 向以斌等译. 北京：北京大学出版社.

赖纳特. 2005. 国家在经济增长中的作用//霍奇逊. 制度与演化经济学现代文献：关键性概念. 贾根良等译. 北京：高等教育出版社：220-291.

李健民. 2012. 全球技术预见大趋势. 上海：上海科学技术出版社.

罗奈·勒努阿. 1992. 没有国家的市场？政治学，(1)，转引自：中共中央编译局. 1992. 国外理论动态，(41).

马克斯·韦伯. 1997. 经济与社会. 林荣远译. 北京：商务印书馆.

斯蒂格利茨. 2008. 凯恩斯的胜利回归. 文献汇编.

汤姆·伯恩斯. 2000. 结构主义的视野：经济和社会变迁. 周长城等译. 北京：社会科学文献出版社.

薛军，杨耀武. 2005. 论技术预见及其在制定中长期科技规划中的作用. 软科学，19(1)：53-56.

亚当·斯密. 2004. 国民财富的性质和原因的研究. 郭大力，王亚南译. 北京：商务印书馆.

Acemoglua D, Golosova M, Tsyvinski A. 2008. Markets versus governments. Journal of Monetary Economics, 55：159-189.

Albach H. 1993. Culture and Technical Innovation：A Cross Cultural Analysis and Policy Recommendations. Akad. d. Wiss. zu Berlin, Working Group Culture and Technical Innovation, Berlin：de Gruyter.

BEISE M. 2005. Lead markets, innovation differentials and growth. International Economics and Economy Policy, (1): 305-328.
Bledaa M, delRíob P. 2013. The market failure and the systemic failure rationales in technologicalinnovation systems. Research Policy, 42: 1039-1052.
Bogers M, Afuah A, Bastian B. 2010. Users as innovators: A review, critique, and future research directions. Journal of Management, 36 (4): 857-875.
Carter C, Williams B. 1957. Industry and Technical Progress: Factors Governing the Speed of Application of Science to Industry. London: Oxford University Press.
DiMaggio P. 1994. Culture and Economy//Neil J, Smelser, Swedberg R. The Handbook of Economic Sociology. Princeton: Princeton University Press.
Dobbin F. 1994. Forging Industry Policy: The United States, Britain, and France in the Railway Age. Cambridge: Cambridge University Press.
Edler J. 2007. Demand-based innovation policy. Manchester Business Working Paper, No. 529.
Edler J, Georghious L. 2007. Public procurement and innovation—Resurrecting the demand side. Research Policy, 36: 949-963.
Evans P B. 1995. Embedded Autonomy: States and Industrial Transformation. Princeton: Princeton University Press.
Feldman M P, Francis J L. 2003. Fortune favors the prepared region: The case of entrepreneurship and the capitol region biotechnology clusters. European Planning Studies, 11: 765-788.
Feldman M P, Francis J L. 2004. Home grown solutions: Fostering cluster formation. Economic Development Quarterly, 18 (2): 127-137.
Feldman M P. 2001. The entrepreneurial event revisited: Firm formation in a regional context. Industrial and Corporate Change, 10: 861-891.
Fligstein N. 1996. Markets as politics: A political-cultural approach to market institutions. American Sociological Review, 61 (4): 656-673.
Fontana R, Malerba F. 2010. Demand as a source of entry and the survival of new semiconductor firms. Industrial and Corporate Change, 19 (5): 1629-1654.
Geels F W. 2002. Technological transitions as evolutionary reconfiguration processes: A multi-level perspective and a case-study. Research Policy, 31: 1257-1274.
Georghiou L. 2007. Demanding Innovation—Lead Markets, Public Procurement and Innovation, NESTA Provocation 02. London: NESTA.
Geroski P A. 1990. Procurement policy as a tool of industrial policy. International Review of Applied Economics, 4 (2): 182-198.
Granovetter M. 1988. The sociological and economic approaches to iabor marker analysis: A social structural view//Farkas G, England P. Industries, Firms, and Jobs: Sociological and Economic Approaches. New York: Plenum Press.
Granovetter M. 1992. Economic institutions as social constructions: A framework for analysis. Acta Sociologica, 35: 3-11.
Granovetter M. 2005. The impact of social structure on economic outcomes. Journal of Economic

Perspectives, 19 (1): 33-50.

Hart O, Shleifer A, Vishny R W. 1997. The proper scope of government: Theory and an application to prisons. Quarterly Journal of Economics, 112 (4): 1127-1161.

Laranjaa M, Uyarrab E, Flanaganb K. 2008. Policies for science, technology and innovation: Translating rationalesinto regional policies in a multi-level setting. Research Policy, 37: 823-835.

Leonard-Barton D, Sinha D. 1993. Developer-user interaction and user satisfaction in internal technological transfer. American Management Journal, 36 (5): 1125-1139.

Lindberg L N, John L, Campbell J. 1991. The state and the organization of economic activity// John L, Campbell J, Hollingsworth R, et al. Governance of the American Economy. New York: Cambridge University Press.

Lundvall B-Å, Johnson B, Andersen E S, Dalum B. 2002. National systems of production, innovation and competence building. Research Policy, 31 (2): 213-231.

Lundvall B-Å. 1988. Innovation as an interactive process: From userproducer interaction to the national system of innovation//Dosi G, Freeman C, Nelson R, et al. Technical Change and Economic Theory. London: Pinter: 349-369.

Lundvall B-Å. 1992. National Systems of Innovation: Towards a Theory of Innovation and Interactive Learning. London: Pinter Publishers.

Mahmood I P, Rufin C. 2005. Government's dilemma: The role of government in imitation and innovation. Academy of Management Review, 30 (2): 338-360.

Meyers S, Marquis D. 1969. Successful Industrial Innovations. Washington: National Science Foundation.

Morrison P, Roberts J, von Hippel E. 2000. Determinants of user innovation and innovation sharing in a local market. Management Science, 46 (2): 1513-1527.

Nelson R, Winter S. 1982. An Evolution Theory of Economic Change. Cambridge: Harvard University Press.

Pelikan P. 2003. Bringing institutions into evolutionary economics: Another view with links to changes in physical and social technologies. Journal of Evolutionary Economics, 13 (3): 237-258.

Perez C. 2010. Technological revolutions and techno-economic paradigms. Cambridge Journal of Economics, 34 (1): 185-202.

Phaal R, Osullivan C, Probertd. 2009. Developing a framework for mapping industrial emergence. Portland: Portland International Conference on Management of Engineering and Technology: 428-440.

Pinch T, Bijker W. 1984. The social construction of facts and artefacts: Or how the sociology of science and the sociology of technology might benefit each other. Social Studies of Science, 14 (3): 399-441.

Polanyi K, Arensberg C M, Pearson H W. 1957. Trade and Markets in the Early Empires. New York: The Free Press.

Rothwell R, Zegveld W. 1981. Industrial Innovation and Public Policy: Preparing for the 1980s and the 1990s. London: Pinter Publishers.

Routley M, Phaalr. Probert D. 2011. Exploring the impacts of the interactions between life cycles and other dynamics that influence the development of technology-based industries. Portland: Portland International Conference on Management and Technology: 425-439.

Salmenkaita J-P, Salo A. 2002. Rationales for government intervention in the commercialization of new technologies. Technology Analysis and Strategic Management, 14 (2): 183-200.

Schmookler J. 1966. Invention and Economic Growth. Cambridge: Harvard University Press.

Schot J W, Rip A. 1996. The past and future of constructive technology assessment. Technology Forecasting and Social Change, 54: 251-268.

Scott W R. 1995. Institutions and Organizations. Thousand Oaks: Sage.

Seán Ó Riain. 2000. The flexible developmental state: Globalization, information technology, and the "Celtic Tiger". Politics Society, 28: 157-193.

Smith K. 2000. Innovation as a systemic phenomenon: Rethinking the role of policy. Enterprise and Innovation Management Studies, 1 (1): 73, 102.

Swedberg R. 1994. Markets as Social Structures//Smelser N, Swedberg R. The Handbook of Economic Sociology. Princeton: Princeton University Press: 255-282.

Urban, G, von Hippel E. 1988. Lead user analyses for the development of new industrial products. Management Science, 34 (5): 569-582.

Uzzi B, Lancaster R. 2004. Embeddedness and price formation in the corporate law market. American Sociological Review, 69: 319-344.

van Lente H. 1993. Promising Technology: The Dynamics of Expectations in Technological Development. Ph. D Thesis, Eburon, Delft, NL: Twente University.

von Hippel (1976), Mowery and Rosenberg (1979), Smits (2002), 需求导向的创新政策, OECD 出版

von Hippel E. 1976. The dominant role of users in the scientific instrument innovation process. Research Policy, 5 (3): 212-239.

von Hippel E, 1986. Lead users: A source of novel product concepts. Management Science, 32 (7): 791-805.

von Hippel E. 2011. Open user innovation//Soegaard M, Dam R F. The Encyclopedia of Human-Computer Interaction. Aarhus: The Interaction Design Foundation.

Weiss L, Hobson J. 1995. States and Economic Development. Cambridge: Polity Press.

Yakubovich V, Granovetter M, McGuire P. 2005. Electric charges: The social construction of rate systems. Theory and Society, 34: 576-612.

Young A. 1928. Increasing return and economic progress. Economic Journal, 38: 727-742.

Zelizer V. 1988. Beyond the polemics of the market: establishing a theoretical and empirical agenda. Sociological Forum, 3: 614-634.

第五章

区域的创新发展与治理*

如今的世界，人们在越来越多地强化"区域"的概念，区域的特色越来越受到关注。实际上，几乎所有的经济社会发展现象都可以在区域层面上显现。全球化发展不排斥有特色的区域发展，全球化竞争的加强反而更加强化和突出了区域的个性色彩或文化底蕴。从而，区域间的一体化协同创新和组团发展正成为新时期经济社会发展的战略目标或手段。

第一节 对区域的认识

一个幅员辽阔的区域并不一定发展得好或者可持续，如苏联和东欧地区。同样，一个资源丰富的区域也不一定能够有很好的经济发展表现，如我国东北地区，那里有丰富的原木、原煤、原油和农业资源，但近 30 多年的发展明显被沿海地区落下，那里的自然资源优势并没有很好地转化为经济优势或发展强势。再譬如，自然生态环境优异的美国夏威夷地区近年来经济发展也显现出疲软之势，单纯靠旅游业已经难以保障该地区经济的持续、快速和健康发展。另外，人们对美国硅谷地区昔日成功原因的探究和阐释，也越来越离不开社会学意义上的创新联动和创业协同这个角度，离不开其独特的创新氛围。

因此，"区域"这个概念实际上具有多层次的含义，在不同的时代可得到不同的体现。最表层的含义是一个空间区域观，指的是一个空间坐标位置及覆盖范围；深一层的含义则是从资源禀赋和物产特点出发的格局区域观，指的是一个自然物理空间中具有什么样的自然资源分布状况、物产特点和社会经济发展特征；第三层是网络区域观，指的是对各种社会经济系统或主体之间形成的相

---

* 本章由康大臣、王胜光撰写。

互促进与制约的网络联系；第四层含义则是我们所主张和倡导的港湾区域观，是考虑到人类科学探索和创新创业等相关活动在其中的可发生性和包容促进性，指的是人们在各种问题情境或风险面前很好地合作交流与协同创新，使区域整体具有高水平的智能反应和创新发展能力。

以往区域经济理论大致可以归并或划分为以下三大认识类型，即区域空间范式、区域格局范式和区域网络范式。所谓区域空间范式，主要是从几何学意义上的空间形态角度来进行的区域经济研究，这主要包括廖什的市场区位理论、瓦尔特的中心地理论和费特的贸易区边界理论等；所谓区域格局范式，即指从区域的自然资源禀赋和经济发展布局等角度开展研究所建立的学说，主要是均衡增长理论（如罗丹的"大推进"理论、纳尔逊的"低水平均衡陷阱"理论等）、非均衡增长理论（如佩鲁的"增长极"理论、普雷维什的"中心-外围"理论、弗农的梯度转移理论、威廉姆逊的倒"U"理论等）、区域分工贸易理论、中心外围理论和城市圈域理论等；所谓区域网络范式，即指从网络的角度看待区域并且依此来开发区域，主要包括区域的网络开发理论、累积因果理论、产业集群理论和创新系统理论等。

港湾区域观紧密联系于近年来兴起的新区域主义经济发展理论。与传统理论相比，新区域主义主要考虑的是区域间（interregionness）的一体化，建立的是一体化复合体或一个特定的区域共同体，其中涉及不同区域的文明之间的对话，以建立一种区际、国际或世界性的新秩序。与单纯经济考虑不同，新区域主义理论考虑的是让新秩序内的各个区域在变幻莫测的自然与经济社会形势的冲击和挑战面前实现安全或得到相应的保障。鉴于新区域主义理论指向的是一种合作与安全性，实际上也就是在外界干扰或破坏情况下的可持续发展能力建设，因此我们将其提炼为第四种区域研究范式，即区域港湾范式。

第二节　区域创新发展的生态

一、区域发展的生态观

区域港湾范式需要被纳入生态的研究视角。从这个视角看，一个国家或社会，如果能够在区域层面做好创新创业的生态建设，就可以很好地孵化微观、联动中观、支撑宏观，这需要超越以往亚当·斯密所言的地租、利润和工资的分析视角。新的区域观提示我们，并不是靠现有的基底或资源的开发利用来获得价值体现，而是要通过生态建设来实现价值增创。所以，区域首先是要通过创新生态系统的构建和完善来创造价值。譬如，如果一个区域或大区能够通过构筑自己的生态服务体系来阐发新的意义、创造一系列新的价值，就可以主导或带动很多创新发展活动，就可以突破地理空间的限制、超越经贸关系而在创新发展合作上成为既体现自己的特色，又能在某一方面或某一环节发挥作用的领导者，进而成为全球创新发展中的"大角色"（grand role）。

中国近30年的发展也反映了这样的现实：国家在宏观层面实行的市场经济体制改革是在区域层面进行的尝试，并取得了突破。改革所营造的商业生态环境催生了一波波企业发展的浪潮；我们做了很多有形的基础设施和无形的制度性建设，这些都是创新生态的内容。在当下和未来，我们应该对"基础"与"生态"有更完整的认识。

从生态视角观察，对区域的关注不仅仅是现有价值体系下的资源整合，而应是意义改变或新的诠释下的价值整合。原来一个区域只要有很好的区位或其他自然地理条件，就可以实现很好的发展，此所谓一个区域发展的自然生态。现在，一个区域可以没有丰富的资源或良好的区位，只要有很好的基础设施、经济组织能力和劳动力成本优势等，同样可以为世界提供物美价廉的产品，哪怕原料和能源都需要进口，也可以有很好的发展，此所谓区域发展的经济生态。但现在的问题在于，只是拼基础设施、企业家精神和劳动力成本等经济方面的条件已经不足以让一个区域实现持续发展，现在所需要的是区域之间要能够实现一种逻辑或功能上的衔接及整合，同时要有很好的社会氛围或文化，能够鼓励创业、支撑创新，创新服务有很好的能力水平，此所谓一个区域发展的社会生态。

在新的历史时期，一个区域若谋求创新发展，需要具备或满足以下基本条件：①能很好地提高人的文化底蕴与自由度；②能很好地生成意义并转化为价值；③能够很好地感知领域问题情境并表达成科学问题，能够超领域、跨区域地进行主题性活动；④能进行社会生态建设，如给人以介入、表达和负责任的机会；⑤通过创新创业服务帮助人们改变人生或帮助指导人们创作。一句话，那些能为创新创业提供衔接配套和高水平科技服务的相互合作着的区域才可以实现创新发展。

二、区域创新发展的生态构成

上述条件即为区域创新发展的生态，需要一些基本的要素构成，主要表现为以下三个方面。

（1）知识和人才是创新发展的底蕴。创新发展需要有全社会的广泛参与，但首先需要那些掌握着知识并能够把握创新发展机会和规律的人。知识与人才是创新发展的底蕴，而知识与人才的合成可以扩展到泛指的知识分子群体。在区域的创新发展中，正是知识分子与区域创新发展的战略性服务者以及创新创业行动者的结合才推动了区域的创新发展，也正是在这种结合的意义上，才会形成创新发展的共同体或联合阵营。

（2）机构或阵营是区域创新发展的重要主体或战略支点。就区域而言，起带动作用的是那些具有知识整合、知识创造和概念构思能力的科技智库和事业单位，它们促成的是那些真正能够带来经济发展和社会进步的协同创新共同体。正是这些机构和阵营不断提升领域性知识创新和商业模式再造的工作，才有效促进和增强了区域间的协同创新发展。

（3）城市的功能组团是区域创新发展的基本形态。就创新生态环境的构建而言，区域内各个城市首先需要加强的是创新服务能力的建设。创新服务的对象是区域内的企业、产业、园区，以及研发、转化机制等。原来区域中作为经济中心和政治中心的城市并不一定会成为区域创新生态系统的"中心"地带。在创新发展的语境下，很多非政治和经济中心城市完全有可能在区域创新发展体系及创新服务体系的建设上做得更好，并成为区域创新驱动发展的新"中心"和城市组团联动的主导者。因此，就区域整体和城市个体而言，在经济转型的当口，要站在大区治理的角度和层面，帮助城市做好底蕴建设和角色转变工作，化危为机，变挑战为动力，实现创新发展。

三、区域创新发展的生态演进机制

由于创新发展是异质、多进程的，创新发展进程随时可能会因为各种原因或干扰而中断。若想让创新进程得以不断地启动、衔接和发展，最根本的条件是区域要能够形成良性的循环演进机制。主要表现为以下四个方面。

（1）演化性的层级递进机制。创新能够驱动发展，发展也要带动创新。区域创新发展需要建立如下工作思路：①要使区域内不同的主体形成网络；②要使区域内的网络之间相互联结；③要使区域之间实现一体化协同创新。我们要从自然生态、经济生态中走出来，上升到社会性的创意激发与放大、落实的水平，形成思想市场，让创意竞相涌现并驾驭资本，促进大众创业、万众创新。

（2）创意性的资源转化机制。传统区位论的代表性观点是，区位对区域的发展有着重要甚至根本的影响作用。合适的区位能充分而合理地利用当地的各种资源，降低生产成本，获得经济效益。现在的情况是，区域可以不直接利用本身的资源或者区域本身也并没有丰富的资源，而只要求区域具备将其他区域资产转化为自身资源和大区资本的能力。为此，特别要求有接地气的研发和集成性的转化，以及增进它们之间顺畅递进和良性循环的机制。因此，着眼于创新发展，区域应该注重的不应只是直接、眼前的经济利益，而应着眼于长远的社会效益和生态效能，改变知识生产的形式和强化从知识中发现有重要意义和提取价值的工作，吸纳外部资源促进协同、持续的发展。

（3）智能性的变革策动机制。区域需要建立起一种能在全球性、历史性变化背景下可以很好做到识方辨位的能力，以对复杂、莫测的变化快速做出适当的响应。由于区域是一个多政府、多主体的存在，能够形成共识、建立协同创新共同体就很重要。要朝向共同的前景统一地策动社会改革，实现一体化协同创新和组团发展。这就需要区域能够广泛动员社会力量和调动全球社会资源，在建立高度共识的基础上相互合作，形成基于当代进程的批判性欣赏和想象未来的能力。

（4）生态性的共生协作机制。"内共生"现象是一种关于真核细胞起源的假说，19世纪末20世纪初就有人提出过。直到20世纪60年代，在马古利斯等的推动下，"内共生"学说得到了很大的发展。事实表明，共生进化不是通过弱肉强食消灭对方而实现的，而是通过"和而不同"的融合，多元一体地相辅相成的合作，使共生体的存活机制超越了共生前的独立个体水平。

从发展的趋势着眼，未来在区域间或区域内部这种"共生"现象将会迅速发展。创新型的社会联系所需要的人们之间的联结机制或互动逻辑，在根本上不同于组织性的人际关系。要超越工业文明中的组织性行为逻辑，促进发展"共生体"，倡导"社会化生存"与联动组团。这就需要在区域层面上不断形成全新的主体间的网络联系，在一个区域内确保形成不断演化的互助共生群落，并且与其他区域达到共生的演进效果。

第三节 区域的创新生态治理

一、向港湾型社会的演进

"港湾"具有进入、停靠、避险、补给和出航等支持航行的寓意，未来的区域在功能上所体现的是对经济"航行"的支持。因此，区域间协同作为一种创新生态，其治理的目标是要向港湾型社会演进。这里的"港湾"尤其是指"创新港湾"，是一套集创新问题的情景感知、创意主导下的资源整合、创新过程的全程护持三种功能于一体的承载者。

在整体层面上，每个区域的创新发展都需要与其他区域联系，共同形成和维护港湾中所形成的诸多网络和创新链条。区域欲实现创新驱动和可持续发展，就要求能够很好地随时形成并维护各种创新的跨网络连接，这实际上就是一般意义上对区域经济一体化发展的强调。经济学家弗历次·马克鲁普（Fritz Machlup）认为，经济一体化可以发生在国家之间，也可以发生在一个国家的各个地区间。区域化可以被分为两个层面，即跨越国家界限的区域化和一国之内跨越行政区划界限的区域化。前者是指在一些功能领域里国家间的政治经济合作，是一群地理位置临近的国家为了发展他们共同的政治、经济和战略利益与目标所进行的互动与合作；后者则是在一个国家内部，地理位置相邻的不同行政区为了经济、社会、环境、文化等方面的协调发展而进行的互动与合作，初期的合作可能只出现在某些功能领域或某个具体项目上。在一个国家内有可能形成具备不同核心功能或底蕴的若干区域，通过区域内部与外部的协调发展达到国家发展的目标。

在区域自身层面上要吸纳并整合创新资源，应对各种不确知性及其所带来的风险。由于创新过程也充满了不确知性，随时需要新的事先不可确知的资源的投入。在此情况下，任何个体、组织或网络本身的事先资源储备都是不充分的。区域创新发展的治理目标就是要能够战略性地"管理一个混乱的生态系统"。当今世界是一个开放的世界和风险无处不在的世界，生存与发展都需要能够适应变化和创造变化的能力。哪些区域一起率先构建了"创新港湾"，各种创新资源就会因规避风险和增创价值的需求蜂拥而入。当前所需要的区域间的竞争合作要义即在于此！

二、治理原则与协作机制

港湾型的区域联结所形成的实际上是一个开放的社会复合体，创新发展优势的建立需要区域内的创新要素或主体能够建立充分的响应和协作机制，以应对创新发展和自然生态变化等带来的诸多挑战。这种响应和协作机制的建立对治理方式提出了更高的要求，总体而言需要奉行战略引领、法律保障和实践响应三位一体的治理原则。

首先，战略引领即是要有与时俱进的底蕴和心智，通过发自底层而集汇于顶层的创意、策划，引领区域的创新发展；其次，新的区域创新发展，必须以现已建立的规则和秩序为基础，现代与传统是一种继承与发展、包容与被包容的关系，保持发展或演化的进程不走向歧途，就需要法律秩序的保障；最后，任何希望达到的目标和状态都需要来自区域内所有成员的能动实践，因此各种类型和内涵的创新创业行为的活跃水平正是助推区域生态演化的内在活力标志。

三位一体的治理原则所建立的是区域内主体之间的网络互动和链式衔接。

这种网络互动关系不同于以往生产要素间的结构关系。对现代区域而言，区域内的组成要素不仅仅是建立在经济性的联系上，创新发展更需要这些要素之间的社会性的联系。因此，适应于创新发展需求必须要建立社会性的区域间响应机制。大区之间的差异也不仅仅是先天的，更是后天或人为的，这其中的关键就在于区域之间的互动关系，使各种创新发展活动在区域层面上更好地展开。

三、"去中心化"和"平等"的治理理念

在当今时代，社会的治理必须树立"去中心化"思维和建立广泛参与主体的"平等"意识。这是时代发展的特征，也是创新发展能够形成优势的基础和前提。一个区域的创新发展，实际上也是一个政治命题。创新发展与社会的改革紧密联系，创新发展语境下的改革目的就是要保证知识与资本、权力之间的平等，使知识产权化、创意资本化，让具备创新思维的人才快速胜出和加速创新的发生与涌现。只有在公开、平等的意义上发挥民主，并且承认新思想、新创意的贡献，才能形成一个创新发展的良性氛围，促进智慧的闪现与交融。如果我们不能把"平等"问题置于重要位置来探讨和谋求解决，就难以有效地实现区域水平的创新发展。因此，尽管我们无法预测和把握具体的创新创业结果，但从宏观和中观上可以营造"去中心化"和"平等"的社会氛围，通过发自内部的社会生态活力助推大区一级的创新发展。

本章参考文献

梅亮，陈劲，刘洋 . 2014. 创新生态系统：源起、知识演进和理论框架 . 科学学研究，12：1771-1780.

苗长虹，樊杰，张文忠 . 2002. 西方经济地理学区域研究的新视角——论"新区域主义"的兴起 . 经济地理，6：644-650.

任巧巧 . 2005. 论中小企业集群内共生效应 . 中南财经政法大学学报，4：110-113.

王慧轩，赵黎明 . 2008. 区域经济一体化的内涵与对策研究 . 生产力研究，5：89-91.

魏伟忠，张旭昆 . 2005. 区位理论分析传统述评 . 浙江社会科学，5：184-192.

张学良 . 2005. 国外新区域主义研究综述 . 外国经济与管理，5：16-20, 27.

Machlup F. 1976. Economic Integration Worldwide, Regional, Sectoral: Proceedings of the Forth Congress of the International Economic Association, held in Budapest, Hungary. London: Macmillan Publisher.

第六章

创新发展的社会基础与政策研究*

创新发展的根本目的，是造福人类社会；同时，一个国家创新发展的路径、空间与形态，在相当程度上受制于社会制度结构和文化认知基础。今天，人们对"创新"的理解深化与泛化并存。一方面，创新过程的多元性和复杂性受到了学者们更多的关注，创新早已脱离了纯粹的"技术创新"单一维度；另一方面，整个社会对创新驱动发展的期望越来越高，对创新的社会责任提出了更多的要求。这意味着，尽管商业化成功是创新的追求，但创新不能仅仅停留在商业化成功的目标上。"创新发展"不同于"创新"，所隐含的价值判断即是"创新促进发展"——对照英文原文，这一点更加清晰。"创新为何"，这是我们今天讨论创新发展与社会的关系这一命题中越来越不可忽视的一个重要维度。

另外，"创新何为"中的非技术和非经济因素对一个国家创新发展的影响，是一个旧命题，比如，一些颇具代表性的科技史和经济学家们在回顾人类现代文明和经济增长过程中，一再强调政治、社会和文化等非经济因素在其中所起的重要作用（内森·罗森堡和小伯泽尔，2009；道格拉斯·诺斯和罗伯斯·托马斯，2009）；现在也开始具有了新的值得关注的政策含义，比如，有学者研究发现，同性恋指数可成为表征社会宽容度的一个重要指标，与技术和人才一并成为全球创意经济和区域创新中心崛起的关键支撑（弗罗里达，2006，2010）。

与之呼应的，是与创新驱动相关的社会发展问题也在政策实践层面得到了前所未有的重视。进入21世纪，最早把"创新社会"纳入到国家创新战略层次的应是美国。在《创新美国：在充满挑战和变革的世界中繁荣昌盛》这本当时颇具影响的政策报告中，明确提出美国不仅仅应该将创新视为美国在21世纪取得成功的一个最重要决定因素，应强力推进创新，同时美国未来25年的任务就是要"从创新上优化我们的整个社会"。近年来，欧洲也将建设创新友好型社会作为其创新战略的一个重要组成部分。

从创新社会研究的系统性和理论性来看，目前的学术研究深度不够，总体上仍处于相对分离和零散的阶段。本章梳理了"创新社会论"形成的四个认识

---

* 本章由冷民、王胜光撰写。部分内容已发表于《中国科学院院刊》2015年第5期。

基础，揭示了全球创新中心城市与创新社会的关系，并以创新生态系统为例讨论了创新社会的政策理念与关注视角。

第一节　创新研究的社会学转向及其认识基础

一、创新范式：从"二元论"走向"三元论"

技术—经济范式是创新理论分析框架的一个核心视角。在"创新"概念的早期代表人物熊彼特看来，"创新"是由新技术或新技能的引入而导致的厂商生产函数的变化。后来学者以此为线索，从技术系统与经济增长的互动关系这一核心视角，尤其是市场需求和产业技术竞争的交互演化，来分析和解释技术在长期经济增长过程中，如何通过经济系统来影响产业发展和企业行为，逐渐形成了以技术范式为核心的"二元论"分析框架。

然而，创新价值的实现，不仅是一个技术经济过程，还需要社会系统的支撑与参与。正如当今国际创新研究的重要代表人物伦德瓦尔所言，创新过程是一个企业和外部环境之间交互学习的过程，因而不仅是一个技术过程，同时也是一个植根于一般社会和经济活动中的社会过程。而在"二元论"视角下，创新就是企业微观层面上的工艺、技术的商业化价值实现过程，与之相关的社会组织过程及企业主体这种不断向"高、大、上"演进的技术商业化过程如何更好地造福人类，通常都被置于讨论议题之外。

实际上，如果我们重新去回顾多西、弗里曼、佩蕾丝等技术范式或技术经济范式研究代表人物的著作，即可注意到他们的研究视野实际上涵盖了创新的技术、经济和社会组织过程。例如，弗里曼把技术创新分为增量创新、基本创新、技术体系创新和技术经济模式变革四种类型，其中增量创新和基本创新在一个企业内部完成，技术体系创新上升到整个行业的技术进步，再进一步则是技术经济模式的变革。在这个层次，一方面是新的技术体系的产生，另一方面，则是新的技术体系超出原有技术部门并扩散到其他领域，改变整个市场体系，并最终带来社会组织形态的变化。弗里曼在给佩蕾丝所著《技术革命与金融资本：泡沫与黄金时代的动力学》一书的"序"中，高度评价佩蕾丝的研究，即反对"技术决定论"，认为"任何技术转型只能在社会变革、政治变革和管理变革的互动与合作中发生"（弗里曼，2007）。

　　佩蕾丝指出了为历史学家所知的"技术决定论"的某些谬误，她坚持认为，任何技术转型只能在社会变革、政治变革和管理变革的互动与合作中发生。这意味着范式变迁不仅在企业层面影响了管理和组织，同时也作用于整个社会和政治调节系统，并受到后者的反作用。这在教育和培训领域更为明显，因为对新技术的强大需求推动着变迁；在知识产权体制（商标、专利等）、公司法框架、安全规则甚至国际贸易与竞争方面也同样显著。所有这一切都可见证于"信息社会"的制度建设。佩蕾丝指出了要害所在，即不同国家和地区进行这种制度变迁的能力和愿望是不一样的，这取决于社会因素、政治因素和特殊的历史环境，以及其他社会的和政治的冲突和观念。（弗里曼，2007）

总之，创新既是一种技术—经济过程，同时也是一种社会—文化过程。全面理解创新发展，不能仅仅停留在相对微观的技术商业化和产业经济两个层面，把创新的社会组织和文化过程一并纳入，形成一个科技、经济和社会的统一视角是非常有必要的。当前，随着"创新"的理念越来越嵌入到整个社会组织过程之中，人们既重视对创新的投入和组织过程，也越来越关注新的技术和创新活动、创新产出对原有社会结构的冲击和对未来人类社会可能带来的不利影响。在这里，我们把这种从"二元"走向"三元"的研究视角的拓展称为"创新研究的社会学转向"。

二、"创新社会论"兴起的四个认识基础

"创新社会论"的酝酿、兴起，时至今日渐成热点，应是多方面因素的聚合结果，并非只是生物学视角的演化经济学思想又重新受到关注而已。新时期研发与创新活动演变的新特点、新模式、新挑战，欧美一些国家政策实践的推进以及全球共同面临的重大挑战需要有更全面的解决方案，都是催生因素之一。我们将其总结为以下四个方面。

其一，人是最基本和最活跃的创新要素。20世纪后半叶以来的新技术革命以及知识经济的到来，使得经济学经典著作中关于人作为一种生产资料或生产工具的内涵得到大大扩充。在知识经济的视角下，人力资本与经济增长的关系变得尤为紧密。现代社会的知识劳动者（也不妨称之为创新者），不仅是创新投入的基本要素，而且他们在劳动和知识创造、技术创新、创新扩散等过程中的能动作用也非常重要。时至今日，视知识劳动者和创新者为一个国家最重要的创新资产，已经成为世界主要科技发达国家的战略共识。所谓"科教兴国战略"之要义，一是培养合格且足量的高技能知识劳动者，二是在整个社会层面构建与学习型经济或创新创业型经济相适应的主导战略、政策与资源配置。与欧美一些创新引领型国家相比，我国在中小学创造力教育、高等院校科学与工程专

业技能教育、终身学习和在职教育、大中专学生高质量就业等方面，还有不少改进空间。

其二，创新的社会组织与环境作用明显。创新始于创意，但创意仅是初级阶段；在创意向创新转化和成果扩散过程中，需要合适的社会支撑条件和制度环境。即创新并非在真空中产生，社会环境中的其他各种文化、制度、惯例等因素，都可能影响创新的成功率和绩效。而且，这些因素长期以来相互适应，逐渐构成一种难以分割的整体，会制约或促进新的创新要素组合模式的出现。

来自经济社会学的"社会资本"理论和来自经济地理学的"创新环境"理论，分别从不同的侧重点讨论了创新的社会组织问题。社会资本理论强调了社会信任、规范和网络在提高市场交易和社会效率的积极作用。特别是在新经济的形成过程中，一个高社会资本的区域通常会由于产学研创新主体的高信任关系而更有利于创新合作。创新环境的主要提出者——欧洲创新环境研究小组（GREMI）认为，在一个特定区域中，企业是否易于从所在环境中获得技术诀窍、接近目标市场、雇佣高素质劳动力、拿到地方投入、建立地方联系，对其创新活动及绩效具有重要影响。

其三，创新者的社会属性得到充分表达。从工业经济到知识经济的一个重大转变，是人作为劳动和创造主体地位的显著上升。在大工业经济时代，生产线上的人更像是一种特殊的生产工具——失去了人性的机器，被标准化、定量化的操作规程牢牢控制；劳动者的性别、情感和个性化的工作感受都不重要，劳动者的生理需求和社会交往，在资本方眼中成了多余的生产负担。而进入知识经济时代后，人作为一种社会动物，其社会属性与创造性工作的关联获得了充分的认可。弗罗里达说，"实际上，创意经济的崛起使得创新（技术创新）、商业（经济创新）和文化（艺术和文化创新）比以往任何时候都更加紧密地彼此联系在一起"（弗罗里达，2010）。

这种创新者的社会属性与创造活动结合在一起的现象，在我们周围已经广泛出现。比如，地理意义上的创意产业集群与虚拟意义上的创意社区空间的结合，是文化创意产业为何聚集一地而非另一地的重要因素；粉丝经济的兴盛，显示的是某种与群体价值观和认同感紧密连接在一起的群体消费力量；研发、设计、使用等不同环节融合在一起的"产销合一"现象，使得某些新兴的产业形态出现了高度差异化的"择地"特征。它们看似是知识劳动者和创意阶层对工作地点和所在社区的喜爱和依赖，实则反映了这些创新者对该区域社会生活特征的主动选择。

其四，人类面临的重大挑战需要综合解决方案。今日人类社会面临的全球共同挑战，已非仅仅依靠科技进步或资金注入所能解决的。在通常情况下，与技术经济方案相匹配的社会组织方式的调整不可或缺。芬兰学者里斯托·海斯卡拉和蒂莫·海迈莱伊宁认为，世界经济正在经历一场广泛涉及技术、贸易、生产、市场、经济合作等多个方面的大变革，面对迅速变化的技术环境和经济环境，"二战"后几十年间形成的既有社会-经济结构已很难适应这场深刻的历史变革。

为了应对世界经济模式的转变，不少国家已经加大了科研、教育以及基础建设的相关投入。但是，这并不足以确保经济形势在未来几十年能够良好运转……在这场历史性变革中，"社会-经济"体系需要更加全面和系统的创新和结构性调整。否则，迅速发展的"技术-经济"子系统与调整缓慢的"社会-制度"子系统之间的矛盾就会越来越大。（蒂莫·海迈莱伊宁和里斯托·海斯卡拉，2011）

在这些学者看来，不论是面对由"技术-经济"迅速变化引发的社会问题，还是为了取得良好经济绩效的目标，都需要在传统的技术创新和经济创新之外，对组织、政策、规章和制度等一并进行创新。这种被称为"社会创新"的行为本质，强调的正是创新产生及驱动发展过程中社会基础的重要性。

第二节　创新社会与全球创新中心城市建设

一、全球化背景下的高技能人才流动与择地

前文已经提到，知识劳动和创新者的社会属性会成为他们选择工作地点和生活社区的一个重要考虑因素。在全球化背景下，高技能人才的跨国流动大幅增加，创建全球创新中心城市要吸引高技能人才向本地集聚，就必须在经济收入和社会生活两个方面同时保持对这些人群的足够吸引力。

"真正的经济发展是以人为本的。"知识劳动和创新者的"择地"行为也并非一个新现象。在早期工业经济时代，人作为生产工具的经济属性暴露无遗，在生产布局规划中可以像一块砖、一颗螺丝钉被迁来迁去，而其社会属性则可以被压制到最低程度。弗罗里达（2006）认为，长期以来，经济学家把技术、知识和人才看成是重要的创新投入要素，但没有把这些要素和传统的生产要素（原材料）进行区分。而它们和传统的生产要素（如土地或原材料等）的很大不同是，它们具有流动性，特别是最为活跃的创新要素——身负创造性技能的人，流动性非常强，可使技术、知识、才能、资金等创新资源都随着其流动而成为流动要素。

创新总是会在最适宜它生存的地方发生。知识劳动和创新者表现出来的对社会生活环境，特别是包括生活聚集和消费偏好在内的"择地"行为，意味着能否为他们提供适合的、富于创造活力的社会文化环境——通常就是开放、宽容和多元的，是吸引他们聚焦而来的重要因素，也就成为一个城市创新活力的重要标志。

"人才的全球化是创意经济的根本推动力。"回顾历史，20世纪美国得以成功的一个重要原因是，全球人才的大量涌入为美国经济增长的发动机提供了强大的动力。根据有关资料，由于更加宽松的移民政策和发展迅速的经济前景，涌入的人才在20世纪80年代和90年代上升到了一个新的水平。吸引了来自全球各地的高技能人士。有资料表明，移民对美国当代经济的贡献不可忽视。在对美国经济做出了巨大贡献的新兴企业中，移民人数更多。在20世纪90年代，平均每500家公司中有72家的首席执行官是外国籍，而移民企业更是占了所有硅谷新兴企业的30%，销售量达200亿美元，并提供了超过7万个职位。有一个统计数据表明，美国几乎1/4的科学家和工程师、40%的工科教授，以及超过半数的工程学、计算机科学、生命科学专业的博士学位获得者拥有外国国籍。

正因如此，越来越多的国家认识到，构筑本地的竞争优势不能仅仅局限于在商品、服务和资本方面的竞争，长期的经济优势也来源于能吸引和留住更多的高技能人才。而吸引和留住高技能人才，需要立志成为全球创新中心的城市在创新经济和创新社会两个方面协同发展、相互促进。

二、全球创新中心城市的社会发展特征

为什么一些城市能够成为区域创新中心，是什么因素驱动着科技创新资源向它们聚集？

有的学者从城市化的角度给出了解释，认为城市中心是培养创造性的温床。比如，彼得·霍尔强调，五千年来，城市一直是技术创新和经济增长的引擎，是人类在艺术、医药、文学、政治，乃至科技、商业上进步的摇篮。罗伯特·卢卡斯认为，不是自然资源、劳动力或是技术，而是城市化、区域集中和人口聚集，才是生产力发展和竞争优势的真正来源；他认为城市对人力资本有一种强化作用，现代化程度高、人口密集的都市可以促进人们创造性地相互结合，从而具有更大的生产力优势；斯密尔更进一步分析了创新与城市之间的复杂性，认为城市创新环境的产生主要来自四个方面的影响，包括经济集聚和企业国际化规模、同类型公司的空间集结与定位、城市经济规模与创新进程，以及创新源泉与国际出口市场的关联。

同时，研究还表明，并不是所有的城市都能够参与全球创新中心城市的竞

争。"全球城市"理论的主要创建者，美国芝加哥大学沙森教授认为，经济越是全球化，中心功能在少数几个城市集聚的程度越高，从而使得"全球城市"不仅能主动在全球范围内寻求资金、商品、人口、知识、信息或文化，而且还能影响并控制其他区域或地方，在国际政治、经济、文化生活中具有较强影响力和积聚扩散能力。正是由于"全球城市"对资本、技术、知识和人才等创新要素具有很强的吸引力，所以，"全球城市"往往同时也是全球创新中心城市。

弗罗里达教授的判断是，"世界经济实际上是围绕着一群称为'全球人才磁石'的城市运转着"，而这些城市凭借的是其开放度及有效吸引外部人才的能力。它们不仅具有较高的移民水平（即外国移民人数在总人数中的比重），而且具有多样化的城市移民来源，反映出其对全球高技能人才的吸引力。

另外，还有一批"全球科技园区"城市，通过努力吸引其他地区的高科技公司和人才，并大力培养本土人才，在全球高科技产业占据一席之地，也跻身国际创新前沿城市之列。

总结这些创新中心城市中有利于创新发展的经济社会形态，寻找它们的"特征性区域偏好"，可以发现一些共同的特征。

其一，这些城市都是高密度的人口聚集地，具有发达的科技、教育与其他基础服务设施。经济发达，人流、物流与信息流都较为活跃，一般都是一国的首都或核心中心城市。这些城市良好的运输、能源、保健、信息技术网络和通信等基础设施条件，对于吸引外来创新资源在本地聚集并开展创新活动，具有不可替代的基础性作用。"全球创业观察组织"（Global Entrepreneurship Monitor）列出的有利于创业的条件包括金融支持、政府政策、政府项目、教育和培训、研究开发转移、商业环境和专业基础设施、国内市场开放程度、有形基础设施的可得性、文化及社会规范等九个方面。创新中心城市普遍在这些方面表现优异。

其二，地方政府在提供公共服务方面，具有高出周边环境的效率。通常而言，政府强调其服务而不是统治功能，也更加开放和开明，在着力提高公共服务水平的同时，减少产业技术领域的管制。在这些地方较为普遍的执政理念是，政府的作用只是建立一个适合于创新和企业发展的环境，而不是要在地区发展中起领导作用。

其三，社会普遍崇尚创业精神，鼓励个人进取心，鼓励创造力，鼓励承担风险。社会对创业精神的崇尚不但具有强烈的激励作用，而且也创造了良好的创业氛围。大量的研究显示，创业精神和创新指数有着密切的关系，创新前沿城市的创业率通常要高于其他城市。

其四，活跃的非正式社会网络、良好的创业氛围、合作和扁平化的组织结构。这些也是创新社会的重要组织特征。特别是其中稠密的人际网络关系，对促进创业起到了重要作用。研究表明，广泛的流动造就了稠密的人际网络，起到了社会黏合剂的作用,把个人与组织结合成为一个整体系统;而大量活跃的非正式网络关系,更是有助于在不同公司之间、个人之间传递信息和技术,推动创新的出现。硅谷的创业氛围能够走在全球的前列,与其风险投资、科技人员与经理人员的密切社会交往环境密不可分。

其五,开放、多元与宽容的社会文化。研究表明,一些地区之所以能够在构建、吸引和保有创新资源方面比其他地区更有优势,与其社会文化具有开放性、多样性和宽容性关系紧密。美国学者的研究发现,一个地区对于移民、艺术家、同性恋、波希米亚风格,以及经济社会和种族融合的开放程度,与其经济发展的质量高低有着密切关系。在这里,同性恋指数反映了社会的宽容程度,但并不意味着同性恋存在与创新活动直接对应的动力机制。社会的多元化和对创意的包容,对高素质流动人口具有较强的吸引力。那些能够激发人们创造性才能的地区,不仅仅是容忍差异,而且还是主动地去拥抱差异,主动容纳多样的理念和因素。

总体而言,欣欣向荣的就业和人口,更多的新经济工作岗位,更快的收入增长,更好的创业环境,更开放的社会环境,吸引更多具有创造性人力资源的集聚,是这些创新中心城市发展的典型特征。

第三节 探索适于创新社会的政策框架

一、创新生态系统与创新社会的内在联系

对于创新活动的复杂性、创新主体的多元性和创新发展的全球性,目前流行的建立在动力学模型下的国家创新体系分析框架显得不够充分。进入21世纪,面对世界经济体系的重大变革,整个人类对创新驱动发展的期望得到充分激发,政策层面也对创新活动的价值实现更加关注。在此背景下,以创新生态系统理念代替国家创新体系分析框架成为一种选择。

创新系统的复杂性以及在创新政策上对经济、技术、社会各方面因素的整体协调,是创新生态系统近年来在各国大行其道的一个重要背景。21世纪初,美国竞争力委员会在《创新美国:在充满挑战和变革的世界中繁荣昌盛》的报告中直接指出,在创新过程中,影响创新的各种因素,就像一个生态系统一样,是互相依存的。不论是创新的技术推动、需求拉动模型,还是链式模型,我们"最好不要把创新视为一个线性或机械的过程,而要把它看作一个生态系统,在这

个生态系统中,我们经济和社会的诸多方面之间存在连续不断的、多方面的相互作用"。这种研究视角的转换,不仅意味着创新动力学的过程非常复杂,而且意味着基于创新驱动发展的政策框架,需要更多考虑经济发展与社会进步的平衡。

我们理解,"创新生态系统"概念的提出,实质上是更加强调了创新各要素间动态的复杂交互关系和创新活动的复杂性,将其比拟为一个具有"生命"活力的自然生态系统。创新活动及其主体的这种复杂性,揭示了创新过程中各种影响创新的要素间的互相依存关系。而在政策理念上,创新生态系统强调了创新的社会组织过程的重要性。也就是说,创新生态系统的完善,不仅需要包括资金、土地在内的各种资源的投入,还需要汲取各种有形、无形的社会资源,如社会标准、价值认同感等。因为创新并不是在真空中发生,它需要一定社会条件的支撑和相关制度环境的配合。

因此,也就不难理解为什么美国在 21 世纪初要把国家创新战略提升的视角投射到创新生态系统这个所谓的新政策理念;在我们看来,提出创新生态系统的根本目的,是对创新的社会组织过程的高度关注。换句话说,创新不再是某一个群体或部门的专有职责,而是全社会所有成员的事,人人、事事皆有创新空间。这也是为什么美国竞争力委员会在其"国家创新倡议"中,不仅非常明确地把创新定义为能够创造包括社会价值和经济价值在内的发明与洞察力的结合,而且把"从创新上优化我们的整个社会"视为美国在未来 25 年的核心任务。

二、基于创新生态系统的政策寓意

基于创新生态系统的政策构建,可从不同方面弥补现有国家创新体系政策框架的不足。

一是从生态系统的多线程来看,不只是"研发"之类的"技术活动"才是创新,科技创新政策的焦点不完全局限在新技术和新知识的产生、流动、转化这一单线程。比如,企业"全员创新"的管理理念和实践活动的普及,出现了国外如 3M 公司、丰田公司,国内如海尔、海信等一批成功的典型案例;来自"市场侧"的创新,并不一定需要专业的实验室和 R&D 活动,很多时候只是由一些生产线上的工人师傅来完成,纯粹从科研的角度来看似乎并没有多大的技术含量,却形成了部分企业的竞争优势;还有社会参与面更广的"大众创业、万众创新"也都从不同方面强调激发普通人群的创新潜力。

在很大程度上正是这些群发性的创新保持了经济活力和成为促进经济发展的动力。创新活动的产生和科技成果的商业化需要一定的社会条件支撑和相关制度环境的配合,而这涵盖了更多复杂而难以用直接的机械流程可以解释的内容。我们需要用更开阔的眼界和更积极的心态来认识科技和创新发展的路径,一切主体皆有创新之由,"人人创新,处处创新"应成为创新政策社会维度的一个重要发展目标和理念。

二是从生态系统的多样性来看,创新生态系统是多主体共同维系的一种均衡体系,过于强调某种单一的创新主体建设实际上反而在一定程度上制约了其他主体的持续、健康发展。借鉴生态学的说法,各种不同的主体都有自己在系统中的生态位,如果缺乏某种生态位的支撑,就可能导致生态系统功能的紊乱,甚至造成生态网的破裂。在日常工作和生活中,我们常常喜欢整齐、划一的规划布局和统筹安排,但实际上,生物学家们早已注意到这一点,将乱和复杂性看作是生态系统的重要属性之一。形象地说,就像生物多样性一样,一个充满活力的所谓好的创新体系一定是多维的、看上去似乎有点乱的复杂系统,这反而会成为创新体系的某种活力源泉。这也是为什么现在人们越来越多地倾向于采用创新生态系统,而不仅仅是国家创新体系研究视角的原因之一。

比如,中国企业中看似没有多大技术含量的非技术类创新活动,或可称之为"工艺创新""低成本创新""市场驱动型创新""源创新"甚至"标准驱动型创新",在中国一大批生产型企业中的适用面非常广,但易被具有"高科技近视症"倾向的政策制定者所忽视。这也启发我们应将更具包容性的创新主体和行为也纳入国家和区域创新体系建设的重要任务之列,采取多种方式鼓励生产型企业职工的"现场创新"、中低技术密集度产业的"集聚创新"和服务行业中"看不见"的商业模式创新。

三是从生态系统的共生性来看,构建区域创新生态系统需要更加看重不同区域、不同层次的创新活动的共同发展。作为具有政策理念的创新生态系统,更加关注创新发展维度的多元性和包容性。总而言之,创新体系的发展应该把创新的多主体、多层次和多进程考虑在内,而不是首先人为设定一种统一的模式。不同的创新主体应有不同的选择路径,只要其主导的发展方向是朝向创新驱动,都应成为创新体系建设的鼓励方向。鼓励各个创新主体提升自我调节实现发展的基本能力,使创新资源配置更加开放和共享,让各类创新主体都能适得其所,共同构建高度协同的创新体系,应成为未来创新政策体系设计的一个重要出发点。

本章参考文献

道格拉斯·诺斯,罗伯斯·托马斯. 2009. 西方世界的兴起. 厉以平,蔡磊译. 北京:华夏出版社.

蒂莫·海迈莱伊宁，里斯托·海斯卡拉.2011.社会创新、制度变迁与经济绩效.清华大学启迪创新研究院组织编译.北京：知识产权出版社.

弗里曼.2007.序//佩蕾丝.技术革命与金融资本.田方萌，胡叶青，刘然，等译.北京：中国人民大学出版社.

弗罗里达.2006.创意经济.方海萍，魏清江译.北京：中国人民大学出版社.

弗罗里达.2010.创意基层的崛起.司徒爱勤译.北京：中信出版社.

内森·罗森堡，小伯泽尔.2009.西方现代社会的经济变迁.曾刚译.北京：中信出版社.

第七章

互联网技术经济范式下的创新发展*

互联网正在带来全球技术经济范式的转变,一个国家的创新发展必须适应这样的时代演变,对快速进入新的技术经济范式做出战略响应。

第一节 对互联网经济的认识

一、互联网

互联网可以实现普遍的信息连接,即主体连接可以采取任意信息形式,而信息可以在任意主体间进行连接。

所谓任意信息,指的是特定主体之间可以传递任意信息形式。自然事物之间的信息连接有无穷多的形式,如光线、声波、相互作用等,但是特定主体之间的信息连接形式以往受制于物理特性从而是特定的,而互联网可在特定主体间传输任意信息形式。迄今互联网实现这一点的方式就是把各种信息形式转换为比特即数字化,任何已有的信息形式(如文字、语音、图像、纸质出版物、各类传感器收集的物理信息等)一旦数字化后,可通过互联网实现自由流动和自动处理,即理论上任何信息形式均可转换为比特。

所谓任意主体,指的是不限领域和形式,主体之间均可相互连通。首先是不限主体的领域,不管是人与人的连接、人体上不同设备以及围绕个人的局域环境设备的联网、物与物的连接(物联网),还是将来进入人体或不进入人体的纳米机器之间的联网,以及未来星际之间的联网,等等,都是互联网的具体形式;其次是不限连接的数量形式,不管是一对一、一对多还是多对多均可实现信息连接。实现这一点可以通过各种不同的技术手段,如电话线、电线、光纤、

---

* 本章由赵夫增、王胜光等撰写。

无线、卫星、灯光通信等，以及兴起中的量子通信、实验中的中微子通信等，这些不同的技术形式可能有不同的适用领域，但瞬间可达是其基本特征。

互联网的普遍信息连接意味着所涉主体的全面信息联通，与之相比，其他信息连接则会由于距离、关卡、语言、货币不通、度量不通等情况而闭塞。电话、广播和电视虽然具有远程瞬间可达的连接通道，但同样有着各自的局限性，电话只能传递声音信息，广播和电视具有单向传播的局限性，以及这些连接形式由于缺乏统一的信息形式实际上处于条块分割的状态等。

二、互联网基因与产品

互联网正在形成对社会生活和经济活动的全新改变，现阶段尤其表现在产业领域，互联网在形成新兴产业的同时也对各行各业带来致命的颠覆，表现为：①互联网产业本身，如互联网技术（硬件、软件）、互联网设施和互联网平台运营本身；②互联网＋，即互联网企业以新的方式再造制造业和服务业；③＋互联网，表现为传统制造业和服务业基于互联网的产业重塑。对这些现象，国内产业界提出，新的发展需要用互联网思维或互联网基因。

理解互联网基因要从产品谈起。以智能手机为例，智能手机与传统功能手机最根本的变化在于，手机不再是特定功能硬件，而成为具有通用信息功能的互联网终端。由此，我们可以概括互联网基因的三个基本特征。

一是产品皆终端。即植入互联网基因的产品成为互联网终端，都能够接入互联网。例如，Nike 运动鞋通过植入传感器，可自动追踪跑步时长、距离、速度等信息，并将数据上传至 Nike＋在线社区，或与智能手机建立连接；Cuptime 智能水杯，通过嵌入传感器、陀螺仪和蓝牙芯片等方式，可实现日常饮水量监测、智能饮水计划和饮水提醒功能，并通过接入手机 APP 而实现饮水习惯的评价和建议；智能手表、智能插座、血压计等都会成为互联网终端。

二是终端依托云平台。以前售后产品呈孤立存在，如今一切产品皆有在线运营平台，这个平台对所有产品终端进行持续的数据收集和智能响应，这些响应在多数情况下能够自动进行，必要的人工参与则通过平台纳入统一安排。

三是需求感知敏捷化。作为互联网终端，产品即是媒介。产品通过数据的收集和处理，可使企业和用户都感知需求信息的变化。企业还可通过电商平台、社交网和移动社交媒体等多种渠道，实时、全面和持续地感知进而智能响应用户需求，从而使产品的迭代创新和快速升级成为可能。

因此，终端化、云平台和需求感知，是互联网基因的基本表现[①]。尤其是移动互联网的到来使互联网已经成为普适基因，它要融入实体世界，推动比特与原子

---

① 业界有"软件＋硬件＋平台"三位一体的说法，主要是指前两个方面。

世界的融合，成为实体世界的头脑与神经，带来对实体世界新的组织和运行。

三、互联网基因与技术创新

互联网日益成为ICT技术创新的引领。移动互联网、云计算、大数据、物联网和各种智慧概念，这些新兴技术和新兴业态或者发源于互联网产业，或者为互联网技术所驱动。举例来说，云计算主要是亚马逊和谷歌等互联网巨头所倡议的；大数据技术主要是持续积累且须实时处理海量数据的互联网公司所驱动的；以智慧地球、智慧城市等为代表的各种智慧概念实际上是物联网和大数据等技术与各传统行业的结合应用。并且，在普遍互联的精神下，互联网快速推动新一代信息技术，涉及信息的感知、传输、处理、存储和分析、信息输出和物理驱动诸环节，其中感知包括各类感知层技术的发展，传输涉及各种物理连接方式和协议的发展，处理、存储和分析包括云计算、云存储、数据分析及硬件设备如芯片、存储设备等技术的发展，信息输出涉及作为互联网终端的各种软硬件的发展，物理驱动涉及主要通过互联网实现的产品或设施的智能驱动（如智能机器人和无人驾驶）技术的发展。新一代信息技术将更大程度地实现世界的普遍信息互联。

互联网明显加速了技术创新的扩散。由于互联网能够形成海量用户基础，新产品在小众市场到大众市场之间的扩散门槛大大降低，并且能够较快进入成本下降、性能改进与产品扩散的迭代轨道，从利基产品发展为大众产品，如在ICT领域的互联网地图、相机技术、显示技术、人机交互和传感器技术等无不如此。这使技术变革几乎不存在传导到社会生活的时滞。

更具深远意味的是，互联网的突飞猛进直接刺激了新兴学科的发展，如人工智能、数据科学、认知计算等[①]。对互联网产生的海量数据处理，带来了大数据分析、人工智能、认知科学等技术与科学的发展，并且这些不再是少数科学家和实验室里的研究，而是成为产业发展的前沿。由此取得的进步也不仅直接有利于互联网产业的发展，而且对其他学科和产业领域都起到重要推动作用，形成新兴学科和新兴产业。

四、互联网技术经济范式

范式首先由科学哲学家托马斯·库恩提出，指共同体成员共享的具有内在统一性的信仰、价值、技术等的集合。这一概念后来为创新经济学所借用。多西首

---

① 这些学科的外延与内涵界定的模糊性恰恰是新兴学科的特点。

先使用技术范式的概念,把它定义成解决各种技术问题的一种通用模式;佩蕾丝进而发展出技术-经济范式的概念,意指一套通用的或成为常识的技术和组织原则(Perez,2009)。总之,范式指的是在特定领域具有内在统一性和外在普适性的一组原则,范式转变意味着这些原则的同步变化从而使得事物整体进入新的状态。而范式之所以会转变是因为新的技术经济范式能够创造更高的价值。

从这样的角度理解,目前全球正在进入以互联网为核心的技术经济范式。能够形成互联网技术经济范式的原因也在互联网能够带来新的价值,更准确地说是发生价值颠覆。

(1) 由产品导致的价值颠覆,如智能手机、平板电脑、电子阅读器、互联网电视、电视盒子、智能路由器、可穿戴设备等信息类终端产品。这类产品既有新式设备的发明,也有对传统设备的改造。这类产品往往具有某种程度的通用信息功能,即可在操作系统(Operating System,OS)基础上进行应用开发,从而能够发展出特定的产业生态系统。在这类产品中,"软件+硬件+平台"三位一体已经成为经典模式,其中终端只是提供信息服务的硬件载体,厂商高度重视对运营平台的争抢和对用户行为数据的收集。由于互联网基因企业重在积累和发展平台资产,硬件产品不是其主要利润来源,企业可以把硬件乃至软件成本压至最低价或成本价,同时由于营销和渠道成本的大幅下降,如,小米科技和乐视网,这给没有运营平台资产的传统供应商带来巨大挑战。

(2) 技术带来的价值颠覆,如对传统 IT 企业而言,互联网平台运营商通过开源软件、开放平台架构和云计算技术的大量利用,实现供应链成本和用户门槛的大幅降低,直接破坏了相关 IT 企业的传统商业模式。例如,谷歌推广开源移动操作系统,绕开服务器供应商直接采购芯片、内存等组件,甚至可能直接研发芯片,Facebook 开放数据中心架构,阿里推行"去 IOE 化"举措等,这些对传统移动终端、服务器、软件和信息服务商等都构成严峻挑战。事实上,免费文化在互联网业界能够大行其道,以及互联网企业能够肆无忌惮地推广开源文化,根本原因也在这里①。至于互联网巨头的虚拟运营业务给电信运营商带来的管道化危机更是众所周知。

(3) 技术和产品导致对服务业的价值颠覆,如为供需双方提供交易平台和中介服务行业的领域。互联网基因有效降低了交易成本和信息不对称程度,并通过降低交易成本和提供更好的交易服务来创造新价值。例如,批发和零售业,电子商务能够以更低成本提供更好的解决方案;如今随着移动互联网的到来,各类生活服务业(如打车、家政服务)也处于类似境地;再如金融业,其本质

---

① 单纯靠信息产品边际成本为零说明免费是不够的,因为传统软件同样具有边际成本为零的特点,但免费对于它们并非主流文化。

在于投融资双方的供需对接和专业服务，其中供需对接环节通过在线方式能够以更低的成本提供更好的服务。不仅如此，许多本质上由专业人士提供知识密集型服务的传统机构也正在发生由互联网带来的价值颠覆，如 MOOC 会使课程脱离对大学的依赖、在线平台支持医生脱离传统医院开展医疗服务。

互联网既可以本身带来新的产业业态和创造新的价值，也可以让旧业态和旧经济形态以更低的成本创造更大的价值。因此，一场新的范式变革正在开始但还远远没有结束。按佩蕾丝技术经济范式的理论描述，充其量今天我们处在范式变革从导入期到扩展期的转折期。尽管新范式的全景尚不清晰，但我们已经可以从产业和创新的视角看到新范式的端倪。

第二节 新范式下的产品、企业与产业

一、产品与企业

互联网带来产品性质和产品形态的革命。从性质而言，产品成为互联网终端。而从形态而言，作为互联网终端的性质导致了产品演变为由软件、硬件和数据平台共同构成的"三位一体"形态。这种产品性质和形态的革命导致互联网经济范式下的企业盈利属性和企业生产行为的根本变化[①]。

首先是产品向"三位一体"所支撑的服务体系发展。在传统形态下，产品一般呈现单体或孤立形态。对厂家来说，产品售出即是产品价值实现的终点或接近终点；产品售出后与厂家的联系较为稀疏，对客户往往表现为成本或麻烦；至于不同客户的产品之间基本上没有联系。而产品成为互联网终端，企业和用户可以通过产品互相敏捷感知，产品价值从基本功能拓展为多重体验和持续性增值服务，客户关系从单纯的产品交易发展为立体的社会交往，由此带来对产品的持续改进和增值服务。产品使用越久，对用户了解越多，厂商对用户需求的响应就会越准确和越丰富，由此形成在需求感知基础上持久流动的价值。例如，厂家对产品使用状态的实时监控和智能维保；个性化的智能服务，如智能空调、自动驾驶；对用户需求信息的收集和响应，如智能冰箱对内部实物的管理、智能衣柜对内部衣物的管理。企业的盈利更多转向产品售出后的服务增值。

---

① 参见：周鸿祎告诫传统企业玩法变了：把产品卖给用户后，体验之旅才开始，http://www.huxiu.com/article/21743/1.html。

而服务是建立在产品"三位一体"的支撑基础上。产品的终端化成为服务提供的载体，产品售出只是企业对客户价值创造的起点；售出后产品的价值创造主要体现为信息、智能的非实体形式，是在所有产品终端数据收集基础上由平台软件处理的结果，因此以产品为载体进行的价值创造实际上是软件、硬件和平台"三位一体"支撑服务的结果。以海尔为例，海尔新推出了互联网云产品（云冰箱），可通过内置模块实现产品自动检测和故障信息实时上传从而实现主动售后服务，可在食材扫描录入基础上对食材进行智能管理；再如云热水器，可以提供远程安防监控的增值服务。

其次是企业行为向满足用户需求的迭代创新转变。过去企业行为重在生产，而当企业的盈利性质发生转变，企业的行为就转移到在产品"三位一体"基础上的迭代创新。进一步满足需求的服务需要企业根据平台和终端软件的需求信息反馈不断改进升级，根据持续积累的数据不断加深对用户的个性化理解，特别是作为产品连接中枢的在线运营平台需要极其频繁地进行迭代创新，从而使得以平台、软件和数据为主体的服务能够更好地满足需求和获取盈利。

平台会让用户信息和使用信息永久存留，产品将会纳入持续迭代创新的轨道。迭代创新让平台"用得越多，就越好用"、让硬件和软件终端不断推出新版本，从而通过建立在信息永久存留基础上的迭代创新使产品和企业进入永续生命周期——除非被新的革命性产品所颠覆。仍以海尔为例，不难设想，随着云平台对用户终端数据的收集和处理，海尔公司通过大数据分析对个体用户和群体用户的理解将会越来越深入，从而能够为产品创新提供越来越好的数据支撑。

二、企业与产业关系

以往人们是从产业分工和产业链来理解企业与产业的关系。现在这种企业与产业的关系也由于新范式的冲击而正在发生快速的转变。

一是企业间的互联互通会形成产业的智能生产网络。互联网的精髓在于信息的互联互通。在产业世界里，同一产业的不同企业之间乃至不同产业之间，无论是产品终端还是在线平台，无论是数据还是程序，都能实现不同程度的互联互通。例如，以用户为核心，不同信息终端如计算机、平板电脑、手机、互联网电视、车载终端之间的信息联通正在成为普遍趋势，这种客户数据的联通自然会牵引有关在线平台的开放联通。因此，在宏观层面，相关企业就会由于相互联通而形成一个宏大的智能生产和经营网络，这个网络会重新定义产业的企业构成。企业与产业的关系将会取决于这个智能网络所建立起来的共生共存的企业依附关系。再以海尔为例，云冰箱的在线菜单分享功能形成在线美食社区，在线美食社区形成食材与电商的相互依附，以及供应链与产品制造商的共生共存。这种新型关系在互联网行业已是常态。在桌面互联网时代，计算机是主要终端，基于这一终端发展出的搜索、电商、社交等各层各类的信息服务平台，以及围绕这些平台所形成的生产端和服务端企业正以新的方式定义产业。或许更准确地说，未来企业与产业的关系需要建立生态角度的认识，是企业生态的依附关系定义了产业。

二是在这种生态依附关系中，在线运营平台是产业核心资产。所谓在线运营平台，包括体系架构和持续数据流，如果撇开其中的硬件要素，那么实际上就是作为逻辑引擎的软件体系和被持续处理的大数据两大方面。在线运营平台日益成为产品能够提供更好的服务的神经中枢。例如，驱动终端产品或经由终端产品提供的智能信息，一般是平台对用户数据进行处理的结果；再如，通过商品评价信息的处理和用户信用资产的积累，平台可对供需双方的行为模式进行良性导向，例如，使商家和客户加强信任与合作，降低纠纷处理中的对立乃至对抗，从而改进社会整体福利水平。这些增值服务之所以可能，除了作为产品终端的软硬件设施外，关键在于云平台的智能处理。

三是平台运营商主导企业的商业模式。产品永续的生命周期要以在线运营平台这一核心资产为支撑，企业和客户依托在线运营平台共生共存，形成依托平台的供需关系和商业模式。因而，平台运营商就成为新经济关系或新商业模式的主导，所有相关企业需要基于在线运营平台这一核心建立商业模式。

三、产业生态系统

互联网范式下，随着各行各业互联网在线运营平台的逐步导入，"产业生态系统"的概念旋即发酵。这主要是由于在线运营平台的普遍出现使所有产业相关者形成了共生共存的依赖关系，即生态关系。

在互联网经济时代的产业生态演变会急剧加速。这是因为在线运营平台所维系产业相关者（企业、用户、公共部门和中介等）的规模和范围决定着这一产业生态的存亡，所以以平台运营商为代表的相互侵袭导致了生态的快速演变。目前各类互联网平台商相互侵入对方核心业务已经司空见惯，如腾讯微信做移动支付和电商入口、小米做移动IM、360做搜索等企业行为。随着进一步的发展，其他行业植入互联网基因的过程也将是形成有关在线运营平台的过程[①]和在线运营平台竞争的过程，产业竞争越来越表现为运营平台的竞争，或者说是产业生态的竞争。同时，互联网下的产业生态系统，企业和产业"变异"的节奏

---

① 随着移动互联网的发展，生活服务业也在迅速形成各层各类的运营平台，如地图、社交、医疗、旅游打车等应用。

也迅速加快。例如，随着实体产品成为服务提供的载体，生产企业会伴随对产品的售后服务和运营向服务企业转化，同时服务商也可以经由智慧生产网络，自身扩展为满足用户需求的制造。

在产业生态的快速演变中决定竞争优势的力量仍然是产品和技术，更准确地说是互联网时代的产品（"三位一体"形态的产品）与互联网时代的技术（驱动性的技术）相互作用下的改进和升级。驱动性的技术通过互联网持续性地改进产品形态；而"三位一体"形态产品内在的用户参与性，会不断增进对驱动性技术的进步要求，如永无止境地提高带宽的要求、海量数据进行智能处理的要求。产品和技术进入循环往复的更新升级，竞争优势的建立取决于改进和提高的速度和效率，即创新的速度和效率。图7-1解析了这种产品和技术的内涵和互动演进的迭代关系。

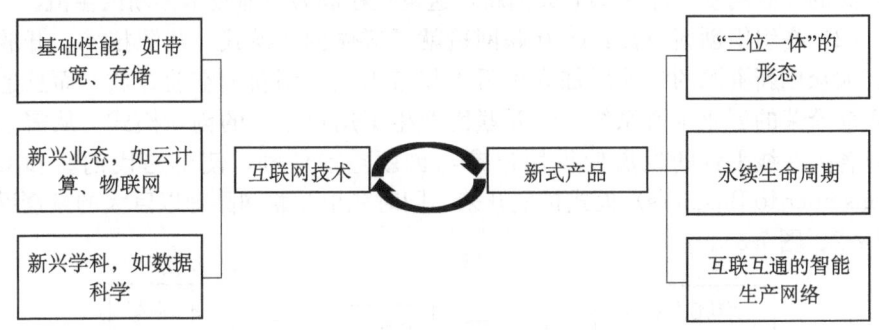

图 7-1　互联网技术与新式产品形态的相互促进

目前在线运营平台以及围绕平台的数据收集、存储、处理和智能服务诸环节都被冠以互联网产业。但未来的发展，在线运营平台成为各行各业的生态支撑和产业中枢。尽管在感知、连接、计算等信息技术环节，在线运营平台会有通用体系架构。但随着互联网向产业的深度渗透，各行业会有各自的独特业务引擎和专业化的平台运营商，从而形成不同的产业生态群落。

第三节　新范式下的创新

一、创新范式的变革

互联网是技术创新的产物。作为信息连接的普遍形式，互联网反过来对于技术创新有着深远影响。随着互联网基础设施的持续快速进步，越来越多的信息形式在全球范围内瞬间可达，其中与技术创新相关的信息流动也空前便利，因此大大加速了技术创新的发生与传播。互联网成为推动技术创新的最有力因素。由此也促进了多样化的创新浪潮和对创新的概念解读，如大众创新（埃德蒙·费尔普斯，2013）、迭代创新①、开放创新（亨利·切萨布鲁夫，2005）、用户创新（von Hippel，2012）和精益创业（埃里克·莱斯，2012）等。互联网基因正在形成席卷一切的颠覆浪潮，而这种颠覆的表现就是创新和创业。

在这些浪潮和概念的背后，技术创新本身（不涉及组织创新、商业模式创新、制度创新和观念更新）也在发生着创新范式的变革②。范式变革主要表现在以下几个方面。

（1）在诱发创新方面：①驱动性的技术引发创新。一代技术创新的完成正是下一代技术创新的开启。②产品形态革命（产品皆终端）带来创新。任何已有产品的互联网基因注入都形成创新，这也正在成为当前技术创新的主流。

（2）在组织创新方面：①互联网造就了群体创新模式。开源技术、开放科学、大众创新资源的空前增加和可得不仅带来企业创新的空前开放，而且造就了空前繁荣的创业生态系统。②互联网产生了用户参与的创新模式。从需求端看，各类在线平台的发展使得用户参与创新空前便利，使得迭代创新和 C2B（Consumer to Business）模式扩散开来，同时赋予互联网品牌以巨大的颠覆潜力（图 7-2、图 7-3）。

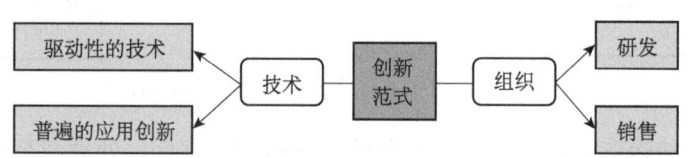

图 7-2　创新范式的基本框架

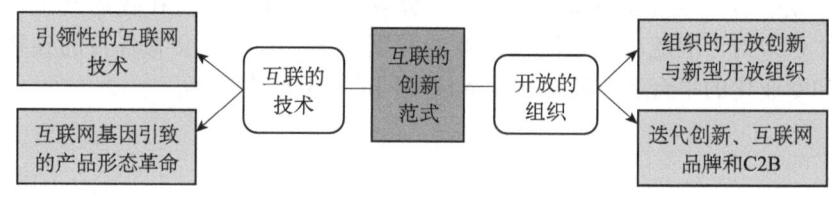

图 7-3　互联的创新范式

新创新范式的灵魂在于互联，互联诱发新的创新和增加新的创新活力。前者意味着创新方向的最新定向，后者意味着创新方式的重大发展。与之相比，

---

① 参考：http://people.techweb.com.cn/2013-07-15/1310034_2.shtml。
② 这里的创新范式主要是指涉及创新的技术和组织方面的普适性原则。技术包括驱动性的技术和该技术的普遍应用，组织包括研发和销售两大环节。

传统情况则更多体现为产品之间的相对孤立和组织之间的相对封闭。互联网催生了互联创新范式或以互联为核心的创新范式变革。对这样的范式变革或许更准确的是需要从生态的视角加以理解。如果把创新范式纳入技术-经济范式的大集，则更加表现出互联网创新范式在生态空间上的相互关联和在时间上的代际演变。

二、开放的创新组织

互联网不断加深人与人之间的信息互联，而人是创新过程中的创造力之源，从这一角度而言，互联网正在加速成为技术创新的普适组织平台。

一是开源技术和开放科学。在科研领域，基于互联网平台的开放存取（open access）乃至开放科学[1]不断扩大影响力。从科技文献的开放，到科学数据的开放，到开放式知识产权（如开源软件，以及创新者专利协议、知识共享协议等），到开放课程（open course）式的成果传播，开放科学在多个环节快速发展，并依托在线平台形成在线科学社区，日益显示出相对更高的科研效率和成果传播效率。

二是大众创新。以开放课程、学习社区、科技博客、新式科普网站、科技社区或社交网等为典型，在线知识资源空前增加；与此同时，云计算提供的信息设施资源，开放数据提供的数据资源，在线设计工具的发展，开源文化（既有软件也有硬件）的流行，以 3D 打印设备和生物芯片实验室为代表的个人或小型设备的发展和成本的下降，通过互联网实现的生产车间、销售渠道的第三方服务平台的发展等，使得技术创新的门槛空前降低，大众创新日益成为现实。

三是企业的开放创新。企业之间形成合作伙伴网络是过去几十年的一贯趋势，创新协作是其中的一项关键内容，企业之间的创新协作传统上是开放创新概念的主要内涵。如今在互联网条件下，随着大众认知盈余[2]的空前发展，通过互联网平台直接利用社会创新资源成为可能，包括企业在内的各种组织创新资源开放性的持续提高，技术研发在线协作平台、技术供需在线对接平台以及在线和线下创新协作的发展，研发外包乃至众包[3]变得可行，开放创新得到空前发展，正在成为人们普遍接受的理念和行为。

三、用户参与和需求导向的创新

技术研发是创新的基本环节，但创新是否成功最终要由市场说了算。互联

---

[1] 参见：http://www.yangzhiping.com/psy/open-science-toolbox.html；http://tech.qq.com/a/20140204/000079.htm.
[2] 克莱·舍基. 认知盈余. 北京：中国人民大学出版社，2011.
[3] 参见：http://tech.sina.com.cn/i/csj/2013-03-13/08578140659.shtml.

网为企业理解用户需求提供了空前便利，使用户直接引导和参与创新有了可能，出现了许多种用户参与创新或企业与用户直接互动的平台，如表 7-1 所示。

表 7-1 用户参与创新的典型平台

渠道	特点	适合对象	平台案例	项目案例
大电商	为网商提供用户沟通工具的第三方平台	网商	天猫品牌馆，Fab	天猫上的阿芙精油，三只松鼠，爱肯牛仔
垂直电商	企业自建的互联网品牌平台	厂商	Harry's, roseonly	—
社交平台	企业与用户直接沟通	各类企业	Facebook, 微博, 微信	黄太吉，雕爷牛腩
众筹网	以产品预售方式获取市场反馈	创业公司，产品开发	Kickstarter, 点名时间	Pebble, Oculus
自建平台	企业与用户直接沟通	大企业	海尔，耐克，小米	—
产品媒介化	企业直接获取用户使用信息	已有企业，已有产品的改进	—	海尔家电

通过这些平台，形成了产品开发过程中的快速迭代模式。通过产品的使用信息的实时反馈，使得企业能够灵敏把握需求变动和不断进行产品改进。随着互联网基因向传统领域的渗透，这种迭代创新模式也随之蔓延，这种情况不仅在互联网硬件领域，而且在日常生活服务业也有许多典型案例，如黄太吉、雕爷牛腩等。如果说众筹网是创业公司进行产品试错和迭代的平台，那么具有互联网基因的产品本身的媒介化则会成为产品迭代创新的通用模式。

结合产品的快速迭代，依托交互平台，互联网也成为低成本打造品牌的平台。企业能够与用户形成密切互动，在产品不断改进基础上建立口碑，降低营销成本。在平台方面，大型电商平台如天猫正在致力于成为互联网品牌的培育平台，而移动社交平台如微信看起来在这方面潜力更大；在硬件领域，中国的小米手机和华为荣耀手机、法国的 Wiko 手机和印度的 Micromax 手机等是互联网品牌的典型案例；在传统领域，如以限时闪购艺术品为主的 Fab、只出售剃须刀的在线品牌 Harry's、专注在线上男鞋的 Beckett Simonon、眼镜电商 Warby Parker 等也是互联网品牌打造的成功案例。

探索发展中的 C2B 模式[①]。通过互联网平台，需求聚合和定制的成本能够大大降低，从而具有巨大发展潜力。这一模式主要有两个优势。一是需求的数量聚合，通过团购等形式用户可对供应商提升谈判能力，同时供应商则能在生产之前预先获得相对确定的需求信息。二是需求的个性定制。对于非标准化产品与服务，或者设计元素较重的产品与解决方案来说，由需求定制进行生产引导显然具有极大的价值创造潜力。但是，总体来看，C2B 目前主要还处于概念研

---

① 参考：http://www.ebusinessreview.cn/articledetail-113844.html。

究和实践探索阶段,尚未出现有广泛影响力的成熟实践案例。

第四节 互联网驱动的创新创业生态

一、新的创新创业生态现象

本书所指的创新创业泛指通过新技术、新市场、新商业模式等创造出新价值的行为,而创新创业生态是指创新创业行为体与创新创业环境的一体化。创业生态的概念并不陌生。但今天突出强调创新创业生态,是因为在互联网时代的创新创业所表现出的新特征,即在特定的环境或场景下,创新创业主体的持续繁育和创新创业群落的生生不息。这与以往呈孤立存在或偶发存在的创新创业现象有很大的不同,尽管以往也会有创业的潮起潮落,但以往的创新创业较少表现出在某一环境中的根植性和持续性地生成。互联网时代的创新创业与环境或场景融为一体,在这环境中的单个创业有生有死,但创新创业作为一种整体现象却呈持续存在,并不断放大和衍生,因而具有生态性的存在。

例如,目前在中关村自主创新示范区、深圳自主创新示范区和杭州高新区等的环境中,以及在中关村创业一条街的场景中,创新创业的生态特征极为明显。以极客或小组、新型孵化器[①]、开源社区、技术或创意社区等为代表的新的创新创业现象层出不穷;随着开放创新资源的丰富和易得,越来越多的小公司能做以前只有大公司才能做的事情[②];创新创业人群可能既可作为机构成员从事有组织的创新,可能同时以个体身份在业余时间参与创新社区或开展创业[③],这实际上是传统组织形式在某种程度上的解构;至于大公司,通过风险投资、创办孵化器和大学、举办创业大赛等形式也开始营造创业生态系统,整体形成了创业生态系统的繁荣。

繁荣的背后同样是由于在创新创业生态中互联网基因的注入:互联网基因结构性地改变了创业生态系统系统,互联网基因也使创业生态系统成为驱动互联网发展的引擎。

---

① 参见:http://www.chinahightech.com/html/684/2013/0513/100706.html。
② 例如,WhatsApp 的案例,公司只有 50 人,在被 Facebook 收购时估值 190 亿美元。
③ 众筹网上的许多项目,都是业余团队的杰作。

二、互联网基因改变创业生态

互联网在线平台是未来产业发展的支撑,也是创业生态系统变革的核心。在线平台从三个方面促进了创业生态系统变革:一是在创新创业要素的方面,这些在线平台形成了创新创业与要素之间的互联互通,形成开放要素平台;二是在市场需求方面,多种在线平台提供了潜在的海量客户,并为需求信息反馈提供了便利,形成了市场或用户参与平台;三是在创业群落方面,在线平台为创新创业者队伍提供了开放的组成空间,促进了创业群落的繁荣与共生,根据习惯称之为开放的组成空间。

1. 开放的要素平台与创新创业

互联网带来开放的创新创业资源。对于创业涉及的所有环节或要素,包括技术、资本、人才、信息等,目前均已形成新式的在线平台,如表7-2所示。这些平台作为典型的双边市场设施,打破地理空间限制,形成创业要素的无障碍供需对接,使创业企业能够连接和整合外部乃至全球的创业要素资源,包括在线直接可用的数字化资源和通过在线平台实现连接的实体资源。特别是在互联网领域,由于产品在多数情况下不涉及物理实体,企业员工或合作伙伴开展远程协作的情况屡见不鲜,使得互联网服务不仅能够在线提供,而且能够在线生产;随着云计算的出现,计算机硬件和软件资源也能像本地终端一样远程调用,使得创业企业进一步摆脱了对创业要素的空间临近要求。这些创业要素在线平台的出现,使创业可得资源大大增加,创业成本和门槛显著降低,使越来越多的创业企业乃至个人能做以前只有大公司才能做的事情(表7-2)。

表7-2 对接创业要素的各种在线平台

创业环节	典型概念	典型案例
技术或创意	众包	InnoCentive, Quirky
资金	众筹	Kickstarter,点名时间,天使汇
人才	互联网教育和招聘	Coursear, LinkedIn
市场	在线开放平台	淘宝,新浪微博,微信
信息	新媒体	TechCrunch,虎嗅,36氪
IT	云计算	阿里云,腾讯云

2. 开放的用户参与平台与创新创业

在线平台带来了用户和需求导向的创新参与,促成了迭代创新和精益创业模式。所谓精益创业,即先在市场中投入一个极简原型产品,然后通过不断的学习和用户反馈，对产品进行迭代优化，以期更好地适应市场。这种创业模式的核心在于用户反馈。多种在线平台特别是大型平台不仅为企业营销提供了现成的海量用户，促进了精准营销的发展，而且为创业企业产品的反馈迭代提供了可能。如表7-3所示，随着各种在线平台的日趋丰富，企业通过在线平台获得需求信息反馈从而进行产品迭代创新越来越方便。迭代创新和精益创业是从不同角度来看的同一类现象，只不过一个是创新的角度，另一个是创业的角度，但对创新型创业来说二者是一体。

表7-3　供需对接的典型在线平台

典型平台	典型案例
官网	小米，海尔
社交平台	Facebook，QQ
微博	Tweet，新浪微博
移动社交平台	微信，WhatsApp
官方移动应用	微信订阅号
电商平台	天猫
众筹网	Kickstarter，点名时间
作为互联网终端的产品	智能腕表，智能售货机

3. 开放的创业空间与共生的创业群落

开放平台是互联网产业发展的一般趋势，目前这种趋势正在向互联化领域蔓延。随着互联网服务越来越深入实体经济，以及实体经济主动植入互联网基因，轻资产公司和重资产公司将会融合，相关领域的企业也会形成在线运营平台和实施平台开放政策，从而打开新的创业空间。这是一种基于在线的虚拟创业空间，这种空间形成虚拟的共生创业群落。

首先是为服务提供载体的实体产品，会通过基于平台的互联网服务开展应用创新和创业的浪潮，如在互联网电视、可穿戴设备、移动医疗终端和互联网汽车等领域都在发生。虚拟空间带来了创业主体的繁荣。一方面是通过各种在线平台，大众认知盈余不断发展，创业主体生成可能性不断提高，使得潜在创业主体空前增加，创业存在由小众行为发展成为大众行为的趋势，创业企业的数量迅猛增加。另一方面是创业主体的多样化。除了新设企业的创业形式外，还有个人创业、企业内部创业和社会创业等。例如，腾讯公司自2011年6月实施平台开放后，平台应用数迅速增长，截至2013年4月，开放平台应用数为40万款，是2012年同期的应用数的5倍。在个人创业方面，在腾讯开放平台的优质开发者中，个人和企业开发者的比例在2013年3月达到各占一半的程度（表7-4）。

表 7-4　开放平台的普遍性

典型概念	典型案例
搜索	谷歌，百度
电商	淘宝，Amazon
社交	QQ，豆瓣
网游	腾讯游戏
微博	Tweet，新浪微博
视频	爱奇艺，YY
团购	大众点评，美团
网络文学	起点中文
婚恋	世纪佳缘
物流	京东，顺丰

其次是以平台为核心的创业群落具有共生性。共生性是生态系统中最重要的关系，在这里主要指创业企业之间及其与平台商之间互利和依存的关系，并且一般直接表现为产品之间的关联。由于开放平台是互联网产业的一般趋势，这种基于平台的共生性也将是普遍趋势，并将随着世界互联的趋势而向其他领域蔓延。并且这种共生的创业生态系统具有发展为稳定的产业生态系统的趋势，事实上人们不断看到创业公司变成大公司从而成为阻碍创新创业的在位者的轮回。但是，迄今 ICT 和互联网产业发展的历史经验是，在世界互联的进程中，在一轮轮的创业浪潮中，不断会有新兴平台商和相应的创业群落涌现，与此同时经济社会的互联变革程度也在不断深化。

4. 实体创业空间的变革

在互联互通的大背景下，互联网基因也侵入了创业的实体空间，使创业实体空间的组成形式与运行机制发生了重大改变，这种变化特别体现在专门的创业载体上，其中新型孵化器和创客空间是两种典型形式。

新型孵化器是国内习惯性叫法，国际上往往称之为种子加速器（seed accelerator）。新型孵化器一般拥有实体空间，主要承载互联网、移动互联网领域的创业企业，与传统孵化器相比具有如下特点：有开放和竞争性的申请程序，会有种子投资，期限固定且较短（如 3 个月），孵化期间接受高强度培训和指导，产品快速迭代，一般以项目路演日（demoday）来结束培训等①。新型孵化器兴起的原因在于互联网基因的沁入，创业企业越来越具有软件密集、数据密集和智能密集的特点，业务有较大相似性和关联性，产品开发普遍采用迭代模式，试错周期较短，因此使得创业空间临近的协同效应增强，具有较高效率从而具有较大的商业可行性。如果说传统孵化器一般作为公共服务由政府或公共机构

---

① 参见：http://www.nesta.org.uk/sites/default/files/the_startup_factories_0.pdf 和 http://acceleratorstudy.com/Accelerating-Success.pdf。

组织的非商业运行,那么新型孵化器则主要是由市场力量介入商业运行,因此新型孵化器成为一种可行的商业模式而非公益事业(表 7-5)。

表 7-5 新型孵化器案例

国际案例*	国内案例
Y Combinator	创新工场
TechStars	车库咖啡
DreamIt Ventures	3W 咖啡
AngelPad	联想之星
Launchpad LA	微软云加速器
Excelerate Labs	天使汇
KickLabs	36 氪
500 Startups	厚德创新谷
TechNexus	亚杰商会
Tech Wildcatters	创业家

* 参见:http://www.forbes.com/sites/tomiogeron/2012/04/30/top-tech-incubators-as-ranked-by-forbes-y-combinator-tops-with-7-billion-in-value/。

其次是创客空间。创客的本意是硬件创新爱好者,但今天之所以成为热门,原因同样在于互联网。首先是一切产品成为互联网终端的趋势带来硬件创新的机会空间,其次是硬件创新的各环节的平台化使得创意成为产品的门槛大大降低且效率大大提高。创客空间一般是实体性的空间载体,其中包含在线服务,但更多的是实体服务,包括为硬件创新提供集成化支撑的各种工具、环境和平台等(表 7-6)。

表 7-6 支持创客发展的各环节的平台化

主要环节	平台案例
开源硬件	Arduino,树莓派
制造设备	3D 打印机,激光切割机
众筹平台	Kickstarter,点名时间
加速器(国际)	Hax,Highway1
加速器(国内)	柴火空间,北京创客空间
物联网平台	Xively,Yeelink
供应链平台	PCH,Seeed Studio
渠道	各种电商平台,KnewOne
活动	Maker Faire,创客马拉松

三、创新创业驱动生态系统的发展

互联网基因改变了创业生态,促进了创新创业。反过来创新创业的繁荣也不断改善和优化互联网基因,促进了生态系统的发展。

首先是互联网在线平台。由于平台商、开发者和用户之间的互惠机制和网络效应的存在，在线平台一旦形成就持续性地产生更加开放的要求和增进运行效率压力。海量用户是平台开放的资源依托，同时为了海量用户和基于海量用户的创新创业也是驱动在线平台改进和发展的动力。从20世纪90年代互联网的应用普及到21世纪头十年以Web2.0代表的基于桌面的在线平台的建立，再到时至今日基于移动互联网的在线平台，在线平台技术、架构和运营的每一步发展都受到创新创业的推动。

从移动互联网开始，互联网加速融入实体生活，实体生活的创新创造也在不断扩充在线平台的规模和范围。例如互联网教育，不仅出现MOOC式在线教育和各种新式教育培训机构，这些新方式、新机构还在潜移默化地改变大学和科研机构等实体的组织行为；再如互联网金融，支付手段、货币基金、P2P融资和理财产品的加速改变日渐增生新的金融平台；再如医疗方面，随着可穿戴设备日益具有健康监测功能，基于终端的移动医疗发展迅速；再如政府方面，自媒体对舆论已经产生强有力影响，大数据趋势正在对政府行为方式构成挑战等。由于互联网基因的颠覆性，这种互联化进程一般表现为创业企业的形式。整体来看，日益活跃的创新创业正在加速驱动世界互联的进程。

四、新范式下创新创业生态系统的特点

基于上述分析，可以简要总结在互联网范式下创新创业生态系统的特点。第一，创业涉及的所有要素均有在线中介平台，通过这些平台创业企业可超越实体空间限制，理论上实现对全球创新创业资源的利用；第二，多种在线平台不仅为创业企业提供了潜在海量用户，而且使得精益创业成为互联网领域的主流创业模式，并随着世界互联进程使之向其他领域蔓延；第三，开放平台是互联网范式发展的一般趋势，世界互联意味着越来越多的领域发展出在线开放平台，在线开放平台将会不断开辟新的创业空间，从而以平台为核心形成共生的创业群落；第四，在线平台作为创业环境变革的核心，促进了创业群落的繁荣，反过来，这些在线平台本身也是创业的产物，创业群落的繁荣将会促进各类平台的进一步丰富、深化和普遍发展，进一步改善创业环境。这四个方面既涉及创业环境的变化，也涉及创业主体的变化，在线平台是创业环境变化的核心，在线连接则是创业主体行为变化的核心。正是这些变化从根本上改变了创业生态系统，可称之为新型创业生态系统。创业生态系统变革主要发生在在线空间。

值得指出的是，在新型创业生态系统中，新兴在线平台运营型大企业起着关键作用。一般来说，在颠覆性趋势面前，大企业往往扮演被颠覆和抵制颠覆的角色。但是，当企业成长为新兴在线平台运营型大企业后，既会形成新型产业生态系统的核心，也会形成新型创业生态系统的核心。大型平台型企业具有

巨大的颠覆能量,例如,今天正是互联网巨头才能在O2O领域快速带来巨大变革,也正是互联网巨头才有能力发起云计算革命。此外,新兴大企业通过人才蓄水池、员工创业、建设孵化器等具体机制成为创业生态系统的有机部分,是创业代际接替和生生不息的关键(表7-7)。

表7-7　大企业参与创业生态系统的具体机制

机制	解释	案例
人才蓄水池	大企业的大量人才对区域内中小企业客观上起着人才蓄水池作用	杭州高新区的摩托罗拉和UT斯达康
员工创业	大企业离职员工,从事与原企业有业务关联或反映业务背景的创业行为	阿里系、百度系等创业系
建设孵化器	结合原有业务建设孵化器或加速器,形成围绕自身产品/服务的创业生态,或作为感知变革的"传感器"	微软云加速器,Disney Accelerator, the Nike+Accelerator
新设企业	企业以新企业方式开展与传统业务无关联的新业务	苏宁易购
内部创业	在企业支持下由员工发起,进行创业并与企业分享成果的创业模式	华为,海尔

第五节　互联网范式与创新发展

互联网正在带来席卷一切的变革,这是正在人们面前展开的激动人心的活历史,其展示着一种全新的技术经济范式的形塑。对这场技术经济范式的生成和发展大致可以分为两个阶段认识。

第一个阶段是ICT范式阶段,即信息和通信技术革命阶段,互联网在这场革命中生成。从传统技术经济范式的观点来看,这一阶段的互联网只被看成是信息和通信技术革命的一部分,而信息和通信技术革命是继工业革命,蒸汽和铁路时代,钢铁、电力和重工业时代,石油汽车和大规模生产时代之后的第五次产业革命,它具有分散化的灵活网络结构、即时全球通信、多样性和异质性等技术经济范式特征,其中网络结构是其核心组织特征。根据理论和经验,每次大的技术经济范式持续五六十年的时间,ICT范式从20世纪70年代算起如今已经接近尾声,现实也表明继续用ICT范式框架已经不能有效概括互联网基因带来的变革。

现在正在加速进入的是互联网范式阶段。与之前的数次技术革命相比,生产方式的变革从来没有改变产品的孤立形态,产品一旦走出工厂进入消费或使用领域就会成为相互独立的用户自己的事情。但互联网基因把单体产品形态改变到"软件、硬件和平台的三位一体",从而使产品能够实现互联互通和建立永续生命周期，互联网基因把产品变成"活体"，并通过在线运营平台实现了"人"与"物"的有机联系。这就带来了创新发展方式的全面变革，可以从经济关系中的供给与需求两个方面审视。

（1）供给侧。工业革命时期技术创新最早主要是发明家的个体行为，随着企业组织的发展，特别是科层组织和大公司的出现，技术创新和产业发展也经历了组织化或部门化的过程。20世纪70年代以来，随着传统组织范式向网络组织范式的转型，以及生产全球化和模块化的发展，开放创新和产业链分工的理念日渐流行，技术联盟、研发外包、技术并购、供应链协作、专业化生产等都是具体表现。但互联网时代的创新发展表现出了新的不同，就创新而言出现了大众创新和社区创新等这些迥异于传统的开放创新形态。就生产而言，开放创新才获得了彻底发展。同时，企业组织之间开放的广度和深度出现大的提升，智慧化生产、在线3D打印生产、个性化定制生产成为可能，长尾理论所展示的范围经济供给会成为主流。

（2）需求侧。就创新而言，在传统大规模生产组织范式下，技术创新的典型方式是从科技到市场的线性模式，需求信息反馈带来的产品迭代创新需要经历很长时间，使以需求为导向的创新步伐缓慢。这在互联网时代也会有全新转变，转变在于一旦新兴产业技术轨道确定，需求导向的应用创新旋即就会成为主流。互联网时代的市场发展也明显不同，互联网时代每个人都能表达需求并使之成为生产导向，从而使生产端的需求响应越来越灵活。

本章参考文献

埃德蒙·费尔普斯.2013.大繁荣：大众创新如何带来国家繁荣.余江译.北京：中信出版社.
埃里克·莱斯.2012.精益创业.吴彤译.北京：中信出版社.
亨利·切萨布鲁夫.2005.开放式创新.金马译.北京：清华大学出版社.
托马斯·库恩.2003.科学革命的结构.金吾伦，胡新和译.北京：北京大学出版社.
Dosi G. 1982. Technological paradigms and technological trajectories. Research Policy, 11: 147-162.
Perez C. 2009. Technological revolutions and techno-economic paradigms. Working Papers in Technology Governance and Economic Dynamics, No. 20.
von Hippel E. 2005. Democratizing Innovation. Cambridge: The MIT Press.

第八章

创新政策工具选择及案例研究[*]

创新政策和创新都是十分复杂的生态系统,创新政策的有效性取决于对这两个生态系统及其相互作用的认识与治理。创新政策的制定与执行不仅涉及许多不同层次的政府部门、研究组织、企业等,还涉及选择和匹配各式各样的政策工具,使创新处于一个动态变化的公共政策过程之中。创新政策正以多样的工具组合方式重塑一个国家的创新系统。

创新政策和创新的生态系统性及其相互依赖性是创新政策工具选择的依据。我们首先分析创新政策工具的类型与选择理论,论述创新生态系统框架及其与创新政策工具组合的关系,然后以《美国竞争力再授权法案》及其"区域创新集群"计划为例,揭示各种创新政策工具在立法授权及在政府部门实施中的系统性、层次性与复杂性。

第一节 创新政策工具体系

将创新政策工具作为一个体系引起创新政策界学者的关注。创新政策工具的设计应该以组合(mix)方式侧重创新系统的问题(Borrás and Edquist,2013)。创新政策的工具需要系统化(systemic)、组合化(portfolio)以更好地符合创新过程中各主体的需求(Smits and Kuhlmann,2004)。现代创新政策必须关注(创新)系统的缺陷,如对需求强调得不够,不再侧重传统创新政策的立身之本——市场失灵(Smits and Kuhlmann,2004)。

一、创新政策工具

创新政策工具有三个类型,即法规工具、经济转移工具与软工具,也就是

---

[*] 本章由赵作权、王胜光等撰写。

通常分别所说的大棒、胡萝卜与柠檬（Borrás and Edquist，2013）。法规工具包括知识产权（如专利法规）、大学与公共研究组织规章、R&D联盟竞争政策和生物伦理法规。经济转移工具包括对大学与公共研究组织的公共支持、竞争性研究资助、免税，以及对风险资本与种子资本的支持。软工具包括自愿性标准化、行为准则、公私伙伴关系和自愿性协议。

不同的创新政策工具在创新系统中发挥着不同的作用（Borrás and Edquist，2013）。这些作用包括R&D供给、能力建设、新产品市场、质量管理、组织重塑、制度重塑、交互式学习、孵化器等（表8-1）。例如，政府的创新采购政策影响创新质量与交互式学习，公私伙伴关系政策制约创新的R&D供给、能力建设、质量、组织与交互式学习。

表8-1 创新政策工具在创新系统中的作用

	工具	R&D供给	能力建设	新产品市场	质量管理	组织重塑	制度重塑	交互式学习	孵化器
法规	知识产权	√		√			√		√
	竞争法规	√	√		√		√		
	伦理法规	√					√		
经济	R&D公共支持	√	√	√					
	R&D资助	√							
	免税	√	√	√					
	创新公共采购				√	√		√	
	创新促进					√		√	√
软	自愿标准化				√	√			
	公私伙伴	√	√		√	√		√	
	行为准则				√	√			

资料来源：Borrás 和 Edquist（2013）。

二、一般政策工具

与创新政策工具相比，一般政策工具引起公共政策界更广泛、更深入和更早的关注（陈振明，2004）。政策工具是实现政策目标的各种手段的统称，其研究内容包括政策选择与组合、评价等。政策工具研究兴起于21世纪80年代。政策制定和执行的复杂性、低效率乃至失败增加了对政策工具的科学性需求。非常有影响的政策工具领域著作包括英国学者胡德的《政府工具》（Hood，1983），以及美国学者彼特斯和荷兰学者尼斯潘所编的《公共政策工具》（Peters and Nispen，1998）。

萨拉蒙在《政府工具——新治理指南》（Salamon and Elliot，2002）一书中对政策工具进行了系统的分类（表8-2，参见陈振明，2004）。这里政策工具有13个类型，分别是直接行政、社会管制、经济管制、合同、拨款、直接付款、贷款担保、保险、税式支出、收费（用者付费）、债务法、政府公司和凭单制。不同的政策工具具有不同的特征（物品/行动），属于不同的工具类型，来自不同的供给者。例如，社会管制工具具有"禁止"某些行为的特征，属于"规则"类工具，由政府或其他管制者提供或执行。

表 8-2　常用政策工具及其特征

政策工具	物品/行动	工具类型	供给者
直接行政	物品/服务	直接提供	政府
社会管制	禁止	规则	政府/管制者
经济管制	公平价格	进入/比率控制	管制委员会
合同	物品/服务	合同和现金支付	商业和非营利组织
拨款	物品/服务	付款或现金支付	下级政府和非营利组织
直接付款	现金	贷款	政府
贷款担保	现金	贷款	商业银行
保险	保护	保险政策	政府
税式支出	现金和激励	税收	税收部门
收费/用者付费	财务罚款	税收	税收部门
债务法	社会保护	侵权法	法院
政府公司	物品/服务	直接提供/贷款	准公共机构
凭单制	物品/服务	消费补贴	政府

资料来源：陈振明（2004）。

三、政策工具选择理论

政策工具的选择存在不同的观点或理论。美国学者彼特斯和荷兰学者尼斯潘在他们所编的《公共政策工具》（Peters and Nispen，1998）中系统地论述了政策工具选择的四个理论，即工具主义、过程主义、权变主义与建构主义。这四个理论认为，工具特征、工具环境、政策决策体系对政策结果具有不同的影响，关注的研究对象也不同（表 8-3，参见陈振明，2004）。依据这四个理论的排列顺序，工具特征对政策结果的影响不断下降，工具应用环境的作用不断加强。例如，工具主义强调工具至上，而建构主义认为政策决策系统决定政策的结果，其中工具只是政策决策系统的众多因素之一（陈振明，2004）。

表 8-3　政策工具选择理论

理论	主要观点	关注对象
工具主义	工具特征决定政策结果	工具特征与适应范围
过程主义	工具环境决定政策结果	工具发展、应用的过程
权变主义	工具特征与环境共同决定政策结果	工具选择、环境与应用过程
建构主义	政策决策系统决定政策结果	政策决策系统、决策执行过程

第二节 创新生态系统

创新生态系统是美国的国家创新系统模式,其思想来源于美国政策界(PCAST,2004)。美国总统科技顾问委员会(PCAST,2004)在《维护国家的创新生态系统》的报告中指出,美国 20 世纪的繁荣和产业的发展是相互交错的创新生态系统的产物,它为美国提供了各式各样的竞争优势。面对全球挑战,美国必须维持和优化自身的创新生态系统。

一、创新生态系统

创新是一个生态系统,它涉及经济和社会的许多方面及其连续的相互作用,它不是一个线性过程或机械过程(Council on Competitiveness,2004)。它根植于卓越,主要由科技天才(talent,包括发明家、创新家、创业者)、研究型大学、高生产率的研发中心、风险资本产业、促进小企业成功兴旺的经济政治社会环境和政府资助的基础研究等六部分构成(PCAST,2004)。从整体角度来看,创新不仅包括重要的供给投入,还包括市场需求,以及政策环境和国家公共基础设施等两方面外部因素的影响。这里,创新的供给投入包括技能、知识、风险资本、管理、技术和研究;创新的市场需求包括质量、安全性、客户化、方便性、效率和设计;政策环境包括教育、知识产权保护、法规等;国家公共基础设施包括交通、能源、信息和网络等(Council on Competitiveness,2004)。

2011 年,在奥巴马总统授权下,美国国家经济委员会、经济顾问委员会和科技政策办公室(NEC et al.,2011)联合发布美国创新战略,将创新生态系统思想扩展到信息技术、创业和区域等方面。

二、创新集群

创新集群是一个简约型国家创新系统(Smits and Kuhlmann,2004)。美国竞争力委员会(Council on Competitiveness,2004)的《迎风暴而上》(*Rising above the Cathering Storm: Energizing and Employing America for a Brighter Economic Future*)报告倡议联邦政府支持创新集群与地区。该报告引用若干支撑文献,其中主要的观点与文献包括以下几方面。

(1)创新能力(如研究、制造业、教育组织、劳动力)的区域聚集趋势多年来一直是经济研究的议题（Piore and Sabel，1984）。

（2）美国竞争力委员会（Council on Competitiveness，2001）支持了一个多年研究项目，分析美国的创新集群状况（Council on Competitiveness，2001）。

（3）地区需要建立创意阶级的人力资源基地，以提升知识密集型产业的有效竞争力（Florida，2002）。

（4）美国竞争力委员会（Council on Competitiveness，2004）建议，"联邦政府在未来5年里应当创建至少10个创新集群（或创新热点）。州与地方的经济发展主体与教育机构应当筹措匹配经费，提出相应的国家创新中心的试点建议"（Council on Competitiveness，2004）。

区域创新集群是2010年《美国竞争力再授权法案》关注的主要内容。在该法案中，区域创新集群被定义为"一个地理上相连，由相似、共生或互补的实体构成的网络。这些实体与一个特别的产业密切相连，拥有活跃的商业交易、联系渠道，与其他实体共享特殊的设施、劳动力市场与服务，制约地区特殊的创新与创造工作的竞争实力。"

第三节　创新政策工具的授权与运行

一、美国"区域创新集群"计划

美国"区域创新集群"计划由2010年《美国竞争力再授权法案》建立。目前美国联邦政府已经在全国设立了56个创新集群（表8-4）。在这56个创新集群中，有3个集群由美国小企业局（U. S. Small Business Administration，SBA）主导，有10个集群由美国小企业局单独负责，有43个集群由经济发展署（EDA）主导，共有9个联邦部门（或机构）参与由小企业局、经济发展署主导的创新集群计划。由经济发展署负责的43个创新集群属于工作加速器合作集群项目，其中一般集群20个，高端制造业集群10个，农村集群13个。

表8-4　美国联邦政府支持的创新集群

集群名称	数量	负责部门	参与部门
首批集群	3	小企业局	经济发展署、国家标准与技术研究院（NIST）、能源部（DOE）、美国国家航空航天局（National Aeronautics and Space Administration，NASA）、劳工部（DOL）、环保局（EPA）
合同制试点集群	10	小企业局	

续表

集群名称	数量	负责部门	参与部门
工作加速器合作集群	20	经济发展署	就业培训管理局（ETA）、小企业局
高端制造业工作加速器合作集群	10	经济发展署	就业培训管理局、国家标准与技术研究院、能源部、小企业局
农村工作加速器合作集群	13	经济发展署	农业部（USDA）、三角洲区域管委会（DRA）、阿巴拉契亚区域委员会（ARC）

二、美国区域创新集群政策选择

美国区域创新集群政策选择是一个非常复杂的过程，它经过国会两次立法授权（经过咨询与听证）、总统批准、联邦部门执行的过程（图8-1）。下面我们详细分析美国国会《美国竞争力法案》《美国竞争力再授权法案》，以及总统、联邦部门在政策执行过程中使用的政策工具。

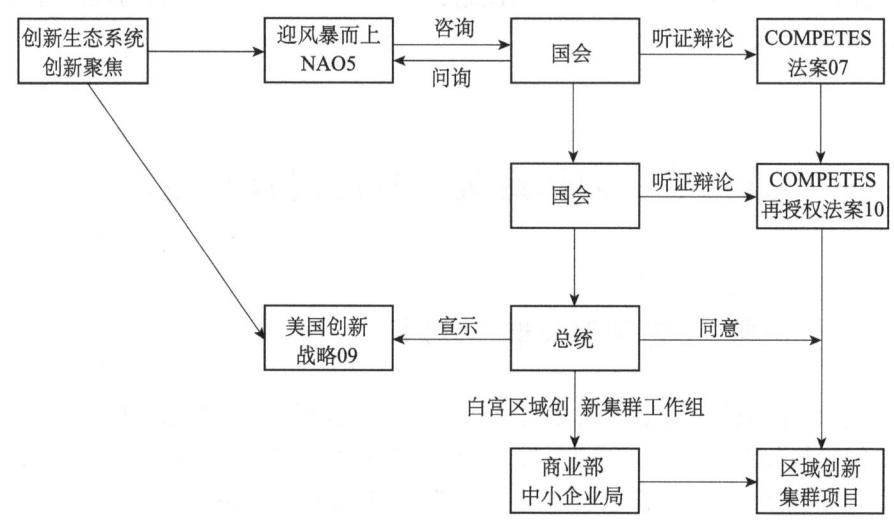

图8-1 美国区域创新集群政策选择路线图

美国区域创新集群计划的出台，充分体现了21世纪初期美国政策界创新生态系统与创新集群思想的影响，目前该计划还在进行之中。区域创新集群计划起源于2010年美国国会《美国竞争力再授权法案》（公共法111～358），该法案是2007年《美国竞争力法案》（公共法110～169）的延续，这两个法案是对美国著名的1980年《史蒂文森-怀德勒技术创新法案》的修正。没有2007年的法案，可能就没有美国区域创新集群计划。整个创新集群政策的形成显示了各种政策工具的影响。首先，法规工具的约束性影响是第一位的，这体现在美国国会的两次立法授权上。其次，行政工具的作用是第二位的，如美国总统建立跨部门集群工作组，协调联邦各有关部门的行动、具体政策等。最后，软工具的作用是不可替代的,这体现在美国总统的政策宣示(如"美国创新战略"),以及美国科学院系统提交给美国国会的建议报告(《迎风暴而上》)上。

三、立法授权的政策工具组合

1. 计划负责(行政工具):商业部

《美国竞争力再授权法案》第 27(a)节设立区域创新计划,要求商业部部长建立该计划以鼓励、支持区域创新战略,包括区域创新集群的开发。该法案第 27(b)节对集群计划许可的活动、申请者及申请都有 5~8 条的要求,第 27(h1)节从四个方面对区域创新集群进行了精确定义。

2. 政策协调(行政工具)

《美国竞争力再授权法案》第 27(f)节强调部门间协调,要求商业部部长尽最大努力确保创新集群计划支持的活动与部里或其他部的计划相协调,不要出现重复支持的情况。商业部部长应当探索、追求与其他联邦部门在区域创新战略方面的合作,在与其他联邦部门合作中优先考虑小企业的需求和挑战。

3. 政策推广(信息工具)

《美国竞争力再授权法案》第 27(e)节要求商业部部长在建立区域创新计划的同时设立区域创新研究与信息计划,围绕区域创新战略方面搜集、分析与传播相关的信息,提供技术支持,支持开发相关的计量标准,搜集并分享美国全国相关的数据。

4. 计划经费(经济工具)

计划经费涉及专门基金与费用使用。《美国竞争力再授权法案》第 27(b1)节设立集群基金,要求商业部部长在竞争基础上将集群基金给合法的申请人,推动区域创新集群的形成与发展。该法案第 27(b6)节要求商业部部长坚持费用共享原则,不能提供多于申请设计的创新集群活动所有费用的 50%。

5. 计划评价(软工具):国家科学院

《美国竞争力再授权法案》第 27(g)节要求商业部部长最迟 2013 年以合同方式委托一个独立实体,如美国科学院,对区域创新计划进行评价。评价要求确定以下三方面的内容:①计划是否达到了目标;②计划改进的建议;③计划是继续还是终止。

6. 计划评估(软工具):国会总审计长

《美国竞争力再授权法案》第 801 节要求美国总审计长在 2013 年 5 月底前向国会(参议院商业、科学与交通委员会与众议院科技委员会)提交区域创新计划现状的报告，包括计划的资助、执行以及其达到目标的程度。

7. 创新推进（行政工具）：商业部创新创业办公室/顾问理事会

《美国竞争力再授权法案》第 25 节要求商业部部长建立创新创业办公室，以推动创新与新技术、产品、过程和服务的商业化进程，促进美国生产率与经济增长。该法案还设定了创新创业办公室的五方面职能。该法案第 25 节还要求商业部部长建立创新创业顾问理事会，为部长在创新创业工作方面提出建议。

四、部门实践的政策工具组合

1. 计划执行

目前美国联邦政府已经在全国设立了 56 个创新集群（表 8-4）。美国小企业局单独设立了 10 个创新集群，联合能源部等其他部委建立了 3 个创新集群。经济发展署联合就业与培训局等其他部委建立了 43 个工作加速器合作集群，其中一般集群 20 个，高端制造业集群 10 个，农村集群 13 个。

美国总统奥巴马 2009 年提出"美国创新战略"，承诺利用重建法案的联邦经费为美国未来的创新经济奠定基础。该战略提出，发展高端信息技术生态系统，促进区域创新集群以打造具有竞争力的社区。总统预算为经济发展署提供 5000 万美元资金支持"区域创新集群"项目（EOP et al.，2009）。

美国总统奥巴马 2011 年重建"美国创新战略"，提出促进美国区域创新生态系统、创业生态系统的发展，突出小企业局、经济发展署、能源部在区域创新集群计划中的任务与分工（NEC et al.，2011）。

2. 政策协调

美国总统奥巴马建立白宫区域创新集群工作组。该工作组主要建立联邦合作性资金流，确保区域创新投资的协调性、灵活性和区域适应性。工作组成员来自 7 个联邦部门，包括商业部经济发展署、小企业局、教育部、能源部、劳工部等。

3. 政策推广

区域创新研究与信息计划没有执行。

4. 计划经费

区域创新计划一直没有得到国会拨款的直接资助。区域创新集群计划多由联邦若干个部门联合资助，平均一个创新集群项目得到 100 万美元左右。直到 2014 年 1 月，美国国会在《2014 财年综合拨款法案》中授权商业部 1000 万美元直接用于区域创新计划。

联邦政府投入 6600 万美元推动工作加速器合作集群项目。2010 年美国联邦政府投入 3700 万美元支持跨越全国 21 个州的 20 个工作加速器合作集群,其中劳工部就业培训管理局投入 1950 万美元,商业部经济发展署投入 1450 万美元,小企业局投入 300 万美元。2012 年 5 月美国联邦政府投入 2000 万美元支持跨越全国的 10 个高端制造业工作加速器合作集群。2012 年 8 月美国联邦政府投入经费 900 万美元支持跨越全国 12 个州的 13 个农村工作加速器合作集群。

5. 计划评价

国家科学院没有提供评价报告。

根据第三方对小企业局的创新集群计划评价,发现该计划对小企业和大企业的发展起到了明显的促进作用(Monnard et al., 2014)。在参加集群计划的小企业,它们第二年度的就业人数、收入平均增长了 6.9%,工资平均增长了 14, 1%,远远高于参照企业。集群的会员人数增长迅速,集群提供的咨询、培训、展示、见面等服务飞速发展。1/3 的小企业、半数以上的大企业认为集群计划帮助它们融入了产业链,大多数的企业(无论大小)加入至少一个产业联盟,增强了与当地企业的合作(Monnard et al., 2014)。

6. 政策评估:国会总审计长报告

因为国会没有直接拨款资助,总审计长没有必要评估该集群计划。

7. 创新推进

商业部于 2009 年 9 月提出创立创新创业办公室的计划。

商业部于 2010 年 7 月创立国家创新创业顾问理事会。委员有 26 人,包括雅虎创始人杨致远。当年 9 月该理事会举行第一次会议。

五、其他政策工具

1. 政策宣示(软工具)

美国总统奥巴马于 2009 年提出"美国创新战略"(EOP et al., 2009),2011 年重塑"美国创新战略"(NEC et al., 2011),这是总统的一种政策宣示,这是软工具(宣传或劝导)的展示。

2. 政策咨询(软工具)

国家智库对美国区域创新集群政策的制定、执行发挥了关键作用。美国国家科学院系统(NA, 2005)应邀为国会提交了《迎风暴而上》的报告,建议国会支持创新集群研究。该报告引用了包括竞争力委员会(Council on Competitiveness, 2001, 2004)、总统科技顾问委员会(PCAST, 2004)等智库、学者的政策思想与建议。美国竞争力委员会于 2004 年在美国首都华盛顿举行"国家创新峰会",吸引了全球 500 位政界、政策界、企业界人士参加,发表了《创新美国》的国家创新倡议,产生了巨大影响。

3. 理论思想(软工具)

创新生态系统与创新集群是主要影响美国创新政策的两种思想。美国总统科技顾问委员会在 2004 年发表《维护国家的创新生态系统》的报告(PCAST,2004),首次提出创新生态系统思想,认为"其他国家正在竭力取代美国创新生态系统模式,与美国直接竞争"。美国国家科学院系统(NA,2005)的《迎风暴而上》报告,论述了创新集群思想并建议联邦政府推动全国创新集群的发展。

本 章 小 结

创新是一个生态系统,创新政策也是一个生态系统,认识与治理这两个生态系统及其相互作用能提高创新政策的有效性。创新政策的工具选择需要考虑创新政策和创新的生态系统性及其相互依赖性。美国"区域创新集群"计划的制订与执行表明,创新政策在立法授权及在政府部门实施中显示了明显的系统性、层次性与复杂性,创新政策工具组合与创新生态系统存在复杂的相互关系。

本 章 参 考 文 献

陈振明. 2004. 政府工具研究与政府管理方式改进. 中国行政管理,6:43-48.

Borrás S,Edqist C. 2013. The choice of innovation policy instruments. Technological Forecasting and Social Change,80:1513-1522.

Council on Competitiveness(CC). 2001. Clusters of Innovation:Regional Foundations of US Competitiveness. Washington,D. C.:Council on Competitiveness.

Council on Competitiveness(CC). 2004. Innovate America:National Innovation Initiative Summit and Report:Thriving in a World of Challenge and Change. Washington,D. C.:Council on Competitiveness.

Executive Office of the President,National Economic Council,Office of Science and Technology Policy(EOP,NEC,OSTP). 2009. A Strategy for American Innovation. Driving-towards-Sustainable Growth and Quality Jobs. Washington,D. C.

Florida R. 2002. The Rise of the Creative Class: And How It's Transforming Work, Leisure, Community, and Everyday Life. New York: Basic Books.

Hood C. 1983. The Tools of Government. London: Macmillan.

Monnard A, Leete L, Auer J. 2014. The Evaluation of the U.S. Small Business Administration's Regional Innovation Cluster Initiative (Year Three Report).

National Academy of Sciences, National Academy of Engineering, Institute of Medicine (NA). 2005. Rising Above the Gathering Storm: Energizing and Employing America for a Brighter Economic Future. Washington, DC: The National Academy Press.

National Economic Council, Council of Economic Advisers, Office of Science and Technology Policy (NEC, CEA, OSTP). 2011. A Strategy for American Innovation: Securing Our Economic Growth and Prosperity. Washington, DC.

Peters B G, Nispen F K M. 1998. Public Policy Instruments. Northampton: Edward Elgar.

Piore M J, Sabel C F. 1984. The Second Industrial Divide: Possibilities for Prosperity. New York: Basic Books.

President's Council of Advisors on Science and Technology (PCAST). 2004. Sustaining the Nation's Innovation Ecosystems, Information Technology Manufacturing and Competitiveness. Washington, DC: White House Office of Science and Technology Policy.

Salamon L M, Elliot O V. 2002. Tools of Government: A Guide to the New Governance. Oxford: Oxford University Press.

Smits R, Kuhlmann S. 2004. The rise of systemic instruments in innovation policy. International Journal of Foresight and Innovation Policy, 1 (1/2): 4-32.

第二篇

国际研究

第九章

全球产业创新发展的轨迹*

一个普遍接受的观点是,历史上的数次创新高峰发生在产业革命时期,创新的特点很大程度上取决于产业革命发生的产业领域。例如,第一次工业革命发轫于轻工业领域,是用机械手段节省劳动者的体力支出,提高生产效率,所以技术创新更多依赖手工业者长期的经验积累;第二次工业革命涉及大量的物理和化学知识,如电力的系统发展必须以电磁理论为奠基,石油提炼、橡胶生产、钢的性能优化等必须以系统的化学实验和元素周期表为基础,所以此次工业革命表现为产业创新与科学的结合。又如,20世纪七八十年代信息技术的发展,推动人类进入了知识社会,生产和创新进入个体化、大众化和轻资本的时代,所以信息产业创新与大规模生产时代不同,形成了以小企业为主体的创新制度。

本书认可这种观点,认为不同的产业领域会形成不同的产业创新系统,而一段时期内,新兴产业创新系统往往会成为国家主导的创新制度。在国别案例研究中,我们暂且抛开这种带有产业特点的一般性的创新制度因素,而立足于一国政府在处理创新与经济和国家发展关系时所表现出来的行为特点,以及在国家创新战略中影响政府行为的约束条件。

第一节 英国的率先崛起

英国是世界上第一个工业化国家,首先完成了从农业文明到工业文明的转变。工业革命在英国现代化过程中起到了至关重要的作用,而纺织业和铁路的兴起在工业革命中具有举足轻重的地位,它对英国的经济繁荣和全面迈向现代化具有特殊的功效。

---

* 本章由眭纪刚、王胜光等撰写。

一、纺织

工业革命之前,织工织布时只是用手把梭子在经线之间掷来掷去。这种方法既费力气,又无法提高速度。同时,在一个人投掷梭子时,织布的宽度不可能超过手臂的长度。17世纪中叶后,棉织品受到英国社会各阶层的普遍欢迎,市场需求量不断增长。为了提高生产率,以满足市场的需要,许多人都努力从事技术革新。1733年,在棉纺织业中出现了一项重要的新技术——机械匠和织工约翰·凯伊(J. Kay)发明了飞梭。凯伊的飞梭为钢梭,取代了传统的木梭和角梭;改为用手拉动绳子,使带小轮的梭子在滑槽上来回滑动,既省力,又加快了速度;飞梭还能织宽幅布,大大提高了效率。到1760年飞梭已被应用到纺织工业的各个部门,织布的速度因而提高了两倍或相当于原来的三倍。

飞梭大大提高了织布的速度,纺纱却满足不了织布的需要,产生了供不应求的矛盾,纱荒严重,妨碍了纺织业的进一步发展。于是,纺纱业的技术革新和革命经酝酿之后应运而生。1735年英国伯明翰的木匠、机械师约翰·怀亚特(J. Wyatt)发明重要的怀亚特纺辊纺纱机,使纺纱从手工操作向机器生产转变,大大提高了工效。1761年,成立不久的"奖励工艺协会"发出文告,号召人们发明能进一步加快纺纱速度的机器。1765年,织布工兼木匠哈格里夫斯(J. Hargreaves)发明了多锭纺纱机即珍妮纺纱机,它可以由一个人操作同时纺出8根纱线。珍妮纺纱机经不断改进,不久便已能纺出18根以至于最后达到80根纱线。其生产能力比普通人工纺车至少高五倍。于是各地纷纷采用,到了1788年,英国全国已有珍妮纺纱机两万架左右。在棉纺业特别发达的兰开夏郡,珍妮纺纱机很快取代了旧式手工纺纱车。约1769年,理发师阿克莱特(R. Arkwright)在前人的基础上发明了水力传动的环锭纺纱机。它比珍妮机更省力,效率更高。1771年阿克莱特与人合作,在克隆福德建立有300多工人的中型纺纱厂,利用德文特河的水流作动力。不过,水力纺纱机和珍妮纺纱机各有优缺点。珍妮纺纱机纺出的纱比较精细,但不牢固,使用人力;阿克莱特纺纱机纺出的纱比较牢固,可以作经纬线制造全棉织品,而不必夹杂亚麻经线,并使用了水力,但较为粗糙。到1779年,工匠塞缪尔·克朗普顿(S. Crompton)发明了将珍妮纺纱机和阿克莱特纺纱机两者的优点结合起来的水力纺纱机即骡机,纺出来的纱既精细又牢固。

纺纱机经过不断改进,很快将原来手工纺纱的速度提高了100倍。1785年,第一家用发明不久的蒸汽机驱动的纺纱厂在诺丁汉郡建成投产,并很快在在兰开夏郡和柴郡推广开。这又使得织布的速度显得落后了,出现了棉纱的积压。于是提高织布的速度,又成为许多人不断探索的问题。1795年,埃德蒙·卡特莱特（E. Cartwright）发明了脚踏轮织布机，把劳动生产率提高了10倍。接着又改进为用牲畜拉动，再进一步改进为用刚发明的蒸汽机驱动。1798年，他在约克郡开办了第一家用蒸汽动力驱动的有几十台织布机的织布厂。1791年卡特莱特又与人合作在曼彻斯特开办了有400台织布机，用蒸汽机驱动的织布厂。至此，（棉）纺织业技术群的重要发明暂时告一段落，（棉）纺织行业的工业革命初步完成，实现了从家庭手工业和工场手工业向机器大工业大工厂的转变。

据统计，到1811年，纺织工业的产值和出口值占了英国制造业的总产值和总出口值的一半以上，纺织工业带来的国民收入占了英国国民收入的13%，棉纺织业带来的国民收入占了英国国民收入的7%以上。以棉纺织业为龙头的纺织工业崛起为英国的民族工业（张箭，2009）。

二、铁路

交通运输业既是国民经济的一个先行部门，又是一个重要的基础部门。它处于生产和消费的中间环节，在整个国民经济中起着纽带的作用。因此，社会经济的每次重大飞跃，都不可避免地伴随着交通运输业的变革（徐凤丹，2009）。在人类的历史中，一种新的更加完善的交通方式的出现不可能是无缘无故的，而这可以在经济和社会中找到最深刻的根源。

现代意义上的铁路首先出现于英国并不是偶然的，这是因为工业革命首先发生在英国，而工业革命对英国铁路时代的到来具有至关重要的促进作用。在工业革命的大背景下，在经济飞速发展和技术不断突破的推动下，铁路的出现只是一个时间问题。工业革命中蒸汽机的发明和普及为铁路的发展提供了动力准备；冶炼技术不断改进，生铁和钢产量稳定增长为铁路的发展提供了必需的材料；从煤矿的机车发展而来的铁路，随着蒸汽动力在煤矿采集中的应用，现有的铁路雏形逐渐向现代化标准的轨道发展。蒸汽机的发明、冶铁业的发展和采矿业的技术革新成为对英国铁路发展最重要的三个促发性因素，也推动英国第一个进入了铁路时代（徐凤丹，2009）。可以说，没有工业革命中经济和技术的发展，现代意义的铁路就会成为无本之木。同时，铁路绝对不是一个完全被动的历史产物，它从其开始产生就极大地反作用于英国和工业革命。铁路和工业革命是互为因果的。

铁路的大规模建设，不但使得运输成本下降、运输时间缩短、运送量提高，还开辟了新的投资渠道，拉动了其他产业发展，推动经济一体化的形成。铁路投资对资本市场的发育所起的主要作用是，改变了投资习惯，增加了债券种类，扩大了投资的职业群体，建立了地区性证券交易所，确立了全面的有限责任制，并且发展了合股银行及大保险公司等新型的金融机构。结果，随着铁路建设的大发展,英国在 1830~1850 年出现了一个投资率上升极快的时期,资本形成总量占国民总收入的比重由不到 7% 提高到 10% 以上,而这一时期正值英国加快建设主要资本和基础设施的重要时期(张廷茂,1991)。投资率的迅速上升,有力地支持了工业革命时期的经济增长。

工业革命对运输业的需求不仅推动了铁路运输的发展,而且直接影响了铁路网的分布特征。随着工业革命的纵深发展,英国各地区之间的经济联系空前加强。英国铁路网分布得十分广泛,几乎伸入到城镇和乡村的每一个角落,其主干结构在英格兰呈不规则的"X"形,穿过中部,连接各大经济区、矿产区和人口中心,在苏格兰则沟通东西,且与英格兰铁路网相接,英伦三岛被纳入了一个统一的铁路交通体系。不仅如此,英国铁路网的主干系统均有相应的港口通向海外,形成若干较大的铁路-港口集中区(张廷茂,1991)。整个英伦三岛日甚一日地被纳入到统一的经济运动系统之中。

三、起催化作用的专利制度

18 世纪中叶开始的第一次工业革命(亦称产业革命),其意义怎么高估都不为过。工业革命之所以发生,离不开创新、制度与政策的互动关系。在英国,制度变革不仅仅是工业革命的产物,也是工业革命爆发的原因。首先,英国爆发的资产阶级革命,确立了君主立宪制度,为工业革命奠定了政治基础;其次,英国早在 1624 年就颁布了世界第一部《专利法》(*Statute of Monoopolies*,又称《垄断法》),确立了尊重私有产权、鼓励投资和保护创造的基本经济制度,创新成果能得到有效保护;最后,英国宗教改革吸引了欧洲大陆众多异教徒,社会创新思想活跃。

16 世纪中后期,英国基于大西洋航运中心的地域优势和良好的工商业基础,商业贸易和工场手工业迅速发展,并开始形成全国性的市场。新兴工商业资产阶级为突破旧的政治经济秩序,通过向国王申请开发、引进新产业和技术的垄断专营特权,以打破行会和地方势力的封锁,并凭借垄断专利获取高额的市场拓殖报酬。资产阶级的这一要求得到富有政治抱负的伊丽莎白女王(Queen Elizabeth I)的响应。1558 年继位后,她积极推行垄断政策,以垄断授权来激励人们引进和开发新的产品,刺激经济发展,同时也增加王室收入,扩大王室势力。在 17 世纪初,英国资产阶级的力量不断壮大,围绕王室垄断授权的范围、效力等问题,英国不同政治势力进行了激烈的斗争。主张王权应受制于法律,服从公共利益和公民自由所确定的边界。作为王权与议会及普通法院斗争中的一种相互妥协、折中便是 1624 年的《专利法》的产生(杨利华,2010)。《专利法》包括两项主要条款:一是剥夺君主政体出卖垄断的权利;二是为第一个保护发明者对其发明之权利的专利制度奠定了基础，明确只有新发明、印刷及某些军用品制造具有专利垄断权。

1624 年《专利法》在制度上启动了土地价值论向劳动力价值论转变，开始对个人劳动给予尊重和肯定，个人劳动成了财富的创造源泉。《专利法》刺激了技术发明及其对发明的生产应用，从而有利于英国由商业资本主义向产业资本主义，即向工业资本主义的转变。正是《专利法》出台后的 17 世纪后期，英国进入了发明创造的高峰期。1630 年，英国最先获得了蒸汽机的专利，1663 年，萨默塞特·爱德华（Somerset Edward）获得了一种蒸汽泵的专利。1680~1689 年，登记了 53 个发明专利。17 世纪 90 年代，新专利急剧增长，1691 年就有 64 个，1690~1699 年则达到了 102 个，1700~1759 年，发明专利共达 379 项。新发明不断涌现，并被广泛采用，通过专利技术建造大型工厂也极为普遍。1764 年，哈格里夫斯发明了珍妮纺纱机，1770 年登记了专利，1790 年在英国等地得到了广泛的推广。1783 年，亨利·考特（Henry Cort）等又发明了搅钢法，1784 年登记了专利，并实现了专业化生产（魏建国，2004）。在即将到来的工业革命中，英国因其专利制度所获利益无法估算。

《专利法》是英国现代产权制度的重要组成部分与法律保障。"如果资本主义有灵魂，那么这个灵魂就是合法的所有权制度。"由于有了正规的所有权制度，英国也就掌握了打开现代化大门的钥匙，它激发了隐藏在资产者自身中的最具有创造力的品质。社会、国家对技术所有权的承认和保护，是对个人智慧、知识、劳动所创造价值的保护，是对技术发展所能带来的社会进步的一种肯定，它刺激了技术发明人的热情及其对技术的应用，带动了经济发展和社会进步。

第二节 德国的超越

德国在 1870~1871 年普法战争中取胜并获得国家统一，为经济大发展创造了条件。法国赔款 50 亿法郎，成为德国第二次工业革命的重要资金。阿尔萨斯和洛林的占领，使它有了丰富的铁矿、钾盐矿，并使纱锭和织机数字分别增加 56% 和 88%。1875 年普鲁士银行改为帝国银行，为工业化统筹资金。1871~1875 年短短 4 年，工厂、矿山数目和铁路长度超过过去 25 年的总和。为了争夺市场和殖民地，德国走上以军火生产带动重工业优先发展的道路。大力引进英、法、美先进技术，并吸取英、法在理论研究与应用脱节而使科技衰落的教训，密切理论与实验和科学与技术的结合，使其科技和工业增长速度超过英、法而居第二位。从 19 世纪 80 年代起，德国由轻工业国转变为重工业国（阎康年，1985）。第二次工业革命时期德国工业的强劲增长在很大程度上得益于钢铁、煤炭等传统重工业部门的技术突破和快速发展。而这一时期德国工业发展的另一个显著特点则在于，电气、化学工业等第二次工业革命中具有代表性的新兴工业部门异军突起，成为确立德国工业优势地位的支柱性产业。正是这些新兴产业使德国成为第二次工业革命中真正意义上的先进国家。

一、化工

现代化学的建制与欧洲三个国家（英、法、德）在 19 世纪的化学学科发展密不可分。英国是化学的故乡，也是化学工业的发源地。第一次工业革命中，棉纺织工业对苏打和硫酸的需求导致英国最先建立起三酸一碱的无机化学工业。法国也曾发生过划时代的"化学革命"，拉瓦锡（Lavoisier）被称为近代化学之父。过去茜素和靛蓝都是主要的天然染料，提取茜素的茜草盛产于法国，提取靛蓝的槐兰草主要来自印度，它们几乎垄断了整个欧洲市场。到了 19 世纪中期，德国化学开始崛起，1870 年后成为世界上化学水平最高的国家，直到 20 世纪才被美国超越。

19 世纪中期以后，化学工业出现了合成物质代替天然材料的趋势。第一种人工合成染料的研制和工业生产首先在英国实现。虽然英国人首先发明了苯胺染料，但是德国的苯胺染料生产和技术却走在世界前列。在英国发明了苯胺染料后，德国工业界慧眼识珠，看到了合成化学工业的诱人前景，做出了果断而正确的抉择，投入大量人才和资金进行煤焦油的综合开发和利用，逐渐在世界化工市场中占据了主导地位。在 19 世纪 60 年代，德国合成染料企业主要以模仿英国和法国的技术生产苯胺染料。德国化学家格雷贝和里伯曼在研究了茜素的结构后，于 1869 年提出了以蒽为原料合成茜素的方法，巴登苯胺和苏打工厂在 1871 年就实现了合成茜素的工业生产。这是德国合成染料工业发展史的一个重大转折点。从此，德国合成染料工业结束了模仿英法的时代，进入了自主创新的时代（刘立，1998）。

合成染料工业的发展，其影响远不止取代了天然染料，进而使农业结构发生一点变化，与纺织业建立更密切的关系。染料与医药相联系，开创了医药-化学疗法的新纪元；染料与香料相联系，合成香料也取代了部分天然香料；染料所提供的新型炸药使染料工业变成了准军事部门。染料的研制和生产带动了有机合成工业及整个化学工业的发展，其连锁反应的影响是深远的。

在代替天然染料种植业的过程中，德国染料企业所起的作用是举足轻重的。据初步统计，在 1886~1900 年，六家德国染料企业共取得 946 项染料专利，而包括珀金（Perkin）在内的英国企业仅取得 86 项染料专利。1904 年，德国焦油染料生产已达 6.5 万多吨，占当时德国全部化学原料出口的 34.3%。德国染料工业在世界染料工业中的地位因此大幅上升。1880 年，德国生产的合成染料占当时世界总产量的 50%，1900 年时这一比重上升到 90%。合成染料为德国换取了大量外汇。据统计，在 1860 年德国每年须用 5000 万马克进口天然染料，而在 1872 年，德国出口合成染料的收入为 1700 万马克，1890 年增至 5300 万马克，1900 年为 9800 万马克，1905 年达到了 15 000 万马克。20 世纪初，德国化学工业几乎独家垄断了全球染料市场。1900 年德国合成染料市场占有率高达 80%～90%，这还不包括它在世界其他国家设立的子公司生产的合成染料（周嘉华，1987）。

1913 年德国合成染料工业的发展达到高潮，生产合成染料 3 亿磅，价值 6000 万美元，其中 80% 出口到世界各国。这年德国合成染料在国际市场上市场占有率为 87%。如果不是第一次世界大战爆发，德国肯定还会夺取剩余 13% 的市场。一个国家的产品在国际市场上能达到 90% 左右的市场占有率，形成独家垄断，这在历史上是十分罕见的（刘立，1998）。

在染料行业的带动下，德国化工企业如雨后春笋般地涌现出来。仅 1870～1874 年的短短 5 年中，德国就成立了 42 家化学公司，资本达 4200 万马克。1881 年，德国仅人造染料工厂就有 22 家。1882 年，德国化学工业部门的雇佣工人总数已达到 50 000 名。这一年，单是生产主要化学品的基本化学工业，就已拥有雇工 15 000 人，1895 年增加到 27 000 人。到 1896 年，德国已拥有 108 家化工股份公司，总资本达到 3.329 亿马克。1907 年更达到 45 000 人，而全部化学工业的雇工人数，在 1907 年共有 172 000 人（邢来顺，2001）。

有关统计表明，在德意志帝国时期，化学工业生产翻了三番以上。如果 1913 年的生产指数为 100，那么 1872、1892 和 1902 年的生产指数则分别为 8.4、27.1 和 46.8，由此可见其跳跃性的发展速度。化学染料生产发展最快。此外，德国还生产和加工着世界上 95%～98% 的钾化合物。1900 年，德国的硫酸产量仅相当于英国的 55%，到 1913 年，形势逆转，德国硫酸产量已相当于英国的 155%（邢来顺，2001）。

化学工业在德国工业中所占比重并不大。1911～1913 年，化学工业在整个工业生产中的比重仅为 2.3%，职工人数占 2.5%。但是，作为新兴工业部门，化学工业给德国经济带来的巨大活力却远远大于这些数字。1913 年的德国出口商品中，化工产品就占了 10%，销售额达到 24 亿马克，远远高于其在工业生产中所占比重。特别引人注目的是化学工业可观的经济效益。1900 年以后，其股息一直在 20%～30%，甚至基础化工的红利也达到了 12.4%。高额的回报吸引着人们将大量资金注入化学工业领域，充盈的资金则反过来为新产品的研究、开发以及整个化学工业的发展提供了保证。德国化学工业因此而步入了一种良性循环的发展轨道。化学工业的迅猛发展使德国在这一领域中处于一种"旁若无人"的境地，以致这一产业成了"德意志帝国最伟大的工业成就"（邢来顺，2001）。

发展合成染料工业的早期史实使人们看到，科学技术的进步是企业繁荣的保证。德国的染料企业都把建设研究所放到了重要地位，逐步形成了在大学之外的另一个科研中心。优厚的待遇和良好的科研环境吸引大批化学家来企业任职，并在企业中施展其才干。工艺过程不断地被改造，新产品源源不断地出现，大大加强了企业的竞争能力，这也是德国染料工业迅速崛起的一个原因。

二、电气

1904 年克莱因（Klein）吸取美国大学和研究所由私人提供基金的经验，在哥廷根成立三个应用科学研究所，其中电气工程研究所在西蒙（Simon）领导下，为德国培养了大批高水平的电气工程人才。美、德两国在科技和电力工业上的相互借鉴和学习，使他们在第二次技术和产业革命中成为领先的国家。

第二次工业革命前，德国已经在电气领域奠定了广阔而真正的科学知识的基础，这极大地促进了电气时代德国一批重要发明的诞生。1836 年两名德国教授高斯（Gauss）和韦伯（Weber）发明了输电能力，1836 年韦伯向莱比锡-德累斯顿铁路提供发明，但未被采纳。

石油资源缺乏，使德国虽首先发明了汽油机和柴油机，但不得不重点发展电力工业。电气工业的兴起是第二次工业革命的核心内容和主要标志。德国人敏感地觉察到了这一新兴产业的广阔发展前景。德意志帝国时期电气工业的迅猛发展也是与最新的科学技术紧密联系在一起的。19 世纪 80 年代，以维尔纳·西门子（Werner von Siemens）和艾米尔·拉特瑙（Emil Rathenau）等为代表的德国企业家利用电灯和电话等普及的契机，率先开始了电气工业的大规模发展，从而使德国取得了这一领域中的领导权。

19 世纪 80 年代后，随着电话的普及和电灯的使用，德国人率先开始了电气工业大规模发展。工厂、车辆、电信和照明等领域迅速电气化。电气工业迅速成了德国经济增长的主要因素之一。到 20 世纪初，德国在电炉炼钢、铁路电气化等电能应用方面居世界之首。

1910 年，德国已有 195 家电气公司，资本总额达 12 亿马克。德国电气工业的总产值，1891～1913 年增加了 28 倍，德国电气制造业规模在欧洲是最大的。电气工业成为现代德国最大的一项工业成就。20 世纪初，在所有电气的特殊应用上也是德国居于世界领导地位，如炼钢及其他冶金部门使用的电炉、铁路电气化、用电气发动农业机器甚至发动犁、利用电解方法由空气中获取氮素等。

德国经济史家佐姆巴特（Sombart）曾形象地描述了当时德国电气工业的繁荣景象："19世纪80年代，特别是19世纪90年代，这一部门中从事工业活动的企业，有如森林中一场温暖夏雨后的蘑菇，一个超一个地猛长，以致今天的德国（1912年）已经遍布这一新兴工业，而这一工业在30年前还几乎无人知晓。"这些电气工业企业的业务主要集中于制造发电机和电动机、建设电气工厂、安装电力照明系统和建造电车等。到1896年，德国电气工业中已有39家股份公司，并逐步形成了西门子-哈尔斯克和通用电气公司等七大巨头（邢来顺，2001）。

电气工业的发展大大改善了德国工业领域动力分布不均的状况，进一步推动了国家工业化进程。在第一次工业革命中因缺乏煤矿资源而动力不足的德国中、南部地区因此有了新的发展机会。丰富的水力资源使他们能够利用水能发电解决自身的动力源。于是，德国中、南部的莱茵河畔法兰克福、纽伦堡等地区成为德国经济增长的新热点。此外，发电机和电动机的使用也使原先只有较大型企业才能利用的机械动力逐渐进入小型企业，从而提高了小企业的生产效率。

三、起支撑作用的教育制度

谈到德国的超越不得不提到俾斯麦政权。俾斯麦（Bismarck）自1862年上任首相后，对外奉行"铁血政治"，用军事力量逐步完成了德国的统一；对内奉行"国家资本主义"，即运用国家的力量助推资本主义经济的发展。在俾斯麦领导时期，德国统一了货币、度量衡、邮政，建立了中央银行，大幅度提高进口关税，保护幼稚产业和动员国家力量推动基础设施建设和重工业化，在30年时间里德国的工业化超过英国100年发展的成就。

另外，德国能够超越的重要原因还在于发展教育的体制和政策。德国通过实行强迫义务教育制，文盲率从1865年的5.5%降低到1895年的0.3%；发展大学教育，洪堡（Humboldt）在1809年创办了柏林大学，在17世纪中后期一系列大学比照柏林大学被建立起来，如慕尼黑大学、波恩大学等，推动大学承担起为国家培养高级专门人才、推动科学技术发展和应用科学技术为社会服务三方一面的任务；与高等教育的发展相配合，德国的中等教育也逐渐形成了自己的系列。有综合性的实科学校、高等实科学校，还有各种职业学校，为工商业培养了大批技术工人和中级管理人员。在整个教育体制中，德国在17世纪中后期逐步摆脱了"经院式"的办学风气，走向奉行"学、研、用"相结合的办学理念，开创了"教育—研究—生产"的现代教育体系。哲学思想的指导和数学的领先、理论与实验的紧密结合、学术思想的活跃和创新、研究机构的开放流动、频繁的学术交流和激烈的学术争论，以及对年轻人才的吸引、集聚和破格选拔，推动德国在20世纪初已经成为世界科学中心（周嘉华，1987）。

因此，德国之所以能后来居上，一度执世界之牛耳，绝不是偶然的。化工和电气工业之所以能成为当时德国经济的两根支柱，成为技术最先进的代表，在于这两个部门里，德国拥有一支庞大而优秀的科技队伍。到1910年，德国工厂有4500名经验丰富的化学家，而英国只有1500名。并且，这时期世界著名科学家也都集中在德国，这从近代杰出科学家编年曲线可以看得很清楚。1850~1914年，德国是世界上杰出科学家比例最高的国家，在最高点的1870~1890年，德国杰出科学家约占世界杰出科学家总数的40%，如曾"把持世界化学的巨人"李比希（Liebig），研究染料化学首屈一指的霍夫曼（Hoffman），恩格斯钦佩的凯库勒（Kekule）和肖莱马（Schorlemmer），创立物理化学的奥斯特瓦尔德（Ostwald），在电学上建立奇功的西门子等（徐继连，1988）。对教育的重视也带来企业科学素质不断提高，以染料企业为例，1913年德国拜尔染料厂就有330位化学家、40位工程师和10位医生。许多企业家也受过高等教育。这样，德国形成了科学教育的新体系，造就了大批人才，为超越提供了强劲的动力。

第三节　美国的全球领先

美国作为一个仅有200年历史的后起国家，能够迅速崛起为世界头号强国，其原因是多方面的，而其中最直接、最重要的原因之一，在于第二次工业革命期间一些新兴产业的迅速崛起。1865年南北战争结束后，美国开始走上工业革命。但在很长时间内，美国与英法等大国仍有较大差距。例如，1870年，英国煤炭产量为11 200万吨，美国为3670万吨；英国钢产量为22万吨，美国仅为7万吨。美国国力不仅远远落后于英国，还落后于法国和后起之秀的德国。在资本主义国家中排名第四。然而，美国辽阔的国土、丰富的资源、得天独厚的禀赋优势，以开放的文化，特别是对电动机、内燃机等新技术的采用，使这一格局很快发生了变化。19世纪末，美国的经济已经达到了比较高的水平，工业生产开始处于世界前列。到1929年，美国主要工业品产量跃居世界首位。汽车产量占世界的84%；钢产量占世界总产量的41%；石油产量占世界的67%；制造业产值占世界的43%。美国大幅度超越英国，成为世界遥遥领先的经济强国。

一、电气

美国早期电气工业的特点是向西欧学习，由个别发明家创办各种竞相发展的电气企业，以垄断造成差异，以反托拉斯的力量来牵制某些单项技术的极端发展，从而为新技术开辟道路。至今，美国的电子工业仍然保持着这种特色。在美国工业中存在与生物界竞争类似的情况，不过它们根据的是社会和技术的环境，是根据市场的需要和为适应需要创造的市场。这种发展方式称为"工业达尔文主义的模式"，其内适应条件是国内市场，外适应条件是西欧的先进技术。

美国经过内战后二十多年的长期稳定，出现了初步繁荣的局面。当布鲁思（C. Brush）的电弧灯问世时（1875～1879年），人们看到了更为光明的前景。电弧灯猛烈地冲击起古老的燃气灯市场来了。十年后爱迪生（Edison）的白炽灯不仅在公共场所取代了电弧灯，而且给千家万户带来了光明。在动力曳引技术领域，也曾发生过只有先锋探索者才能预见的变革。在第一部汽车（1883年）发明四年后，斯布拉格（F. J. Spraque）的有轨电车诞生了，他在弗吉尼亚州的里士满（Richmond）建造了美国的第一条电轨。工业需要市场，技术可以开拓市场，从而可以引导生活的潮流。在美国，生活潮流的引导者在个人发明家和实业家中占有很大的比例。1884年成立的美国电气工程师协会（American Institute of Electrical Engineers，AIEE）是这样一些人荟萃的园地，他们当中有爱迪生、贝尔（Bell）、布鲁思、斯布拉格、威斯汀豪斯（Westinghouse）、斯佩里（Sperry）、威斯顿（Weston）和克罗斯（C. Cross）等人（宋德生，1986）。

美国真正大规模使用电力是从交直流争论开始的。爱迪生研制的直流发电机为110伏，电压低、输电距离短。1886年，特斯拉（Tesla）发明了交流发电机，并建立起一座交流发电站，于是引发了一场交直流输电问题的大争论。由于交流输电成本低、功率大，电路损耗小，最后交流输电法取胜。从此先在美国投入使用，然后又推广到欧洲。1895年采用三相交流系统的尼亚加拉大型水电站建成，输出电力15 000匹马力①。到1917年，全国仅公用电站就有4326座，发电量438亿千瓦时，美国电力工业跃居世界第一位（李继革，1996）。大型火力和水力发电站的建立，不但为照明提供了光源，而且为工业生产和社会生产提供了强大的动力和能源。电力还与传统的各种机械相结合，使电力广泛应用于各种工业部门，电力迅速地取代蒸汽动力在工业中占据统治地位。

19世纪末，美国东海岸创立了一系列电气公司，为20世纪电气和电子工业

---

① 1马力＝745.7瓦。

的重心由西欧转移到美国东海岸奠定了基础。到了 20 世纪 20 年代，美国在东海岸，特别是在波士顿—长岛—纽约—费城—华盛顿一线上形成了强大的电力工业基地。电力工业之所以优先在东海岸发展起来，原因在于：①有爱迪生、贝尔、威斯汀豪斯等一大批个人发明家和实业家在那里创造基业；②那里受欧洲影响最深，比较容易获得欧洲的先进技术和招揽欧洲的人才；③与亚洲相比，欧洲是一个更大的市场，凡是开发性产品，只有在那里才能打通销路；④美国东北部是美国的工业基地，那里有集中的电力、钢铁、冶金、造船、造纸、汽车和飞机制造工业，公路、铁路和海运业十分发达。同时，长岛又是美国的重要空军基地和试验场。这些"烟筒工业"和国防工业都有待电子技术来开发（宋德生，1986）。

进入 20 世纪后，美国的电气和电子工业就开始了创立自己的应用科学理论和工程原理的时代。如果说大西洋第一条海底电报电缆的铺设和通过大西洋上空的第一个无线电信号的发射，是欧洲人的贡献的话，那么，20 年代的无线电广播和 30 年代的电视广播，在美国和在英国都是同时进行的，而且在美国具有更大的规模。这种局面的扭转，确实与美国在电信和电子工程领域取得的一系列理论成果紧密相关。这些成果主要包括美国电话和电报公司的卡森（J. R. Carson）提出的单边带传输原理（1915 年）、阿姆斯特朗（E. H. Armstrong）提出的超外差电路理论（1918 年）、布赖克（H. Black）发明的负反馈电路（1927 年）、阿姆斯特朗提出的宽带调频原理，以及贝尔电话实验室的尼奎斯特（H. Nyquist）提出的负反馈环相控原理，等等（宋德生，1986）。这就说明，美国在两次世界大战之间已经能够创立自己的电子工程理论，并用它们来指导自己的电子技术的开发。这不能不说是自 19 世纪以来实现的由西欧到美国的又一种转移——工程理论的转移。

美国电力技术革命标志着世界科技中心由欧洲向北美转移，反映了美国近代工业化的新水准，并推动了美国由自由资本主义向垄断资本主义的过渡。1883 年 3 月 1 日，恩格斯曾指出，电工技术革命"实际上是一次巨大的革命。蒸汽机教我们把热变成机械运动，而电的利用将为我们开辟一条道路，使一切形式的能——热、机械运动、电、磁、光——互相转化，并在工业中加以利用"。列宁也曾指出过，电力工业最能代表最新技术成就和 19 世纪末 20 世纪初的资本主义工业部门。美国就是靠电力技术赶超了靠蒸汽动力发展的英国和法国（李继革，1996）。

电力革命爆发在美国是有一系列原因的。美国从富兰克林（Franklin）之后有一定电学研究传统，在依靠丰富的水力资源和发展蒸汽动力技术后，为赶超英国，引进英、德电力技术并大力鼓励本国电力技术发明和发展。

（1）美国科技人员吸收和引进欧洲科学知识和技术。19 世纪初电磁学、电化学和热力学取得巨大进展，1831 年英国科学家法拉第（Faraday）发现了电磁感应，为创造发电机和电动机提供了基本原理。不久，电机在英国和德国相继问世。美国的科技人员吸收和引进了欧洲先进的电学理论和技术成果，并进行了独创性的研究和应用。其主要代表人物是托马斯·爱迪生。这位"世界发明大王"首先将自激式发电机应用于照明，1879 年发明了白炽电灯泡。1882 年 9 月 4 日，在纽约珍珠街建立起第一座火力发电站，用 6 台"巨象"发电机向 85 个单位、2300 盏电灯供电，开辟了美国第一个电力照明系统，从此人类开始摆脱中世纪生活方式步入近代文明（李继革，1996）。

（2）工业实验室的作用。布里坦（J. E. Britain）于 1977 年指出，"贝尔电话实验室和通用电气公司在电气发展史上起了极其重要的作用"，"是美国电气工程的转折点"。从爱迪生在门罗公园（Menroe Park）建立美国第一个工业研究实验室开始，掀起了美国各大公司建立工业研究实验室热潮。从贝尔系统于 1884 年建立专职科学家为主的基础性工业研究班子起，至 1925 年建立世界最大的工业研究实验室——贝尔电话实验室，对美国电气技术开发和电气工业及工业电气化，起了关键性的作用。爱迪生的珍珠街电站（1882 年）和电路系统，特斯拉（N. Tesla）发明交流电动机（1888 年），斯坦德雷（W. A. Standley）改进高兰德（Gauland）等发明的变压器和建立第一个交流电站（1886 年），为美国电力机械的大发展奠定了基础。威斯汀豪斯在与爱迪生之间的交直流大论战中取胜，使交流电技术在美国大发展（阎康年，1985）。

（3）美国较早地在大学里开设电气工程专业，为电力革命奠定了人才基础。1882 年，麻省理工学院物理系主任克罗斯最先在本系增设电气工程课程。及至 1902 年，电气工程系就从物理系中分离出来。1886 年，密苏里大学创立了美国第一个电气工程系；接着，威斯康星大学在 1891 年也办起了电气工程系，一年后，斯坦福大学开创了美国西部海岸第一个电气工程系。电气工程专业的发展速度超过了任何其他专业。到 1890 年以后，美国电气工程专业的毕业生就达到了土木工程专业和机械工程专业毕业生的规模。麻省理工学院在 1892 年的电气专业毕业生竟达全校毕业生的 27%（宋德生，1986）。

二、钢铁

19 世纪后半期，美国西部开发进程加快。随着铁路网不断向西扩展，资金及劳动力日益向西流动并且与中西部优越的地理条件相结合，更为重要的是，这一时期以钢铁、电力技术为标志的第二次工业革命高潮在美国出现。

美国钢铁业在 19 世纪是从技术和生产率水平较大幅度地落后于英国的情况下起步的。美国虽然不是钢铁产业重大技术创新的发源地，但却最为有效地吸收和应用了这些技术进步。1865年,精明而有远见的安德鲁·卡内基(Andrew Carnegie)就将他的投资集中在炼铁业。1873年,卡内基遇到了酸性转炉炼钢法即贝氏炼钢法的发明者亨利·贝塞默(H. Bessemer)。他意识到美国制造业的未来在于钢的制造和应用,一返回匹兹堡就按照贝氏炼钢法建造了他的第一座钢厂——埃德加·汤姆森(Edgar Tomson)钢厂,开启了匹兹堡的钢铁时代,"卡内基帝国"也从此诞生。第三次技术浪潮的标志性事件,正是卡内基于1875年在宾夕法尼亚州建立的第一家制造钢轨的转炉钢铁厂(李振营,2007)。

凭借其丰富的资源、便利的交通和广阔的市场等优良的外部条件,匹兹堡工业获得飞跃性发展,具有代表性的是钢铁企业和焦炭生产业。凭借靠近煤区及交通便利的优势,炼铁业在匹兹堡迅速发展起来。19世纪70年代开始的第二次工业革命为匹兹堡城市的发展提供了巨大动力,匹兹堡的面积迅速膨胀。1860年,匹兹堡人口刚刚接近5万,是个以商业为主的小城市,经过半个世纪工业的蓬勃发展,在1907年兼并阿勒根尼市之后,到1910年已经成为一个居民53万多人、排名全国第八的制造业领袖城市。它的钢铁业更是称雄全美国,以"钢都"闻名于世界。匹兹堡的钢铁业为美国的工业化做出了不可磨灭的贡献(李振营,2007)。

19世纪70~90年代,美国在世界上最早实现了钢铁工业生产力的爆炸性增长。数据表明,1870年时美国的钢材产量不足7万吨,1880年时达到121.7万吨,1890年达到427.7万吨,1900年达到1018.8万吨,到了1910年时则增长到2609.5万吨,40年的时间增长了372倍,年均增长率达到15.9%。1890年美国钢铁产量(包括钢和铁)超越英国,此时美国和英国分别占世界总产量的34.4%和29.4%,这标志着美国已开始成为世界钢铁生产的领导者,而到了1918年,美国的产量更是一度达到世界总产量的60%(贾根良和杨威,2012)。

三、石油

现代石油钻井和提炼技术的开发,要追溯到19世纪的美国。1854年,一个叫比塞尔(Bicer)的人看到有人从宾夕法尼亚州梯特斯维尔的"油溪"带来的一瓶石油,便成立了"纽约宾夕法尼亚石油公司",期望把地下的石油打出来发财致富。比塞尔雇佣前火车司机德雷克(Drake),后者使用顿钻,于1859年8月28日在距地表21.3米的地方打出了高质量的石油。这是世界上第一口用机械钻出的有商业意义的油井,它宣告了现代石油工业的诞生(马涵坤和雪桐,1999)。

石油带来的巨大商业利益驱使一大批人涌向梯特斯维尔找油,在短时间内出现了上百口油井,梯特斯维尔油田成了世界上第一个油田。不久,在油田周围相继出现了 10 多家小炼油厂。后来，随着新油田的发现，又出现了铁路和更多的小炼油厂。到 19 世纪 60 年代中期，美国的石油公司已达 16 500 家。1879 年在美国国内出现了第一条输送原油的长输管道，这是一种新的更经济的运输手段。

石油最初作为照明材料，但其蒸馏产品的使用价值的研究取得了意想不到的成功。汽油发动机和汽车的问世，为石油开辟了新用途。汽车对汽油和公路的需求，促进了石油经济在 20 世纪的发展。1859 年全世界原油产量只有 300 吨，到 1900 年已增长到 2043 万吨。

在新一轮能源革命和产业革命中，哪个国家能成功实现从煤炭到石油的转型，哪个国家就能在 20 世纪的国际竞争中成为赢家。大约自 1900 年开始，美国主要能源开始从煤炭变成了石油。在石油生产领域，美国开发了大多数相关技术。

"一战"期间，美国成为协约国方面石油的主要供应国。1914 年的美国生产 2.66 亿桶石油，占当时全世界总产量的 65%。而战争对石油的巨大需求，也刺激美国石油工业的发展。1917 年美国的石油产量猛增到 3.35 亿桶，占全世界石油产量的 67%。美国生产的石油中，1/4 出口，主要供应欧洲，"新大陆成为旧大陆的石油仓库"，"美国提供战时协约国石油需求的 80%"（王才良，2000）。

"一战"之后，由于内燃机的广泛应用，汽车工业、航空工业、农业机械化的发展，对能源提出了越来越高的要求。由于石油较之煤炭有许多优点，如运输方便、能量利用率高、污染程度较低、价格较低廉，因而它逐渐取代了煤炭在能源中的地位。石油的大规模开发利用有力地推进了汽车、化工、钢铁、电力等产业的发展，石油化也和电气化一起被视作自 19 世纪 70 年代开始的第二次工业革命的标志。

到"一战"结束，美国已经能够与老牌霸主英国平起平坐。20 世纪 20 年代以后的美国工业化是建立在从得克萨斯到底特律的这条轴心线上的，前者是石油工业的中心，后者是汽车工业的中心。美国建成了铁路之外的第二个全国运输体系，包括公路、小汽车和卡车。到"二战"前后，更是建立了世界上最强大的军事和工业复合体，其核心是创建了一个完全以石油为燃料的军事机器和包括空中力量、海上力量和陆上机动性等三方面内容的先进军事体系。显然，这是一个能源密集的军事体系，它让美国在二战中变得高效而强大，成为首屈一指的军事强国，同时有效支持盟军作战。从 20 世纪 20 年代到 60 年代，是美国经济成长的关键时期，而这一时期的繁荣，在很大程度上是建立在廉价石油及相关基础设施、运输体系基础上的。正是依靠石油优势，美国在二战后成为世界经济、科技中心，引领了原子能、计算机、航天技术、生物技术、新材料等好几波技术创新浪潮，包括 20 世纪 90 年代的 IT 革命，进一步强化了产业发展优势（刘婧，2010）。

四、汽车

尽管德国人首先发明了汽车，但这个在欧洲"发芽"的机器没有在欧洲大陆"开花结果"，却首先在大洋彼岸的美国兴起。美国汽车工业的快速崛起经历了三个阶段。

第一阶段：1900~1908 年。卡尔·本茨 1893 年发明世界上第一辆以汽油为动力的汽车后 7 年，汽车开始大量生产，人们进入汽车时代。后经过民间的贸易和博览会等中介渠道，其制造技术由欧洲扩散到美国。在汽车产业兴起之前的 1897~1907 年的 10 年中，美国仅生产汽车 16 万辆，汽车产业只是依附于机械工业的一个小部门。到 19 世纪末，通过对欧洲汽车技术的消化、吸收及本土化创新，美国制造汽车的技术已经基本成熟。到 1899 年，美国已经有 30 个汽车制造商。1905 年，美国汽车年产量达到 2.5 万辆，位居世界第一，从此美国成为世界汽车产业的中心。

第二阶段：1908~1929 年。这一阶段是美国汽车产业高速发展时期，汽车制造在这个时期日趋成熟，并实现了三次里程碑式的创新。

一是福特制大批量生产方式的建立。1908 年，福特（Ford）在吸收前人关于流水线和互换性的设计和制造思想的基础上，推出了 T 型车和流水线装配，缩短了工作周期，降低了产品的成本，这给汽车工业带来革命性变化，也因此改变了人类的生活方式。T 型车售价不足 500 美元，后降到 300 美元，只有当时同类汽车价格的 1/4 甚至 1/10，美国一个普通工人用一年工资就可以购买到，使汽车成为真正意义上的大众交通工具。

二是斯隆（Sloan）的创新。一方面，斯隆对福特的流水线进行了改进，使之针对不同价格范围提供不同类型的汽车产品，而且首先推出了每年改换车型的概念；另一方面，斯隆通过保持分散经营灵活性优势，以及内部各个管理层次的激励机制，解决了通用汽车公司的管理问题，这种管理方式也迅速扩散到美国各个汽车公司。

三是钢制轿式车身技术的创新。该技术大大提高了美国汽车产业车身技术的整体水平，使其领导了当时的世界汽车车身潮流。越来越多的中等阶层拥有汽车，而汽车的造型已经成为汽车制造过程中的一个重要步骤（张小兰，2011）。

1920 年美国汽车产量超越 200 万辆的新里程碑。到了 20 世纪 20 年代，美国汽车产业已经有几百家公司，并孕育着未来的三个汽车工业巨头：福特、通用和凯迪拉克。到 1929 年，美国汽车年产量超过 500 万辆，占世界总产量的 84%，成为国民经济的第一大产业。汽车业极大地带动了上下游产业的发展：

汽车业使用了全国80%的橡胶、75%的玻璃、25%的机床、20%的钢铁，汽车产业还使用了90%的汽油（周强，2010）。

第三阶段：1929～1945年。由于大萧条和"二战"的影响，美国汽车产量从1929年的533万辆猛跌到1945年的72万辆。但是，以汽车业为主的机械制造能力也使美国在战时能够迅速转化为军事工业能力，使美国在两次世界大战中成为主要的武器供应国，大发战争横财。"二战"时期，美国共生产军车355万辆，飞机20万架，坦克和自行火炮102万辆，远高于主要对手德国。仅福特汽车公司就生产了8600架轰炸机、5700台飞机引擎和25万辆坦克，成为最大的武器制造商之一，为世界反法西斯战争胜利发挥了重大作用，也为美国赚取了超额的经济利益。美国强大的物质力量令对手和盟友都感到震撼。诺曼底登陆中，美军共投入13 700架飞机，4000艘舰艇，4000辆坦克。斯大林评价说："就其规模、就其宏大的布局，以及杰出地执行计划情况来讲，在战争史上是无与伦比的。"一位后人评价说："只有生产能力居世界之冠的福特公司和曼彻斯特船厂才能拿出这么多装备。"（周强，2010）

由于雄厚的工业基础，美国在"二战"后很快就恢复了元气，1948年产量已达528万辆，接近历史最高纪录，占当年世界产量的70%以上。

直到今天，虽然信息产业和现代服务业已占到相当高的比例，但汽车业仍然是美国最大的制造业部门，汽车业直接或间接创造的就业岗位达到1330万个，汽车制造业贡献了美国GDP的4%。由于汽车产业在经济腾飞中的巨大作用，美国被誉为"汽车轮子上的国家"。即使在当代社会，奥巴马政府仍然把汽车业作为救赎的首选，对三大汽车企业进行大规模的支持（周强，2010）。

五、信息

20世纪90年代，美国在西方国家中率先发展起了强大的信息技术产业和生物技术产业，从而为世界各国新一代产业结构升级指明了方向，而美国也因此再次站到了世界经济发展的前列。美国发展信息高速公路的目标是到2000年将生产率提高20%～40%，增加经济效益35 000亿美元，到2007年使国民生产总值每年增加3210亿美元，并带动其他关键产业和服务业的发展。从统计数字来看，信息产业已逐步取代传统工业，成为美国经济周期的新增长点，带来经济的持续扩张。据1997年3月31日《商业周刊》的报道，过去三年中GDP的27%来自高技术产业，而民用住房和汽车部门创造的产值分别为14%和4%。随着互联网络的蓬勃发展和直播卫星电视的崛起，信息技术产业创造的产值已占美国当年GDP的33%。因此，从很大程度上来说，美国的技术创新政策是相当成功的，其对经济结构的调整、经济的持续平稳发展，起了巨大的推动作用。

据美国经济学家推算，投资因素和科技因素在"二战"后美国经济增长中起的作用发生了逆转。"二战"后至20世纪50年代，投资因素在美国经济增长中占的份额约为80%，科技因素只占20%；到了70年代，科技因素在经济增长中的份额上升到50%，投资份额则从80%降至50%；到了90年代中期，科技在美国经济增长中的作用上升到了70%，投资作用则减到30%（武海亮，2000）。经过二十多年的调整，美国产业结构表现出引人注目的新特点。

第一，第三产业在GDP中的比重显著超过第二产业和第一产业，并且第三产业从劳动密集型转向技术密集型。经过调整，1980年美国产业结构中第三产业占GDP的比重达到69.1%，1991年提高到70.5%，1995年进一步提高到73.8%。第三产业也由此成为美国三大产业中提供就业的主要部门，1991年第三产业就业人口占全部就业人口的比重上升到了71.3%，工业和农业分别下降到25.9%和2.8%。20世纪50~60年代，第三产业中占主导地位的是劳动密集型的低技术部门，而70年代中期以来，技术密集型部门取代了劳动密集型部门，在第三产业中占主导地位。从产值来看，信息业的产值增长最快，1970~1983年增长率平均为6.6%，高于同期GDP2.8%的平均增长率；从就业结构看，第三产业中科技人员就业人数增长最快，如计算机编程人员在1979~1982年增长了41%（彭再德和黄宝平，1998）。

第二，制造业中出现了以信息技术为核心的新兴高新技术产业部门，并且这些产业部门急剧发展，成为美国新经济的重要推动力量。20世纪70年代中期至80年代前期，在这后工业化经济时代，数字化信息技术处于创新阶段。在这长达10年的时间内，大型和小型计算机都属于投资类产品，产业化规模相当小。80年代后期至90年代初，信息产业的第一次转型是主流产品由大型及小型计算机更新为个人计算机。90年代中期以后的第二次转型是信息产业的主流产品由个人计算机演进为网络产品。它大幅度提高了产业化规模，并成为市场规模潜力巨大，产业关联度高，经济拉动范围广泛的支柱产业。从80年代开始，特别是90年代，美国以信息技术为中心，掀起了一场新的工业革命，形成了一大批高技术产业（刘厚俊，2000）。高新技术部门产值占整个制造业的比重由1960年的27%增加到1980年的33%，1996~1997年高新技术部门劳动生产率增长达到10%以上。而信息通信产业中的信息技术产业90年代在GDP中一直在5%左右浮动，并有上升的趋势，说明信息通信产业已经对美国的经济发展产生了巨大的影响。这种产业结构的迅速转变，其中最引人注目的是数字化信息技术和信息资源的开掘正在改变以物质资源投入为主要支撑的"旧"的经济增长模式。因此，有人把这次转型叫做信息经济或网络经济（吴皆宜，2001）。

对于信息通信产业对经济发展的影响，主要从信息通信产业对GDP、全要素生产率增长两个方面来分析。信息通信产业对美国GDP增长的贡献呈现明显的上升趋势：1948~1973年为5.01%，1973~1990年为15.73%，1990~1995年为24.58%，1995~1999年为28.68%。信息通信产业对总投入增长的贡献率：1990~1995年为22.54%，1995~1999年为29.43%。其次，从对全要素生产率增长的影响来看，20世纪90年代全要素生产率的增长迅速提高。20世纪90年代前5年，美国全要素生产率的增长率为0.24%，而后5年达到0.75%，远远大于前一段时期的发展，计算机对劳动生产率的贡献也从43.1%上升到57.2%（徐广军和张汉鹏，2006）。总体来讲，信息通信产业经过近10年的发展已经替代了大工业时代石油、汽车、钢铁等主导产业群，成为第五长波主导产业群的核心，这一现象也正是美国出现"新经济"的原因。

第三，信息技术在各产业部门的广泛采用，推动了传统产业的发展。信息通信产业自身在迅猛发展的同时，对传统产业的发展也产生了不可低估的影响。传统工业也已被新的电子工业改造，使高科技产业代替了传统的汽车、钢铁、建筑等支柱产业而成为经济增长的主导因素。1993年以来，美国大公司运用信息技术改造管理程序的生产流程的规模越来越大，到1995年达到一个质的临界点，即对信息技术的投入已大大超过企业对其他资本品的投入。这一年企业对信息技术的投入占全部企业投资的75%以上。正是电子和通信设备产业在整个美国经济加速增长的引擎作用，使美国工业生产能力增长率由1995年的2.8%提高到1996~1997年的6.9%。也正是经历了企业技术和成本结构的变革，至1997年上半年，整个美国经济（除金融业部门外）的劳动生产率达到了2.4%（彭再德和黄宝平，1998）。信息技术对传统产业的推动作用主要表现在以下方面：首先，信息通信产业改造了传统制造业的生产方法和营销模式。第五长波中的传统产业，像化学、钢铁、电气设备、汽车、纺织和服装等均在进行与信息技术的结合，以提高本行业的技术水平。在汽车行业，汽车制造商不仅利用计算机辅助设计技术来进行汽车设计和模具开发，还利用互联网进行汽车销售活动；在纺织行业，许多纺织公司的纺织和编结过程经过信息化改造后已经高度现代化了，美国纺织制造商研究所还专门开发了一种适用于纤维品和供应商的电子数据交换系统，以方便纺织企业及其供应商、零售商之间的电子商务活动。其次，信息通信技术造就了新的服务业，提高了传统服务业的生产效率。随着互联网的普及，电子商务也随之不断发展，其内容不仅包括零售业，还包括订票服务、网上教育和网上娱乐业等。它的发展降低了生产成本和交易成本，并且提高了交易效率，从而对传统的服务业产生了强大的冲击。信息通信产业的发展不但产生了新兴服务产业，同时还影响了传统服务业的发展，传统服务业通过不断地吸收新技术，正在以新的面貌展现在人们面前，如教育培训、医疗保健、金融保险、会计、律师等（吴皆宜，2001）。

六、起奠基作用的产业保护政策

李斯特（List）的幼稚工业保护论为世人所熟知，但李斯特的产业保护思想来源于美国的汉密尔顿（Hamilton）。美国能在短期内实现赶超，要得益于汉密尔顿的产业保护论。19世纪美国学派的政治家和经济学家们深谙英国是如何通过关税保护等为手段，培育原本就不具有比较优势的工业部门，从西欧一个贫困的边陲国家崛起为工业化强国的。因此，他们坚决拒绝通过比较优势和自由贸易融入世界经济，拒绝外国直接投资，保护国内市场和民族工业，在外交上奉行"门罗主义"（Monroe Doctrine），在经济上实施具有孤立主义特点的高度保护主义，对19世纪下半叶的第一次全球化浪潮置之不理。保护主义支配了美国从1865年到1894年狂飙突进的工业化时期的政治和经济生活。在19世纪的大部分时间里，美国一直在对其关键性制造业部门实施贸易保护政策，内战前主要是纺织业，19世纪后期则主要是钢铁业。其实，早在19世纪20年代，出于促进本国冶炼产业发展和增加政府财政收入的目的，美国就开始实行对生铁、熟铁等金属材料的贸易保护政策。此后，随着优质铁矿陆续被发现以及冶金技术迅猛发展时代的到来，美国钢铁业受到的关税保护程度更是在全世界处于最高水平。直到1890年美国本土产业发展壮大之后，保护政策的作用不再显著（贾根良，2010a）。

从汉密尔顿开创的幼稚产业保护理论到美国学派的后发国家工业发展理论都一直在强调，合理的贸易保护主义政策并非单纯是对一国初生的工业进行保护，更重要的内容在于为这些关键性新兴产业提供某种暂时的壁垒，使之能够在排除外来竞争干扰的情况下实现动态学习过程，在最短时间内掌握核心技术并完成生产效率的迅速提高，实现核心产业集群的成熟与赶超。美国工业化的政策制定者不遗余力地推进结构转型，通过重构市场以促进生产率、利润和工资的同步增长，取得了非凡的成就。美国人当初并没有想着要把自己的国家建设成超越英国的工农业帝国，但是这一政策却让美国成了世界上最强大的工农业强国（贾根良，2010b）。

第四节 日本的奇迹

日本从1868年明治维新开始走上工业化道路。仅仅过了20多年，就在甲午战争中击败了貌似强大的中国。1937年侵华战争前,日本经济总量为283亿美元,位列世界第六。"二战"后,日本在废墟上,重新实现了经济复兴和快速崛起,创造了令人吃惊的"日本奇迹"。到了20世纪90年代,日本在科技上已经成为走在世界前列的国家,经济上成为仅次于美国的第二大经济强国,并在汽车、计算机等许多领域成为美国最具竞争力的对手。

一、"二战"后的复兴

1952年同盟国结束对日占领的时候,日本差不多已经恢复到战前的生产水平,但是它的国民生产总值只稍稍超过法国或英国国民生产总值的1/3。到了20世纪70年代,日本的国民生产总值已等于英国和法国国民生产总值的总和,达到了美国的一半以上。日本充分利用了它比较有利的条件:首先是劳动力成本,其次是大规模节约、现代化技术和组织工作,一个领域接着一个领域建立了具有高度竞争能力的工业。

日本生产的钢铁,差不多和美国一样多,可是它们的工厂更加现代化,效率更高。1978年,在全世界22个最大的现代化高炉中,没有一个是美国的,而日本则占14个。由于有了更为现代化的工厂和更高的生产率,日本的钢铁在美国市场和其他国外市场上都把美国的铁钢挤垮了。

20世纪70年代后期,由于日本新船的造价比欧洲低20%~30%,欧洲各国被迫凭借非市场途径来限制向日本购买船只的数量。这迫使日本造船公司的开工率在石油危机以后大大低于其生产能力。可是即使在那种情况下,日本仍然超过了欧洲加上美国的生产能力,它所生产的船舶的吨位约占全世界造船总吨位的一半。

日本的汽车也全面超越了美国和欧洲对手。1958年,日本生产了不到10万辆小汽车,一直到20世纪70年代初期,德国的大众汽车制造厂是向美国出口小汽车的主要外国出口商。但是不久之后,丰田和日产汽车制造厂在美国销售的小汽车就超过了德国制造厂。到了1978年,大众汽车制造厂已落后于日本向美国出口小汽车的第三位出口商本田汽车制造厂。1977年,日本出口了450多万辆小汽车,而美国出口的小汽车只及此数的一小部分。这一年日本在美国差不多出售了200万辆小汽车,而美国生产的小汽车在日本却只出售了15 000辆(埃兹拉·沃格尔,1980)。

进入80年代,日本开始酝酿科技立国,突出强调了科技的作用,着重开发独创性的自主技术,以迎接正在世界范围蓬勃兴起的新的更大规模的技术革命。在此期间,日本信息产业和微电子技术大大发展并得到广泛应用。高技术导致对原料的需求相对减少、原材料价格和产品的生产成本下降,而日本正是一个资源非常贫乏的国家,从而高技术的发展必然大大刺激日本经济的增长和整个国民经济中的附加价值率的提高,使日本呈现出高技术与高积累的良性循环(1980~1989年,日本经济增长率年平均为4.2%,其中技术因素所占比重达到40.5%)。而且,高技术的发展,使日本的产业结构发生深刻变化,加速了国民生产中的非物质化趋势,日本物质生产部门在GDP中的比重,从1970年的51.7%,降到1985年的41.4%,到2000年再度降至36.7%。这些极大程度地拉动了日本经济的景气,使日本在90年代初陷入萧条前,经历了"二战"后经济周期史上仅次于"伊奘诺景气"的经济上升期。到了20世纪90年代,日本在科技上已经成为走在世界前列的国家,经济上成为仅次于美国的第二大经济强国,并在汽车、计算机等许多领域成为美国最具竞争力的对手(王丽民,2002)。

二、通产省所发挥的政府主导作用

日本虽然是市场经济国家,但政府仍在相当广泛的范围内指导、干预企业和市场的活动,有着自身特有的政府和市场合作推进经济发展的经验。在这方面尤其表现为政府通产省的作用。

通产省是日本最重要的管理经济的行政机构之一,其制定的产业政策对促进日本的振兴发挥了重要作用。通产省的产业政策包括两个方面,即与产业分配资源有关的内容和与各种产业的组织有关的内容。两方面内容主要分为四大类:一是一般或基本法规,主要指针对基本经济关系及各产业和消费者,为各产业发展创造条件、理顺关系的法规,大体对应贸易外汇、产业一般、商业、技术、标准、工业产权、公署、安全、中小企业类法规;二是培育振兴法规,主要目的是扶持有前途但基础薄弱的产业尽快发展;三是调整援助法规,主要目的是解决传统产业和衰退产业的调整问题;四是协调产业内部企业关系的法规政策。这些政策有效地发挥了政府这只"看不见的手"的作用,通过引导改善企业的外部环境和进行基础性投资、规划引领企业技术发展的方向、推动企业在技术引进的基础上再创新等方面,全面推进了日本国家创新系统的建设,也使日本大步迈入了世界技术和工业强国行列(陈小洪,1993)。

本 章 小 结

总结这些国家在历史上走过的创新发展路径,可以得到两点启示。

(1) 创新发展需要技术进步与制度变迁的协调。在一个国家的创新发展中，技术进步与制度创新同等重要。从宏观角度看，制度创新是通过促进或抑制技术创新影响经济发展的。从经济行为主体的微观角度看，制度的作用在于激励经济主体通过发挥自己的能力和创造力来实现其利益。制度在激励创新的同时，它还是一种约束机制，决定了人的行为规范。好的制度能够使人们形成一种稳定的、长期的预期，能鼓励企业家进行长期投资和创新。例如，英国的率先崛起与其对发明专利的保护有关；德国的赶超与其工业实验室制度、教育改革密切相关；美国的后来居上与其产业保护政策、产学研结合密切相关；日本的追赶得益于通产省在国家创新体系中的积极作用。

(2) 后进国家需要把握在技术经济范式转化期的机遇。技术经济范式转换期是创新发展的重要机遇，案例国家的创新发展都表现出这些国家抓住了转换期的机遇。例如，第一次工业革命中的英国、德国和美国是在第二次工业革命中实现快速崛起的，日本则是抓住信息技术革命机遇。因此，一个国家创新发展的优劣在很大程度上体现为能否引领国家抓住机遇。

本章参考文献

埃兹拉·沃格尔. 1980. 日本的奇迹. 国际经济评论, 2：56-60.
曹东溟, 关士续. 2005. 美国汽车产业技术创新史上的三个案例. 科学技术与辩证法, 2：105-108.
陈小洪. 1993. 日本通产省的作用、组织和政策. 管理世界, 2：112-124.
贾根良. 2010a. 美国学派与美国的工业化：经验教训与启示. 经济社会体制比较, 2：44-49.
贾根良. 2010b. 政治经济学的美国学派与大国崛起的经济学逻辑. 政治经济学评论, 3：101-113.
贾根良, 杨威. 2012. 战略性新兴产业与美国经济的崛起. 经济理论与经济管理, 1：97-111.
李继革. 1996. 19世纪末世界科技中心向美国的转移. 连云港教育学院学报, 4：43-47.
李振营. 2007. 美国"钢都"匹兹堡兴衰初探. 泉州师范学院学报, 5：122-127.
刘厚俊. 2000. 20世纪美国经济发展模式：体制、政策与实践. 南京大学学报, 3：28-40.
刘婧. 2010. 能源革命与大国崛起. 社会观察, 6：18-20.
刘立. 1998. 技术创新：德国化学工业成功之道. 南京理工大学学报（哲学社会科学版），1：20-22.
马涵坤, 雪桐. 1999. 世界石油经济史概略. 国际石油经济, 3：49-53.
彭再德, 黄宝平. 1998. 美国产业结构调整动因、方向和借鉴. 上海综合经济, 5：44-45.
宋德生. 1986. 美国早期电气和电子工业发展模式浅析. 自然辩证法通讯, 3：27-36.

王才良. 2000. 世界石油工业百年风云. 国际石油经济, 1: 51-53.
王丽民. 2002. 从"日本奇迹"到"日本问题"转化中的科技进步. 日本问题研究, 3: 35-38.
魏建国. 2004. 论英国 1624 年《专利法》的产生及其意义. 青海师范大学学报, 2: 44-47.
吴皆宜. 2001. 美国产业向新经济转型的分析. 经济理论与经济管理, 7: 31-34.
武海亮. 2000. 美国技术创新政策研究. 西南财经大学硕士学位论文.
邢来顺. 2001. 德国正确的产业发展战略与高速工业化. 世界历史, 5: 41-49.
徐凤丹. 2009. 浅析工业化时期英国铁路兴起的原因. 江苏教育学院学报, 2: 70-72.
徐广军, 张汉鹏. 2006. 美国产业演进模式与我国产业结构升级. 经济与管理研究, 8: 39-42.
徐继连. 1988. 科学技术与近代德国的经济繁荣. 陕西师范大学学报, 1: 77-81.
阎康年. 1985. 三次技术革命和两次产业革命的历史经验. 世界历史, 4: 1-9.
杨利华. 2010. 英国《垄断法》与现代专利法的关系探析. 知识产权, 4: 77-83.
张箭. 2009. 论工业革命的开端. 自然辩证法通讯, (4): 57-61.
张廷茂. 1991. 英国铁路运输与工业革命进程. 西北第二民族学院学报, 3: 61-70.
张小兰. 2011. 美国汽车产业的创新发展经验和启示. 广角镜, 3: 91-97.
周嘉华. 1987. 德国有机合成工业的早期发展. 化学通报, 5: 57-60.
周强. 2010. 汽车产业与大国崛起. 汽车科技, 1: 5-10.

第十章

全球经济关系中的后发赶超
——国家创新发展战略的构成和形成*

"后发赶超"顾名思义是相对落后国家的经济规模和质量快速提升,从而社会整体发展水平和国际政治地位赶超相对先进的国家。创新发展是实现后发赶超的主要途径。虽然赶超和创新经常是自然、自发的过程,但当一个国家把赶超作为战略性目标的时候,该国政府往往通过一系列政策去动员、组织或主导赶超过程,这时,创新就是最好的政策作用对象,通过促进创新来打破既有的经济发展路径,推动经济的跨越式发展,达到经济赶超的目的。

第一节 背景条件与战略机遇

后发赶超往往需要一定的背景条件。在稳定的资本积累体系中,后发赶超十分困难。因为在资本积累的体系化结构中,领先国家具有明显的顶端优势,对落后国家有抑制作用,表现在:经济上,领先国家主导的国际分工,把落后国家固化在相对低水平的产业部门,并形成路径依赖。发达国家对领先技术的垄断,使它有能力收取基于垄断的"技术租金"(或垄断利润),并容易控制产业价值链,让积累体系内的利润和资源向发达国家集中。政治上,发达国家从不放弃在落后国家培植对其友好的精英阶层,服从现有的国际秩序,建立有利于发达国家的政治体制。所以,后发赶超的成功需要一定的背景条件,这样的背景往往成为后发赶超的战略机遇。

从历史上来看,后发赶超的战略机遇经常是:①科技革命和产业革命带来的新兴产业的出现和新科技对原有产业链的重构;②战争和大规模的经济危机,

---

* 本章由王旭琰、王胜光等撰写。部分内容已发表于《中国科学院院刊》2015年第5期。

造成国际秩序的突然性混乱,打断了原有的发展路径;③全球经济布局的变动。这种变动可能源于危机后的重建,也可能源于技术发展产生更有效率的经济布局(如航海技术的发展,更高效廉价的海运代替了陆运,使陆上要塞衰落,海上航线枢纽兴盛),还可能源自国际政治格局的变动(如冷战格局下处于东西方对峙前沿的日本、韩国和德国,它们在体系中的经济地位上升)。这种体系性变化对后发国家来说更多地首先表现为外部约束,是外部条件的变动对原有的国际秩序和发展路径构成挑战和威胁。但危机与机遇并存,如果后发国家能够抓住机遇,发挥主观能动性,那么外部变动创造的机遇就可能转化为赶超的现实。需要说明的是,以上所述各种机遇并不是独立出现,而大多是以多种机遇组合的形式出现,成为后发国家崛起的重要背景。

一、技术革命和产业革命

近代经济史表明,自英国工业革命以来,世界经济每五六十年就会发生一次技术革命。而每一次技术革命都形成了一些当时主导性的产业部门(即技术革命引发产业革命),并带动了在这些产业发展更快的国家快速崛起。第一次技术革命发生在纺织业,英国凭其棉毛纺织业的领先发展,成为第一个跨入近现代的国家。以蒸汽机和铁路为代表的第二次产业革命,让工业文明扩散到整个欧洲和美洲,成就了英国"日不落帝国"的称号。19世纪末发生的以钢铁、电力、重化工为代表的第三次产业革命,让德国和美国迅速崛起,与老牌工业帝国英国形成了竞争之势。第四次产业革命开启了汽车和大规模生产的时代,美国借此机会彻底超越英国成为世界经济的新中心。20世纪70年代的第五次技术革命诞生了信息和通信技术,美国在技术上依然领先,保持了全球经济领导者的地位。所以技术革命和产业革命往往和经济领导权的巩固或更替联系在一起。

根据卡萝塔·佩蕾丝的技术革命周期理论(卡萝塔·佩蕾丝,2007),每次技术革命的生命周期都要经历初创、成长、成熟和衰退四个阶段,对于后发赶超的国家来说,技术追赶的"机会窗口"在技术革命的四个阶段上存在着质的差别。一般来说,在第一阶段和第二阶段,由于技术创新盈利机会和增长潜力较大,为后发国家技术追赶创造了广阔的空间;而在第三和第四阶段,因新技术的广泛扩散引起创新收益下降,技术追赶的"机会窗口"迅速降低甚至关闭(贾根良,2009)。因此,对后发国家来说,技术追赶的最大可能性存在于新技术革命的初期阶段。在这个阶段,虽然新技术最初出现在发达国家,但由于其技术体系处于早期阶段,科技知识大都处于公共知识领域和实验室阶段,知识的意会程度、经验和技能要求都很低,产业进入壁垒也低,处于该阶段的新技术革命几乎会将所有国家都"拉回到同一起跑线上"。不仅如此,因为新技术引发的新产业，往往存在对旧产业的替代，甚至对整个产业体系存在颠覆性的变革，而领先国家因为沉没成本较大，可能对新技术和新产业的发展存在阻碍的力量，落后国家更可能轻装上阵，集中资源于新兴技术和产业领域。这就意味着，如果后发国家在新技术革命初期阶段，能够通过自主创新，以更快的速度进入新技术体系，不仅可以有效缩小与发达国家的技术差距，而且还有可能取代领先国家的技术和产业领导地位，依靠技术创新引领实现跳跃式发展（表10-1）。

表10-1 历史上的技术革命和经济领导权

技术革命 （开始年份）	新兴产业领域	核心国家	诱发技术革命的大爆炸	工业革命的区间与主导部门
第一次技术革命 （1771年）	纺织	英国	阿克莱特在克隆福德设厂	第一次工业革命 （1771~1875年） 主导部门：轻工业体系
第二次技术革命 （1829年）	蒸汽和铁路	英国（扩散到欧洲大陆和美国）	蒸汽动力机车"火箭号"在利物浦到曼彻斯特的铁路上试验成功	
第三次技术革命 （1875年）	钢铁、电力、重化工业	美国和德国追赶并超越英国	卡内基酸性转炉钢厂在宾夕法尼亚的匹兹堡开工	第二次工业革命 （1875~1971年） 主导部门：重工业体系
第四次技术革命 （1908年）	石油、汽车和大规模生产	美国（起初与德国竞争世界领导地位），后扩散到欧洲	第一辆T型车从密歇根州底特律的福特工厂出产	
第五次技术革命 （1971年）	信息和远程通信（包括机器人）	美国（后扩散到欧洲和亚洲）	在加利福尼亚的圣克拉拉，英特尔的微处理器宣告问世	第三次工业革命 （1971~？）

资料来源：根据中国人民大学教授贾根良表格整理，有所修改（贾根良，2009）。

二、危机和战争

在资本主义经济史上，大危机结束前一个经济发展长周期，开启后一个发展周期，大危机是迄今最主要的发达国家崛起的重要时机。英国虽然自18世纪工业革命起就领跑了近代工业发展，19世纪前半期的蒸汽和铁路革命又让英国跨越了英吉利海峡，将发展优势扩散到了欧洲大陆和美国，但为"日不落帝国"的辉煌做注脚的却是1825~1848年的经济危机和遍及西欧的社会动乱。而德国的崛起始于1873年的危机，美国最终替代英国成为全球霸主，则是在20世纪30年代大危机之后。虽然这些大危机都与技术革命和产业革命相关，但从后发赶超的角度看，技术革命提供了经济跨越发展的机会，而大危机则形成经济和社会压力，推动政治和社会方面发生有利于后发赶超的变革。例如，1873年之后俾斯麦对德国政治的重组和经济发展战略的转变，以及20世纪30年代大危机中罗斯福政府上台后对美国经济制度的改革。

以德国为例。1873年爆发的空前严重的世界经济危机使得德国的自由贸易政策难以为继。经济危机期间，德国重工业首先遭受重创。迅猛发展过后是生产力的严重过剩。生铁产量连续三年下降，从危机爆发前的224万吨降至1876年的185万吨，约40%的炼钢炉停产。直到1879年和1880年，车床的开工率还只有30%。农业也同样遭受了沉重的打击。随着德国国内水陆运输的畅通，美国、东欧和印度的粮食大量输入，粮价随之大幅下跌。外国农产品的倾销使得作为德国统治阶层的容克地主的利益受到直接的损害。于是，地主和工业资本家第一次在提高关税上达成一致的意见。德国钢铁业界为抵制英国和比利时的钢铁进口，成立了德国工业家中央联合会，强烈要求提高关税。俾斯麦也顺水推舟并希望通过提高税收加强德国的经济力量。贸易保护随之成为德国上下一致的利益所在。1878年俾斯麦正式开始贸易保护政策，提高了德国各项进口关税以封闭本国市场，并相继实行了保护国内市场的其他措施，如设置进口配额、征收各项国内税等。

在国家主义日益强化的背景下，德国选择了李斯特的保护主义理论。李斯特强调国家力量，强调国家对幼稚工业的保护，他认为，贸易保护是使德国迅速成为工业强国的最有效的一种手段，而动用强大的国家力量给予工业以扶持则具有决定性影响。后起的德国只有依靠国家的力量发展自己的民族工业，才能实现雄踞欧洲的强国梦。正是在这一思想的指导之下，1880年后，德国政府开始有意识地指导重工业的发展，人力、物力在国家的指导下被更加合理地利用，使得电气、化工、铁路、钢铁等产业迅速跃居世界前列。1873～1894年被称为"工业与经济增长的二十年"，各种合资公司如雨后春笋般出现，鲁尔区成为整个欧洲最重要的工业中心。

战争也一直是经济关系转变和经济转型的催化剂，特别是战争中形成的特殊的经济关系，在历史上促发了不少国家经济地位的变化。"二战"之前，美、英两国经济地位尚平分秋色，而"二战"中，英国对美国战备物资的采购和对美国的借贷，使美国战后一跃成为西欧国家最大的债主，而军事采购刺激下的各种创新成了美国战后全面领先的技术储备。而一些边缘地区，在战争中同样发生着各种悄然的变化。例如朝鲜战争中，美国对日本的军事采购，是日本战后经济复苏的重要动力；"一战"期间及战后西方国家陷入危机，成全了中国和印度的民族资本发展的春天。

三、全球经济格局的变动

视线转向创新赶超的小经济体，它们要领跑科技革命显然力不从心：一方面不具有大规模资本投资的能力、缺乏庞大的市场支撑；另一方面小国政治无法为其国内经济发展创造和平宽松的政治环境。小国的后发赶超很难通过领跑科技革命形成全球经济引领，而更多地表现在顺应历史发展趋势，把握时机，以创新的组织形式切入全球经济。通过融入全球经济，利用本国基本优势，从全球经济增长中分享经济利益。20世纪后半期经济全球化以来，多个小国或地区以这种形式实现了经济转型和经济追赶，其中以作为后发国家和地区赶超教案的亚洲四小龙最为突出。它们利用国际创新资源，切入全球产业链，集中突破生产专业化和成本控制方面，成功实现了经济增长和转型。王振寰在《追赶的极限》中，将台湾赶超的经验总结为"善于利用国际相关产业发展模组化和切割化的机会，切入价值链中的某些段落，学习和改进先进厂商的技术，透过产业和研发网络连向产业升级和创新"，"台湾的工业化，从来就是透过与世界接轨来进行的，台湾的经济转型也是在全球化的环境中，节节迈进逐步演化而来的，台湾的经济转型之路，其实就是台湾与全球连接关系的改变"（王振寰，2010）。

全球经济的重新布局，还包括全球政治经济格局改变、航线改道等使一国经济在全球经济系统中的作用产生巨大变化，为了应对这种变化，这些国家的经济结构必然出现相应的调整，这个过程中国家经济关系的改变往往也为经济创新发展提供了重大的战略机遇。

例如，中国香港长期充当中国沿海贸易的转口港，包括1842年割让给英国之后充当了英国对中国输出鸦片的贸易港，以及由此发展起来的银行、保险、会计服务等金融业务，香港一直依赖与中国内地的经济联系而生存。但"二战"中和"二战"之后，香港与中国内地之间关系发生变化，成为影响香港制造业升级的重要的外部因素。日本侵华战争期间和解放战争中因国民党的溃败，香港成为中国民族资本的避风港，当时中国较发达的上海等地的民族资本转移到香港，带去了大量的资本和设备；"二战"后在美国铁幕政治格局下，西方国家对中国实施彻底的贸易封锁，中国贸易被迫北上转向苏联。香港作为中国内地海外贸易前站的功能遽变，陷入了严重的经济危机。在这一外部压力下，香港凭借战争期间从内地转移来的资本和技术，进行了从转口贸易向本土工业化的转型，发展起了纺织业、服饰、玩具、电子、钟表等工业。1997年香港回归同样经历了与中国内地关系的再次调整和经济再次转型。此时，中国大陆经济体量增长，与国际经济联系紧密，香港背靠内地作为中国离岸金融市场，其在全球金融业的地位有所上升。

第二节　对创新的组织和组织创新

要加速创新，需要以某种形式对相关创新要素和资源进行组织，所以产生组织创新。很多情况是技术创新引起组织创新，但有时组织创新也可先于技术创新，成为技术创新和经济创新能够产生的条件。

一、市场组织创新——英国远程贸易和呢绒商

在英国真正登上全球霸主地位之前，葡萄牙、西班牙和荷兰依次垄断了亚洲奢侈品（香料、丝绸、珠宝）、美洲贵金属与欧洲之间的远程贸易。但是葡萄牙、西班牙的海上冒险只繁荣了伊比利亚半岛的奢侈消费，引起了急遽的通货膨胀；而荷兰对大西洋航线的控制只支撑了阿姆斯特丹商业和金融业的繁荣。只有英国在17世纪初打败荷兰舰队成为海上霸权之后，才推动了英国和英属殖民地，乃至后来扩展至全球的资本主义生产方式的变革。

英国把贸易市场的扩大与本国手工业的发展密切联系起来。马克思指出：在工场手工业时期，"是商品霸权带来工业的优势"。在伊比利亚国家出口酒、羊毛、铁矿、黄金等原材料的时候，英国已经开始大量的呢绒等工业制成品的出口。16世纪英国呢绒出口高涨，成了英国最主要的出口商品，在国家的出口贸易中占了支配地位。而英国呢绒出口贸易却不似之前的海上霸权国家那样脱离传统社会生产，而是以新的形式组织起了英国传统社会的家庭纺织劳动。

英国呢绒贸易主要掌握在"冒险商人开拓公司"手里，由专门从事呢绒输出的商人组织，并且获得了国家的大力支持——拥有伊丽莎白女王颁发的特许证、荣誉称号（"全英格兰冒险商人开拓公司"）和经营贸易的一切特权。国家的支持扩大了英国的海外贸易，增加了海外市场对英国呢绒产品的需求量。为了满足呢绒出口的需求，这些呢绒商人开始进入生产领域，担负起了组织呢绒织造的任务。16世纪的英国，在生产组织方面主要盛行"家庭织造制"，直到18世纪产业革命前夕，分散在农村各个角落的小屋一直是呢绒生产的中心。为了控制这些分散式的家庭生产，提高他们的生产效率，呢绒商人不仅负责收购、推销织工手中的商品，而且给那些无力购买大量羊毛的织工赊销羊毛原料，尽可能多地把劳动力组织到呢绒生产中来。呢绒商人在家庭织造的基础上发展起了雇佣制。"在英国西部地区，织呢工被雇佣，他们与呢绒商签订合同，把他提

供并分发给他们的原料纱线织成一定规格的布。他们把纱线带回家,用自己的工具进行劳作;当布织成以后,他们把布带到他们的雇主那里,然后计件领取工资。"(陈曦文,1993)也有这样的情况:织工们卖出的产品多半是未经染色和精整的粗糙制品,有的商人在成批外销之前,还要雇佣工人对产品作最后的加工。这样,这些商人便购置房屋和织机,雇佣工人在工场中生产,因此,手工工厂这一资本主义企业的雏形便诞生了。

英国呢绒商为了满足远程贸易对呢绒需求的增长,在既有的技术和生产方式基础上,进行了劳动的再组织。正是这种组织创新,给16世纪的英国带来了翻天覆地的变化。他们把传统的家庭劳动变成了为远方市场需求生产,把独立的家庭劳动者变成了雇佣劳动力,这种组织创新就是早期的资本主义生产关系。

在英国呢绒商组织手工工场的案例里,不是技术发展引起经济的变革,而是生产组织方式的创新首先提高的劳动效率,并为后来英国纺织技术变革创造了初始的条件,成就了英国作为世界第一个发起技术革命和工业革命的地位。所以,创新不仅关乎技术,也关乎组织。

二、市场成本内部化的产业垄断组织——德国和美国

19世纪末垄断机构的出现被认为有多种原因。从产业发展的角度,在第二次技术革命中新兴的产业,如铁路、钢铁、电力、重化工等,资本规模大大增长,这些行业在当时可称得上是自然垄断性行业;从资本积累的角度,垄断被认为是资本积累和集聚的自然结果。但是在世界经济中心的英国,一直实行以中小型企业为主的自由市场制度,而德国和美国在19世纪最后的20多年里,发展起了和英国不同的以垄断为特征的大型产业组织,并且垄断组织在德国和美国也表现出不同的特点。垄断组织的出现不是自发过程,而是体现出德、美两国为适应形势的改变而做的组织创新方面的努力。

英国中小企业为主的自由市场制度,在19世纪70年代的农业危机和1873～1886年的大萧条中开始被抛弃。自那时起,国家"开始形成有组织的单位,以减少在外贸或外汇的突然调整的混乱中遭受损失"(波兰尼,2007)。

在德国,面对危机引起的失业、劳工运动、工商业衰退,尤其帝国严重的财政危机,俾斯麦毅然选择通过干预来保护德国社会,他授予帝国行政部门以政治权力来帮助企业克服短期的经济萎缩和停滞,实施贸易保护和改革税制降低生产商的成本。这些措施让德国政府和危机中出类拔萃的德国企业建立起了政治联系。正因为德国政府与企业间的联系加强,企业也加强了相互之间的合作和团结。

在这一过程中,德国的六大银行在德国工业改组中发挥了关键性作用。这

些大银行主要由铁路公司和从事铁路建设的重工业企业发起并提供资金,在19世纪70年代之前,它们一直主导着德国金融。而在19世纪80年代,德国铁路国有化解放了这些银行的资金,它们很快便与少数几个强大的工业企业一起,接管、合并和改组了德国工业。不同经济部门的许多企业,包括工业企业、贸易公司、银行、运输公司和保险公司等联合成康采恩,垄断销售市场,争夺原料产地和投资场所。这些康采恩一般被大银行资本家实际控制。而那些原来殊死竞争的同类企业,因为背后资本之间联系的增加,也在商品价格、产量和销售等方面订立协定,形成卡特尔同盟。"大康采恩和卡特尔跟大银行密切协作,这是19世纪最后25年里德国经济的两根支柱。"到世纪之交,一个高度集中的公司结构在德国代替了之前的家庭资本主义,如恩格斯说,德国国内经济开始像一个大工厂了。组成各种康采恩和卡特尔的集中的资本主义用生产计划、定价协商、市场份额合约抑制市场竞争的无政府状态。德国垄断组织高效运转,创造了比当时英国高得多的工业增长率,1870~1913年德国制造商品的产量增长了近六倍,而同期英国只增长了一倍多一点,特别是德国致力于更系统地把科学应用于工业,创造了工业增长的"德国奇迹"。

与德国企业的横向联合——相互竞争的企业的联合——不同,美国在1873~1896年的危机中,发展起了生产和交换过程的纵向合并。从烟草、肉罐头到办公用品和农业机械,美国企业都着手把连接最初投入的采购和最终产品的销售的生产和交换的各个环节都合并到一个企业组织里,这些环节中涉及的交易成本和市场不确定因素也就在单一的企业中实现了内部化,并受制于企业管理和内部长期计划。

面对市场混乱,德国和美国都采取了企业合并来替代英国主义的自由市场,它们以权力来定价、决定按这一价格买卖的数量、按照数量来计划生产,或者把原来必须在市场上讨价还价的交易纳入企业内部。这是危机下的积极应对,也正是这种垄断组织的出现,德国和美国从自由市场危机的泥沼中挣脱出来,在长达二十多年的资本主义积累长周期的下降期实现了经济的赶超和对英国比较优势的上升。尤其是垄断组织与第二次、第三次乃至第四次技术革命的新兴产业相结合,让美国取得了创新发展的领先优势。

三、全球生产与网络组织——跨国公司与台湾的系统集成商

20世纪八九十年代经济全球化加速,并表现出与之前资本全球化显著不同的特点。之前的资本全球化,主要表现为国际贸易的发展和世界市场在地理上的扩张,而20世纪80年代以来的资本全球化,以生产资本的全球投资为主要特点。

第十章　全球经济关系中的后发赶超——国家创新发展战略的构成和形成

产业资本全球化是发达国家资本主导的以生产成本外部化为目的产业重组，形成以跨国公司为引领的全球生产网络。以美国为例，随着战后经济长期繁荣和社会民主的发展，生产的社会成本，包括劳动力成本（战后实际工资长期增长）、环境成本（环境保护方面的法律完善）、诚信成本（对产品质量的高要求和出现事故后的巨额赔付）、税收成本（凯恩斯主义政策下的高税收倾向）、社会保障成本（员工的各种福利和保险的完善）、社会稳定成本（20 世纪 60 年代的社会运动对生产的影响）等上升，因此相应资本利润份额和利润率降低。为了降低生产成本，以劳动力套利为目的的对第三世界国家的投资变得流行。发达国家企业进行结构调整，将低端行业和低端制造环节向发展中国家大量转移，而保留垄断性的研发、品牌、金融等核心环节。

基于产业资本的以上变化，产生了微笑曲线理论。国际分工由产业或产品分工转变为生产环节分工，参与国际分工合作的世界各国企业，由生产最终产品转变为只完成最终产品形成过程中某个环节的工作。这些环节包括市场调研、创意形成、技术研发、模块制造与组装加工、市场营销、售后服务、金融服务等，形成一个在全球范围分布的完整链条。这就是全球产业链，它一般由实力雄厚的跨国公司主导。从过程产品到最终产品再到最终产品销售，产业链上各环节附加的价值并不相同，处在产业链不同环节的企业能够收获的利润水平也不同，并被稳定下来，所以沿着全球产业链也形成了全球价值链。

一般认为，在价值链上附加值高的环节是因为资本、知识等要素的密集度较高，而附加值低的环节是劳动密集度高，因此微笑曲线被认为是产业发展的自然属性。然而从 20 世纪六七十年代至 90 年代，微笑曲线中间部分不断下沉，而两端翘起，加工环节的利润水平越来越低。但是被发达国家的跨国公司把持的产业链上游和下游利润占总利润的比重越来越高，对原材料的垄断、全球物流网的垄断（海上航线）、廉价资本的垄断（国际货币发行权），强化了发达国家的技术垄断，因此能够从产业价值链的加工制造环节抽取垄断租金。所以具有垄断地位的全球跨国公司具有技术发展和资本战略相结合的双重属性，是一种具有技术因素的组织创新，强化了领先国家对全球生产体系的控制和对价值收获的主导。

这种情形下，后发国家或地区只能在全球产业分工中谋求价值链特定环节的优势。这与生产组织的创新紧密相关，以中国台湾为例，"由于台湾厂商的产品并未领先全球，因此并不具有技术租金的优势，而是以快速学习，弹性组织，大量生产的方式，将新近出现在市场上的可用技术快速改装上市，并透过网络厂商的弹性和速度上的搭配，在全球市场上占有一定地位"（王振寰，2010）。在产业资本全球化时代，后发的工业首先要求成本的控制；其次是对跨区域生产的整合能力；最后是能迅速响应。台湾电子业厂商"在垂直分工网络的基础上，发展出紧密连接的合作网络"，是它们制胜的关键。台湾大型系统厂商与本地零组件供应商（后来这部分20世纪90年代后逐渐被转移到中国大陆沿海地区）之间保持了既紧密又松散的联系，它们各自具有自主的技术能力，同时在各个节点上又紧密合作，接受系统厂商的调度，以完成产品整体性能的提升、成本的控制和出货时间的缩减。对于台湾电脑厂商的这种组织方式，王振寰称为虚拟工厂（图10-1）。

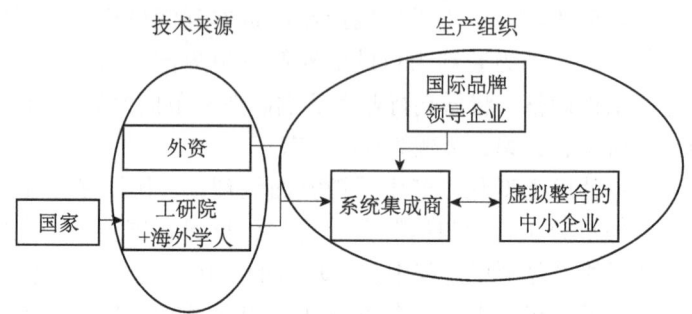

图10-1　台湾电脑产业和半导体产业的组织创新
注：根据王振寰《追赶的极限》（2010年）第三章和第四章绘制

台湾几大电脑产业系统集成商与其网络供应商的虚拟整合的组织创新，使台湾地区在资本全球化时代一跃成为后发赶超的奇迹。

第三节　资本动员与后发追赶

政府主导的金融控制方式，被认为有利于科技追赶。一般情况下，因为后发国家在发展初期通常缺乏足够的资本，所以国家倾向于采取比较严格的政策来管制资本流动，并动员国内和国际资本来推动工业投资。每个成功实现赶超的国家背后都有一个高效的资本动员和信用控制体系。

一、初始资本的来源

后发国家经济要进入快速发展轨道，一定数量的初始资本是必要条件。因为一方面用作国际购买，特别是重要资源和先进技术，另一方面要作为本国信用货币的准备金，即国内货币的价值背书。初始资本在金本位时期表现为黄金储备，在当代表现为国际货币美元等硬通货的储备。初始货币的获取大致有以下几种方式。

（1）国际借贷资本和投资。资本相对过剩是资本积累的自然趋势，资本主义积累长周期理论指出，在以半世纪为周期的资本积累下降期，由于生产过剩，资本会以货币的形式从资本周转过程中逐渐析出，成为具有高流动性的金融资本（杰奥瓦尼·阿瑞基，2001）。这些资本在全球寻找投资机会，往往会成为落后国家经济增长的启动金。例如，荷兰之于英国、英国之于美国，法国容克地主的资本部分流入德国，都参与并分享了后者的经济崛起。改革开放初期日本对中国的低息贷款也为中国的改革后的起步发展起到了巨大作用。但是，国际借贷资本也可能成为经济发展不可承受之重负，如拉美对美国石油美元的大肆借贷。

（2）战争赔款。例如，中日甲午战争中国的失败，日本勒逼中国赔款三亿两白银，这笔巨额硬通货相对当时日本的经济规模是相当丰裕的一笔财富，是那一年他们军费开支的 4 倍。日本人因此捞到了第一桶金，开始了后面的工业化道路。德国在普法战争中获胜，从法国攫取 50 亿法郎赔款，用于发展工业，特别是军事工业；吞并了阿尔萨斯、洛林煤炭资源，和鲁尔矿区联结在一起，构成了重工业的基地（直接获取重要资源，也相当于硬通货）。

（3）出于地缘政治目的的国际援助。例如，中国台湾地区和韩国，在冷战时期，由于美国东亚战略的重新定位，它们在地缘政治上充当着封锁中苏的前沿阵地，所以获得了美国大量的经济援助，支撑了进口替代战略的融资。由于朝鲜战争，韩国和中国台湾地区都被纳入了美国的安全网络，在 20 世纪 50 年代组织战后重建的过程中，它们依附美国的援助支撑了进口替代战略的融资。中国台湾地区 1951~1962 年，经常账户赤字总计 13 亿美元，援助为其提供了 11 亿美元的资金。根据斯蒂芬·哈格德，把 1951~1965 年《粮食援助法案》计算在内，美国对台湾的经济承诺总计将近 15 亿美元，另外还有以军事设备形式拨付的 25 亿美元援助。而韩国由于地缘政治上的重要性，从美国取得的经济援助相对规模更加可观。1953~1962 年，援助为韩国近 70% 的进口总额提供了资金，相当于 75% 的固定资本形成总额。这在战后韩国和中国台湾地区的经济重建中充当了十分重要的作用（斯蒂芬·哈格德，2009）。

（4）国际贸易盈余。如中国，以及大多数出口创汇的发展中国家。国际经济联系得越紧密，外汇也就是国际货币就变得不可或缺。后发赶超需要进口的先进技术、设备和本国出口的相对初级的农业加工品、工业半成品、简单加工产品之间巨大的价格差，这让几乎所有通过出口创汇的国家面临国际收支失衡的压力。像中国这样能长期保持收支盈余并储备巨额国际货币的发展中国家甚少。

（5）出售资源也是发展中国家换取外汇的重要手段，如中东、非洲、拉美的石油和矿产出口国。

以上各种资本属性不同，战争赔款、国际贸易盈余和出售资源所得属于本国资本，而国际借贷和国际援助（国际援助往往带有经济政治条件）本质上仍然是外国资本。在创新赶超过程中，本国资本和外国资本的比重、本国资本中国家资本和私人资本的比重不同，因而政府对资本驾驭程度不同，就形成了不同创新赶超的路径。

二、政府主导的信用体系

"信用是以还本付息为条件的暂时让渡资本使用权的借贷行为"，所以资本随信用流动。使用信用工具就获得货币资本，当用货币进行购买、支付时，就取得了对社会资源的使用权。所以在货币经济中，信用是资源配置的重要方式。考察那些能够完成后发追赶的国家和地区，其信用体系——信用由谁创造、信用关系如何产生、信用由谁担保——都具有政府主导的特征。

19世纪的德国与英法等老牌帝国相比属于新兴国家，国内资本匮乏。在金本位时代，银行信用需要贵金属等具有实际价值的财富作为抵押，所以资本匮乏则必然信用不畅。为了调动国内资源集中在新兴工业和军事工业领域，德国政府以土地作为抵押支持德意志帝国银行发行货币（银行信用）。德国政府用土地为银行信用背书，既增加了本国的信用工具，又加强了政府对银行的控制。19世纪德国的银行业集中在由政府计划加以协调的工业信贷上。德国工业革命时期，其金融体制为企业的技术改造和资本扩张提供了雄厚的资金保障，成为德国经济迅猛发展的助推器。在银行的支持下，像西门子这样属于新兴行业的企业不仅在国内确立了垄断地位，而且走出国门，充分控制了国际市场。

德国银行和工业间的融合也塑造了德国银行业的特征。德国是实行银行业混业经营最为典型的国家，其金融体系的特征是全能银行（Universal Bank，又称为综合银行）在国民经济中占据主导地位。全能银行不受金融业务分工的限制，不仅能够全面经营商业银行、投资银行、保险等各种金融业务，为企业提供中长期贷款、有价证券的发行交易、资产管理、财产保险等全面的金融服务（在不同的发展时期，德国全能银行的信贷与证券业务有不同侧重），而且还可以经营不具备金融性质的实业投资。

德国政府也是信贷的直接创造者。德国的崛起对英法在欧洲大陆的领导权构成威胁，军事竞赛成了各国竞争的最后保障。德国政府发行国债让银行购买，或者直接从银行借贷，扩大了国内信用，而银行通过经营国债也迅速发展。

日本作为资本主义的后起之秀，其金融业的主银行制度也是后发国家通过银行支持工业的典型案例。主银行制度主要体现的是日本企业和银行之间的关系：①主银行一般是客户企业的大股东，但不持有与自己没有业务或交易关系的企业的股份。②向客户企业提供贷款,既提供短期贷款,也提供长期贷款。一般企业的大额贷款中,主银行的贷款份额最大,承担的贷款损失责任更多。当企业不能如期归还贷款时,主银行还要分担企业在其他金融机构的贷款损失。③向客户企业派遣董事或经理,在企业出现问题时,主银行可派遣人员接管企业。④主银行几乎都是其客户企业的结算银行,由主银行负责企业的账户管理、现金支付和结算等。

上述主银行制度之所以能成为帮助日本企业迅速成长的重要原因,归根结底是因为主银行制度在企业和银行之间通过人员、资本、业务、责任等各种渠道建立了长期稳定的利益关系,将企业集团与主银行绑定为一个稳固的利益共同体。"企业在有了主银行的帮助后,能够更容易的筹措资金用于发展生产。而银行对企业的援助使银行成为企业的一大甚至是最大的股东,从而使银行从企业的发展中获利。"(白益民,2009)

"二战"后韩国和中国台湾地区同样也是政府控制本国信用体系支持战略性产业和部门。在20世纪六七十年代之后,台湾的金融体系是以台湾当局指导方针为信用基础的银行体系。台湾当局采取金融压抑(也就是金融体制必须为产业发展服务)的政策,以公营方式经营银行,通过高利率方式吸引存款,再将大量资金以低利率贷款或政策性贷款的方式转移到工业用途(王振寰,2010)。韩国政府以对企业扶持和控制并重为特点,而国有银行体制就是支持和控制的重要手段。由于国家垄断和控制了金融体系,而财团又严重依赖银行贷款,所以后者实际上必须服从政府的战略性产业政策的安排。韩国的产业政策也具有强烈的选择性,政府通过干预把投资引向那些战略性部门,为达到这一目标,政府有意制造价格扭曲,对这些部门企业的长期信贷实行优惠利率。

三、政府参与的创新投资

政府设立资金专门支持创新和创新企业的投资是近半个世纪以来的新事物,它跟"二战"后产业的技术创新密集发生相伴而来。因为创新过程充满不确定性,创新发生的领域、创新的技术路径、创新企业成长性、创新产品的市场反应等都可能带来创新失败,私人资本往往对创新投资望而却步,所以由政府参与投资创新是国家赶超战略重要组成。

例如,一贯奉行自由经济政策的以色列政府,在参与创新投资上就采取了极具计划经济色彩的政府行为。从20世纪80年代末到90年代初,以色列涌现出大量的高新技术企业,但是由于缺乏风险资本的支持,很多企业没有最终在市场上获得成功。针对这种情况,以色列政府通过设立基金直接参与风险投资,在1992年专门设立了YOZMA母基金,吸引国际资本参与以色列的科技进步。

随着 YOZMA 基金公司的建立，以色列进入了风险投资的第一个高潮。在随后的三年里，YOZMA 吸引了上亿美元的国际资本，与国际投资者合作共建了数十个风险投资基金。这些外国投资者包括 Walden，美国的 Oxton、Advent 等，另外也包括奔驰、DEG、GAN、Singpore Technologies 等国际上著名的集团公司。通过与这些外国投资者的合作，不仅使以色列公司很快加入了国际市场的行列，而且使以色列基金管理者得到了培训。以色列的创投母基金是推动该国技术进步和产业化发展的中坚力量，对整个国家的创新发展起着举足轻重的作用。现在 YOZMA 母基金模式已成为很多后发的强政府国家学习的模板。

第一，政府资金参与风投，保证了政府对基金投向的控制，使之符合政府支持的产业和项目政策，落实政府的发展战略；第二，降低了私人资本参与创投的风险，增加了社会资本参与创投的积极性；第三，在政府资本和私人资本的合流中，政府资金实现了倍增效应，提高了政府资金的使用效果。正因为如此，后发国家的创新投资也成为国家发展战略的重要构成。

第四节　与社会发展契合

"经济"以通俗方式来理解，就是人类为了满足自身的物质需求而进行的从生产到消费，以及为了更好地生产和消费所进行的各种活动，所以经济不论多么复杂，最终必然回归社会，回归到人自身的需求和发展。

一、经济发展与社会发展的关系

不论发达国家还是后发国家，经济的成功必然带来社会的进步，这种必然性并不完全因为经济发展有社会进步的目的，也因为经济增长受制于社会发展，社会不发展，经济增长则必然遇到不可逾越的障碍。首先，社会发展所带来的社会普遍消费的增长为生产提供广阔的市场。虽然市场跨国界的扩张一直是资本主义解决有效需求不足的重要手段，但是内部市场显然更容易占领，更易成为国内资本参与国际竞争的根据地，成为培育创新和树立领先优势的沃土。其次，社会进步不但带来消费市场量的增长（如原来没有能力进行消费的人群参与到既有商品的消费中来），而且为消费品的多样化、消费品品质的提升、更先进的或全新产品的出现提供了可能。这种情况下，本国消费市场因为与生产距离更近，而更容易形成生产与市场相互促进的创新发展循环。最后，一般而言，社会进步本身带来人的创造力的提升，使人不仅作为消费者而且作为生产者推动经济创新。

后发赶超的发展战略需要国家在一定的时期或主动或被动地以国家意志来推动社会进步，实现经济发展与社会发展的契合。历史上既有成功的经验，如"一战"前的德国和"二战"前后的美国，它们成功地推动社会进步支持了本国的创新发展，也有失败的教训，如20世纪80年代的拉美，片面强调经济增长忽视社会基础，最终陷入长久的衰退。

二、推动社会进步支撑发展——成功的德国和美国

19世纪最后二十多年，德国和美国社会产出直逼英国，在经济上对英国形成赶超的态势，但是这种经济快速增长伴随着社会矛盾的积累。

德国社会矛盾尤其尖锐，是当时欧洲革命最为频发的国家，成为欧洲社会主义运动的中心。面对波澜壮阔的工人运动，俾斯麦认识到，如果放任容克和大资本家们压榨工人，那么德意志帝国的根基岌岌可危，只有国家政权采取行动，把社会主义要求中合理的内容实现，才能制止社会主义运动。虽然带有压制工人运动的现实目的，但俾斯麦的这些想法促成了德意志帝国政府社会保障制度的建立。1881年11月17日，俾斯麦宣布国家准备实行社会保险制度，主要包括三大类：《疾病保险法》《意外事故保险法》和《老年和残废保险法》。1883年6月，帝国议会通过了《疾病保险法》，对低收入的农业工人、仆役、小学和家庭教师、剧场雇工、船员，以及从事家庭工业者进行强制保险，保险费由雇主和雇工共同筹措。在以后数年内，社会保障类立法在帝国议会一一获得通过并实施。德国社会保险立法适用范围非常广，涵盖全国所有工业人口，并且具有强迫性质，各种保险由国家直接筹备和管理。德国国家福利体系的建设缓和了社会矛盾，国内消费市场也得以扩展。这是"一战"前德国经济繁荣、社会稳定和国际实力迅速提升的重要原因。

美国社会总体福利的增长与美国大批量生产联系在一起。德国的智者来自政府，而美国的智者则是来自实业界。代表美国大批量生产的福特汽车公司的亨利·福特先生认为，汽车这样的大批量生产一定要以社会消费能力的普遍增长为基础。所以，在其他公司拼命压低工人工资削减公司成本时，1914年1月5日，福特公司宣布福特汽车公司的最低日薪为5美元——几乎两倍于当时的最低日薪。同期，美国大公司，如通用、杜邦等都加入了提高工人福利的行列。正是人民生活水平的普遍提高才促成了美国大规模生产的繁荣。

同时，有了大批量生产所提出的社会消费能力增长的要求，在20世纪30年代大危机的压力下，美国以罗斯福为首的政治家们坚决完善了美国劳动保障制度，1935年的《社会保障法》，成为美国社会福利制度的奠基石。联邦政府根据这项法

律成立了社会保障署，并规定了社会保险包括四个方面：养老金、失业保险、老年保险，以及对盲人、需赡养的儿童和其他遭遇不幸者的救济。"二战"后，工人分享经济繁荣的成果已经十分普遍。资本家在劳动效率提高的前提下切实提高工人的收入和各种福利，改进工作环境和增加劳动保险。除此，美国形成以劳资集体谈判制度为核心的劳资关系形式，通过谈判确定最低工资和工资累进增长机制、劳动合同的期限，这构成了美国战后实行凯恩斯主义增加内部消费政策的基础。

三、忽视社会基础的单一经济发展——失败的拉美

与德国和美国先后实现了"经济发展带来社会进步，而社会进步又支撑了经济持续繁荣"形成鲜明对比的是拉美从"二战"后经济增长的奇迹迅速滑向经济"失去的十年"。

在第三世界国家中，拉美国家较早进入资本主义全球化发展轨道。早期依附欧美工业形成了原材料出口、工业品进口的单一经济结构。20世纪30年代大萧条到"二战"，危机和战争给拉美经济转型创造了机遇。因为来自欧美的制成品进口锐减、以农矿产品为主的战略物资出口繁荣、黄金与外汇储备持续增加等有利因素推动，拉美地区那些已具有初步工业基础的国家开始实施"进口替代"战略，发展本国的民族工业。

但实施这一战略的同时拉美完全忽视了社会发展。在拉美，无论是墨西哥还是巴西，都没有进行彻底的土地革命，拉美种植园形成的大地主阶层没有被消灭，导致了拉美农村贫富分化严重，劳动人口十分贫穷。因此，新"进口替代"的战略诱使大量农村人口涌向城市，引起城市人口膨胀。劳动者宁愿拥挤在城市贫民窟寻找工作机会，也不愿身处农村，从而形成了在城市贫民窟生活的庞大社会底层。表10-2显示，2000年拉美城市化水平达到75.3%，仅次于北美，超过了欧洲与大洋洲，是亚洲的两倍。

表10-2 拉美城市化进程的国际比较（1925~2000年） （单位：%）

地区	1925年	1950年	1975年	2000年
世界	20.5	29.7	37.9	47.0
较发达地区	40.1	54.9	70.0	76.0
欠发达地区	9.3	17.8	26.8	39.9
北美	53.8	63.9	73.8	77.2
拉美	25	41.4	61.2	75.3
欧洲	37.9	52.4	67.3	74.8
大洋洲	48.5	61.6	71.8	70.2
非洲	8	14.7	25.2	37.9
亚洲	9.5	17.4	24.7	36.7

资料来源：Lattes等（2002），转引自苏振兴（2006）。

第十章 全球经济关系中的后发赶超——国家创新发展战略的构成和形成

这种城市人口的恶性膨胀并不能为拉美工业化的进一步发展创造广阔的内部市场,而工业化不能快速跟进又反过来限制了城市就业的增长。直至 1980 年拉美的工业化程度并不很高,只有阿根廷、秘鲁、乌拉圭和巴西的工业化率达到或接近 30%,其他国家工业化率都在 20% 左右及以下(苏振兴,2006)。由此,20 世纪 80 年代国际收支的外部压力迅速导致了进口替代战略的瓦解,开启了拉美经济上两个失落的十年。

本 章 小 结

从近代以来众多后发国家的赶超经验中,我们得出这样的结论:当后发国家把创新发展作为国家战略时,必须重视四个方面:一是辨识国际科技经济政治环境的变化,以及这种变化可能带来的赶超机遇;二是国家参与或主导创新资源的组织,用组织创新加速技术和经济创新;三是资本是实施战略的抓手,政府需要形成有效为动员资本和进行创新投资的方法;四是创新赶超战略能否实现最终取决于社会的支持,所以在一定时期国家应推进社会整体进步,使技术、产业和经济的变革与社会发展相契合。

本章参考文献

白益民. 2009. 日本主银行制度何去何从——从社会和制度学两方面浅谈主银行制度及其衰落. http://blog.sina.com.cn/s/blog_5efda9da0100fwhv.html.
查默斯·约翰逊. 2010. 通产省与日本奇迹——产业政策的成长(1925—1975). 金毅,许鸿艳,唐吉洪译. 长春:吉林出版集团有限责任公司.
陈曦文. 1993. 英国 16 世纪经济变革与政策研究. 北京:首都师范大学出版社.
陈玉照,刘鹏. 2012. 社会保障:一个并非超越意识形态的领域——社会保障"超意识形态论"批判. 华东经济管理,(4):127-130.
迪特尔·拉夫. 1987. 德意志史:从古老帝国到第二共和国. 波恩:Inter Nationes 出版社.
都建兴,石德金. 2008. 发展型国家:一种理论范式的批评性考察. 文史哲,(4):157-167.
樊纲,张晓晶. 2008. "福利赶超"与"增长陷阱":拉美的教训. 管理世界,(9):12-24.
郭丽. 2009. 后发优势理论演进及其启示. 当代经济研究,(4):57-60.

贾根良.2009.评佩蕾斯的技术革命、金融危机与制度大转型.经济理论与经济管理,(2):5-11.

杰奥瓦尼·阿瑞基.2001.漫长的20世纪.姚乃强,严维明,韩振荣,等译.南京:江苏人民出版社.

卡萝塔·佩蕾丝.2007.技术革命与金融资本:泡沫与黄金时代的动力学.田方萌,胡叶青,刘然,等译.北京:中国人民大学出版社.

厉以宁.2004.资本主义的起源.上海:商务印书馆.

斯蒂芬·哈格德.2009.走出边缘——新兴工业化经济体成长的政治.陈慧荣译.长春:吉林出版集团有限责任公司.

斯塔夫里阿诺斯.1999.全球通史:1500年以前的世界.吴象婴,梁赤民译.上海:上海社会科学院出版社.

苏振兴.2006.关于拉美国家现代化研究若干问题的探讨.学术探索,(2):79-86.

王振寰.2010.追赶的极限.台湾:巨流图书公司.

徐莎莎,黄春兰,盛杰.2009.后发优势理论研究述评.沿海企业与科技,(10):22-23.

约瑟夫·熊彼特.1990.经济发展理论.何畏,易家祥等译.上海:商务印书馆.

赵自勇.2005.发展型国家理论研究的进展和反思.当代亚太,(11):3-10.

第十一章

美国为什么能全球领先[*]

美国在其200年左右的历史中,从一个殖民地发展成全球第一大技术经济强国,外部条件和内部条件都发挥着作用。虽然这种内外条件的分析方法对所有国家都适用,但美国社会谋求发展的强烈进取心把这种内外条件充分转化为创新发展的动力,带来美国经济不一样的发展。

因此,回答"美国为什么能全球领先",从内外视角需要考察影响美国创新发展的两大因素,一是美国对在全球经济中的地位的谋求,二是政府与私营部门之间的关系。前者引领着美国创新发展的道路,后者形成了美国创新发展的内在动力。两者共同塑造了美国独特的创新体系。

第一节 发展道路的选择与创新体系的塑造

一、在全球经济中的地位与发展道路

美国经济发展经历了英属殖民地、开发内部经济、快速赶超、迈向全球经济领导地位,以及产业竞争力受到国际竞争对手的挑战而重建产业竞争力等几个阶段。从国家发展战略的角度,美国政府一直在根据本国在全球经济中地位的变化来调整创新发展路径,以适应不同的国际形势。

后发国家在国内经济快速增长的阶段,发展和创新一般发生在既有的产业领域。因此向先进国家进行技术学习、技术购买,或者直接的技术复制等"拿来主义"是后发国家最方便的追赶方式。美国在19世纪曾有上万精英前往欧洲(主要是英国和德国)进行现代经济考察和学习,学习欧洲的生产技术、生产工艺、企业组织、技术研发方式、现代教育体制等。在国际社会专利保护还未盛

---

[*] 本章由王旭琰、王胜光等撰写。

行的年代,美国从欧洲直接"拷贝"技术的现象并不鲜见。除了"走出去"学习,欧洲移民带来先进技术的情况也十分普遍。例如,杜邦公司创始人伊雷内·杜邦曾在法国做火药配料师,并与法国现代化学奠基人之一的拉瓦锡一起共事。杜邦把法国先进的火药技术引入美国,对美国矿业和工业发展起到积极的作用,后又收购德国一家公司的染料专利权,让"杜邦"成为美国化工行业的翘楚。在这一阶段,因为美国在国际上有很强的竞争对手,而本国处在产业快速增长时期,那么受保护的内部市场是产业技术进步的重要资源。因此美国在19世纪中叶以前采取贸易保护政策,为本国新生的工业企业提供无外部竞争的内部市场。

技术学习只可能让后发国家在既有产业领域实现快速追赶和经济的快速增长,要想赶超先进国家,需要特定的历史机遇。历史上技术革命所引发的产业革命是后发国家经济赶超先进国家的"常规性"机遇。德国和美国均是在第三次产业革命时期,凭借在钢铁、电力、重化工领域的技术创新和相关产业快速进步迅速崛起,与英国形成了竞争之势。第四次产业革命开启了汽车和大规模生产的时代,美国又借此机会彻底超越英国和德国成为世界经济的新中心。

当美国创新能力和经济规模已经处于全面领先地位时,技术研发和产业创新成为国家常规化能力,此时,为了进一步强化技术领先地位或者在未来技术革命中仍能保持先发优势,就需要进入基础研究领域,实现全面创新。因此美国战后在创新的广度上,从特别产业领域扩展到几乎全部领域;从创新的深度上,加强培育创新产生的基础,从创新源头上进行知识储备,而不仅仅集中在创新的技术和产品端。

二、政府与大企业关系对创新体系形成的影响

政府和私营部门的关系是制度形成的基础。美国是一个历史十分短暂的国家,没有经历类似欧洲很多国家在资本主义萌芽期的专制王权时代①,缺乏中央集权的历史经验,而且美国自诞生之初就以建立一个资本自由的国度为立国根本,所以长期排斥政府权力过于强大和政府干预经济。"一战"之前,美国政府权力存在巨大的真空地带,而美国广阔的内部市场让缺乏政府管制的资本就像

---

① 欧洲君主专制制度是从封建国家向资产阶级国家转变过程中出现的一种政治形态。它是在新兴资产阶级的支持下,粉碎了地方割据势力之后逐渐树立起来的,本质上属于封建性质,但推动了资本主义制度的兴起。封建政府为了维持常备军和庞大的官僚机构,不得不采取措施奖励工商业的发展和殖民扩张活动,这在客观上对处于幼稚状态的资本主义经济起了扶植和保护作用。这个时期形成君主专制制度的国家有法国、英国、西班牙、俄国等,如英国的都铎王朝,法国波旁王朝。而德国则在俾斯麦时期也补了这一课。

西部牛仔进入了广袤的西部草原变得十分狂野。19世纪末美国资本集中的速度和程度远超过其他国家,大资本和大财团的经济权力经常凌驾于政府之上。此后,美国经历了政府职权逐渐构建和政府与大资本权力此消彼长的过程。这一过程深刻影响了美国的创新发展,政府与大资本权力关系的变化很大程度上塑造了美国创新体系的特点。

美国在第一次工业革命期间,一些领域的技术引进主要由往来于欧、美之间的商人完成,他们熟知两地的技术差距、了解美国的产品和技术需求,所以能有针对性地把欧洲的先进技术带到美国。在美国本土,同样是那些产品供应链上的中间商们在产品和技术的改良中发挥了极大的作用,因为他们是产业链各环节的纽带,熟悉上下游之间的技术需求和对产品性能的要求;当然,更常见的情况是,一些规模相对较大、与上下游间有更紧密关联的企业,发现了产业链上各环节之间的技术需求和缺陷,便采取兼并整合的方式,去发展相关技术,用新技术组织产业链上的生产。此种情况日益普遍发生,便产生了19世纪后期的垄断组织。

美国第一次工业革命尚未完成,就开始了第二次工业革命;由于第二次工业革命产生的新兴产业对资本额的要求越来越大,同时也由于1873年危机引发了对自由市场的反思,美国进入垄断资本主义阶段。与德国相比,"二战"之前美国政府干预经济的权力较弱,在市场与政府之间的真空地带里,美国垄断资本在19世纪末20世纪初达到了其他国家所不能企及的集中程度,产生了诸如洛克菲勒、卡内基、摩根、杜邦、梅隆等大财团,这些财团和它们代表的家族及核心人物不仅掌握着美国主要的工矿企业,掌握着美国的金融集团,而且是美国的精神领袖。在1907年金融危机中,由摩根出面组织挽救美国金融系统的时候,美国政府距离它领导国家经济的地位还有很长的路要走。这一时期,美国的大企业大财团是美国创新的主要组织者。

第二次工业革命促进了产业和科学的系统融合,人们认识到产业技术要发展,必须建立系统的科学研究和实验体系。一方面,美国大公司开始建立自己的实验室。奥利维尔·如恩斯研究过一份美国全国科学研究委员会1921年的工业实验室名单,显示当时至少有819个实验室,其中102个创建于1900年以前,建立实验室的企业包括矿业公司、汽油公司、食品和化学品公司、铁路运输公司、机械制造商、农业生产商等(奥利维尔·如恩斯,2002)。另一方面,许多企业家为培养自身所需要的人才,同时受美国少缴赋税政策的鼓励,捐赠资金和地产兴办大学。自19世纪70年代,霍普金斯大学、斯坦福大学、芝加哥大学等私立大学创立,大企业、财团、家族长期是美国私立大学的主要捐赠者。

大企业主导创办的美国创新系统有其明显的特点。这样的创新系统与产业关联密切,它们的研究更接近产业实际应用。虽然上述工业实验室和私立大学会进行一些基础科学的研究，但是基础研究（特别在工业实验室中）主要作为副产品存在。而私立大学在早期因为依赖相关企业的捐赠和投资，所以专业的设立都带有企业的特色，并且学生的对口培养又加强了私立大学的产业研究倾向。因此，在"二战"之前，德国是世界科学研究的中心，而美国创新系统以应用发明闻名于世。

战争和危机不断增加了美国政府对经济的领导力。在这些特殊时期，外部压力让大企业把经济的部分领导权让渡给政府，如对重要资源特别是战略物资的分配权——这同时意味着政府能按照政府需要对社会生产实行部分计划；政府对企业和比较富裕的个人增加征税，如美国联邦公司所得税率"一战"之前（1909~1913年）为1%，"一战"之后的1918年上升为12%，"二战"期间实行累进制，最高税率则超过50%[①]；战争期间，政府还可发行债券，如美国内战时期发行的绿钞、战争期间超额发行货币等。这些战时措施都增加了政府对经济的控制和影响。而权力一经获得就会延续，比如，企业所得税虽然在战争中有跳跃式增长，战后会出现缓慢回落，但总体上，美国政府对企业的征税权在两次世界大战中被确立下来。战争时期大量的政府订单，同样增加了政府对经济的指挥权。危机同样为政府控制经济权力的增长创造了有利的社会条件。20世纪30年代大萧条时期，在社会底层劳动者社会运动和危机后恢复经济的压力下，美国政府通过了限制金融资本（同时也是限制美国财团的经济权力）的法案，增加了政府干预经济的职权。比较"二战"后和"一战"后美国经济中的主要行动者，美国大财团虽然仍然实力强劲，但"二战"后美国政府的主导地位已经牢牢确立。

政府参与和主导创新的原则和渠道与企业有很大差异。第一，企业一般希望创新能尽快转化为企业竞争力和利润，所以企业创新更接近市场应用端；而政府不直接参与市场竞争，所以政府创新投入更接近基础研究端，如建立和发展国家研究机构和教育体系，通过对大学科研院所的扶持培育创新的基本智力要素和扩大知识储备。第二，政府推动创新往往是多种手段的组合，除了资金投入之外，政府还有两个重要的渠道或手段来参与创新过程。一是政策，通过法律法规来引导社会参与创新，如美国政府一直实施的企业研发投入抵消税收；制定政府采购目录，为新产品创造市场；制定专利法案，保护创新者的权益；制定反垄断法案，营造有利于创新型小企业生存的市场环境等。二是通过政府控制机构，如军工系统、国家实验室和技术中心等直接参与创新过程。第三，从政府的角度，创新的目的是希望最终能转化为国家经济发展和在全球的竞争力。因此，除了直接运用于军事装备提高国家的军事能力的创新外，政府参与

---

① 1942~1945年，对企业所得小于25 000美元，税率25%~29%，25 000~50 000美元征税53%，超过50 000美元部分，征收40%。资料来源：Treasury Department；Commerce Clearing House (CCH)；Tax Foundation。

和支持的基础研究方面的创新都预期能进一步转化为满足市场需求的产品。所以，政府支持的创新都存在转移和转化的步骤，这一步要么由企业完成，要么由政府自己完成。前者，如大企业与国家机构研发合作，在合作过程中，利用企业接近市场、对市场需求敏感的优势，把部分研究成果运用在产品研发中，实现政府支持的基础研究向市场需求的转化；后者，如政府直接鼓励政府资助机构进行创新成果的转移和转化，支持这些机构的工作人员面向市场创新创业，把科研机构的研究成果转移出去。

"二战"后是美国经济发展的黄金期，美国政府与大企业在创新上形成了融洽的合作关系。美国大力投资教育体系，特别是高等教育，为企业创新培养了各种智力资源，但从未进入具体产业；美国大企业把这些智力资源组织起来进行产业创新，取得了巨大的经济成就。美国的国家实验室和军工系统在冷战背景下迅速发展，进行前沿领域的研究，但在一些能够转移到民用的领域，又与企业合作，提高了企业的创新能力。例如，贝尔实验室1948年带头开发的晶体管技术，经费来自政府的大力支持。而20世纪50年代后期手表销量居世界第一位的天美时（Timex），其研发的基础来自战时与政府签约合作开发新材料的机会。

在最近三四十年，美国大企业热衷于生产成本外部化，把生产外包、服务外包、研发外包，而大企业自己严重金融化，于是基础研究和产业研发的对接只能由政府来完成。所以政府组织创新的努力必须深入产业领域而不是只提供基础的创新资源，政府支持的科研机构普遍发生面向应用领域的转型，政府政策的重点也向这些机构创新成果的转移和转化倾斜，向在创新成果转移转化过程中诞生的中小企业倾斜。

宏观角度，美国创新历史呈现出这样一个过程：政府在创新过程中主导作用逐渐增强，政策越来越深入，政府支持的研究机构和这些机构研究成果的转移，以及这些机构人员的创新创业逐渐成为美国创新系统里的重要部分；而美国大企业则从全面主导基础研究到产品研发的过程，到与政府合作把政府支持的基础研究转化为市场需求的产品，再进一步一定程度退出创新过程而通过资本的手段获取创新成果。美国政府和大企业在创新系统中的地位不断变化，在各阶段形成了不同的合作关系。

第二节　历史视角的审视

18世纪，当英国已经步入近代史，进行以机器代替手工业的第一次工业革命时,美国还是一个殖民地国家。彼时,美国经济以种植业为主,在独立战争之前,美国一直被定位为宗主国的谷物和棉花产地。至20世纪美国之所以能够成为全球领先强国,我们可以从美国社会在把握全球经济格局变化中强烈的进取心,以及由此推演的政府与大企业的关系演变中找到答案。

一、19世纪的自强

19世纪中叶前后,美国在追求经济独立的过程中开启了自己的第一次工业革命。而同期发生的美国西进运动和加州淘金热扩大了美国内部市场,使其工业发展有了市场牵引和支撑。西进运动建立了大农场制度,美国的农业机械如轧棉机、收割机、拖拉机快速发展起来,机械化的农业生产迅速普及;经济活动从东部向西部扩散,对交通运输提出了需求,美国的铁路大发展就发生在这一时期,至今美国发明的T型铁轨仍然是世界铁路的标准,利用水路的船运行业也迅速发展起来,"轮船之父"富尔顿发明了汽船;而铁路运输和造船业又推动了美国制铁和橡胶业的进步;加州金矿的发现使美国的采矿业水平得到提高,而且淘金热吸引了大量的移民,并扩大了美国版图和人口的增长,因此也带来了成衣制造业等的发展。由市场的扩大推动相关行业的工业化,由一项技术进步推动相关技术进步,美国这种面向实际运用的工业革命的正反馈在19世纪前期和中期徐徐展开,成功实现了美国的工业化。

在这期间,美国政府1828年把贸易保护主义变成了《关税法》,保护"内部"市场,并于1864~1894年的工业化时期,实行了高关税的内部市场保护主义,把美国关税从35%提高到近50%,从而有力地促进了美国民族工业的诞生和发展。至19世纪中期,美国不但完成了工业革命,也实现了经济独立。

美国第一次工业革命的成功,源于美国政府贸易保护主义政策下不断扩大的内部市场产生了需求牵引,美国产业界吸收了来自英、法的先进技术,以及本土小企业以个人发明为主的应用型创新这三者的紧密结合。

二、跨世纪的努力

19世纪六七十年代,美国在第一次工业革命尚未完成之时,又迅速迈入了以电力的广泛应用为主要标志的第二次工业革命。第二次工业革命期间,虽然美国的科学研究水平仍然低于欧洲,但实用主义的美国已成为世界科技发明最多的国家之一,如莫尔斯的电报机、贝尔试验的电话机、爱迪生的电灯和电车。电车电灯的广泛使用推动了输配电和变压技术的创新,很快集中的大规模发电厂出现;电力供应得到解决后,各种电器工业部门也很快建立起来;同时橡胶业、石油业,以及钢铁工业、造船工业都出现很多技术发明,提高了生产效率和产量,美国很快成为世界第一橡胶生产国,生铁和钢产量上升为世界首位,造船技术方面成为英国主要的竞争对手之一;特别是汽车制造业,虽然美国汽车研制晚于欧洲,但发展却十分迅速——汽车大王福特不仅改造车型完善系统,而且推广批量生产装配线技术,把汽车出售价格降到中等生活水平的家庭能够购买的程度。"一战"前夕,美国已经成了名副其实的头号工业强国。

第二次工业革命期间,经济领域内与技术创新和新兴产业同时发生的现象是垄断组织的出现。通过垄断组织革命,这一阶段美国大公司快速成长,1904年美国工业产值的40%被大约三百家大公司所控制。与德国相比,虽然德国同期也出现了大型工业企业,但规模比美国同类企业要小得多。德国垄断组织以横向联合为主,而美国则主要采取纵向联合的方式。按照奥利维尔·阿瑞基(2001)的说法,横向联合是取消市场竞争,是权宜之计,因而不稳定;而美国纵向联合的方式是把市场成本内部化,是市场竞争的替代,创造了新的组织方式,所以美国的垄断组织比德国更有生命力。到1911年,美国钢铁公司资产是德国最大钢铁公司蒂森钢铁公司的近20倍,雇工人数前者是后者的6倍多。

美国迅速成长起来的特大规模的财阀和企业,有能力在企业内部组织研发,解决技术问题和发明新产品。同时为了规避1890年《谢尔曼反托拉斯法》的限制,美国大公司更积极地建立企业实验室,作为它们的研发中心。从研发经费的投入来看,这一时期美国研发主要由产业界进行资金投入。1930年,产业界研发投入资金占全国总量的70%,而联邦政府仅占14%。总之,第二次工业革命期间,大企业是美国创新系统的主要组织者。

同时,在第二次工业革命中,美国政府或者说美国社会普遍发现了科学与技术结合的重要性,所以从这一时期开始,政府方面也开始重视科技的发展,成立了国家科学院、科学促进会、国家标准局、华盛顿卡内基学会等机构。在教育方面,第二次工业革命开始至"一战"之间,美国以德国为师,在认真考察过德国的高等教育制度之后,开始建设自己的现代大学体系。另外,这一时期,美国通过了与科技相关的两部重要法案——《莫里尔法案》和《史密斯·利弗法案》,这两部法案使美国的赠地学院制度得以确立,有力地支持了美国的教育和研究事业。这样,由美国大企业的内部实验室、大企业或财阀捐赠建立的现代大学和美国政府成立的科技管理机构构成的美国科研体系逐渐形成,美国基础科学和技术发明相对于欧洲落后的状况开始逐渐改变。

这一体系在第三次产业革命时期充分发挥作用,美国在钢铁、电力、重化工领域的技术创新大量涌现,相关产业迅速崛起,与老牌工业帝国英国形成了竞争之势;并很快引领了第四次产业革命,开启了汽车和大规模生产的时代,美国借此机会彻底超越英国成为世界经济的新中心。

三、"二战"前后的谋求

"二战"是美国历史,也是美国创新发展的分水岭。"二战"把美国从 20 世纪 30 年代大萧条的泥潭中拉了出来;通过战时借贷,美国积累了全球过半的黄金,成了欧洲国家的债主。欧洲的宗主国和劲敌们终于在经济实力上被美国远远地抛在身后,真正确立了美国的全球经济领导地位。当一国经济取得绝对领先地位,便无可能从他国学习更多的系统性的科技成果,必须而且有足够的"余钱"从创新的源头,即从加强基础研究来启动和奠定本国的创新进程。

"二战"前后美国政府和资本的关系发生变化。战争和大萧条加强了美国政府对经济的干预和领导。政府改变了对科技投入的态度,民众也要求政府给予科技更大的支持,因而揭开了战后美国政府全面支持科技的序幕。"二战"结束前夕,美国著名的科学政策报告——《科学:无止境的前沿》发表,其中承诺加强政府对基础科学研究和科学人才培养的支持:"政府应该承担起促进新科学知识流动以及从青年中培养科学人才的新责任。这是政府义不容辞的责任,因为这对于我们的健康、我们的工作和我们的国家安全至关重要。"首先从投入上,美国政府开始对基础科学研究、前瞻性技术领域和国防相关领域进行大规模投资。1940 年美国研发总投入 3.45 亿美元,其中政府投资仅占 20%,到 1961 年政府投资则达到 64%。联邦政府逐渐成为高等教育机构和全美基础研究的主要资助者。在战后至 20 世纪 70 年代末,美国联邦政府大量的研究资助被投入到半导体、计算机技术、生物技术、空间技术等新兴领域;一系列科技管理机构成立,一大批国家实验室也相继建立,并产生了大量科技成果,为战后美国经济全面领先奠定了基础。

与第二次工业革命时期相比,这时美国大企业的研发和政府的关系变得更加紧密了。"二战"和冷战时期,受政府庞大的国防科技支出的吸引,许多大企业参与美国军方的研发项目,从军方手里拿到军事订单,在这一过程中加强了与基础研究的联系,以致后来能够快速把这些成果转化到民用领域。政府主导的科研体系产生的基础研究成果,成为美国后来产业界技术创新的储备。美国战后第四次技术革命中产生的新兴工业领域,如石油化学工业、电子工业和原子能工业能高居世界领先地位,离不开美国政府主导的国防科技所形成的研究成果。例如,美国贝尔实验室对硅的研制开发是在美国军方需求下推动的,并迅速普及到民用,推动了半导体工业飞速发展,并很快影响到电脑业。美国航天登月计划积累的科技成果也对后来的信息技术发展起到关键的促进作用。再如,原子能工业的发展,更离不开美国的曼哈顿计划和原子能委员会的支持。这种美国政府基础研究和产业界应用研发的合作产生了十分高效的技术创新。

据统计,"二战"后资本主义世界的重大科技发明有65%是美国首先研发成功的,75%是首先在美国得到应用的。科技发明提高了美国的劳动效率,加强了美国产品的市场竞争力,奠定了美国全球霸权的经济基础,美国在"二战"至20世纪80年代是资本主义世界名副其实的超级经济强国。

四、响应竞争和挑战的姿态

20世纪70年代前后,随着日本和欧洲经济战后逐渐恢复和崛起,美国经济实力相对下降,欧洲、美国和日本逐渐形成了三足鼎立的局势。美国制造不再遥遥领先,汽车、家电等重要产业领域的领先地位被日本取代;而机械设备制造等产业受到德国、瑞典等国企业的有力竞争。随着德国统一欧洲市场的努力初见成效,美国世界最大出口国地位被德国取代。美国相对优势在衰退。

美国在全球经济地位的相对下降也反映在了美国创新发展的路径上。"二战"后美国在许多关键技术领域的领先,得益于美国政府投资基础研究和产业界大企业将其转化为应用型技术创新的良好合作。但到20世纪80年代,这种合作从政府和大企业两方都发生了变化。一方面从美国政府来看,进入70年代,因为越南战争、国家福利体系建设等让美国财政支出大增,但财政收入水平下降,财政赤字急剧增长,导致美国财政对研发的投入逐渐压缩。另一方面美国产业界大型企业也在发生变化。20世纪80年代美国发生了金融去管制化改革,许多大型企业受到投机资本的攻击,被并购、分拆和重组,那些未被攻击的大企业,在金融市场的压力下,也对公司进行重组,并改变公司管理理念。企业把有限的资源集中在自己的核心部门,开始崇尚"股东利益最大化"的原则,这必然让企业管理层变得"短视",大企业对研发投资的热情降低。所以,战后美国政府投资基础研究和大企业将之转化为实用型研发产品的合作就无法继续维持,改变就必然发生。

为了应对国内外挑战,美国政府把投资重点从基础研究转向更容易见效的产业技术创新;并且收缩战线,选择了一些最迫切的产业领域和能够快速建立产业位势的新兴产业领域,制订产业发展计划;注意对研发投资的政策引导,增加社会性的创新投资参与;更加注重科技政策的体系化发展,深入创新发展过程和细节(如技术转让、税收激励、研发合作、专利保护、加速产业化等)制定政策,促进和规范创新及产业化过程。这些科技政策刺激了美国的技术进步,为20世纪90年代"新经济"的繁荣奠定了坚实的基础。

更突出的一个变化是,因为美国大企业在20世纪70年代和80年代的衰退,政府把注意力转向了中小企业,或者更准确地说是科技型中小企业。从20世纪80年代开始,政府颁布新的激励措施鼓励大学和政府实验室的科研人员为自己的研究发现寻求商业用途，鼓励他们成立衍生企业。政府开始成为中小企业科技创新的"全天候的保姆"。例如，80年代之后，美国政府以《小企业创新发展法》为核心，形成一系列鼓励科技创新和实现成果转化的法律和计划来扶持中小企业的技术创新，包括《反垄断法》《知识产权保护法》《专利和技术转移及商标权》等，保障中小企业参与科技创新的基本收益权；美国政府根据《小企业创新发展法》成功实施了多项具体创新支持项目计划，如1983年开始实施的小企业技术创新奖励计划（SBIR），1992年的《加强小企业研究与发展法》，1994年小企业技术转让奖励项目（STTR），以促进中小企业与非营利性研究机构的合作及创新技术向小企业转移。

中小科技企业推动了美国信息技术的发展，带动了20世纪90年代美国经济复兴。反过来，信息产业也促进了大众创新创业，中小企业成了美国创新创业的主要承担者。美国信息产业的成功让美国这一时期形成的创新体系也成为全球研究、学习和推广的模式，即大学、产业、政府的"三螺旋"。该模型被赋予以下几个方面的内容：国家科研机构从基础研究转向更具实用性的产业研究，研究内容要与市场需求相吻合；大学积极投入技术转移工作，通过开办孵化大学科技园等手段，把科技成果产业化；政府更加积极地制订科技战略和产业发展战略、制定全面的政策和法律促进大学科研院所等机构的科技成果转移转化、在市场失灵的环节用公共资源代替私人资本的投入以防止创新过程发生断裂（如帮助中小企业度过死亡谷）；产业界以联盟、合作的形式加速新知识和新技术的产生等。

五、捍卫全球领导力的意识

经历2008年金融危机之后，美国政府尤其强化了其在科技创新方面的导向角色和作用，集中资源对科技创新从全面研发支持转向对前瞻性方向目标的定向支持。例如，奥巴马在任期间政府为振兴经济提出：把新能源作为带动美国经济复苏的"发动机"，计划在未来10年投入1500亿美元资助风能、太阳能及其他可再生能源研究；促使政府和私营部门投资于混合动力汽车、电动车等新能源技术；发展智能电网产业，全面推进分布式能源管理。美国政府还提出要建造先进的基础设施，发展高速铁路，构建新的运输体系，开发下一代空中交通控制系统；发展覆盖全国的高水准通信网络；实现电网现代化等。

同时，伴随在企业界的大企业降低研发投入、研发过程社会化、研发成本和风险外部化趋势，政府更大程度地介入中小企业的创新过程，实施更细致全面的政策扶持。政府成了创新过程的实际组织者，而转型后的国家科研机构和科技型中小企业成了创新的主要承担者。

第三节　高效能动的创新体系和制度

美国对在全球经济中地位的谋求和政府与私营部门之间的关系塑造了美国高效能动的创新体系和制度，从而支撑和保障了美国长达一个世纪的全球领先优势。

一、公共部门和私营部门融合的创新体系

美国的科研体系"具有高度的灵活性，使工业家、企业管理者、科学家、工程师、自学成才的发明家和其他创业者可以在各领域机构自由流动"（奥利维尔·如恩斯，2002）。美国这种独特的科研体制，具有公共部门和私营部门相互嵌入和高度灵活的流动性结构，为因交流合作而衍生新知识、新知识尽快进入经济领域和社会领域提供了方便，明显有利于增加经济创新和社会发展的活力。

1. 现代大学的"亲工业"基因

美国现代大学经费更多地来自产业界的支持，所以一经建立，业界科研人员与学术研究人员广泛合作的情况便比欧洲更为常见。各研究机构之间也建立了一种自愿性质的伙伴关系，在广泛的合作中取得成绩。这样，美国制造商、科研人员结成的伙伴关系，在美国的创新发展历史上不断迸发出高度的创造力，在其近百年的发展中，引领了科技创新的潮流。

美国科研体系开始形成于19世纪下半期的第二次工业革命期间。彼时，工业必须与科学的发展结合起来的趋势已经显现，工业界不可能无视科学实验室诞生的有机化学、电流电力学和热力学等领域的各种实验、定理、方程，美国私立大学的经费大部分来自工业界的资助，它们自然地产生了为工业界服务的理念。所以，美国大学首先提出了"服务社会"的第三大职能，如威斯康星大学明确提出"服务应当成为大学的唯一理想"，突破了大学传统的人才培养和"象牙塔"式的办学理念。在1870～1900年美国工业快速赶超的阶段，美国大学培养了一批经营、管理铁路和大型工厂的机械师、工程师。

20世纪80年代以后，美国鼓励大学实验室研究成果技术转让和实验室人员创业，大学也主动从事面向未来市场技术需求的研发工作，并开办技术转让办公室等机构协助大学研究成果向市场流动。美国大学的"亲工业"基因巩固了企业和科学的交流和联合，是美国产业界保持高技术水平的重要支柱之一。

2. 军民一体化的国防科研系统

美国国防科研体系始终与产业界保持着紧密的合作关系，通过各种机制把国防体系的研发项目委托私营部门和研发成果溢出用于民用领域和商界，也是美国科研体系的独到之处。

军民合作过程中提高了企业的研发能力。"二战"后，美国联邦政府在国防领域研发上投入了大量的经费，向企业提交大量研究开发合同。到 1994 年，美国技术评估办公室（OTA）送交美国国会的一份研究报告《军民一体化潜力评估》，提出美国的国防科研体系应完全融入到更大的民用工业中，所有国防采购应完全依靠私营企业完成，重构军队和武器系统，实现完全彻底的商业化、军用与民用工业基础的一体化，并为此采取了一系列措施，包括：①制订军民两用技术战略计划，实现军民两用技术的融合；②改革国防采购措施，以增加军方获得先进民用技术产品和服务的途径。1994 年，美国国会通过了《联邦采购精简法案》，使国防部和其他政府机构更方便、更自由地将民用部门的能力移植到军用方面。在 2003 年伊拉克战争中，美国使用的很多高科技装备如通信器材、计算机软件、安全防毒软件、卫星图像分析技术等，有相当一部分自民用工业部门采购，其中硅谷有 600 家公司与美国国防部签订了生产产品与提供技术服务的合同。

军民合作过程增加了创新溢出。正是美国这种不封闭的军民一体化的国防科研系统，让美国国防基础研发产生了很强的溢出效应，产生很多商用技术。例如，带来全球信息产业巨大改变的图像成像、纳米应用、互联网、卫星定位等技术都是来自美国国家航空航天局（National Aeronautics and Space Administration，NASA）和美国国防部先进研究项目局（Defense Advanced Research Projects Agency，DARPA）的技术溢出。

二、创业和小企业创新

创业和实现财富梦想是美国梦的一部分。因此，尽管自 19 世纪中叶以来，美国成长起许多大企业，但创业始终活跃，并由此生成大量小企业。

在第二次工业革命大企业统治了市场的情况下，小企业仍然通过开发大型制造商所忽略的利基市场（指高度专门化的小众市场），或为大型工业企业提供中间产品，坚守在美国大企业林立的工业领域。这些小企业或成为专业化的工厂，或成为提供专门目标服务的公司，它们跟随技术进步及时更新自己的技术，和大企业一样投入技术研发，形成核心竞争力，独立于大企业而存在。根据一项研究，1921~1946 年，美国 200 家最大规模制造商和小企业的科研投入几乎一样，只有医药行业表现出十分显著的大型企业进行主要的研发的特征。

而"二战"之后，利用军工技术向商业企业扩散的良机，发挥发现利基市场的敏感性，一些小企业有了更多的机会空间。美国小企业表现出很强的运用新技术的活力，在公众心中树立了良好的形象，小企业主也被认为凝练着吃苦耐劳独立自由的企业家精神。美国在20世纪五六十年代的冷战时期，支持小企业发展和帮助小企业家被视为"美国民主的垫脚石"，为此于1953年专门成立了著名的小企业管理局（SBA）。政府对小企业的支持工作也日益深入和精细，如20世纪80年代之后最有成效的支持小企业创新的计划——中小企业技术创新奖励计划（SBIR），通过鼓励中小企业利用自身技术潜力实现其创新市场化和推进针对中小企业的服务体系，来支持小企业的技术创新活动。在战后黄金时代后期，美国大企业逐渐失去竞争优势的情况下，小企业却在信息技术革命的发展中展现活力。信息技术的兴起，让小企业重回经济舞台的中心，成就了硅谷创业和小企业成长的天堂，硅谷也创造了高科技小企业发展的神话，是几乎所有国家发展高科技小企业的楷模。

这种氛围也激励科学家和工程师纷纷走向私企就业。国家科学基金会（National Science Foundation，NSF）资料显示，在1971年，有7.6%或28 200名科学家和工程师就职于员工不足千人的公司；而到2004年这个百分比上升至32%，实际人数增至365 000人；在2003年，有24%的科学家和工程师在员工不足10人的小公司工作，在员工不足500人的公司工作的科学家和工程师则达到了50%。

三、创新过程的资本化

美国现代高科技创新的成功离不开美国金融资本的参与。美国高效利用金融资本建立一整套支持创新的天使投资、风险投资、股票市场、垃圾债券市场、收购市场、知识产权法律和诉讼等的机制。这套机制实质上是把创新过程高度资本化，利用资本对市场的高度敏感性来选择创新投资方向、用资本参与来增加创新努力的财富激励、分散和降低创新风险、用资本市场对创新成果进行估价、实现创新成果的转移、加速科技成果的流通和产业应用。在美国科技创新的过程中，资本的功能被发挥得淋漓尽致。

在创新方向的确定上，与很多国家信任技术专家不同，美国更多地依赖熟悉市场走向的天使投资者。现代科技创新往往发生在多个学科的边缘地带，是跨专业甚至跨行业的知识沟通产生，而某一领域的专家往往只能理解创新中某个局部，所以专家评审式的评估对创新方向的判断变得很困难。美国有数量众多的天使投资者，他们同时具备企业家、技术专才、市场分析师、金融投资者等多重身份，在大量的创新中寻找具有发展潜力的能在未来带来商机的创新项目。并且天使投资人也用自己的资源，如管理团队、技术顾问、市场人脉等帮助项目快速成长，让项目从开始就进入各种市场资源的网络中，而不是游离于市场之外。最重要的是，与专家评审式不同，天使投资者是用自己的资金来为他的选择背书，是盈利驱动的资本行为，所以其认真的态度和帮助项目的努力程度与作为第三方的技术专家不可同日而语。

风险投资是创新项目进入成长期的资本接力。美国是最早开始成立风险投资的国家。早在1946年美国政府就主导成立美国研究与发展公司（ARD），其主要业务是向那些创业企业提供权益性融资。在ARD的历史上最成功的投资之一是1957年对数字设备公司（DEC）的投资7万美元，14年后该投资增值到3.6亿美元。此后，美国风险投资发展迅速，特别是对美国信息技术领域的发展作用突出，美国著名公司如IBM、网景、苹果、Dell等的成立与发展，无一不是风险资本推动促使企业成长壮大的典型案例。

金融市场对创新企业进行持续融资支持。垃圾债券普遍被认为是金融市场发展不健康的产物，但在美国创新企业的成长中却发挥了重要作用。垃圾债券对那些起步阶段就需要巨大资金规模的创新企业十分重要，例如，芯片企业要建立芯片生产线，其起步阶段的投资动则几亿甚至十几亿，如果没有垃圾债券市场，那么几乎没有企业或资本愿意承担血本无归的风险来支持这样的企业。通过债券市场，创新风险分散到了整个社会，这才使这样的创新投资得以实现。像Intel公司最初就利用了垃圾债券方式获得初期发展所需要的资金。

完善的股权交易市场为早期风险投资提供退出渠道。二级市场极大地加大风险投资的活跃程度：一方面，大企业对风险投资的股权收购，让创新成果进一步嵌入已有的产业链和市场资源网络；另一方面，完善的退出机制又创造出大量的高品质天使投资者，被收购的创业者和投资人往往会获得一大笔资金，或者选择去再做天使投资人，或者再投资创业成为持续创业人，促进了创新创业的持续繁荣。

四、全社会的参与

创新发展得以持续推进，需要配套的制度。制度让每个人不自觉地或潜移默化地接受新的规则来思考和行动，通过意识形态的作用，形成某种社会共识。社会共识是社会变化的润滑剂，能节约社会成本，以最有效率的方式促进发展。

1. 对产业工人技能和守纪律的塑造

在19世纪末第二次工业革命开始的大生产阶段，社会诚然需要大量的企业家、工程师、技师，但需要数量更多的则是产业工人。合格的产业工人需要具备两个要素，一是一定的文化知识和生产技能，二是遵守工厂纪律。文化知识来自社会教育，生产技能可以从工厂的岗前培训或通过专门化的职业教育获取，遵守工厂纪律则通过普及的初等教育和机器生产的流水线作业来培养。在这三个方面美国具有良好的制度和体制，培养和造就了具有美国特色的产业工人队伍。美国的劳动者教育制度与欧洲国家还有一点略有不同。在欧洲如英国、法国、德国、意大利、奥地利等国家，职业技术教育与以科学研究为导向的普通教育在比较早的阶段就相互分离，而美国虽然在历史上数次讨论进行分别教育，却一直坚持统一的教学内容。这种教育制度安排，有利于塑造"普通的美国人"的观念，减少劳动者阶层之间的预先分化和矛盾。

2. 保护中产阶级和缔造消费者引领

技术和产业的发展需要一个庞大的中产阶级来参与消费。20 世纪初，随着泰勒"科学管理"技术和福特的流水线生产技术的应用，美国工业的崛起造就了大批生产线上的非专业工人。工业界领袖、经济学界、文艺界和工人组织都在努力把赤贫的工人阶级变成有产阶层，使他们逐渐融合成为一个界限不那么分明的中产阶级，成为规模工业制造的消费者。例如，亨利·福特在"一战"前就利用标准化的流水线生产技术批量生产 T 型汽车，批量生产降低了生产成本。同时他在工业界率先大幅提高普通劳工的工资水平，最终实现了每一个美国家庭都拥有汽车的梦想。这种认识引发了通用公司著名的试验项目，即为职工提供福利，分享企业利润。杜邦公司的负责人约翰·拉科布认为，每个人都应该富有，工人不应该排除在外。

工资不再只被看作人力成本，而是和生产力的发展联系起来，促进了理论上高工资与高生产率的正反馈良性循环的认识。"工资水平的提高不仅可以刺激资本的替代，从而进一步提高资本生产率，而且由于高工资，劳动者可以收到更良好的教育，因而更有利于提高劳动生产率、从事更高端的知识性工资和建造生产率更高的资本货物。"（迈克尔·赫德森，2010）高工资刺激高消费，使创新发展的需求市场得以打开，消费市场的增长和扩大再度推动技术的更新和产业的发展。

3. 全民的投资意识

20 世纪 70 年代之后，美国经济逐渐金融化，普通的美国人也开始广泛使用金融手段来消费和获取额外收益，形成了美国全民性的投资。前文已述，美国现代高科技创新的成功离不开美国金融资本的参与，而美国金融资本的兴盛也离不开美国全民的投资意识。这种意识源于美国具有系统化的社会"引导"。

首先，信用等级和风险定价制度的建立。20 世纪 70 年代以前，信用机构仅限于在批准贷款之前对申请人的信用资格进行面对面的审核和建立与债务人定时联系的制度。70 年代后，商业银行开始建立信用等级分类和风险定价的原则。

信用等级根据信用积分把借款人信用分为"优质""次优""次级"等各种等级，而风险定价则对风险归类，银行根据样本计算得出的违约率来确定合适的利率进行风险定价，用高利率来对冲违约的风险。信用等级和风险定价制度对美国人民的日常生活影响深远。在美国这个金融化的经济社会中，一个人没有信用积分比信用不良更难获得贷款。所以在美国，很多家长在子女很小的时候就通过办信用卡的方式让他们尽早进入信用积分积累的轨道。

其次，住房资本化和住房抵押贷款制度的发展。在很长的历史时期内，住房仅是维持家庭稳定并是最主要的可留给后代的财产，但是在金融化了的社会，住房变成资产，在房价上涨的时间里，美国家庭在住房抵押借贷市场上，以房屋净值贷款（home equity loan，HEL，房产总值与未偿付抵押贷款之间的差额）和房屋净值信用额度（home equity lines of credit，HELOC）等多种方式，从住房中提取他们净资产的部分用于消费。当住房价格增长能够带来收益，并且这种收益能够变现增加消费的时候，住房也就不只是满足居住的商品，而是一种资本。

最后，银行针对个人的理财服务的发展。长期以来，银行仅作为信用中介机构，把社会闲散资金集中起来为社会生产进行融资，而现在银行的很大部分的业务面向个人，从为个人的金融服务中获取佣金。银行通过理财经理们不断地向个人灌输"理财"的概念，让美国的普通家庭参与到金融资产的增值、贬值、买进、卖出的活动中。

美国金融业的繁荣离不开数以亿计的家庭的参与，因为金融并不创造财富，金融市场只有把更多的个人、家庭、企业、机构吸纳进来，才能在财富的再分配中实现部分投资者获益。美国金融机构的各种技术性的手段和宣传，"使金融的伦理、道德规范和思维方式渗透到了社会和个人生活之中"，改变着他们的经济行为和消费模式，把普通的个人从单纯的"生产者—消费者"转变成为具有金融投资（机）者属性的个人。

4. 创新文化

美国的文化传统中蕴含有很多鼓励创新的因素，如不论在商界还是政界都洋溢着对个人奋斗和个人成功的推崇；美国人口普遍的移民背景形成了对各种思想、行为的包容；美国崇尚自由，而创新也是个人思维的自由迸发。这种种潜在的文化要素，在20世纪80年代个体创新创业的社会条件（如信息技术的普及和政府支持创新政策系统）日益完善以后，逐渐形成了支持美国创新的文化氛围。

(1) 自由开放。自由是美国社会普遍坚守的理念，从资本自由到思想自由，美国相对而言是把自由的精神贯彻得比较深入的国家。创新需要人的思维不循旧矩的迸发，因而对自由的渴望更甚。在美国，许多大学和公司都把自由作为它们生存的根本。例如，硅谷的摇篮斯坦福大学的校训"让自由之风劲吹"（the wind of freedom blows）就是鼓励和保证学校师生能自由无阻地从事科学研究。硅谷的很多企业也不循规蹈矩，而是从细节给员工创造自由探索的环境。自由的自然结果就是开放。美国这种自由宽松的社会环境是培育创新的沃土。

（2）交流合作。崇尚个人自由并不意味着孤立，相反，在创新比较密集的社会里，交流和合作也更加频繁。交流和合作让各种不同的知识多次碰撞，衍生出新的知识。特别是很多创新发生在跨学科、跨专业和跨界的领域，那么不同背景的人的交流对创新的产生至关重要。越来越多的人了解到，美国从小学教育开始就注重培养学生自主思考的能力和交流的能力，而不对他们思考和交流的内容妄加判断。

（3）冒险精神。在创业时代，冒险精神被各种创业传奇所激发。个人通过创新和创业从芸芸众生中脱颖而出站上财富顶峰的真实"故事"是对创业者的最大的激励，如从大学肄业同样成为新技术的领袖的比尔·盖茨、乔布斯、扎克伯格，他们是美国年轻人的梦想。所以他们不惧冒险，敢于冒险，甚至嗜好冒险。

（4）宽容失败。以硅谷最为突出，美国社会对创业失败十分宽容。创业成功者毕竟凤毛麟角，每成功一个公司，就意味着同时有十几二十几个公司创业的失败。在一些国家，破产往往会被当作耻辱，而创业者往往陷入痛苦；而另外一些国家，破产者还不能被允许开办公司。但在硅谷，每天都有大量的公司死亡，也有新的公司不断创立，这里崇尚"败又何妨"这种宽容的理念。硅谷也正是在失败中积累源源不断的经验，不断地实践和善于从失败中学习，才孕育出硅谷企业走向成功的种子。对失败的宽容是一种很具体的文化，但对创新创业这种高风险的事业来说却是最实在的鼓励。

本章参考文献

奥利维尔·如恩斯.2002.为什么20世纪是美国世纪.闫循华等译.北京：新华出版社.
保罗·肯尼迪.1989.大国的兴衰.陈景彪译.北京：中国经济出版社.
弗雷德·布洛克,马修·凯勒.2010.1970年后美国科技创新主要源自政府推动.宋美盈译.国外理论动态,（5）：63-72.
韩毅.2007.美国工业现代化的历史进程（1607—1988）.北京：经济科学出版社.
金相郁,张换兆,林娴岚.2012.美国创新战略变化的三个阶段及对中国的启示.中国科技论坛,（3）：144-147.

卡罗尔·卡尔金斯.1984.美国科学技术史话.程毓征等译.北京：人民出版社.

吕海军,甘志霞.2005.美国和日本国家创新系统演进中的军民一体化及两用政策寓意.中国软科学,(6)：43-46.

迈克尔·波特.2002.国家竞争优势.李明轩,邱如美译.北京：华夏出版社.

迈克尔·赫德森.2010.保护主义：美国经济崛起的秘诀（1815—1914）.贾根良,马学亮,邓郎,等译.北京：中国人民大学出版社.

曼塞尔·布莱克福德.2013.美国小企业史.刘鹰,何国卿等译.杭州：浙江大学出版社.

钱德勒.2004.大企业和国民财富.柳卸林主译与主审.北京：北京大学出版社.

托马斯·麦克劳.2000.现代资本主义——三次工业革命中的成功者.赵文书,肖锁章译.南京：江苏人民出版社.

张隆高,张晖,张农.2005.美国企业史.大连：东北财经大学出版社.

周寄中.1991.美国科技大趋势——科技大国的决策走向.北京：科学出版社.

第十二章

芬兰为什么会具有全球创新竞争力*

芬兰是只有545.1万人口的小国,自然资源也相对匮乏,但却是全球公认的最具创新竞争力的国家之一,连续多年被世界经济论坛评为年度"世界最具竞争力的国家"。作为一个小国能够在全球竞争中胜出的原因是什么,我们可以从芬兰创新发展的过程和轨迹、创新条件和体系建设、产业创新的政策支持、创新发展的市场营造和精巧的政府创新治理架构等五个方面找寻答案。

第一节 创新发展的过程和轨迹

芬兰向创新国家的成功转型路径大致经历了三个阶段。

第一阶段,制度环境建设与国家科技体制搭建阶段(1917~1975年)。1917年12月,芬兰摆脱沙俄统治宣布独立。独立后芬兰在工伤事故、年老和残废者的保险、产妇补贴、贫穷儿童的照管、失业救济、医疗保障制度、退休金、人才培养等制度方面,建立起一系列社会基础制度和法律法规,为芬兰的创新发展奠定了基础。"二战"后,芬兰赢得了相对和平的发展时期,经济发展步伐加快。形成了以森林工业和金属工艺为经济支柱,以化工、纺织、食品为补充的现代化国民经济机构,至此芬兰步入发达国家行列(大卫·科尔比,2013)。从20世纪60年代开始,芬兰积极构建创新政策体系。一是把普及基础教育和高等教育置于国家政策的重心,教育投入持续增加。二是形成科学技术政策的基本结构和框架。1963年,芬兰成立了国家科学政策委员会(现更名为研究创新委员会),负责确立芬兰科学技术发展的指导方针与主体方向,并对科学技术活动进行跨部门的协调。提升产业R&D活动成为芬兰科技政策关注的焦点,1967年专门面向产业R&D提供支持的芬兰国家研发基金(Sitra)正式成立。作为负

---

* 本章由胡贝贝、王胜光撰写。

责技术研究与发展方面拨款与制订计划的芬兰工贸部（现芬兰就业经济部）也于 1968 年开始对企业的产品研发活动提供资助，特别为目标导向的技术研究计划提供额外拨款。1971 年，以支持科技发明，促进成果转化和应用的芬兰发明基金会正式成立，并成为芬兰的个体发明人、研究人员和中小型企业获得咨询和资助的重要来源。

　　第二阶段，经济转型与国家创新体系建设时期（1975～1990 年）。20 世纪 70 年代前，芬兰经济虽然得到了一定程度的发展，但其整个国民经济仍带有浓重的森林资源依附性特征。进入 70 年代中期，石油危机导致芬兰经济增长减速，失业和通胀水平提高，使得芬兰原有资源依附性经济的发展模式局限性日益凸显。为此，70 年代末，芬兰政府和各界人士一致认识到，"资源"立国难以维持国家的持续发展，芬兰唯一的出路在于发展知识经济，政府逐渐确立以技术导向为核心的科技政策议程，将芬兰的发展寄托于创新和知识经济。政府开始强力推动产业技术创新，表现为：在基础研究和产业化层面，教育科学部下属的芬兰科学院重点支持基础研究的职能得以加强的同时，更为重视科研成果的转移、扩散与产业化；在企业创新服务层面，伴随新技术企业的大量涌现，为企业创新提供服务的需求不断扩张，各地方配合中央政府构建了由十个科技园组成的国家范围的网络系统，为科技成果转化提供必要的专业化服务，并培育和促进新兴产业的发展；在政府指导和管理层面，1983 年，国家技术创新局（Tekes）和芬兰国家技术研究中心（Technical Research Center，VTT）相继成立；1987 年，芬兰科学政策委员会更名为芬兰科学与技术政策委员会，由芬兰总理亲自担任主席，负责芬兰科学技术政策的战略发展与规划。至此，芬兰国家创新体系的基本结构初步形成。在技术导向政策的指引下，电子、电气、应用生物工程、环保技术和产品等以高科技为核心的新型工业迅速发展，产业结构高级化趋势逐渐显现。20 世纪 80 年代，芬兰进入繁荣时期，人均 GDP 突破 1 万亿美元，跻身于 OECD 发达国家前 10 名。

　　第三阶段，创新主导发展与国家创新体系成熟时期（1990 年至今）。20 世纪 90 年代初，芬兰经历了自独立以来最为严重的经济危机。这次危机的益处在于加快了芬兰从"基于资源的经济"到"基于知识的经济"转型的步伐，"创新"被确立为国家发展战略。1990～1996 年，芬兰科学技术委员会先后发布《20 世纪 90 年代科学技术政策的回顾与指导方针》、《面向创新社会：芬兰的发展战略》和《芬兰：以知识为基础的社会》的报告。2004 年芬兰总理办公室发布《芬兰的能力、开放与复兴》报告强调，通过科学技术政策与创新政策的整合来进一步提升芬兰创新系统中科学技术知识产业化能力与创新绩效。这一阶段的主要工作包括：继续加大对 R&D 和教育的投入，发展高等职业技术教育；推进产业集群和区域创新系统的形成，推行专长知识中心计划（OSKE 计划）。

即利用各科技园的区位优势,集中行业内的技术、商务及咨询专家,将各个科技园打造成地方优势产业集群,建立产业专家技能中心,除了针对产业内企业发展各种技术难题进行服务外,还解决产业发展的共性技术与商业拓展技术,推动芬兰产业发展。在不断地积累和努力之下,芬兰国家创新体系到21世纪初逐渐成形。2007年又推出芬兰创新网络(FinNode)计划,目的在于建立开放式创新平台,集聚全球的科技创新战略资源为芬兰所用,同时也使芬兰的科技创新成果在全球范围得以产业化。2010年,芬兰又发布了《国家研究与创新政策指南2011—2015》(Research and Innovation Policy Guidelines for 2011—2015),以更加有力的措施支持更高质量的教育和研究,以及成功创新。

在政府的强力推动下,芬兰经济结构得以调整,知识型经济在国民经济中的比重不断加大,高技术产业尤其是电子信息产业得到快速发展,仅1990~1999年的10年间,电子信息产业的产值就增长了15倍。最终实现了从"基于资源的经济"到"基于知识的经济"转型的步伐。

第二节 创新条件和体系建设

一、芬兰具有产学研相结合的知识创造体系

芬兰的大学与技术学院、国家技术研究中心、公共研究机构和技术中心和企业在知识创造活动方面各有侧重,形成了从基础研究到应用性研究的完整的知识创造链条。20所大学的网络覆盖了整个国家,并且所有的大学都是国有的。大学承担了主要的基础研究任务,大学与产业合作以研究结果的扩散为基础。公共研究机构部门更加侧重应用性研究,是支持各部门政治决策和战略管理的重要工具。至2008年,芬兰共有21个公共研究机构,2009年重组后变为19家公共研究机构在8个不同的管理部门下运作。企业是芬兰最重要的创新主体,芬兰企业的研发又以几个典型的大型企业为主,芬兰最大的20家企业用于研发支出的总和是大学的2倍。2006年30家最大的企业研发支出占到了芬兰研发支出总额的61%(Pajarinen and Ylä-Anttila,2008)。目前,企业研发支出已经占了全国研发支出的70%左右。

芬兰在科技政策上尤其强调产学研合作。根据芬兰的政策规定,通常情况下,企业的项目必须寻找大学或研究机构作为合作伙伴才能得到政府资助,而大学、科研机构的项目也必须有企业作为合作伙伴才能得到支持。例如,芬兰

国家技术开发中心的项目资助规定，企业的研发项目必须要有高等院校或研究机构参与，高等院校和研究机构的项目必须要有企业参加，才能获得国家技术开发中心的资金。一个项目参与的高等院校、科研机构和公司企业越多，该项目获得资助的把握就越大。据统计，芬兰约50%的企业与高校、科研机构有合作项目，比例大大高于欧洲其他国家。并且，芬兰十分重视在技术开发方面开展广泛的国际合作，有效利用国际技术和人力资源。

二、建有完善高效的公共资助体系

1. 芬兰科学院（Academy of Finland）

芬兰科学院隶属于芬兰教育和文化部，从教育和文化部获得国家预算，是专门为基础科学研究提供资金的资助机构。其主要任务是通过资助研究和科学事业的发展，促进科学研究及其应用，加强国际科技合作，并作为专家组织推进科技政策的发展。

2. 芬兰国家技术创新局（Tekes）

芬兰国家技术创新局（Finnish Funding Agency for Innovation，Tekes）隶属就业经济部，1983年11月2日由总统通过法案（即建立芬兰国家技术创新局的法案，Act on the Founding of Tekes）的形式批准成立，主要为工业项目和研究机构、大学的项目提供资助。当时成立的主要目的是为了帮助芬兰克服20世纪70年代开始的经济衰退。Tekes是芬兰最大的公立研究资助机构，其经费全部来源于国家预算。作为公立的非营利性机构，Tekes不从资助项目中获取利润及知识产权。

Tekes的资助根据项目的创新性、挑战性，以及研发周期的长短选择不同的资助形式，即贷款、补贴、贷款加补贴三种形式。Tekes资助的主要对象是企业，比例占2/3，其中雇员人数不足500人的中小企业又占多数，比例70%左右；大学等公共研究机构得到的资助占1/3。

3. 芬兰国家研发基金

芬兰国家研发基金（Finnish National Fund for Research and Development，Sitra）最初是在1967年由芬兰政府和芬兰银行联合创立。由中央政府安排预算，主要选定优先领域制订集中支持计划和开展对种子前期和种子期项目的风险投资。Sitra的运作资金来源于它本身所收到的捐赠收入和风险投资所带来的回报。

集中支持计划的内容由研究、培训、创新实践、企业培育和公司融资五个环节组成，支持的领域包括创新计划、健康卫生计划、营养学计划、环境计划、俄罗斯计划和印度计划；初创融资服务，主要为处于创业早期的企业提供研发和融资上的多种服务，包括直接资助、风险投资和组建基金网络等。同时，Sitra在国家科技战略的制定和科技决策咨询方面也发挥着重要的作用。Sitra正在建立国家预见网络（National Foresight Network，www.foresight.fi），通过连接国内外重要的相关主体和网络，为芬兰的技术预见和科技决策提供支持。

4. 芬兰发明基金会（InnoFin）

芬兰发明基金会（InnoFin）于1971年建立。芬兰发明基金会的主要职能是支持和促进芬兰科技发明、保护技术发明、促进科技发明的商品化和在生产中的应用。该基金会是芬兰的个体发明人、研究人员和中小型企业获得咨询和资助的重要来源，资助的形式主要包括以下四种：①"Keksi"供基：包括开发发明的早期费用，最高额为8000欧元，不附带偿还义务。②支助供基：用于支付获得专利、产品开发和商业化的费用，它需要有条件地向基金会偿还，取决于该项目成功与否以及发明人从中获得多少收益，偿还时不支付利息。③补助金：提供小额款项，不附带偿还义务。④贷款：在发明的商业化的最初阶段向发明人和中小型企业提供周转资金。根据发明的性质及其商业潜力，资助的数额为1500~100 000欧元不等。基金会的绝大部分运作基金均从芬兰就业经济部获得。每年大约有8000家企业获得资助。

该基金会的活动可以归纳为与发明开发的六个不同阶段相对应的六个类别，包括发明活动的促进、对科技发明进行评估（市场潜力、新颖性和创造性、商业潜力等）、咨询服务（发明专题咨询、知识产权、其他咨询）、发明保护的资助（专利和其他知识产权）、产品开发的资助（规划和设计、产品原型开发、技术和商业咨询），以及营销的资助（包括关于许可的咨询）。该基金会还向发明人和中小型企业提供关于在芬兰和潜在的出口市场保护专利的法律援助，以及关于制订该发明的知识产权战略的咨询意见。最后，在商业化阶段，该基金会还提供有关使用许可的咨询意见，并提供了一个使发明人和潜在的被许可人相互联系的发明交易市场。基金会所有的咨询服务均向企业提供咨询。自1971年成立以来，该基金会已经向约150 000家客户提供了咨询。

三、高强度的投入和高水平的产出

这种体制和政策保证了芬兰有高强度的研发投入。1999年，芬兰研发投入占GDP的比重已经达到2.9%，到2010年达到了3.8%的水平，在世界所有国家中仅次于以色列排名世界第二。尽管从研发资金支出的结构来看，芬兰的研发投入是以企业为主体的，但芬兰政府研发投入强度同处同期欧盟27国最高的行列，2014年为19.55亿欧元，占GDP的比重约为0.99%。

这种体制和政策也保证了芬兰高比例的知识产出和创新供给。在科技文献与出版物方面，2005年芬兰研究人员发表了8300篇论文，每百万居住人口发布的论文数为1600篇，在经济合作与发展组织国家中位居第四位。在专利申请与授权方面，2012年，芬兰每百万居住人口的欧洲专利申请数分别为269.61件，是欧盟28国（108.05）的2.5倍。

第三节　产业创新的政策支持

芬兰的产业创新在许多领域处于世界领先地位。芬兰的信息通信技术、造纸机械制造技术、船舶制造技术、破冰船技术、电梯制造技术都属世界一流。产业创新的旺盛与芬兰政府的组织和政策促进密切相关。

一、建设对产业创新有专业支持和服务能力的机构

例如，芬兰国家技术研究中心（Technical Research Center，VTT）、卓越研究中心（Centres of Excellence for Research）和科技创新战略中心（Strategic Centres for Science，Technology and Innovation，SHOK）。

VTT是隶属于就业经济部的非营利研究机构，使命是开展以应用技术为导向的科研服务和提供以推动科技成果实现市场价值为主的各类服务，包括为企业找到发展方向而进行技术预见分析、商业化进程的推进、提供风险投资以及各类咨询、监测或认证的专业化服务等。VTT成立于1942年，经过半个多世纪的成长，已经发展成为芬兰乃至北欧地区最大的综合性应用技术研究机构。目前，VTT的客户数量达到6200家，其中包括3400家国内企业、590家国外企业和370家国内外的公共机构。2006年，VTT还成立了VTT风险投资公司，专门负责VTT知识产权的商业化运作和其衍生企业，并可以通过VTT的技术资产入股企业。到2009年年初，VTT已经通过技术入股成为14家创业企业的股东。

卓越研究中心是由芬兰教育和文化部认定，组织形式由来自同一所大学或机构的一个或多个研究小组构成，也可以分散在几个不同的组织，还可以与私营部门的公司合作。这些中心一般是基于区域的研究和创新竞争优势，专攻某些专业技术领域，与企业和行业合作，在紧密的互动交流中促进研究成果的转让和向生产的转化利用，是芬兰开展高水平研究和培训的重要载体。芬兰科学院和芬兰国家技术创新局是卓越研究中心最主要的资助机构，中心的运营主体

（大学或研究机构）以及私营企业也是该中心的重要资助者。目前，芬兰教育和文化部约认定了近 20 家卓越研究中心。

科技创新战略中心（SHOK）是 2006 年 6 月由科技政策委员会批准创立的。其目的是在芬兰创建具有国际高端水平的研发集群，以提高研发效率和质量，着力解决与未来科技经济和芬兰社会发展密切相关的战略研究问题；科技创新战略中心由企业、大学、研究机构和资助机构共同组建高水平研究团队，主要围绕重要的战略性领域开展跨产业、跨学科和跨组织研究，并推动研究成果的转化利用；科技创新战略中心科技创新中心由就业经济部负责管理，主要是由公共捐赠资金、芬兰科学院和芬兰技术创新局资助建立。目前，已经有 6 个科技创新战略中心建立运行，分别分布于以下几个产业领域：林业集群、信息通信产业与服务业、金属产业与机械工程、能源与环境、建筑环境和健康与福利。这 6 个科技创新战略中心与芬兰已经建立的 13 个国家产业集群具有紧密的互动关系，为集群的发展提供强有力的创新驱动力。

二、兴办科技园区开展科技成果转化

芬兰的科技园是知识型组织从事高等教育、研究与技术转让活动的地区。科技园的建设是将具有研究、开发、转让功能的知识型组织以及寻找新技术的公司在某一地域（一般是大学周围）集中地聚合在一起，使之形成一个学术气氛活跃、商业气息浓厚的特殊地域。

芬兰的科技园一般是由地区政府牵头投资，周围的大学、研究机构参加，银行、保险公司、相关联的各种基金和投资公司入股，诸如诺基亚、UPM 等大公司也积极投入，甚至还吸纳个人资金，共同组建成科技园管理公司。管理公司是一个专家组织，分别由来自大学的教授、大公司背景的具有企业家素质的人员、高级技术人员及少数秘书人员组成。他们一般每个人负责一些具体的项目组织，或者负责一些普遍的咨询工作。而芬兰科技园中的大量服务工作都是由各专业公司来完成的，如专业孵化器公司、专业技术集群、风险投资公司、种子公司、秘书公司、物业公司等。一般来说，科技园也会持有风险投资公司、技术转移公司及开发基金等支撑机构的股份，形成了一个联合投资、互相持股的有机网络。

芬兰的科技园全部建设在大学周围，一般是根据当地大学和科研机构的优势来确定自己的专业领域，运行经费主要依赖于来自欧洲共同体、国家各部、市及各种名目的基金资助。这些资助不仅包括建设和启动费用，还包括日常的人员费用、项目费用、用于服务的补贴、种子资金及风险资金等。

从芬兰 1982 年建立第一个科技园（即奥鲁科技园）开始，目前总共建立了17 个科技园，分布在全国 10 个城市。科技园进驻了 1000 个公司和研究机构，几乎所有的大公司都在科技园占有一席之地，技术领域涉及大部分高新技术产业，全国90%的研发活动都是在科技园内完成。科技园为芬兰科技产业化的发展做出了极为重要的贡献，如奥鲁市的高校和研究机构里，有一半以上的教授以不同形式参与科技成果转化的经营活动和技术咨询。诺基亚当初就是通过将奥鲁大学的移动电话这项军用科研成果在奥鲁科技园转化为民用商品，才改变了胶靴生产公司的传统形象，发展成高科技企业。

三、发展专业集群塑造优势产业

专业技术集群项目（Center of Expertise Programme，OSKE）是1994年启动的。该项目以区域优势和专业化导向为基础，从国家和欧盟战略的整体发展需求出发，通过大学、研究机构、企业、地方政府等多元主体的全面深入合作，提高区域专业产业的竞争力，使其成为国家在该领域发展的重要支撑。到目前为止，共建立14个国家竞争力集群和21个区域专业技术集群。

专业技术集群结合国家和区域发展需求，制定自己的技术发展和商业化目标。中心所开展的项目主要是为了提高区域和国家发展的一致性，强调多元化主体共同参与，整合大学和技术学院、公共研究机构、科技园区、地方政府和企业多方资源，在协同努力、利益共赢的基础上，共同推进区域和国家一致性战略目标的实现。芬兰中央政府支持该项目的发展，当地政府、芬兰国家技术创新局、芬兰科学院、企业、大学或技术学院及欧盟均是该项目的重要资助者。1999~2005年，政府推动专业技术集群项目的项目资金总额为4.5亿欧元，基本运作经费为4600万欧元。到2015年的发展目标是集群的联合项目资金要达到总发展资金的70%；国家和国际项目资金的比重要达到50%；每年至少要有8000家企业参与项目；创造至少10 000个技术密集型就业岗位和1000家企业；参与项目企业的总收入和出口最低增长10%，集群内高成长企业数量要高于产业和服务部门的平均水平。

四、设立芬兰产业投资公司支持中小企业发展

芬兰产业投资公司（Finnish Industry Investment Ltd.，FII）是就业经济部下属的国有企业，创立于1995年。其主要职能是通过向风险投资公司注资改善芬兰中小企业发展环境，但也可以对目标公司进行权益投资。政府要求FII的投资要投向市场资金不足的领域，主要目标是种子期和创业期企业、区域网络资金和欧盟融资渠道（Maula and Murray，2003），而且对FII投资大、周期长、风险性高的项目给予免责。FII的资金大部分投资于基金，而只有10%左右进行

直接投资。2002年后，FII计划增加直接的风险投资。2004年，FII新建立一个种子基金项目，与私人投资企业共同投资种子期企业，各自投资50%。截至2004年6月，FII投资了21个项目，投资总额1000万欧元，占到了FII投资总额的32%（Paasivirta and Valtonen, 2004）。

第四节　创新发展的市场营造

一、构建公平开放的市场环境

为了在芬兰国内建立一个良好的有利于创新的市场环境，芬兰进行了自由化、放松管制和私有化等一系列市场化改革。1997年，芬兰统一了与欧盟的规章制度。20世纪90年代中期，芬兰对国有企业实行快速私有化，增强了市场竞争活力。2004年，芬兰政府又推出关于竞争限制法案及其相关法案的修正案，旨在与欧盟的竞争规则一致，从而对竞争的监督更加有效。

同时，芬兰在市场环境中也特别注意引入开放竞争的机制。例如，在通信产业领域，芬兰国内市场的竞争者不但包括芬兰本土企业，同时还包括欧盟等其他国家的公司。目前芬兰的手机费用是欧盟中最低的国家之一，比欧盟的其他国家要便宜6%，最主要的原因就是芬兰拥有众多的竞争者和开放的电信环境。

二、以政府采购缔造领先市场

芬兰政府通过政府公共采购的方式，为创新提供幼稚市场和缔造领先市场。一项基于芬兰创新数据库（Sfinno data base，收集了芬兰1984~1998年的所有实现商业化的创新的数据）的分析表明，48%的成功的创新项目是由政府采购或制度引发的（Palmberg, 2004; Saarinen, 2005）。这种政府采购政策常为大企业提供重要帮助。

同时，芬兰政府作为一个苛刻的用户，在鼓励、支持先进技术的标准和推广使用方面起到非常重要的作用。

三、针对重点产业培育市场

面向重点发展产业，芬兰有针对性地进行市场培育。例如，为了推动电信产业的发展，政府一方面通过采购和电信基础设施建设，培育电信市场发展；另一方面芬兰先后制定和修订了《电信法》《数据法》《商务电子通信法》《电子签名法》和《信息社会保护法》等一系列法律法规，并逐步完全开放电信市场，为电信产业市场提供一个竞争有序的市场环境。

四、开拓和引领国际市场

芬兰国内市场狭小，经济严重依赖出口。因此在创新发展过程中，十分注重国际市场的开拓。

一是把优势产业推向全球。例如，芬兰政府一直不遗余力地支持电信统一标准的实施，推动地区间的贸易往来，政府部门在贸易战略中所制订的措施、规范与标准，为电信企业创造走向国际的条件。近阶段，芬兰在清洁技术领域发力。芬兰工商业联合会 2007 年 2 月推出了芬兰清洁技术项目（Clean-tech Finland），旨在将芬兰企业的专业技术推向国外，加强这些企业在清洁技术市场中的地位，使得芬兰在环保的商业领域取得国际领先地位。芬兰环境科技中国项目委员会（Finnish Environmental Cluster for China，FECC）是芬兰清洁技术项目的一个组成部分，旨在帮助中小企业在中国寻找合作伙伴。目前，经由 FECC 之手促成的芬兰中小企业和中方的合作项目规模达到了 20 多亿。在政府的大力支持下，芬兰清洁技术产业市场发展迅速，2012 年，清洁技术产业产值达到 246 亿欧元，升至芬兰第二大产业[①]（李冀志，2013）。

二是构建全球化的创新发展网络。推出芬兰创新网络（FinNode）计划，是由芬兰国家技术局、芬兰国家贸促会、芬兰国家科学院、芬兰国家研发基金、芬兰技术研究中心等组成的一个公共的和非营利性的团体。FinNode 网络，由芬兰的国家机构在全世界的分支机构与合作伙伴组成，从而形成了一个公共的和非营利性的芬兰的国际渠道网络，推动芬兰产业的国际技术合作和商业合作。目前，FinNode 在全球的五个富有创新活力的国家和地区设立，分别在中国上海（FinChi）、美国的硅谷、俄罗斯的圣彼得堡、日本的东京，以及印度的班加罗尔设立创新中心。成员单位在提供统一服务平台的基础上，各自在其中发挥相应的作用。各个国家机构资源，在 FinNode 品牌下提供个性化专业性服务，通过各个国际节点，形成了芬兰产业技术转移的国际联盟，有效地提升了芬兰产业技术能力，促进了芬兰国际创新市场的发展建设。

三是设立芬兰出口信贷担保公司（Finnvera）。Finnvera 是一家国有独资专业性融资公司，由原芬兰担保委员会和一家名为 Kera 的公司于 1999 年 1 月合并

---

① 第一大产业为电子信息产业。

而成，其目的是将政府对芬兰企业的国内业务、出口、国际化融资职能集中到一个部门，提高国家对企业资助的有效性。Finnvera 现隶属于就业经济部，是芬官方出口信贷机构。在运营过程中，Finnvera 一直致力于在经济上实现自我可持续发展。Finnvera 主要是通过贷款、担保、风险资本投资和出口信贷担保等手段，促进芬兰企业（尤其是中小企业）的国内业务发展及其出口和国际化；目标是每年为 3500 家新成立的企业提供其起步阶段的融资，实现这个目标的途径是提供贷款和担保，以及为 150 家创新型企业注入 5000 万欧元的风险资本投资，具体由其子公司 Aloitusrahasto Vera Oy 实施。目前，Finnvera 负责管理的总资金达 70 亿欧元。

在这些措施的交互作用下，芬兰的海外市场一直保持较好的发展态势，芬兰商品和服务的出口额占 GDP 的比重一直保持 40% 左右的水平，芬兰高技术产品出口额占总出口额的比重多年来也基本维持在 20% 水平。

第五节　精巧的政府创新治理架构

芬兰是第一个接受国家创新体系概念并将其付诸实施的国家。基于创新系统的理念，芬兰政府刻意打造了创新体系的治理架构并形成了高效的创新系统运转。图 12-1 概括了芬兰国家创新体系的治理结构框架。

由图 12-1 可以看出，芬兰的国家创新体系可大致分为六个层面。

处于最高层面的议会为整个创新系统提供制度环境和保障；议会和内阁是芬兰科技创新政策的最高决策层，研究创新委员会（即原来的国家科技政策委员会）是政府内阁的顾问实体机构，在科技和创新战略与政策的制定过程中发挥着核心作用，被认为是平衡不同部门政策利益、协调科技政策与其他相关政策领域的权力实体（Edler et al.，2003）；在部委层面，承担创新政策制定与执行最主要的两个部委是教育和文化部和就业经济部，教育和文化部主要负责高等教育和基础研发，就业经济部主要负责技术创新与产业发展；公共研究资金的分配与执行机构主要是芬兰科学院、芬兰技术创新局和芬兰国家研发基金；企业、大学、技术学院、芬兰技术研究中心等机构则属于创新活动的主体；科技园区、孵化器等机构主要围绕知识和科技成果转化提供服务；另外，高等教育和人才培养活动、学习型社会建设等为创新环境提供了良好的支撑，财政部具有贯穿于整体经济政策各部门的特殊地位，通过预算程序和决策对各部门的政策也有着重要的影响作用（Pelkonen et al.，2008）。

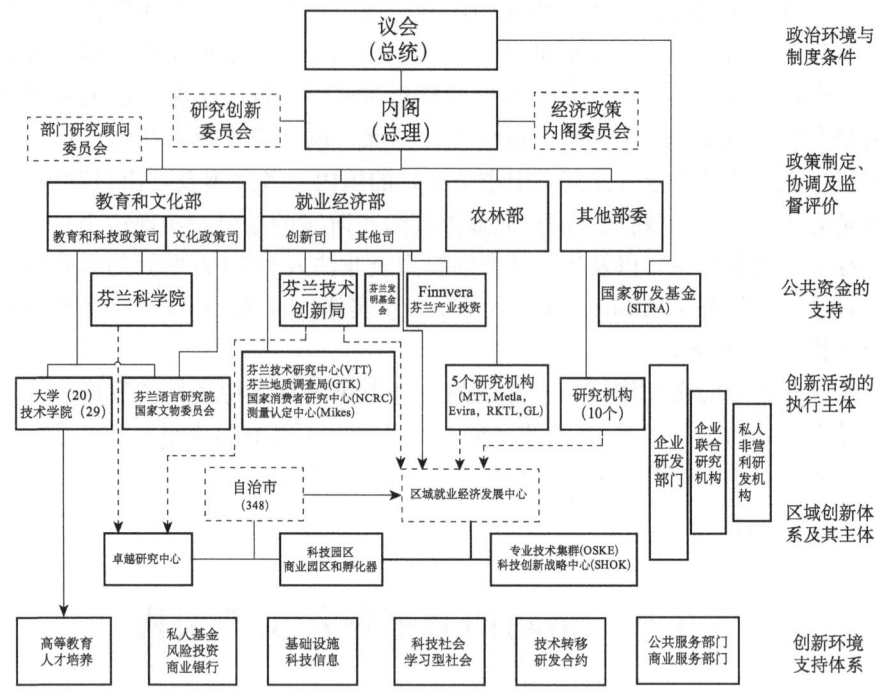

图 12-1　芬兰国家创新体系治理框架
资料来源：根据程郁和王协昆（2010）调整

总结来看，芬兰之所以能够成功走上创新驱动发展的道路，政府刻意搭建的国家创新体系起到了良好的支撑作用。这种体系形成了产学研的紧密结合，为产业的创新发展营造了良好的环境，为赢得全球竞争优势注入了动力。

本章参考文献

程郁，王协昆．2010．创新系统的治理与协调机制——芬兰的经验与启示．研究与发展管理，22（6）：112-120．

大卫·科尔比．2013．芬兰史．纪胜利等译．北京：商务印书馆．

李骥志．2013．清洁技术成为芬兰第二大支柱产业．http：//news.xinhuanet.com/fortune/2013-05/17/c_115805747.htm［2015-6-26］．

Edler J, Kuhlmann S, Smits R. 2003. New governance for innovation//The Need for Horizontal and Systemic Policy Co-ordination, Fraunhofer ISI Disscussion Pakers Innovation System and Policy Analysis No. 2/2003. http：//www.isi.fhg.de/publ/downloads/isi 03a04/new-governance pdf. Karlsuhe: Fraunhofer ISI, 315.

Maula M, Murray G. 2003. Finnish Industry Investment Ltd: an International Evaluation. Helsinki: Ministry of Trade & Industry.

Paasivirta A, Valfonen P. 2004. Strategy for the Financing and Service System of Innovative Start-up Companies. Helsinki: MTI Publications.

Pajarinen M, YIä-Anttila P. 2008. Large Corporations in the Finnish Economy. Helsinki: ETLA.

Palmberg C. 2004. The sources of innovation-looking beyond technological opportunities. Economics of Innovation and New Technology, 13: 183-197.

Pelkonen A, Teräväinen T, Waltari S. 2008. Assessing policy coordination capacity: Higher education, science and technology policies in Finland. Science and Public Policy, 35 (4): 241-252.

Saarinen J. 2005. Innovations and industrial performance in Finland 1945-1998. Stockholm: Almqvist & Wicksell International.

第十三章

德国为什么能成为工业强国[*]

德国位于欧洲中部，是欧洲邻国最多的国家。领土面积约为35.7万平方千米，人口约8210万。自然资源较为贫乏，除硬煤、褐煤和盐的储量丰富之外，在原料供应和能源方面很大程度上依赖进口。但德国工业高度发达，经济总量居欧洲首位。德国之所以能够成为并保持世界工业强国的地位尤其得益于促进科技创新的教育、研发等社会制度，来源于生产制造体系的高度专业化，以及中小企业和优势产业集群强有力的支撑。

第一节 德国工业发展的过程

德国现代史的重要转折时点都受战争的影响，包括1871年统一、1914年"一战"爆发、1939年"二战"爆发和1990年两德统一。在19世纪70年代，第二次工业革命与第一次工业革命交叉进行，极大地推动了生产力发展，把人类从蒸汽时代推进到电气时代。恰逢此时，统一的德意志帝国于1871年成立。德国作为新兴资本主义国家，资产阶级迅速壮大。其后先后经历了两次世界大战。"二战"把德国分为东西两部分，但东西德国战后发展较快，到1990年统一前，两边都被世界银行列为世界十大经济体之一。两德统一后，德国继续保持着强劲发展的势头。

德国工业结构及其特点是：①侧重重工业。汽车和机械制造、化工、电气等部门是支柱产业，其他制造行业如食品、纺织与服装、钢铁加工、采矿、精密仪器、光学及航空航天业也很发达。②高度外向。主要工业部门的产品一半以上销往国外。③中小企业是中流砥柱。约2/3的工业企业雇员不到100名。众多中小企业专业化程度强，技术水平高，灵活性强。④垄断程度高。占工业企

---

[*] 本章由史昱、王胜光撰写。多处参考中国科技部与德国教研部联合开展的"中德创新论坛"（Sino-German Innovation Platform）2014，以及OECD与世界银行创新政策平台（http://www.innovationpolicyplatform.org）内容加工整理。

业总数 2.5%的千人以上大企业占工业就业人数 40%和营业额的一半以上。①

排除战争、分裂等影响,德国的经济社会发展一直处于不断前进的状态。从德国经济和社会发展的指标来看,OECD 在对过去两个世纪中部分国家的社会发展进行统计分析,指出 1870 年时英国制造业的从业人数占到就业总人数的 33%,成为第一个工业化国家,德国当时的制造业人员比例约 25%。但到 20 世纪 50 年代初,德国制造业人员比例就超过英国。到 70 年代德国更表现出工业化进程的强劲势头,在制造业劳动力和资本投入逐步下降的同时,人均 GDP 却保持稳步增长(图 13-1)。

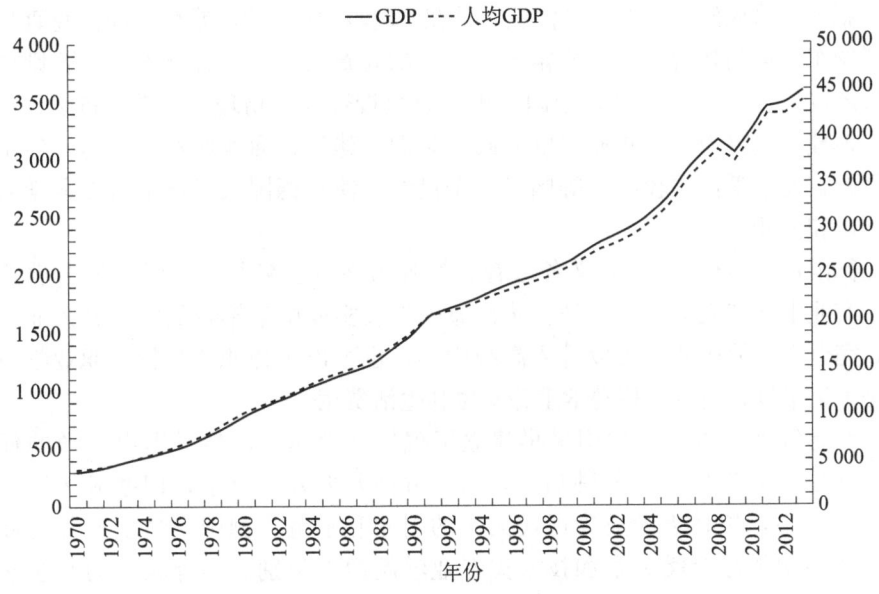

图 13-1 德国年度 GDP 及人均 GDP
资料来源:OECD. Stat,GDP 指标为 PPP 折算值

德国劳动生产率大幅提升的原因应该归功于技术进步或创新,这反映在历史和现实两个方面。从历史角度来看,德国科学研究具有较长的历史和优秀的传统,属世界科技大国之一,自 20 世纪 50 年代以来,共有 20 多位德国科学家获得了诺贝尔物理、化学、医学奖。虽然历经两次世界大战的洗礼,德国却都能迅速地重新崛起,这与其能保持在科学技术发展和创新的多方面处于世界领先水平直接相关。从现实角度来看,德国主张建立以联合国为主导的全球合作体系,促进国际贸易自由化和全球化的公正发展,保持了开放、高效和高强度的研发,形成了欧洲最大和最高效的创新系统。这些经验都可以从以下章节得以解释。

---

① 根据新华网整理:http://news.xinhuanet.com/ziliao/2002-03/27/content_333436.htm。

第二节　教育和公共研发的制度支撑

一、重视教育的传统

德国有悠久而卓越的教育传统，早在 16 世纪后半期，威登堡和萨克森等邦国就颁布了强制教育法令，规定 5~12 岁的儿童必须到学校受教育，否则要对家长课以罚金。18 世纪初，德国产生了以教授数学、物理、力学、自然、天文学、地理、法律为主，并辅之以绘画、制图、建筑、商业制造、贸易、经济等科目的实业中学，这较英法等国早一个世纪，使得德国人具备了自然科学要求的严谨和内涵。

德国目前实行 12 年制义务教育，教师为终身公务员。中学一般分普通中学、实业中学和完全中学三种。从普通中学或实业中学毕业的学生升入职业学校，完全中学的毕业生可以升入高级中学，也可以选择职业学校。职业学校通常是半工半读，由企业招聘学生并支付其生活费用。

在高等教育方面，德国最早建立了现代大学体系，最早提出大学的任务一方面是要向学生传授各科知识，另一方面是要发展科学，即办成教学中心和科研中心，柏林大学成为现代大学的引领和示范。德国大学主要分为社会与自然科学类综合类大学和技术类专业学院两大类别。高等教育的专业学院为 4 年制，综合大学为 5 年制。前者主要着眼于没有商业化目标的基础研究，后者主要是为了推动科学发现所带来的发明和技术应用，但是后来也逐步开展基础研究。

二、完备的职业教育和培训体系

德国完备的职业教育和培训，特别是融合学校和企业需求的学徒式双元制教育体系（dual system），是德国工业强大的重要原因。这种制度安排不仅有利于学生顺利地从学校过渡到实际工作中，而且能够灵活地适应不断变化的劳动力市场需求。

除了前面提到的职业学校，在高等教育方面，德国高等专科院校（Fachhochschule）课程紧凑且选课自由较少，注重实习和未来的就业需要。高等专科院校比大学的修业时间短，原则上必须在规定期限内毕业。尽管高等专科院校的规模远小于大学,但在德国发挥了特别的作用,一般专门从事与当地企业相同的技术领域,弥补了以基础研究为目标的大学的短板,获得了研究接地气、工程技术知识实用的美名。

德国双元制教育的重要特点是雇主和其他社会合作伙伴高度参与教育,同时,这个由国家、地区、城市和企业之间组成的错综复杂的网络系统还有检查和制衡的功能,可以确保更为广泛的教育和经济目标不被短期的雇主需求扭曲。由于这个体系充分吸纳了公共和社会资源,因此支持学徒教育机制的资金十分充沛,即使在金融危机期间也没有受到冲击。此外,德国专门设立了对职业教育体系进行跟踪研究的机构,包括联邦职业教育研究所(BIBB)和全国性的研究网络。

三、教育管理体制

德国学校教育主要包括 16 个州的自行管理,在中小学教育、高等教育,以及成人教育和进修方面,主要立法和行政管理权属于各州。德国联邦议院(Bundestag)的教育、研究与技术评估委员会负责教育与科研的宏观管理。联邦政府主要负责教育规划和职业教育,并通过各州文教部长联席会议协调全国的教育工作。

有研究者指出,尽管德国正在逐渐采纳国际通行的教育标准,传统的学术自治和相对较强的政府规制仍然是主流(Schubert,2009)。根据国内学者邓志博(2011)的总结,德国教育制度的特点主要包括:德国的考试制度淡化,不是一考定终身;人性化教育,合理分流,从小学到大学都没有重点,不排名次;政府教育投入高,倡导大众教育、机会均等,提高全民素质;教师待遇和素质高,教学质量有保证;政府对教学内容干预较少,大学各具特色,宽进严出,淘汰率高;校企结合紧密,教学科研密切联系实际;注重人才质量,强调以人为本,重视独立工作能力和创新意识培养。

四、公共研发支撑体系

目前,大学和马普学会(Max Planck Society)、亥姆霍兹联合会(the Helmholtz Association)、弗劳恩霍夫协会(the Fraunhofer-Gesellschaft)、莱布尼茨联合会(the Leibniz Society)四家大型公共科研机构是构成德国公共研发的主要力量。对四大学会的投入约占德国公共科学预算的 1/3。此外,还有一些或大或小的研发组织,它们或是由政府管理,或与大学半关联,或完全独立,所谓"蓝名单"(Blue List)上机构的研发资金基本来自政府,而很少来源于企业界，一般联邦和其所在地政府各占一半比例。

联邦教育研究部是主管国家科技发展的政府职能部门，负责制定并实施科学技术发展方针、政策，利用政策法规和管理科研经费等手段，对国家科技活动进行宏观调控。同时，还负责协调联邦政府各部之间以及联邦政府与州政府之间的科技政策和科研活动。联邦教育研究部管理联邦政府60%～70%的研究与开发经费。这些经费一部分作为向国家公共科研机构（如马普学会、弗朗霍夫学会、国家研究中心、"蓝名单"科研机构等）提供的事业费，一部分作为科研项目经费使用。

总体上，德国的公共研究并不是建立在为了弥补私有部门在研发领域投入不足的基础上的，而是从复杂的环境演变过来，受到中部欧洲关于自然科学有其自身价值的传统观念、产业发展的需求、公共研究机构的惯性，以及联邦和州政府在教育与研究方面责任的紧张关系与分歧等因素的综合影响。

20世纪90年代，德国联邦和州政府每年在研发方面投入250亿德国马克。这些经费一半进入了大学和高等专科院校，一半进入了公共研究实验室。据估算，德国1993年在自然科学、工程和医学院等公共财政支撑的研究所工作的研究人员（含全职和兼职）的数量约为122 000人。2012年OECD的统计数据表明，在商业和政府相关机构的研发投入（排除国防相关预算投入）占GDP比重，德国都高于OECD国家平均水平。公共资金支持的研发是德国创新体系的重要组成部分。产业界的研发投入总体较高，科技界与产业界联系紧密，德国高效率的产出在很大程度上支撑了其工业创新。

第三节　提升产业的创新竞争力

一、促进有商业前景的研发

德国自20世纪70年代中期开始将公共研发的主要目标重新调整到促进经济发展方面。这一调整以促进研发成果向产业界的技术转移导向为标志，主要从三个维度促进知识和技术转移：一是减少转移成本，二是增强大学和研发机构对知识和技术进行转移的动力，三是促进企业的参与。到20世纪80～90年代，德国的产业研发增长速度远超过公共研发增长。1995～2009年，德国工业研发支出的平均年增长率为5.4%。

由于德国的科技政策由地方政府主导，科技政策与教育政策一样，联邦政府几乎将全部职责给予个州。进入80年代后，德国官方认为联邦政府资助的研发机构开展大规模技术转移的目标难以实现，因此，将大型研发机构的使命从原先的"发展（development）大型技术体系"转变为"研究大型技术体系的相关方面（study of aspects）"。到90年代，德国公共研发体系则以再度活跃的产业应用研发为特征，甚至一些大型基础科学研究机构也参与了财政资助的产业开发项目。2012年年底出台生效《学术自由法》（The Academic Freedom Act），进一步赋予非大学的公共科研机构更多资金和人员管理方面的自主权。

公共支持研发政策的目标转向科技与经济结合，促进了有市场前景的商业研发。重要措施包括采取有助于中小企业的专利政策、新的科研成果鉴定措施、前沿集群竞争和创新联盟等举措。德国针对大学内的研发力量，专门推出了"EXIST"计划，给予学校内的科研小组及科研成果转化以相应的资金支持。得到扶持的项目有3年期限可以从基金中获得资助。目前从"EXIST"计划受益的已有48个高校小组。

据学者对德国2300家企业的调查（Beise and Stahl, 1999），1993年和1995年之间的创新中90%以上都与公共研发的支持相关。这些新产品的销售额占所有产品的比例约为5%。对企业创新进行支持的机构中，大学是最主要的创新源。在120家被企业提及的支持其创新的研发机构和院校中，前4家研发机构的比例占30%，前10家占43%，而这些机构的研发人员仅占全部调研机构人数的23%。

国际比较研究表明，德国的优势主要集中在中等研发强度的复合技术领域，特别是中高端制造业领域，不是前沿高技术领域。

二、提升国家产业竞争力

1995年2月，在科尔总理倡议下，德国成立了由科学界、经济界、政界代表组成的研究、技术、创新委员会，以便对重要技术创新领域达成共识并提出行动计划。该委员会提出的第一个重点题目是"信息社会——机遇、创新与挑战"，于1996年开始实施由政府推动的"主导项目"计划。所谓"主导项目"，实际上就是"国家重大科研项目"。政府将涉及社会、生态、国家安全问题等具有战略意义的关键技术，作为重大科研项目给予重点资助，其目的是加速具有战略意义的技术创新向适应市场需求的新产品、新方法、新服务方式的转化，使德国尽快成为一个高技术国家。1998年9月，新一届联邦政府上台后，进一步加大了对"主导项目"的投资力度。自1999年以来，联邦教研部在继续推动业已启动的7个"主导项目"的同时，又陆续出台了8个对社会经济发展具有重要指导意义的"主导项目"。

1999年9月,德国联邦议会批准了德国政府"21世纪信息社会创新与就业行动计划"。该行动计划是德国政府关于信息社会的白皮书,也是德国政府迎接信息社会挑战的行动纲领。计划的目标是,确保21世纪德国信息通信技术创新水平居欧洲首位,通过信息通信技术的推广应用,不断创造新的就业机会。

近些年,围绕国家产业竞争力的提升,德国又推出了多项新的产业创新发展,主要包括以下两个方面。

1. 高技术战略

2006年,德国联邦政府首次正式出台了《德国高技术战略》,确定了广泛而又明确的有关加强德国创新力量的政策路线,目的是确保德国未来在世界的竞争力和技术领先地位,以及使高科技创造更多的就业岗位,提高人民的生活质量。该战略确立了三类17个高技术创新范围:一是必需的创新领域,包括发展新诊断和医疗技术、国家安全技术和能源技术;二是通信与移动创新领域,包括信息与通信技术、运输工具与交通技术、航空航天技术、宇航技术等;三是横向创新领域,包括纳米技术、生物技术、微系统技术、光技术和材料技术。

为应对全球科技创新竞争发展的新形势,2010年7月14日德国内阁通过了由联邦教研部主持制定的《2020高技术战略》。该战略指出,德国面临着几十年来最严峻的经济与金融政策挑战,解决之道在于依靠研究新技术、扩大创新,激发德国在科学和经济上的巨大潜力。为此,联邦和各州政府一致认为:至2015年,用于教育和科研投入占GDP比重增至10%。而经济-科学研究联盟将始终伴随高技术战略的实施过程。该战略确定了5个重点关注领域——气候/能源、保健/营养、机动性、安全性和通信,重点推出了11项"未来规划"。高技术战略的实施,使德国在创新过程中形成了国家的总体思路,确定了不同领域创新目标的优先顺序和新方式,如集群竞争、创新联盟等。高技术战略还关注联邦政府忽略的创新政策问题,如资金问题及相关政策改善。

在"德国高技术战略"(Hightech Strategy)实施中,公共研发支出自2006年以来增长迅速,使公共研发支出占全社会研发和创新投入的比重同步提升。根据OECD《科学技术与工业展望2014》,德国2012年的研发强度为GDP的2.98%,达到102.2亿美元(购买力平价换算),2007~2011年的年均增长率为4.1%,约为OECD国家2%平均增速的两倍。其中公共研发投入占GDP的0.86%,2007~2011年的年均增长率为6.3%,超过OECD国家2.8%的增速。

《2020高技术战略》以任务为导向制定政策。任务导向的方法是支持和以资金形式资助针对一些问题解决方案的研究,特别是一些具有全球挑战性的问题。新的策略不是支持成果转化转移和遵循自上而下的资助方式,而是鼓励科技界与产业界不同形式的合作(而非仅仅转移)研究,资金支持遵循自下而上的机制。一些政策工具不仅在联邦政府层面应用,在州/省的层面也同时开展,如集群或区域网络政策。促进产学研联动的一项重要举措是始于2007年的"领先的集群竞争政策"（Leading-Edge Cluster Competition），这是德国的集群政策的一面旗帜，按1：1的公私投入比例对自下而上组织起来的专业集群给予财政支持。该项目预算12亿美元，已经实施了三轮资助。此外，还有连接并重点支持100位以上的集群管理者的"能力建设网络"（the competence network initative—Kompetenznetze Deutschland）。对中小企业的资助计划中以"中小企业创新项目"中心计划（Zentrales Innovationsprogramm Mittelstand, ZIM）最为重要。该计划针对企业的需要，提供了一个较为灵活的资助机制，为单个企业或合作项目提供资金支持。

总体上，联邦政府高科技战略设定的中期战略方针是加强德国的研发创新活动，包括加强科技基础设施、增强创新和创造就业机会，致力于解决全球性挑战以改善人们的生活。该战略是一项跨部门的全面创新战略，不仅涵盖技术，而且涵盖社会创新，并力求研究成果转化更好和更快地为实践服务。

2. 新兴产业发展战略

由德国工程院、弗劳恩霍夫协会、西门子公司等德国产、学界发起并推动，德国联邦教育与科研部和联邦经济部资助的"工业4.0"研究项目已经成为国家级工业竞争战略，以保持其在制造业的领先地位。该项目包含智能工厂、智能生产、智能物流三大主题，于2013年4月正式推出，目标覆盖未来10～15年的产业技术进步。2014年，德国政府再次更新了该战略，推出了《新高技术战略》（*New High-tech Strategy*），体现出德国政府对科技创新的高度重视，并且国家高技术战略已固化为周期性的制度安排。

在气候/能源领域，德国大力发展低碳产业，德国环境部在2009年6月公布了发展低碳经济的战略，强调以发展低碳经济作为经济现代化的指导方针，主要内容包括：各行业能源有效利用战略、扩大可再生能源使用范围、可持续利用生物质能、汽车行业的改革创新，以及执行环保教育、资格认证等方面的措施。预算为25亿美元的"可持续发展研究框架计划"（FONA）（2010—2014）则是支持发展气候适应与缓和、可持续资源管理、创新环境与能源等技术的战略性计划。

在交通方面，随着客运和货运的持续增长，为减少碳排放，德国政府于2009年8月颁布了"国家电动汽车发展计划"，目标是至2020年使德国拥有100万辆电动汽车。在政府的支持下，德国各大汽车生产巨头积极跟进，大众汽车推出了新一代"E-Up"电动车，宝马、奔驰等公司在新能源汽车研发方面都已粗具规模，多款车型即将进入批量生产。德国追求在电动汽车市场及相关信息和导引系统中处于领先地位。

纳米技术的研发领域，政府投资高达3亿7000万欧元，位列世界第一，纳米技术在医疗领域和高智能制作领域都得到了很好的利用。2010 年德国发起的"纳米创新计划"有六大联邦部门参与，使得汽车、化学、建筑、纺织等行业都受益匪浅。

德国在生物技术基础研究方面具有高水平的研发经费，具有较强的比较优势，生物技术产品的国际竞争力很强。2010 年，德国生物技术领域的研发（R&D）经费总支出也接近 10 亿欧元，共有公司和企业 538 家，产业总产值达到 24 亿欧元，就业总人数 3.2 万人。德国政府发展生物技术的"国家生物经济 2030 研究战略"（The National Research Strategy Bioeconomy 2030）2011～2016 年的预算为 26 亿美元。

在光学技术领域，近几年德国政府累计投入 120 亿欧元研发资金，使德国的激光技术一直处于国际领先水平。2010 年德国生产的汽车 LED 大灯占全球份额的 22%。全球知名企业有蔡氏、莱卡、肖特等公司。

第四节　营造创新发展的市场

德国工业能够长盛不衰的原因也在于德国市场环境的营造。这表现在以下一些重点方面。

一、保护中小企业创新

同大多数其他工业国家相比，德国的商业部门更具有创新性，这主要因为德国的中小型企业具有非常高的创新倾向，被誉为经济发展的"隐形冠军"。但随着产业 R&D 对理论水平要求的不断提高和高技能人才的短缺，德国参与 R&D 的中小企业呈现略有减少的趋势。德国 R&D 越来越向大企业转移，绝大多数由大企业执行。只有大约 18% 的产业 R&D 人员受雇于中小企业，而在所有产业中，R&D 人员的比例大约为 50%。

为提高中小型企业研发参与的持续性，提高中型企业的创新能力，德国制订了中小企业创新计划，定期对经过评估后符合条件的企业给予资助。同时，帮助中小企业之间以及企业与科研机构之间互联成网，形成产业的集聚和联合发展。在融资支持上，在"中小企业创新项目"中心计划框架下，推动中小企业在非特定技术领域内进行市场导向的应用性研发和创新，帮助创新型中小企业进行融资。德国"中小企业创新项目"中心计划的年度预算超过 7 亿美元。

2011~2016年德国的"创新券"预算中,有一半是用于资助中小企业关于创新管理的咨询支出。政府鼓励积极参与标准化行动,为中小型企业创造了相同的准入条件,帮助研究成果更快地转化成畅销产品与服务,使创新成果尽快进入市场。

二、营造开放的国际化氛围

德国主张建立以联合国为主导的全球合作体系,促进国际贸易自由化和全球化的公正发展,这保持了德国创新行为的开放合作和优质高效。德国的研究人员普遍具有深入的国际化研究网络融入。据2011年统计,德国47%的科学论文和17%的PCT专利申请都是国际合作的产物。这在很大程度上与外向型经济发展形成了良性互动。有实证研究表明,在国外十分活跃的德国企业在国内的R&D强度,平均比没有国外业务的企业要高。德国企业在国外的R&D支出占其R&D支出总额的1/3。相比之下,2001年美国的分支机构在国外的R&D支出为197亿美元,占其R&D支出总额的12%。因此,德国的跨国企业在研发方面比美国更加国际化。

三、营造和保护创新市场

总体上,德国政府并没有制定类似我国知识产权战略和标准化战略,只是在政治上,德国较为重视协调知识产权、标准化、竞争法之间的互动,并试图让利益相关方具备存在冲突可能性的意识。同时,也着眼于促进标准制定组织和政府部门之间的合作,以防止系统被滥用。

1. 知识产权

对知识产权的高度保护是德国创新系统的重要特征。同时,知识产权等私有财产权在德国并不是促进经济发展或具体产业政策目标的一项特殊内容。德国的知识产权系统、技术扩散的内容和程度,以及技术转让基本上都掌握在所有权人和私人部门。企业和私有权所有人之间的相互竞争是建立在其不同市场战略基础上,而很少存在有目的性的组织行为。私有的利益相关者是这一系列活动的主角,独立法院和竞争管理部门起到规制作用。政府对知识产权的生产、使用和转让并没有提供明确的基准性约束。因此,德国的产业政策并不考虑知识产权等私有财产权的使用,同时,也不对知识产权对经济的影响给予特殊对待。知识产权仅作为一种可以预期的障碍,或者对创新努力的激励和奖励。德国有注重创意保护的"SIGNO"计划,通过该计划成立的23个专利协会,可以有效地保护创意不被盗用,直至该创意作为专利申请成功。

2. 标准制定

德国产业界是标准制定的主导力量,因为标准的实施要依靠市场化的解决方案。不同的标准可能有利益冲突或竞争,有时会导致市场的不可预见性的发展。标准制定委员会代表各种利益相关者,但主要来自私营部门。德国许多标准制定机构推出了基于公平(fairness)的专利政策,其目的是增加透明度以及在公平、合理和非歧视的基础上绑定拥有许可权的成员。在欧洲层面上,欧盟委员会与各国政府合作,通过审查相关规则和发布指南,帮助解决标准化过程中产生冲突的不确定性。

3. 市场诱导政策

在德国联邦经济技术部、德国联邦教育与科研部等相关部门的主持下,德国不乏市场引入类或诱导类的政策项目。例如,高技术基金(Gründerfonds,2005年始)、商业天使资金网络与投资补贴(Investment Grant for Business Angels,2013年始)、大学的创业项目和对商业模式创新的支持,以及政府所有的政策性银行等。德国的风险投资公司如投资于初创期科技型企业可以获得税收减免。对市场的引入政策是私营企业融资的重要信号,如有利于企业引入风险投资。但这类政策的管理成本要低,同时政策实施的速度要快,这对于初创企业和中小企业来说,尤为重要。德国政府力图在政策实施和管理中提供高效支撑。

第五节 创新发展的社会基础

德国社会体系以独立的企业行为为核心,以政府的非直接干预为特点。就全社会对创新的投入而言,德国研发资金的公私投入比例由20世纪80年代的4∶6演变到目前的约1∶9。从2007年左右开始,德国的公私研发投入比例基本保持稳定,产业界的研发投入基本保持在80%的水平,公共研发资金从2007年的11.4%略微减少到2012年的9.9%。

就社会收入而言,根据德国1820~2000年的统计数据分析[①],德国的收入分配状况在过去的两个世纪中都呈现出极其稳定、公平的良好状态。这样的社会分配和收入结构使德国社会得以长期保持踏实和积极的谋求发展的心态

---

① 根据OECD,How Was Life,p206数据整理。

(图 13-2)。

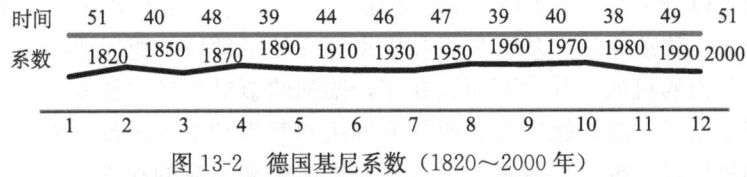

图 13-2　德国基尼系数（1820～2000 年）

就人才供给而言，目前德国的人才供给正面临短缺。据《纽约时报》2011年的估算，德国仅工程领域的工程师短缺人数将在 2020 年达到 200 万人。德国产业与商业联合会指出，2011 年 32% 的企业认为劳动力的短缺是其未来发展的唯一最大风险，而这一比例在一年前仅为 16%。这些报道从总体上可以反映出德国人口增长的严峻形势，同时，劳动力供给的短缺在不同行业中的情况也不一致，而面临最严重短缺的，就是研发和制造业的高技能人才。这对一个想依靠创新驱动发展的国家来说是非常严峻的挑战。保持高质量的教育、促进人才在欧盟国家范围内流动和移民是可以采取的应对措施。德国研究基金会（DFG）每年用于培养服务于产业发展的博士生项目（The Initiative for Excellence）的资金规模约为 7000 万美元。在"教学质量协定"政策中，2011～2020 年用于提升教学质量的预算为 25 亿美元。2005～2012 年，在"研究与创新协定"资助下，科研机构的雇员数增加了 26.5%，博士生数量则翻了一番。

本 章 小 结

综上所述，德国虽然历经两次世界大战以及国家的分裂与复合，仍能保持总体良好的经济社会发展趋势，其不断前进的动力，应该根植于该国自 1871 年统一以来形成的制度和传统文化，而科技创新则是其近半个世纪迅速发展的重要源泉。

德国以职业教育立国，成为欧洲第一经济强国及世界三大经济强国之一。其职业教育的成功为世界所赞誉，被称为"经济腾飞的秘密武器"。

德国创新系统的优点在于其是有选择性地围绕高研发强度和出口导向的优势产业构建的。德国创新的典型代表是融合制造和工程基础以及传统优势的汽车、电子工程、机器工具、化学等工业，同时，这些产业之间存在着较强的关联。德国联邦经济技术部认为，几次成功的改革和生产制造体系的高度专业化是德国竞争力的源泉。各种规模的企业都是德国工业的重要资产，都是德国竞争力的主要因素。

德国在以渐进性创新为特征的中等研发强度的复合技术领域具备较强优势,而在半导体、移动通信、基因工程和生物等高技术领域,德国错过了很多增强其国际竞争力的机遇。其主要原因在于,德国的金融市场、税收体系和不完善的风险资本市场,以及德国大企业的治理机制都不利于突破性创新。德国公共和私人的研发资金投入都较多,但并不一定能带来相应的在创新、产业增加值和就业方面的增长。产业研发和公共研发之间的关系既存在良性循环也存在恶性循环。前者以产业界和学术界人才的交替流动为特征,主要集中于德国的传统优势行业;后者则存在人才培养和就业之间的断裂,导致人才外流或低效工作。公共研发机构的研究面过于宽泛,往往使其研究成果很难在德国产业界最终得到应用。

本章参考文献

德国政府发布《德国 2020 高技术战略》报告,刘晓检索、编译自 http://www.bmbf.de/pub/hts_2020.pdf.

邓志博.2011.德国的教育体制及特点研究.价值工程,(23):165-166.

乌利齐·施莫河,克里斯蒂安·拉默,哈拉尔德·雷格勒尔.2011.国家创新体系比较:德国国家创新体系的结构与绩效.王海燕译.北京:知识产权出版社.

Beise M, Stahl H. 1991. Public research and industrial innovations in Germany. Research Policy, 28 (4): 12, 397-422.

European Commission-Joint Research Center, Institute for Prospective Technological Studies. 2013. The 2013 EU Industrial R & D Investment Scorehoard. http://iri.jrc.ec.europa.eu/scoreboard13.html.

Federal In Focus: Germany as a competitive industrial nation. Federal ministry of economics and technology, 6.

OECD. 2010. Vocational Education and Training in Germany Strengths, Challenges and Recommendations. OECD Review.

OECD. 2014. Science, Technology and Industrial Outlook 2014 (preliminary version). OECD.

Robina S, Schubertc T. 2013. Cooperation with public research institutions and success in innovation: Evidence from France and Germany. Research Policy, 42: 149-166.

Schubert T. 2009. Empirical observations on new public management to increase efficiency in public research—boon or bane? Research Policy, 38: 1225-1234.

第十四章

韩国为什么能迅速崛起*

在东亚国家普遍存在的非创新型文化盛行、创新能力不强的情况下，以及在经历了日本的殖民统治和朝鲜战争之后，韩国的工业化和经济发展起步于非常薄弱的经济和社会基础。但是在不到半个世纪的时间内，韩国就经历了技术引进国—技术原创国—国外新兴技术高效利用国的转变，实现了巨大的技术创新与发展，成为追赶型国家的典范。研究韩国的创新发展路径，对于同样从追赶型经济起步并面临经济-社会发展范式转变的发展中国家来说，具有重要的启示意义。

第一节 发展概况与特征

一、发展概况

韩国的经济发展和工业化进程始于20世纪60年代初期。60年代，政府鼓励企业直接引进成熟技术、科研部门引进专利技术进行创新研究；70年代，以经济手段鼓励技术创新，技术引进的重点转向钢铁、造船、机械、电子等领域；80年代，提出"科技立国"战略，官、产、学、研分工合作，重点转向电子、机械等技术密集型产业；90年代，强调自主创新，研发重点转向微电子、生物工程、精密化工、新材料等产业（赵晓，1998）（表14-1）。

表14-1 韩国经济发展战略演变阶段与主题

经济计划次数及时期	经济战略
第一次（1962～1966年）	农业振兴、基础产业扩充、培育进口替代型产业
第二次（1967～1977年）	发展出口导向型工业
第三次（1972～1976年）	培育重化工业、产业结构高度化、农村经济开发

---

* 本章由吕佳龄、王胜光撰写。

续表

经济计划次数及时期	经济战略
第四次（1977～1981年）	抑制通货膨胀
第五次（1982～1986年）	安全、有效、均衡战略，差别化政策、重视福利
第六次（1987～1991年）	整顿基础产业、进入先进国家行列、技术立国、倡导市场经济

根据从"追赶"到"创新引领"各阶段经济发展根本动力与导向的不同，可以将其历程大致划分为三个阶段（陈晓晖和丛培鑫，2013；吴金希和李宪振，2013）：20世纪60年代是战后经济恢复与重建及外来技术模仿时期，韩国在这一时期建立起的科技体系是为了更好地学习和吸收外国技术，来支持其本国新兴的工业化进程对技术的需求；80年代至90年代中后期为结构调整期；90年代韩国进入发达国家行列后，特别是1997年金融危机过后，韩国追求以技术创新为根本驱动的发展阶段（表14-2）（Hong，2005）。

表14-2 韩国科技创新政策发展的历史

发展阶段	主要措施
模仿时期 20世纪60年代	成立韩国科学技术研究院（KIST，1966年）、科学技术部（MoST，1967年） 出台《科学技术振兴法案》（1967年）
20世纪70年代	在机械、造船、化学、电子学领域建立由政府资助的研究机构（GRI） 对于研发投资实施税收减免的优惠政策（1974年） 培育和发展研发人力资源（韩国高等科学技术研究院）
调整转型时期 20世纪80年代	出台"国家研究开发计划"（NRDP，1982年） 建立大德科学城 鼓励私营企业开展研究：通过金融与税收激励鼓励企业对研发进行投资〔对于技术创业企业实施减税政策（1982年），对技术及人力资本开支实施税收减免政策〕
创新发展时期 20世纪90年代至今	成立以高校为基础的科学研究中心 出台"科技创新五年计划"（1997年） 成立国家科学技术委员会（1999年） 发布"2025愿景：韩国科技发展长期规划"（1999年） 发布第一期国家技术路线图（2001年） 科技部成立新组织（2004年）：由副总理负责，成立科技创新部办公室（OSTI） 成立韩国教育科学技术部（MEST，2008年）

从创新发展的投入指标看，韩国1962年R&D投入21亿韩元，占GDP的0.28%，1980年只有3.2亿美元，占0.56%，但20世纪80年代后韩国R&D经费增长迅速，1997年R&D占GDP的2.7%，2004年为22万亿韩元（约合190亿美元），占GDP的2.82%，2005年达到24.1554万亿韩元（约合236亿美元），占GDP的2.99%，居世界第8位，高于美国（2.68%）、德国（2.49%）、法国（2.16%）等主要发达国家，略低于日本（3.13%）。同时，韩国基础理论研究在研发投入中占14.5%，科技发展有充足的后劲。

二、发展特征

韩国经济的"追赶"进程是以强势的政府引导完成的,这主要表现在由国家控制的银行系统及财团(chaebol)对国家经济发展起到了绝对的主导作用。政府与财团作用的有效结合形成了韩国追赶型科技创新的国家战略路径,即通过技术的引进—模仿—改进—创新,迅速提升自主创新能力。

韩国财团规模巨大,跨越多个产业领域,并且由家族主导,是韩国经济的支撑力量。韩国的财团大多在经济开始腾飞的19世纪60年代,依靠政府支持和银行贷款,从小到大发展起来成为国家经济增长的主要动力。关于财团的定义,一般认为,财团应当是由一批规模庞大的工业企业、银行或其他金融机构为主体,通过以股权为基础的多种产融结合方式,联合众多的工商企业、金融机构而组成的超大型企业集团。产业资本和金融资本的融合是财团的最本质特征(彭绍钧和胡敬新,2005)。政府主导型的经济体制是财团发展的基础。韩国政府支持下的金融机构的主要贷款对象是财团(比例甚至可以高达70%),同时财团还可以得到小型企业不能享受的优惠贷款利率。

韩国财团的兴起与韩国的经济战略紧密相关。从出口导向的发展战略到推行重化工业以及20世纪80年代促进产业升级换代,政府的一系列经济改革政策都是以大财团作为对象。韩国大财团作为一种组织创新在吸收进口技术方面效果显著,并间接推动了中小企业的技术升级。在机器制造业,大财团之间的技术扩散速度是加拿大同类产业的三倍。大财团在韩国的技术升级上发挥了重要作用,不仅降低了投资的风险和不确定性,还具有规模经济、充分利用海外市场、成员企业间知识的充分利用等优势。大财团是韩国"组织和管理市场失灵的制度工具",在工业化初始阶段弥补了风险市场的缺失,在技术进口达到一定规模、复制模仿能力不断提升之后,大财团的自主研发能力提升较快,有效地提高了自身在技术市场上的地位(陈小文和翟冬平,2010)。

在20世纪80年代之前,韩国的经济发展都是由大企业集团主导的。韩国政府有意创造大企业和财团,让它们成为生产成熟技术经济规模的一种工具,然后发展战略性产业并引导贸易出口和经济增长。在提升大企业方面,韩国通过奖优惩差来激发这些大企业财团的忧患意识:表现好的财团可以得到其他产业领域的新的技术许可,从而业务经营范围可以趋向多样化。对那些进入风险产业的财团,政府奖励新进入企业在其他厚利部门的技术许可,相当于提供了缓冲来培育风险初生的产业。与此同时,金融部门在发放贷款时倾向于资产规模大的企业,再加之政府对劳动力的严格控制和20世纪70年代稳定的政治经济系统,直到20世纪80年代中期,一直都推动了韩国大型企业集团的发展。结果,财团的快速发展和多样化极大地影响了韩国的工业结构和市场集中度。

20世纪80年代，韩国经济陷入低迷、衰退，甚至被世界银行从"亚洲四小龙"中除名，导致这一局面的除了一些客观因素的变化，如低工资、丰富的劳动力资源以及有利的国际环境基本消失外；另有更深层次的因素，如政府对经济的干预过多，国际化不足，而财团的过度发展是其中的一个重要因素。政府以牺牲其他领域的活动和中小企业的利益为代价，通过奖励制度扶植大企业，实质上造成了由行政官员任意决策来配置资源的制度，寻租及腐败现象严重；而大企业因为有政府的支持、分担风险，在依靠自身科技开发获得效益还是依靠政府进行简单扩张方面往往要选择后者，不计风险、不计成本，不顾一切地蚕食领域，甚至在田产上进行投资投机从而导致全国性的资产投资投机现象，由此造成外延扩张太快，生产过剩，平均负债率居高不下，中小企业缺乏生存空间，竞争及创新不足，金融改革也难以深入。因此，长期运行的大中小企业严重不协调的增长方式不再会产生增长，那种政策只能引发通货膨胀并使结构失衡更加严重（赵晓，1998）。

进入20世纪90年代后，随着民主化、自由化运动的深入，韩国的政治和经济系统变得不稳定。在开放的经济环境下，韩国企业更容易受到来自发达国家和发展中国家的竞争。90年代成为韩国经济增长动力缺失和金融危机之后进行国家改革的一个时期。针对国家创新系统过度依赖大型企业集团的弊端，韩国政府采取政策措施培育能够开发和商业化高附加值技术的风险投资企业。这些措施包括：第一，1997年，韩国政府颁布《促进风险投资企业特殊措施法》，促进风险初创企业发展并将现有的中小企业转变为高技术企业；第二，2000年，韩国成立韩国技术转移中心，以便于技术的商业化和转让；第三，为了促进风险投资企业的产生和技术的商业化，韩国政府也鼓励受过高等教育的科技人力资源流入到高科技风险投资公司，促进学院和公共机构内部风险投资企业孵化器中心的建立）。与此同时，尽管处于不稳定的环境，一些韩国大型企业通过研发投资来消化外国技术，提高理解和将国外新兴技术商业化的能力，基于自身技术能力，大企业财团逐渐在世界市场上获取成功，成为世界级的制造商，并持续地发展壮大。

韩国的大型企业在经济上和政治上都与执政政权联系十分紧密。它们能够获得小企业无法分享的金融和人力资源优势条件。它们是韩国经济发展的主导，尽管在20世纪90年代后，随着中小型企业的兴起，大企业在国家创新系统中的地位有所沉降，但韩国整体的经济命脉仍系于这十数家大企业财团手中。从根本上，这也导致形成了韩国强大的大企业和弱小的小企业并存的二重经济系统，"强大的大型企业，弱小的小型企业"，这既是韩国国家创新系统最突出的特征，也是韩国经济发展的长期性问题。少数成功的大企业和一群长期落后的小企业间的两极化，使当时韩国国家创新体系发展方向的制订变得很困难。

第二节　经济恢复时期的建设经验

韩国在 20 世纪 60～70 年代经济恢复时期创新发展的经验主要表现在三个方面：战略引领、政策促进和体制建设。

一、战略引领

20 世纪 60 年代，基于其时技术追赶的国家战略，韩国政府制定和出台了一系列促进科技发展的政策，为韩国经济和科技创新的快速起步创造了良好的框架条件。1962 年，韩国颁布第一个经济开发五年计划，当时主要的发展目标是"进口替代政策"以及扩展轻工业以建立工业化基础，重点发展以轻工业为中心的劳动密集型经济，通过引进生产线从农业国向工业国转型。在此基础上又提出了以人力开发、技术开发及技术协力为主要内容和以工业化为目标的振兴科学技术五年计划。1966～1970 年，韩国推行了第二个五年经济发展规划，政府采用科技转化政策，对国外的直接投资和海外注册加强限制。此时，科技的发展主要依赖于对技术的引进和对外来技术的改进。1972～1976 年，韩国推行了第三个经济开发五年计划，重点发展重化工业，与之相适应，制定了《加强重化学工业教育方案》，在教育方面出台了"长期人力供需计划和政策方向（1971—1981）"。

二、政策促进

首先是政策鼓励外资与技术引进。1966 年韩国颁布《外资引进法》，保证引进技术的质量，减少重复引进；1967 年颁布《技术引进促进法》，政府采取各种政策鼓励技术引进和消化吸收，政府投入大量的资金用于对外来技术的吸收；1972 年，《技术开发促进法》出台，意在大力支持以核心产业技术为重点的研发项目。

其次是支持企业创新。在支持企业创新方面，为促进企业技术开发和引进技术的消化吸收，韩国从 20 世纪 60 年代起，先后颁布了《科学技术振兴法》（1967 年）、《工业技术开发促进法》（1972 年）、《特定研究机构扶持法》（1973

年)、《技术评估法》(1973年)等一系列法律,尤其在2001年颁布了《科学技术基本法》,用增加企业研究开发投入企业设立研究所、实行技术开发准备金制度的办法,促进企业技术创新活动。

三、体制建设

在政府行政体制建设方面,1962年韩国在其国家经济计划院下设立了技术管理局,1967年设立了副部级单位科学技术处(韩国科技部前身),继后成立韩国中央政府直属的科学技术部。设立科学技术处的目的是加强科技教育和培训工作,调整工业技术结构,加大外国先进技术引进力度,负责国家科技计划的制订及实施,首开落后国家建立科学技术政府机构之先河。

在组织建设方面,韩国政府于1966年成立了韩国第一综合的产业研究院——韩国科学技术研究院(KIST)。20世纪60~70年代是韩国经济发展的起步阶段,政府意识到科学和技术在产业发展中的重要作用,因此希望成立一家韩国产业科技和应用科学研究机构来推进产业创新,使政府的有限政策资源与措施能够产生更大的产业发展效益,发挥政策杠杆的作用。于是,1966年政府建立了KIST,它的建立是韩国为保证产业政策顺利执行的一项重大制度创新。

KIST的建立对韩国国家创新体系建设发挥了重要的示范带动作用。随着产业技术能力的提高,对技术的需求层次越高,研究更加专业化,围绕KIST分化出许多"卫星"研究院,如海洋研究院(1973年)、韩国机械研究院(1979年)、韩国电子通信研究院(1978年)、韩国标准研究院(1975年)、韩国电子科技研究院(1976年)、韩国化学研究院(1978年)等。后来韩国电子科技研究院(ETRI)发展成了韩国最大的政府资助研发机构,在技术产业化、技术吸收、知识产权管理及许可、技术标准等方面对产业产生了重要影响,如TDX、DRAM、CDMA等技术是其和三星、LG合作研发的。

KIST的建立同时也对产业技术的快速发展发挥了重要的促进作用。由于在这一阶段,韩国主要通过购买"交钥匙"工厂方式引进成套技术,整体的项目引进使得企业缺乏技术能力。KIST首先是帮助企业遴选技术,不仅帮助企业在引进后能够快速地消化和吸收,而且大大减少了企业引进技术的成本和风险。其次,它也在一定程度上进行研发和创新。例如,当一家日本企业拒绝转让聚酯薄膜技术时,一家韩国化学企业与KIST合作研发成功地解决了该项技术。在合同研发逐年增加的同时,根据企业需求,以合同的形式进行新产品、新工艺的研究与开发,更是为企业提供了一个人才引进的窗口。韩国20世纪60年代初开展大规模经济开发时,高端人才非常缺乏。作为一个研发平台,KIST的建立对引进人才发挥了重要作用,很多在国外的韩裔科学家和工程师在KIST感召下回国服务。尽管这些人才并没有立即发挥效益,但是他们在韩国后来的经济起飞阶段发挥了重要作用。

第三节 经济结构调整时期的创新发展

20世纪80年代开始,韩国跨入转型时期,韩国政府开始致力于发展和培育本国的核心技术以驱动韩国经济增长,而不只是根据工业化对产业技术的需要,被动引进和吸收。换言之,从这个时候开始,韩国启动了从技术追赶向技术创新战略转变的进程。

一、战略引领和制度建设

20世纪80年代,韩国以引进为主的创新体系遇到了发展的瓶颈。一是由于以重工业为中心导致经济结构失衡;二是由于发达国家加强了对技术、市场及知识产权的保护,引进技术的成本不断提高。于是,韩国政府变"贸易立国"战略为"科技立国"战略,重点发展知识密集型、技术密集型产业。战略转变的标志事件是韩国科技部于1982年制订了第一个国家研发计划。研发支持向几个重点的、战略性产业领域集中,为韩国提升本土研发能力奠定了基础。同时,政府制定《产业技术研究组合培养法》等,加强产学研之间的合作研究。

为响应新的转变,国家的立法和制度建设全面推进,从制度上保证了政策的稳定性与连续性。到目前为止,韩国推动科技进步和科技成果转化的法律大约有90个,继20世纪60年代颁布了《原子能法》(1959年)、《技术引进促进法》(1960年),和《国家科学技术促进法》(1967年)之后,韩国政府在70年代先后出台《工业技术开发促进法》(1972年,该法规定了"技术开发准备金制度")、《特定研究机关育成法》(1973年)、《技术开发促进法》(1973年)、《技术评估法》(1973年)、《新技术产业化投资税金扣除制度》(1974年)、《科研设备投资税金扣除制度》(1977年)、《中小企业创业支援法》(1986年)、《关于中小企业稳定经营和结构调整特别政策措施法》(1989年)、《基础科学技术促进法》(1989年),90年代又进一步出台《合作研究开发促进法》(1994年)、《协同研究开发促进法》(1994年)、《科学技术创新特别法》(1997年),等等。

二、促进创新发展的政策转变

1. 政策方式的转变

20世纪80年代之后，随着韩国经济环境发生的巨大变化，公共政策也做出了相应的调整和转变来应对新的经济与社会局势。总体上，新的公共政策凸显了自由化和民主化特征，这种转变不仅发生在经济领域，也出现在社会领域。这里一个典型的例证就是技术转移政策不断放开。在此之前，韩国的工业化进程向外资开放的范围十分有限，它的外国直接投资规模及其在国外贷款中所占的比例都远低于其他新兴工业化国家。然而在80年代后期的改革中，韩国约有一千个子工业部门提升了向外资开放的比例，而且外国投资合作多发生在技术密集型领域，这完全不同于过去外国企业来韩投资的主要目的都是赚取廉价劳动力成本。同时，中小型企业，特别是技术型小企业开始在创新活动中活跃起来，弥补了大小企业之间过去长期存在的不平衡（甚至是大企业和财团的垄断）；另外，这一时期的产业政策聚焦点也从之前提升战略性产业和部门转向与创新相关的活动，新颁布的《工业促进法案》就是将奖励与促进研发和人力资源发展等具体的产业组织的活动结合在了一起；最后，政府通过使经济和社会民主化的途径，解放了曾在六七十年代受到严格压制的工人运动。总体上，自20世纪80年代中期开始，韩国的工业化进程从政府主导开始逐步转变为由私营部门主导。政府政策更加支持富有创意的创新尤其是加大对基础研究的投入，对大企业集团技术开发的支持则有所收缩。这一时期韩国创新政策的特点突出表现在公共及私有部门的研发投入都显著增长，同时政府在努力提高不同系统和部门之间的知识流动与技术转移。需求侧创新政策开始对传统的供给侧政策形成补充。

2. 支持研发和促进重点产业创新

根据《技术开发促进法》（*The Technology Development Promotion Act*），1982年韩国科技部发起"国家R&D计划"。1992年，韩国开始设计并发起政府和行业提供资金的大规模R&D计划即高度发达国家计划（HANP），这是韩国政府的部间计划，直到2001年该计划才完成，其目标是韩国在科技方面自力更生。该计划包括产品技术开发（即农业化学品、综合业务数字网、高清电视、专用集成电路、生物医药、微电机、下一代车辆和高速铁路）和基本技术开发（即半导体、制造系统、生物材料、环境和能源、超导体和人类工程学）。

1989年，韩国政府出台《尖端产业发展五年计划》，重点推进微电子、新材料、生物工程和光纤维等七个产业的科研。进入20世纪90年代，韩国政府出台了一系列政策以加强创新型国家建设,其中包括有"尖端和科学技术发展基本计划"(1990年)、"克服经济危机技术开发特别对策"(1990年)、"第7次经济社会开发5年计划"(1991年)、"G7工程"(1991年,目标是在21世纪使韩国科学技术赶上西方七国的水平)、"科学技术革新综合对策"(1992年),以及"面向2010年科学技术发展长期计划"(1995年)等。

在对战略性产业的支持方面,韩国政府通过税收、金融等优惠政策,优先发展钢铁、机械、电子、造船、石油化学、非金属等六大产业,集中资金和科研力量加强这些产业的技术引进、消化和改良。产业结构迅速升级,低技术含量产业比重降低,高技术含量产业比重提高。

3. 促进提升中小企业技术能力

鉴于大型企业财团长期以来对韩国经济的主导,小企业在20世纪80年代之前都并未获得应有的发展。因此,韩国政府提出"经济自由化计划",包含了一系列的政策转变,试图通过减少政府干预来引入市场机制以及向以技术为基础的产业发展结构转变。政府首先通过经济民主化政策减轻由大企业财团带来的垄断泛滥,以图保护小的竞争者在市场上获得行动机会。

政府在这一时期开始激励中小型企业,特别是技术型小企业,以改善大小企业之间的不平衡状态。例如,政府指定了大公司及其分支机构都不能进入的205个商业领域,作为中小企业的"避难所";给中小型企业以贷款优惠;政府主动建立风险资本产业来鼓励技术型小企业创业;政府建立了韩国第一家风险资本企业,由国家和一群私营企业联合投资;等等。

20世纪七八十年代,随着韩国研发活动发生的结构性变化,私营部门在国家研发活动中逐渐承担起更为重要的角色,这一部分是为了应对日益加剧的国际竞争,一部分也是响应其时对私人研发活动有利的政策环境。

在满足企业共性技术需求方面,1986年,韩国开始实施"工业基础技术开发事业",通过调查发现企业共同的隘路技术、单独开发困难的技术和紧急需要开发的技术,然后由企业完成上述技术的开发工作,对承担企业给予部分开发费用的支持。1987年,韩国通商产业部(MOCI)启动"共性技术开发计划",通过建立政府与企业共担风险的机制,支持企业自主研发中小企业迫切需要的共性技术,这些技术项目需求信息同样来源于每年的工业技术需求普查(曹雅姝和于丽英,2008)。

20世纪60年代,朴正熙政府成立了韩国产业银行,专门为中小企业提供金融支持,并成立民间机构"韩国小企业联合会"以保护中小企业利益。韩国政府还创立了一个由政府支持的基金,为中小企业提供贷款,并指示各商业银行及其他贷款机构将某一比例的银行贷款贷给中小企业。由于政府的这些支持措施,韩国在20世纪七八十年代曾涌现出相当一批成功的中小企业,支持了几十年间出口的兴旺发达。

4. 在开放条件下的技术引进

从20世纪60年代到90年代，韩国的技术进口呈现阶段性递增的特点，尤其在70年代，国家两次对购买国外许可证放宽限制之后，韩国的技术进口迅速增加。韩国在1967~1971年，技术许可进口金额仅为0.163亿美元，到1977~1981年，猛增至4.514亿美元，而1987~1991年更是增长到43.594亿美元。同样的特点也体现在资本货物进口方面。从技术引进方式来看，由于70年代以前韩国对外资和技术许可的限制较多，导致技术引进主要以设备进口为主。70年代之后，技术许可和设备进口均出现了较快增长（陈小文和翟冬平，2010）。

20世纪70年代，韩国进入产业调整和经济快速发展阶段。"出口导向型"政策使韩国加大了对外经济的依存度，加之受到贸易保护主义的影响，韩国加快了产业技术自主化的步伐。韩国加大对引进技术消化吸收的力度，重点发展石化、机械、钢铁等资本和技术密集型工业，进行了产业结构调整。

实施实行严格的监督审查制度，尽力避免低水平重复引进，凡是国内能生产的禁止向国外购买。在产业结构转换过程中，严格禁止不加区别地一揽子引进成套技术设备，鼓励企业有选择地引进关键技术和核心装备。同时，采取技术开发准备金制度（根据1972年《工业技术开发促进法》规定）、优先采购本国产品、减免新技术开发税收等一系列导向性政策，促使企业在掌握关键技术的基础上进行后续自主开发。

5. 促进产学研合作

20世纪60年代，韩国政府大力发展正规高等教育，开始为大学提供研究津贴，同时重视职业教育，推进了"旅居国外韩国人科学技术人员诱致事业"，科学技术人力政策开始具备基本框架。20世纪70年代中期，随着经济的高速增长，韩国为解决一批高级专门人才，在继续依靠自费和海外奖学金的前提下，1977年第一次确定了"国费留学制度"。1973年，韩国修改《产业教育振兴法》，明确把"产学合作"写入该法并使之制度化，文教部也设置了产学合作科。1974年，韩国政府主导成立了"产学合作财团（基金会）"。另外，韩国政府还对高校人才培养的专业方向提出了明确要求，通过政策指引与倾斜、直接资助企业等手段推动企业与高校联合开展研发活动，以及企业资助高校进而结成合作关系。1978年3月，文教部正式委托韩国教育开发院制订1978~1991年长期教育计划，主要内容包括扩充教育经费、强化职业教育途径、发展高等教育、加强基础科学教育。

20世纪80年代，政府开始关注大学研究开发能力的培养。1981年，韩国政府创立资金援助机构韩国技术开发股份公司支持研发活动；自1985年起，相继在大学建立起一些优秀的研发中心，包括科学研究中心、工程研究中心和地区研究中心；1986年在科学技术团体总联合会下设立产学合同委员会，开始支援产学研之间的人、物交流和辅助政策建立的活动。同年，制定《产业技术研究组合培养法》。1988年在大德研究开发区内设立产学研研究交流中心。韩国政府通过立法逐步规范、提升了企业与高校间的合作，并将产学之间的合作以制度化的形式稳固下来。

20世纪90年代，企业、公共研发机构、高等院校均投入了更多的资源从事技术创新活动，政府则主要把着眼点放在了协调各创新主体之间的关系上，将产学研有效地连接起来，提升创新体系的整体效率。1993年，在大德研究开发区内设立研究开发情报中心。1994年，为促进产学研的技术互助，制定了《合作研究开发促进法》。20世纪90年代中期后，政府开始了旨在加强技术供应者和需求者之间联系的政策努力，1994年在KIST设立了技术商业化孵化器和技术创新中心。1996年，为了加强大学研发活动与中小企业的联系，在全国各地设立了"科技园区"。所有这些措施不仅有效地促进了大企业与研发机构之间的共同研发活动，同时也强化了大学研究活动与中小企业之间的联系。

三、国家创新体系的完善与提升

发展阶段的战略转变也反映在韩国的创新系统建设方面。首先是在科技治理体系建设方面，自1982年起，由总统主持每季度召开一次科技振兴扩大会议，邀请政府有关部门负责人、科技界、企业界代表参加，检查全国的技术引进、消化和改良情况，审议决定科技发展的大政方针。1988年，此会改为民间性质，而政府则成立专设机构——科学技术委员会，由副总理级官员任委员长，同时把科技处升级为进入内阁的科技部。后来，不断提升科技部的排位，使其从原来24个部中的末位，跃升为目前的第八位。这一时期科技政策的重点是加强本土研发能力建设。

其次是在创新系统的构成建设方面，韩国政府于1971年设立韩国科学技术院；1973年1月政府决定在大田市附近兴建韩国最大的科学技术研究中心——大德科学城，即大德研究中心，它集研发、学术、产业化于一体，是韩国最大的科学技术研究中心和科技创新城，对集中全国的科技力量，提高创新效率起了重要作用。另外据《韩国科学技术年鉴》记载，这一时期韩国还相继成立了很多政府资助的研究机构，如韩国船舶研究所（1976年）、韩国核燃料开发工团（1976年）、韩国通信技术研究所（1977年）、韩国电子技术研究所（1976年）、韩国海洋开发研究所（1973年）、韩国太阳能研究所（1978年）等。这些研究所对韩国经济发展和科技进步做出了重要贡献（邹大挺等，1999）。到1985年，陆续在一些重要大学建立科学研究中心和工程研究中心，并在地区性大学建立地区研究中心，要求它们密切联系当地产业实际，并与产业界开展合作研究。为了摆脱对引进技术的过度依赖，1977年建立"韩国科学财团"，专门资助基础科学的研究。

最后是反映在科技系统的运行方面，韩国科技机构也发生了明显变化。这在KIST的成立及其运行中得到了集中的体现。在模仿阶段，韩国经济一直以发展大型企业财团为主，政府重点支持战略性产业部门，如钢铁、造船、水泥、炼油等重化工产业，这些大企业财团实现工业化后很快建立起自己的产业实验室，1981年大企业有产业实验室53个，到1990年时大企业的产业实验室数量已经增加到406个。这一时期，KIST根据需要适时转变角色，促使大企业的实验室逐渐成为产业技术创新的主体。政府意识到中小型企业在经济健康发展中的重要性，开始扶持中小型企业，特别是以技术为基础的中小型企业的发展。这一时期，KIST的功能主要表现在：第一，给中小企业提供技术。由于很多中小企业没有能力建立自己的产业实验室，KIST及时进行角色转换，更加清晰地定位于开发应用性技术，待技术成熟以后转让出去，逐渐成为中小企业技术的主要供应者，这种角色转换能够更好地服务产业，并为组织自身成长拓展了发展空间。第二，提升创新系统的活力。KIST在技术能力积累的基础上更进一步提高了研发效率。一方面是管理方式的转变。为使国家资助的研究机构的效能进一步提高，政府改变了管理方式，即减少直接财政补贴，引入市场机制，为KIST增加了活力。另一方面，随着大学、其他研究机构的成长，并且私营企业都可以竞争国家设立的研究项目，韩国KIST面临的科研竞争压力不断增大，使得KIST不断提高自身的研发能力。

第四节　进入发达国家行列后的竞争发展

韩国在20世纪90年代基本进入了发达国家行列，国家需要在全球经济关系中寻找新的定位。尤其是亚洲金融危机也使得竞争条件和竞争格局都发生了新的变化，由此又再度导致了政府经济发展政策的转变。

一、新的使命与新的战略引领

新阶段战略引领的方向着眼于把韩国经济从引进吸收阶段全面过渡到自主

创新驱动发展的阶段，即韩国确立的"科技立国"战略。在科技立国的战略导向下，20世纪90年代末，韩国政府制定了一系列功能互相配合的专项计划、政策和法规，加快实现用创造性发展战略代替模仿性发展战略。包括："科技创新五年计划（1997—2002）""高级先进国家（NAH）研究与开发计划（1992）"及"创造性研究计划（1997）"等。1993年制定"高级先进技术国家计划"（G7计划）旨在到21世纪初使韩国科技达到世界上七个先进国家水平，特定领域的核心技术提高到世界一流水准。为此，韩国将R&D经费从1991年的占GDP不足2%提高到2001年的5%。1990年实施《尖端产业和科学技术发展五年计划》，1995年颁布《面向2010年的科学技术发展长期计划》。1999年发布《2025年愿景：韩国科技发展长远规划》。2001年韩国政府推出为期五年的《科学技术基本计划（2002—2006）》，2005年发布《大力培养科技人才，实现创新人才强国战略的实施计划》，系统培养具有创新精神的科技人才。

同时为完成国家发展路径的战略性转变，韩国进一步加强有助于促进创新驱动的立法。20世纪90年代，韩国制定了《科学技术振兴法》和《科技创新特别法案》，由此设立科技振兴基金；2001年颁布《促进技术转让法》和《科学技术基本法》，同年颁布《科技框架法》，包含了29种法律，涵盖了科技发展的方方面面。完备的科技立法使得韩国科技创新活动处于一个相对稳定的法制环境之中，为科技创新战略的实施提供了有效的制度环境与法制保证。通过不断充实、完善政策体系的内涵，使各项政策法规有很强的针对性，有明确的特定调节对象，有大小不等的作用力度，同时使它们在促进自主创新方面保持高度的一致性，从而在功能互相配合的基础上形成强大的矢量推进合力。

二、调整产业结构提升国际竞争力

1. 调整产业结构

1997年开始的亚洲金融危机之后，韩国开始加快进行产业结构调整，1998年韩国政府制定了《面向21世纪的产业政策方向及知识基盘新产业发展方案》，明确提出1998～2003年的5年间，投资140万亿韩元，集中发展计算机、半导体、生物技术、新材料、新能源、精细化工、航空航天等产业及服务业。1999年出台健全高斯达克市场的政策。进入21世纪之后，韩国政府于2001年发布了政策期为期五年的《科学技术基本计划（2002—2006）》，提出重点开发"6T"领域，即IT（信息技术）、BT（生命工程）、NT（纳米技术）、ST（宇宙航空技术）、ET（环境工程）、CT（文化技术）。2004年，韩国启动了"十大新一代成长动力工程"，重点发展数码广播、智能机器人、新一代半导体和未来型汽车等十大高等技术产业。并且为了迎接高科技和知识型产业的到来，韩国政府除了对国内科研资源分享以外更加重视国际科技潮流的趋势。此时韩国对除了核能科技外的所有进口科技取消了申报关税，取消了外国直接投资公司的出口关税，并且实施一系列政策来推动私有和政府资助的研发活动全球化。

2. 吸引和培养创新型人才，提升科技人才的竞争力

20世纪90年代，韩国政府的科技人力政策将焦点放在了培养优秀科学人才上，把提高科技人力的竞争力作为重点，提出要在2012年前，培养10所处于世界前100位的研究性大学。在顶尖创新人才的培养上，设立"国家特别研究员"制度，培养一万名核心研究人员，着重研发韩国第十代新增长动力技术。实行优秀科学家国家管理制度，让有望问鼎诺贝尔奖的韩国科学家负责国家大型研究项目，由国家提供所需要的研究经费，并向这些科学家提供相当于部长级官员的"国家要员级"的人身保护。1999年，韩国制定了"21世纪脑力韩国计划"，计划1999~2005年，韩国理科博士培养人数从2500人增加到4500人，每年派2000名博士后出国研修。另外，除吸引海外科学家回国服务外，还制定了聘用海外科技人才制度，大力引进外国科技人才。对在韩国投资的外国高科技企业，鼓励他们在韩国设立研发中心，在研发中心雇用未就业的韩国理工科硕士博士，由韩国政府替外资企业发工资。韩国对培养科技后备人才也不遗余力：对优秀高中生设立"总统科学奖学金"；在国际科学奥林匹克竞赛中获奖的"科学英才"及其家长、老师将获得总统接见，获奖者还可享受免服兵役的优待。韩国还注意加强职业技术教育和在职技术培训，形成能够满足创新活动需要的各类技术工人。2005年8月，发布《大力培养科技人才，实现创新人才强国战略的实施计划》，提出进一步完善科技人才培养体制，改变以往分散在产学研各部门的人才培养方式，替之以系统培养具有创新精神的科技人才。

3. 突出科技政策对经济发展的促进作用

2004年，韩国启动"建设国家创新体系的计划"。这个计划是对政府经济政策要注重向以创新为基础的经济转变承诺的实践，这一政策使得科技政策成为国家的重中之重。这个计划与以前政府政策的显著区别在于：第一，涉及多部门的科技政策将由科技部协调和指导，这使得相关部门在中长期研发投资战略和计划中能够保持一致；第二，科技部新成立了一个专门的行政机关，与国家科技委员会密切合作，进行协调和指导工作。在这样的导向下，一系列以科技政策的属性促进国家经济发展的政策出台，如《科学技术基本计划》《为克服经济危机开发技术特别对策》《纳米技术综合发展计划》《干细胞研究综合促进计划》《核聚变能源开发振兴法》《宇宙开发中长期主要计划》《宇宙开发振兴法》《健全科斯达克市场的政策》《基础研究振兴综合计划》《产业研究集群支持计划》《大德研究开发特区育成特别法》《大德研发特区发展目标》《特区研发事业

处理规定》《创造科学技术领域就业机会计划》《理工科技人才培养支援基本计划》《研究经费管理认证制度》《关于政府资助研究机构的设立、运作及育成的法律》《研究室环境安全法》《调查分析评价推进计划》《研究成果管理基本计划》《研究开发成果评价基本计划》《国家研究开发事业成果评价及成果管理法》《关于国家研发事业中确保研究伦理及真实性的准则》等。

三、科技和创新治理体系建设

韩国以往的国家科技计划，是通过自下而上的途径制定的。这样，虽然有利于基层科研人员追踪本领域的最新进展，但由于学科背景和专业细分的差别，他们不可能具备宏观的战略眼光，他们首先考虑的是如何获得科研经费，而不是全国科技的发展方向与目标。由此形成的自主创新成果，在实际应用中往往缺乏综合性和关联性，不利于提高整个国家的科技实力和竞争力。鉴于此，韩国从20世纪90年代开始，科技计划的制订，改为自上而下与自下而上相结合的途径，由政府提出战略方向和目标，选择自主创新的重点推进领域，同时征求基层科研人员的意见，再经反复修改和调整才形成中长期科技计划（张明龙，2008）。这也带来了政府科技和创新治理体系的调整。

1988年，韩国对国家科技管理体系进行改组，成立了专设机构——科学技术委员会，由副总理级官员任委员长；同时，将科技处升级为科技部。1999年，韩国将原来由副总理领衔的国家科学技术委员会升格为由总统直接领导的国家科学技术委员会，科技部作为其执行机构。2004年，提升科技部长为副总理级（图14-1）。

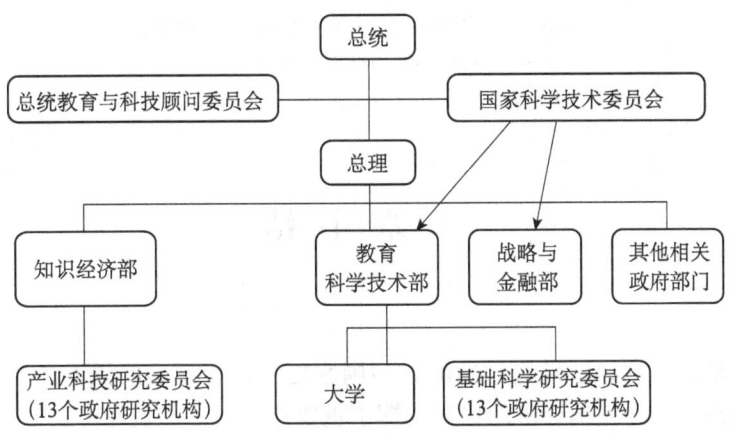

图14-1 韩国科学技术治理体系

资料来源：MEST（2008）

科学技术委员会负责科技工作的宏观决策和调控，对国家预算有分配权；科技部则负责制定和实施各项政策、规划，对预算进行具体分配，主管具体的科技事务。韩国政府的科技主管部门经历了多次的调整，但每次调整后，科技主管部门的地位和管理权限都得到了大大加强。1998年政府重组时，科技部长官进入内阁，其排位从各部长官的末席一举跃升为24个部中的第八位，在经济部门中则仅次于财政经济部位居第二，科技部逐渐成为国家创新体系的中枢机构。在科技部下成立的"科技创新本部（副部级）"作为国家科学技术委员会的执行部门，负责科技政策、与科技创新相关的国家研发计划、产业和人才政策，以及区域技术创新政策等方面的总体管理与协调（图14-2）。

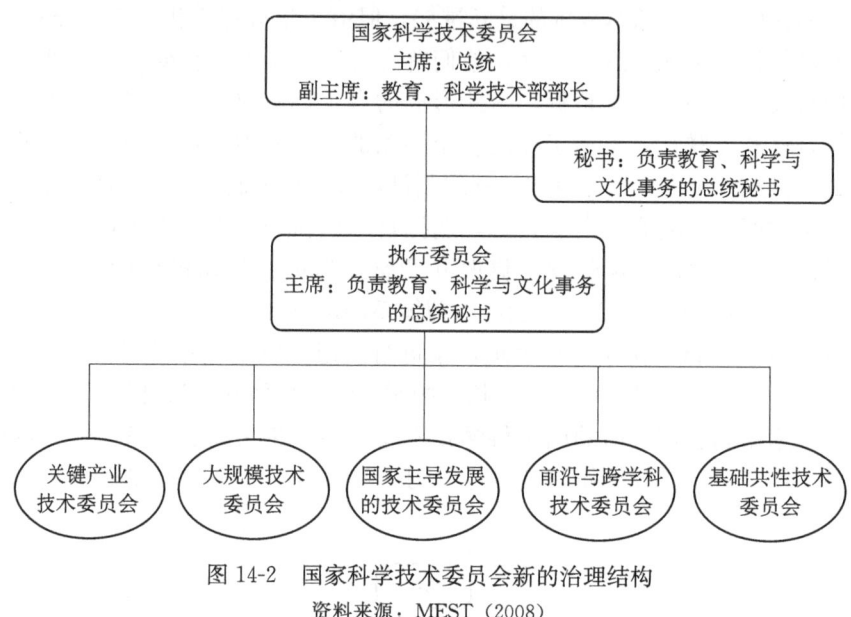

图14-2　国家科学技术委员会新的治理结构
资料来源：MEST（2008）

本 章 小 结

韩国是政府主导型科技创新的典型国家之一，这种政府强有力的干预主导型的经济模式，为韩国经济的振兴发挥了重要作用。主要表现出以下政策特点。

第一，韩国的经济发展方向、技术战略和主导产业的选择具有一致性。20世纪60年代，在韩国产业的起步阶段，重点发展的是劳动密集型产业，韩国政府对产业发展提出了相应的技术战略。到七八十年代，当出口导向战略代替了进口替代之后，单纯的技术进口逐渐向技术改进、技术应用、技术开发等方面推进，产业政策和技术战略随着国家开放战略的变化不断进行动态调整。当产业发展有了一定基础之后，政府产业政策转变为发展重化工业，并通过发展教育和改进进口技术进一步提高整体技术水平，主导产业随之转变为资本密集型的重化工业，如钢铁、石化产业。技术能力逐渐积累起来之后，政府和企业愈加重视进口技术应用和核心技术开发，强调自主开发技术的能力培养，80年代和90年代的主导产业又逐渐转向了高科技产业。技术战略和产业政策的调整，有力地推进了产业结构升级和技术水平提升。

第二，政府通过立法的方式扶持产业发展，国家对经济实施"间接干预"。一是尽管韩国是典型的权威国家，政府对国家经济生活有较强的可控性，但在支持产业发展方面，主要的途径是制定法律并推行相关的政策措施，政府通过立法为企业从事技术创新活动提供制度保障。保护民族工业，规范、引导、促进科技创新，建立高效的研发体制，鼓励技术创新（陈晓晖和丛培鑫，2013）。韩国政府因此通过间接方式规范、引导、监督与整合资源，扶持产业发展，避免了直接插手经济事务。这其中最常用的方式是经济杠杆，即通过金融、税收、外汇、技术等方面的政策手段，保障国家创新计划的实施。此外，通过中介机构、各类基金会及民间组织（非政府组织），政府也在一定程度上有效地保护和扶持了私营部门的发展，包括给予它们财政支持。可以看到，金融危机使韩国的大企业财团受到颠覆性打击，而中小企业的兴起则为国家经济注入了相当可观的活力，这与韩国政府几十年来不直接插手扶持大企业和国家产业与经济发展，有着密不可分的关系。

第三，政府通过适时制定和修订促进科技与创新发展的政策与法律，保持政策的连续性与针对性。包括：①政策连续性。韩国注重科技计划的前后时差配合，比如1989年12月，韩国制定并出台了《基础科学研究振兴法》，一年之后又颁布了支持基础科学研究的总统令《基础科学研究振兴法施行令》。此后，韩国的《基础科学研究振兴法》和《基础科学研究振兴法施行令》分别经历了8次和14次修改。再如，40年中出台的关于中小企业技术创新的政策达到了95项之多。其中中小企业厅实施的有41项、财政经济部实施的有14项、科学技术部和产业资源部实施的分别有11项、情报通信部实施的有8项等。1990年，韩国政府推行《尖端产业和科学技术发展五年计划》，1995年颁布《面向2010年的科学技术发展长期计划》，1999年发布《2025年愿景：韩国科技发展长远规划》，通过时序上相互衔接的科技计划，避免出现科技政策的大起大落，始终以增强国家综合实力和竞争力为核心，促使自主创新活动持续向纵深推进。②涉及多个类型和部门的"政策组合"或"政策框架"。为确保研发投入始终保持快速增长，韩国政府在税收政策上，推行了包括鼓励技术开发、技术成果转化和国外高技术企业发展的多项税收优惠政策。从扶持类型来看，包括资金扶持、租税优惠、技术人才扶持、技术信息提供、市场扩展及其他多项/类政策。在实施部门中，包括了中小企业厅、财政经济部、科学技术部、行政自治部等。③创新政策坚持"选择加集中"的原则。突出重点，最大限度地利用科技资源，集中投资和开发能赶超世界先进水平的项目。例如，1991年4月发布的G7计划，确定重点发展新一代核反应堆、新能源、新材料、环境工程等9项基础性高新技术，超高集成半导体、人工智能电脑、宽带信息通信网、高清晰度彩电等8项应用性高新技术。提出到2000年要使本国的科学技术达到西方7个工业化国家（美国、日本、德国、英国、法国、意大利和加拿大，即G7）的水平。自此开始，韩国把信息技术、纳米技术、生物工程技术等有发展前景的高新技术作为重中之重的研发领域，并围绕信息通信、微电子、机械电子、汽车、新型材料、核聚变能源和宇航等核心产业或高新技术产业加大投资力度，资助重大项目，集中开发共性技术。④主管科技创新的政府机构本身不断地创新改革。为贯彻"科技立国"思想，为追赶型科技创新模式提供强有力的科研机构保障，韩国不断提高科技部门的地位。2004年修订《政府组织法》《科学技术基本法》，提升科技部长为副总理级，成立了由总统担任委员长的国家科学技术委员会，负责制定和实施国家科技长远发展规划及创新政策等。将原来分散在有关部委的各项科技政策及国家研发预算管理，统一交由科技部执行，增强了科技部的地位和管理权限，成为国家创新体系的中枢机构。从依附分散在各个政府部门到独立的科技处，再到科技部的提升，从总统任委员长的国家科学技术委员会成立，再到各种准政府机构与民间组织成长，政府科技管理机构的动态变化为政府制定和实施创新政策与科技政策的宏观调控能力的提高奠定了基础。

第四，政府通过政策引导，建立起一个以企业为主体从事自主创新的国家创新体系。韩国企业尤其是大企业充当了自主创新的生力军。1967年起，韩国政府先后出台了《科学技术振兴法》和《韩国科学与工程基金会法》等几十项鼓励科技创新的法规。同时，设立"技术开发资金"和"技术开发预备金"等基金，为研发活动提供低息贷款和财政补贴，提高了创新主体自主创新的积极性（张雄辉和刘绵勇，2011）。

> 韩国政府对企业创新的支持主要表现在以下几个方面。
> （1）通过税收优惠政策激励企业积极从事技术研发与创新活动。
> （2）对关键技术和共性技术实施政府采购，为企业创新建构市场。韩国政府推行国产新技术产品"政府首购制度"，对高速铁路等公用事业的装备，全部首先由政府采购使用。对市场竞争激烈的汽车、计算机等产品，即使价格高于国外同类技术产品，也优先采用国内产品。韩国政府还通过立法规范

对高新技术产品的政府采购制度,如《科学技术促进法》《科技振兴法》《政府合同法实施细则》和《关于特定采购的〈政府合同法〉的特殊实施规》等,规定对尚处于市场发展早期需重点扶持的本国高新技术产品,在性能相近的情况下,即使价格高于国外同类产品,政府仍应优先采购。

(3) 鼓励以企业为主体,突破共性技术壁垒,付之以全国范围的技术需求普查等制度,最大限度降低企业的研发成本。制定与产业共性技术相关的科技计划,将公共性质的产业共性技术研发作为首要目标。例如,以解决共性技术难题和产业关键技术研发为目的的"共性技术开发计划",即通过政府与企业共同承担风险,支持企业自主研发中小企业迫切需要的共性技术。

(4) 政府通过标准建立和设立门槛,逼迫企业提升技术创新能力。除前文所列举的政策引导外,20世纪60年代初期,韩国技术引进的限制较为严格,只有某些行业的国有企业和政府部门才有资格引进国外技术。后来技术引进主体逐渐放宽,到80年代中期已经完全实现了技术引进的自由化,私营企业承担的技术引进项目和资金均超过了国有企业和部门,成为技术引进的主体。但是,韩国政府在企业技术引进时会进行养的控制和考核,不允许企业完整引进生产线,而只允许引进关键技术,然后进行消化吸收再创新。对每引进一项技术,都制定出相应的消化吸收目标,定期检查引进技术的使用情况,总结经验,发现问题。还利用技术引进的审批和评价系统对重大引进项目进行跟踪式考核,并把产品设计能力作为最重要的消化吸收考核指标,因为设计能力的提高意味着企业掌握了扩大再生产的投资能力。因此,韩国政府规定,在技术引进合同中,必须写入由韩国工程技术人员参加引进项目的设计工作的条款。

(5) 建立和完善以企业为核心、以提升企业创新能力为导向的产学研合作关系。韩国追赶型科技创新模式的一个重要特征是企业、政府、高等院校与公共科研机构在技术创新过程中结成联盟,紧密合作。政府通过制定政策和法律法规,鼓励"官产学研"良性互动,并为其创造稳定的前提条件。韩国官产学研合作体制的最大特点是研究以满足企业生产为目的,除部分基础性研究外,企业、大学及研究机构的课题都必须来自企业一线生产中急需解决的问题,其成果都必须能够迅速转化。自1994年起,韩国科学财团每年为产学研合作研究提供15亿韩元(约175万美元)经费。官产学研合作研究的机制,加快了知识创新和技术成果的转化,提高了企业的技术水平和创新能力。政府规定大企业必须设立R&D机构,中小企业联合设立R&D机构,鼓励企业与大学和科研机构联合技术研发。韩国企业与政府的R&D投资比例从1976年的22∶78,到1982年到50∶50,再到1994年的84∶16,企业的科技水平和研发能力不断提高。

第五，宏观的社会政治环境不断趋于宽松，政府市场关系得到优化调整。亚洲金融风暴之后，金大中政府在提升政府行政能力方面启动了一系列改革，围绕"小而高效的服务型政府"目标，以公共部门结构改革、行政运营系统改革和对民服务改革为主要内容（曹峰旗，2008）。其后，韩国经济和创新发展的市场机制不断完善，民主的理念和民主的制度在韩国逐渐确立，政府对企业的关系也更侧重于服务，这为20世纪90年代末期及其之后韩国创新能力的提升准备了必需的社会文化条件。

本章参考文献

曹峰旗.2008.韩国创新型国家建设中的政府作用与启示.改革与战略，24（10）：199-211.

曹雅姝，于丽英.2008.韩国共性技术的创新发展对我国的启示.科学管理研究，(1)：113-116.

陈小文，翟冬平.2010.韩国经济起飞中的技术引进和创新能力培养.国际经济合作，(12)：77-79.

陈晓晖，丛培鑫.2013.韩国追赶型科技创新模式中国家制度安排的特点探析.科技管理研究，(18)：39-42.

彭绍钧，胡敬新.2005.中外财团经济的发展路径及模式比较.经济社会体制比较．(4)：57-61.

吴金希，李宪振.2013.韩国科学技术研究院与台湾工业技术研究院推动产业创新机制的比较研究.中国科技论坛，(10)：130-137.

张明龙.2008.从引进技术走向自主创新——韩国科技创新路径研究.科技管理研究，(7)：58-60.

张雄辉，刘绵勇.2011.韩国国家创新系统的特点与启示.商业时代，(14)：48-49.

赵晓.1998.韩国财团向何处去？——"新韩国"体制下韩国大企业的变革.经济社会体制比较，(2)：27-34.

邹大挺，齐让，尹伯钦，等.1999.韩国的科技税收政策和发展趋势.中国科技产业，(4)：48-51.

Hong Y-S. 2005. Evolution of the Korean national innovation system: Towards an integrated model//OECD. Governance of Innovation Systems. Vol. 2，OECD，Paris.

MEST. 2008. "Becoming an S＆T Power Nation through the 577 Initiative"，Science and Technology Basic Plan of the Lee Myung Bak Administration，Minsitry of Education，Science and Technology，Soul.

第三篇

中国研究

第三篇

中国地学

第十五章

中国创新发展的过程与战略构成——改革开放后*

自进入 21 世纪,中国快速增长的经济规模和强劲的发展速度成了全球关注的焦点。从"中国威胁论"到"大国崛起",再到 2008 年金融危机之后的"只有中国才能挽救资本主义",无不是对中国经济发展成就或直接或变相的承认。一个世纪以来中国的赶超梦终于有了成为现实的曙光。经济发展给中国带来了自信。中国开始正视自己在全球的地位,以积极的态度来面对发展中存在的问题。

2006 年是变化的开始。美国 M3 停止公布,金融危机已现蛛丝马迹,而中国在这一年提出了建设创新型国家的战略,发布了《国家中长期科学和技术发展规划纲要(2006—2020 年)》,立志从中国制造向自主创新转型。2008 年世界经济危机的爆发加速了中国经济"转、调"的步伐。危机时期同时也是中国加速发展的机遇窗口,不论出于客观形势要求还是主观战略愿望,中国迫切需要加速经济转型,从严重倚赖国际市场转向开发内部市场,从加工贸易经济转向自主创新,从被动参与世界价值生产转变为主动利用全球资源加速创新,提升在全球价值生产中的地位。赶超和创新成为中国现时代的主题。

中国的创新发展是追随和赶超世界先进脚步的发展。从这种视角着眼,自改革开放以来,我国经济发展大体上可划分为两个阶段,实行了两种不同的战略:一是以扩大出口为导向,充分利用国内资源争夺和占领国际市场,利用世界市场拉动经济发展的阶段;二是以整合国际资源提高自主创新能力为导向,开发国内市场抢占产业制高点争取领导国际市场的阶段(魏杰,2008)。前一个阶段是以自然资源和人力资源与发展中国家竞争,而后一个阶段是组织创新资源与发达国家竞争;前一个阶段是借外部市场实现工业化,因此更加强调经济增长速度,而后一个阶段是利用全球资源实现向创新经济的转变,因此更加强调自主创新和社会全面发展。这前后继承的两个阶段塑造了中国创新发展的基本路径和战略。

---

* 本章由王胜光、王旭琰撰写。部分内容已发表于《中国科学院院刊》2015 年第 5 期。

第一节　创新发展的战略导向

一、扩大出口为导向的经济大国战略（1978~2006年）

20世纪70年代末开始，中国逐步打开国门，也逐步中国认识到经济上与发达国家之间的巨大差距。这成为中国改革开放的巨大动力，也由此开启了中国在开放框架下的经济追赶。中国实现经济赶超，受到当时资本和市场的双重约束：一是资本和外汇极度短缺，而引进先进的成套设备需要大量外汇；二是国内人民生活普遍不富裕，因而虽然人口众多但国内购买力有限。但是国内资源如劳动力、土地等生产要素十分便宜，正吻合了发达国家为降低劳动力成本而推动的产业转移的需求。因此，我国当时经济发展的基本战略是充分利用国内劳动力资源和环境资源，引进外资，发展出口加工业，争夺和占领国际市场。同时解决资本不足和市场有限的问题。

首先，我们在国际贸易上采取了极力扩大出口而限制进口的政策，如通过下放外贸经营权；在出口上实行出口退税制度，而在进口上实行了比较严厉的进口关税政策；在资本项目下，我们实行了极力吸引外资而限制资本外流的政策。尤其是1994年大幅降低汇率，进一步压低了中国资源的价格。从此中国的外贸加工业在全球所向披靡。

其次，中央根据区位优势，实施沿海先行发展战略，即给予沿海省份和若干城市特殊的优惠政策，让这些地区通过外贸和外资来促进经济发展。例如，设立经济特区和沿海开放城市、经济技术开发区和高新技术开发区，国家给予资金扶助、关税减免、下放审批权等特殊优惠政策，加快对外开放和引进外资。

扩大出口的经济战略取得了巨大成功，尤其在1998年亚洲金融危机重创东亚新兴经济体后，中国成了国际资本最青睐的国家，由此中国经济进入了超高速增长。这一阶段中国经济总量、贸易总额、加工制造能力和外汇储备迅速增长，说明扩大出口为导向的经济大国战略取得成功，同时也说明这一战略已完成其历史使命。

二、自主创新为导向的经济强国战略（2006年后）

中国出口导向的外贸经济的发展，带来了中国经济对外依赖过高、关键技术受制于人、资源开始短缺、环境破坏严重等问题。中国经济发展方式必须转型。

中国适时调整发展战略，于2006年发布了《国家中长期科学和技术发展规划纲要（2006—2020年）》，提出了以提高自主创新能力为导向，建设创新型国家的战略。提出着眼于未来15年高技术发展的制高点，以开发内部市场，建设领导全球市场的经济强国为战略目标。这一战略的提出是基于伴随中国高速发展导致的资源环境困境和全球经济转型的形势。特别是前期形成中国经济对外依存过高，而关键技术却仍受制于发达国家，未来的发展只能转变方式和依靠创新。该纲要提出，"必须把提高自主创新能力作为国家战略，贯彻到现代化建设的各个方面，贯彻到各个产业、行业和地区"。

继之，2007年党的十七大报告和《政府工作报告》持续不断地对自主创新、转方式和调结构、发展新兴产业给予强调。2008年的全球金融危机，也倒逼中国必须加速开发内部需求、培植引领未来的技术和产业、依托加强科技和产业创新，寻求新的增长和发展。

尤其到党的十八大后，创新驱动发展的战略开始全面展开。习近平提出"以科技创新为核心的全面创新"，开始在科学和技术、体制和机制、产业与市场、政府与社会等各个领域进行全面部署。中国加速进入创新驱动发展的时代，创新投入和创新成果已有明显改观。

三、中国创新发展的状态

经过这两个阶段的发展，中国形成了庞大的经济规模、贸易规模、外汇储备、工业能力、工业人口和创新实力，为中国进一步发展打下了坚实的基础。

（1）经济规模。1995年，中国经济总量在全球排名第7，经济总量7000亿美元，不到美国的1/10；至2014年，中国经济总量排名上升至第2，经济总量达到10.38万亿美元，接近美国的60%（表15-1）。

表15-1 世界经济前十强

2014年世界经济前十强				1995年世界经济前十强		
排名	国家	GDP总量/万亿美元	实际增长率/%	排名	国家	GDP总量/万亿美元
1	美国	17.42	2.4	1	美国	7.40
2	中国	10.38	7.4	2	日本	5.29
3	日本	4.62	−0.1	3	德国	2.41
4	德国	3.86	1.6	4	法国	1.52
5	英国	2.95	2.6	5	英国	1.10
6	法国	2.85	0.4	6	意大利	1.06
7	巴西	2.35	0.1	7	中国	0.70

续表

2014年世界经济前十强				1995年世界经济前十强		
排名	国家	GDP总量/万亿美元	实际增长率/%	排名	国家	GDP总量/万亿美元
8	意大利	2.15	−0.4	8	巴西	0.67
9	印度	2.05	7.2	9	加拿大	0.58
10	俄罗斯	1.86	0.6	10	西班牙	0.57

资料来源：联合国统计司。

(2) 贸易规模。进出口贸易额从1990年的5500亿元上升到2013年的258 000亿元（表15-2）。

表15-2　中国的对外贸易（1990~2013年）

年份	GDP/亿元	进出口总额/亿元	进出口贸易依存度/%	年份	GDP/亿元	进出口总额/亿元	进出口贸易依存度/%
1990	18 667	5 560	29.7	2002	120 332	51 378	42.7
1991	21 781	7 226	33.2	2003	135 822	70 484	51.9
1992	26 923	9 120	33.9	2004	159 878	95 539	59.8
1993	35 333	11 271	31.9	2005	159 878	116 922	63.2
1994	48 197	20 382	42.3	2006	216 314	140 971	65.2
1995	60 793	23 500	38.7	2007	265 810	166 740	62.7
1996	71 176	24 134	33.9	2008	314 045	179 922	57.3
1997	78 973	26 967	34.2	2009	340 507	150 648	44.2
1998	84 402	26 896	31.8	2010	397 983	201 256	50.6
1999	89 677	29 896	33.3	2011	471 564	236 254	50.1
2000	99 214	39 273	39.6	2012	519 322	244 081	47.0
2001	109 655	42 184	38.5	2013	568 845	258 267	45.4

资料来源：国家统计局年度统计公报，http：//www.stats.gov.cn/tjsj/tjgb/ndtjgb/。

(3) 外汇储备。中国外汇储备快速攀升，2013年超过3万亿美元（图15-1）。

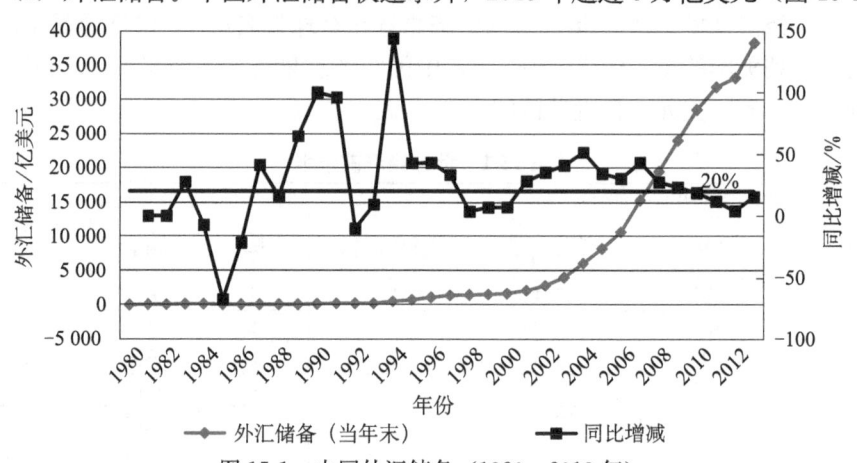

图15-1　中国外汇储备（1980~2013年）

资料来源：国家外汇管理局，http：//www.safe.gov.cn/。

(4) 工业能力。中国工业产能在全球所占比例越来越高。众多领域中国工业产值均为世界第一，生产量占世界一半则是常态。例如，2012年中国工业品产量及占世界份额：彩电1.28亿台（49%）、冰箱0.84亿台（47%）、空调1.33亿台（88%）、洗衣机0.67亿台（51%）、微型计算机3.54亿台（91%）。

(5) 工业人口。巨大的产业能力形成了我国39个工业大类、191个中类、和525个小类全球最为完整的产业体系，由此也承载了全球最大的制造业从业人口（2.16亿人）。

(6) 创新实力。从科技投入看，2014年，全国共投入R&D经费13 400亿元，已居世界第二位；全国研发人员总量达到380万人年，居世界第一位；国际科技论文数量稳居世界第二位，被引次数上升至第四位；发明专利授权量23.3万件。

第二节 创新发展的国家组织方式

后发国家为了加速创新发展，普遍由国家对创新资源进行组织。创新组织的方式和效率在很大程度上决定着创新发展的成效。就中国改革开放以来的创新发展过程看，国家创新发展的组织方式主要有两种，即体现为垂直整合的组织方式和环境支持型创新组织方式，前者形成了国家战略导向下的级联式创新路径，后者则形成了以高新区创新发展小生境为支撑的集群化创新。

一、垂直整合组织方式：国家战略导向下的级联式创新

垂直整合的组织方式的特点在于：①一般有明确的国家战略导向下的任务目标，并围绕此目标展开有针对性的创新；②一般选择核心部门或机构来领导，以垂直体系来组织创新；③通过供应链条逐级分解创新任务和传递创新需求，实现整个产业的协同创新。因此，这种组织模式可以更直观地表达为"国家战略导向下的级联式创新组织方式"。

国家战略导向下的级联式创新首先从国家战略需求提出总体发展目标。因为战略先行，所以战略实施的过程一般采取自上而下垂直管理和以战略目标来领导创新方向。在中国通常由某国家领导人挂帅或者国家发展和改革委员会、科技部、工业和信息化部、铁道部、国家能源局等部门负责领导、组织和配置资源，由大型国企具体组织实施。创新过程融合了行政手段和市场机制，如对政府部门和央属企业等政府可行政控制的机构倾向于使用行政的手段，以指令

方式下达目标任务，而对社会机构，如高校、研究院和私营企业，则采取资金激励的方式，如设立项目基金吸引相关机构申报参与创新过程。在这种组织方式中，大型国有企业（或国家特定部门）处于类似系统集成商的地位，系统集成-供应商之间的技术需求逐级传递形成级联式创新。典型的如在国家电网公司、中国铁建股份有限公司等网络化设施运营商与设备供应商之间通过级联式创新，最终带动整个产业全面创新（图15-2）。

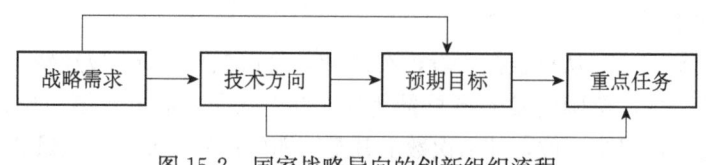

图15-2　国家战略导向的创新组织流程

中国高铁创新发展组织是这种方式的典型。首先，中国出于城镇化需求，提出建设"四纵四横"高铁网络和时速380千米高速客车的战略目标；各相关部门和领域对目标进行任务分解，提出重点研究任务和关键技术方向；然后以国家机构或央企等政府可控制的机构为主要执行单位，组织各种资源进行技术突破；最后，通过项目申报或市场采购的方式，调动社会其他机构（研究单位、企业、个人等）参与生产和创新，形成建设部门、整车环节、零部件等全链条的协同创新。

国家战略导向下的级联式创新充分发挥了我国的体制优势。我国在全国范围的网络化基础设施建设，如高铁、电网、通信网络，以及国家重大战略，如航空航天、重型装备等领域的创新发展都不同程度地采取了这样的方式，并取得了瞩目成就。利用这样的组织方式，中国自2006年确立自主创新战略以来，也布置了众多关系国计民生和抢占制高点的科技和产业项目，以及重点发展的产业和技术领域，如科技重大专项等各类科技计划和项目、战略性新兴产业规划、各类产业技术升级计划、重大技术装备工程等。

二、环境支持型创新组织方式：高新区小生境的集群化创新

相对而言，如果说垂直整合型的组织方式更适合于垄断性、封闭性较强的产业和技术领域，那么环境支持型组织方式则更适合于开放性、没有形成明确的技术方向的产业领域，它着眼于培育新兴产业，通过打造创新环境和平台支撑支持相对自由的创新，以形成百花齐放的景象。这种方式最集中体现为我国的高新区建设。从1989年开始试点建设到2014年，国家级高新区已扩大到114家，成为中国经济创新发展的领航区和核心区，有效地推动了我国以自主创新为驱动的经济社会发展。

环境支撑型组织方式主要表现为政府作为行动主体，搭建、吸引和组织对创新起支撑作用的公共设施和基本要素，培育有利于创新创业的区域生态系统，

并服务创新产业化全过程。在高新区这样的区域中，逐渐聚集了对创新创业直接或间接起作用的各种要素，包括知识和技术、资金和资本、人才、基础和条件、市场渠道和市场服务等。着眼于这些条件以高新区管委会为主集中在知识环境、资本环境、人才环境、条件环境、服务环境方面打造平台和配置政策。由此促进创新创业和发展创新型产业集群（图15-3）。

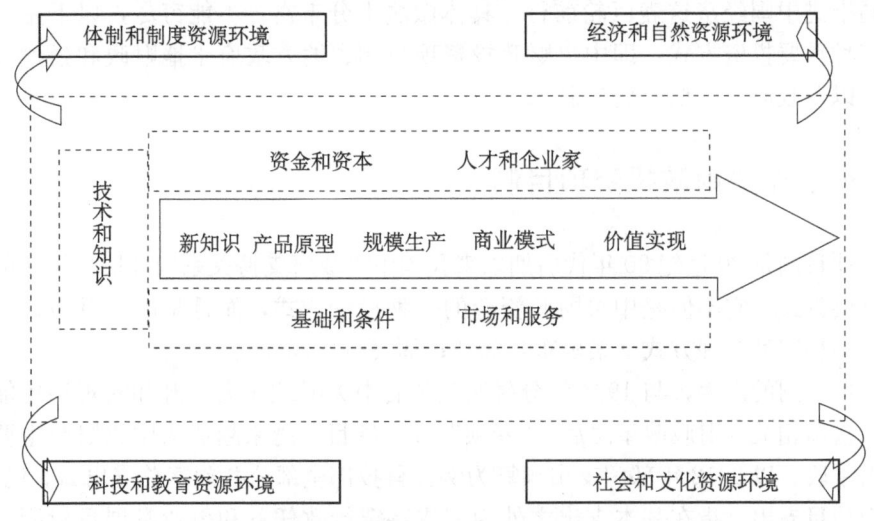

图 15-3　创新环境及产业化示意图

目前高新区已经成为国家创新发展的重要基地。首先，高新区形成了创新发展的生态，中国几乎所有的促进高新技术发展的政策工具都在高新区体现，如科技金融（天使投资、风险投资、创新基金、引导基金、科技银行等）、孵化器、技术平台、技术联盟和技术市场等；其次，高新区已经成为高新技术产业集群化发展的基地，中国的新兴产业发展几乎全部发生在高新区，如中关村的移动互联网产业集群、无锡高新区的光伏产业集群、杭州高新区的物联网产业集群和卫星导航应用产业集群、长春高新区的新能源汽车产业集群、苏州工业园的纳米产业集群等；最后，国家给予政策先行先试的权力，已在高新区形成有利于创新创业和新兴产业发展的宽松的政策环境。

第三节　创新发展的资本来源和投资方式

快速的创新发展和经济赶超需要一个高效的资本动员和投资体系。后发国家在经济追赶初期通常缺乏足够的资本,因此政府倾向于制定政策来动员国内和国际资本,并引导有限的资本投入到具有战略意义的技术和产业部门。中国目前经济发展是追赶和创新并行,所以集中化的技术投资和广泛的创新创业投资都有迫切需求。为此中国中央政府和地方政府表现出双重的积极性和能动性,各自利用可控制的资源,调动社会资本,创造了多种创新资本动员和投资方式,共同推进中国经济这艘巨轮前行。具体做法十分丰富,不能穷尽,以下主要讨论三种重要投资方式,即中央财政投资项目制、地方政府土地财政和投融资平台,以及政府主导型科技金融。

一、中央财政投资项目制

项目制是20世纪90年代后期以来我国中央政府支持关系国计民生事业的一种重要方式,它不但是中央财政资金的一种投资方式,而且是以项目为核心形成的一种国家管理方式(渠敬东,2012;周飞舟,2012)。

项目制的产生,与1994年分税制改革后中央财政实力上升和宏观调控能力相应提高相关。财政改革之后,"专项"和"项目"越来越成为中央财政主要的支出手段。以2012年部门支出预算为例,科技部全部公共预算总支出285亿元,其中项目支出(指在基本支出之外为完成特定行政任务和事业发展目标所发生的支出)高达277亿元;原铁道部总支出预算219亿元,以项目形式支出119亿元;工业和信息化部总支出预算288亿元,其中项目支出183亿元。项目支出以专款专用的形式,使财政支出被中央政府部门制定了专门用途,以严格体现中央部门的投资意向和行政意志。

项目支出支撑了中央政府自主创新的发展战略。从2006年科技发展中长期规划和创新型国家战略提出到2012年,中央财政的科技支出累计1.21万亿元,占总支出的11.99%,年均增长18.26%;全国科技财政支出从2006年的1688.5亿元提高到2012年的约5600.1亿元,年均增长22.73%,7年累计2.42万亿元,占同期全国财政支出的4.37%。

项目制具有在项目执行过程中按照预期目标对资源加以组织的特点。项目因其专业性,会引进专业机构和人员进行项目组织、项目任务分解、项目评审等,它们按照项目本身要求的结构来组织资源,这使项目的运行避免政府部门条块分割的弊端,并且通过"一项目一政策",保证了项目以高效率运行。这是中国战略性大项目能快速完成的重要原因。不仅如此,项目制通过项目的制定、申请、审核、分配、变通、转化、检查与应对等一系列的环节和过程,形成整个国家社会体制联动运行的机制。

项目制体现了中央政府战略目标和战略传导机制以及围绕实现这一战略目

标形成的组织机构特征。首先，中央政府及其所属部门通过项目设立和项目资金的分配，体现国家的战略导向；其次，通过中央财政项目支出调动各类资源，集中攻克约束中国创新的瓶颈，体现了重点突击和集中力量办大事的特点；最后，在项目实施过程中，通过社会机构和个人为了参与项目所做的准备，以及项目实施过程本身，实现了国家战略目标向社会的传递。

二、地方政府土地财政和投融资平台

地方政府在中国经济发展中表现出很强的积极性，它们招商引资、支持创新创业、发展新兴产业，是中国经济发展的重要推动者。与中央政府相比，地方政府在分税制改革后财政收入相对下降，所以其投资行为更倾向于动员社会资本来弥补财政的不足。土地财政和地方投融资平台，是20世纪90年代中期以来地方政府动员资本进行创新投资的重要形式。

1. 土地财政

分税制改革削减了地方政府的财政收入之后，地方政府转向寻求预算外收入，土地财政成了地方政府投资资金的主要来源。同期中国城市化进程快速发展，企业和个人对城市土地的需求大为增加，使地方政府能够利用土地做文章。

地方政府低价征收农业用地，进行平整、开发后，再以"招、拍、挂"等形式在土地二级市场上加价出让，获取土地出让收入。同时，地方政府还组建投融资平台，用财政担保和土地抵押的方式从银行融资，把更大规模的资本投入到城市建设和产业项目中。这样一来，"不断增值的土地—银行贷款—城市建设—继续征地"之间形成了一个不断滚动增长的循环过程。这个过程不但推进了城市化和产业发展，也为地方政府带来了可观的收入。地方政府的土地财政收入由三部分组成，即与土地相关的税收收入（包括营业税、房产税、城镇土地使用税、土地增值税、耕地占用税和契税）、土地出让收入和地方政府投融资平台贷款。根据天津财经大学房地产经济研究所杨峥（2011）的调研和估算，三者所占土地财政的比重大致分别为10%、20%和70%。地方政府的投融资平台贷款占绝对多数比重。

2. 地方投融资平台

地方投融资平台是地方政府把资本动员和资本投资结合起来的具体形式。地方融资平台是政府从社会（包括金融机构和金融市场）融资的中介，平台公司的融资渠道包括：①从银行直接贷款。必要时政府为平台公司提供担保，增加银行对平台公司的授信额度。②发行债券（即"城投债"）。由城投类的融资平台公司公开发行的企业债和中期票据，其募资投向多为地方政府所推动的基础设施建设或公益性项目。城投债期限长、成本低,解决了地方政府投资资金不足、基础设施投资回收周期长的问题。在后金融危机时期,市场资金充裕,而市场利率较低且走势不确定,所以有政府背书的城投债成为市场上抢手的投资产品,吸引了大量城市商业银行、农村信用合作社、基金公司和各种小机构购买。一段时间内城投债几乎都是首发当日销售一空。

由于城投公司发债是专门为政府融资,所以政府会调动很多资源为其提供财政支持和抵押担保,而惯常手法是资产注入。政府打造投融资平台的过程中,土地注入是最为普遍的方式,也是核心的内容:这既可扩大资产基数,又可以用于抵押担保,还是未来重要的收益来源。在土地财政的资本循环中,政府能够持续不断地通过投融资平台从社会融资,其可行性在于政府对土地的平整、开发,以及政府投资市政建设和产业发展,能推动土地价格的升值,形成了"资产(土地)价格上升—抵押品价格上升—信贷扩张"的正反馈机制(图 15-4)。

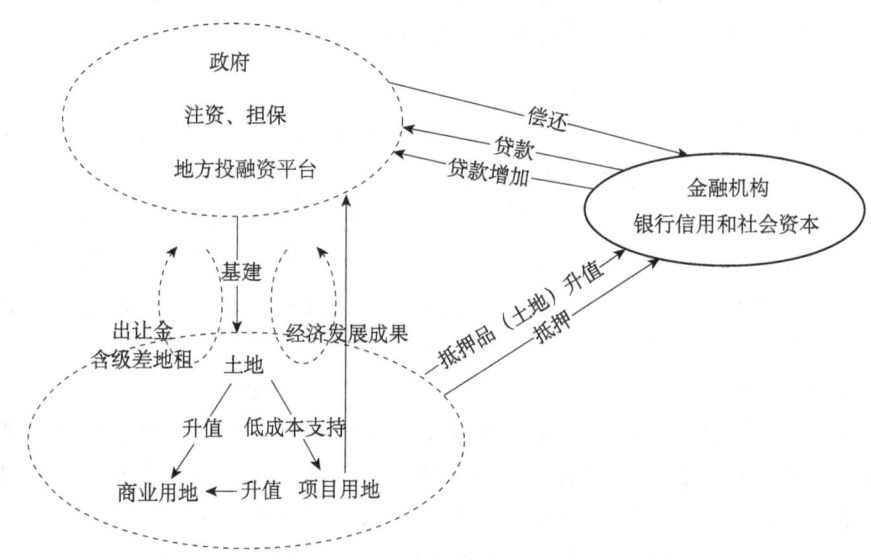

图 15-4　地方政府土地财政组织结构和资金流转

当然,政府土地财政能否长期持续滚动仍然受一些外部条件的约束,主要有两方面的限制:一是土地价格上涨,引发房价过快上涨,最终土地财政的滚动将受社会购买力的限制。二是,政府的还款能力,虽然部分可通过温和通胀来自然稀释债务,但是这往往需要较长时间,会减缓投资速度,而最终的决定因素在于区域经济的发展产生的税收增长能否支撑地方政府的偿还能力。这也是我们一直热议的地方政府债务解套的根本出路。

3. 积极意义与消极意义

地方政府土地财政和投融资平台作为地方政府调动资源的手段,虽然引发很多问题,如地方政府负债过高和土地价格上涨过快等,但其推动中国近二十年经济迅速增长的重大功绩也不能抹杀,这种方式:第一,盘活资产、整合资源,把"死"的土地资源变成活的流动的货币资本;第二,实现了对社会资本的引导,通过银行中介、信托理财产品、股市等方式集中了社会分散化的资金,流入政府投资项目;第三,加强了地方政府的建设导向和发展导向,加速了城市化建设和创新创业支持;第四,形成了中国投资驱动型经济。

中国的投资驱动型经济是通过"资产(土地)价格上升—抵押品价格上升—信贷扩张—增加投资"不断强化的。美国经济是消费驱动型经济:"住房价格上升—抵押品价格上升—信贷扩张—增加消费。"虽然二者都是通过资产价格上涨实现了经济发展的正反馈,但是,在中国投资本身能推动土地价格上升,而美国的消费则侵蚀了房产所有权。所以比较而言,只要中国投资驱动经济的外部性收益能够弥补投资支出,那么投资驱动经济能够长期持续,而美国则在不断销蚀消费扩大的基础。

当然,我们也不能忽视土地财政和地方投融资平台带来的地方政府举债过高的严峻程度。截至2013年6月底,地方政府省市县三级共负有偿还责任的债务余额10.6万亿元,年均增长19.97%。年中审计署抽查了36个地方政府本级债务,其中16个地区债率超过100%,还有不少地方政府举新债还旧债,突显部分地区地方政府债务过高的隐忧;其次,土地财政推动城市土地价格上涨,商品住房价格过高引发社会矛盾。所以,地方政府财政支出过多依赖土地财政的状况迫切需要向发展产业增大税收、调整中央和地方分税比例等常规化方式转型。

三、政府主导型科技金融

围绕创新、孵化、培育科技型中小企业和发展战略新兴产业,我国政府从中央到地方都把发展科技金融作为重要抓手。把科技创新资本化,用金融资本的逐利性来推动和加速科技创新,是发展科技金融的主要目的。中国在学习美国等发达国家创新投融资体制经验的同时,也因地制宜地探索出了一些具有中国特色的政府引导型科技金融模式(王旭琰,2012)。

1. "政府孵化平台+创业风险投资"模式

以高新区为载体,国内地方政府成立了大批科技型中小企业创新创业的服务平台,从20世纪80年代中期开始的科技创业服务中心,逐渐形成了包括科技创业服务中心、国家级省级等各级孵化器、大学科技园、留学生创业园等的多元化孵化平台。孵化器成了创业企业和创业投资对接的平台。目前,很多孵化器把吸引风投资本，推介投资企业作为服务内容之一。

"孵化器＋风险投资"的模式降低了创业投资与风险企业之间的交易成本，为创业投资提供了低风险、低成本的项目筛选渠道，降低了风险资本的信息费用。"孵化器＋风险投资"的模式推而广之，在加速器、产业园等促进企业成长和产业培育的政府平台载体可以复制，如加速器和风险投资的合作、产业园和产业基金的合作（如苏州纳米城＋纳米产业基金的形式）等。这些科技金融发展模式都利用了政府企业孵化和产业培育平台汇集信息的功能，降低了企业和风险投资对接的信息成本和资本投资的风险。

2. "科技贷款＋政策性担保（＋风险投资）"模式

中国是以商业银行为主要信用中介的金融体系，所以银行贷款始终是企业融资的重要渠道。除了国有商业银行，有政府背景的城市银行也是地方支持高科技企业和发展新兴产业的重要资源。但是银行出于资本安全的考虑，对中小规模的科技型企业贷款一般会提出抵押要求，而轻资产的科技型中小企业又缺少抵押物，所以银行贷款和中小企业的融资需求之间不能对接。为了解决这一问题，大部分高新区（如中关村、杭州高新区）成立了科技担保公司。

科技担保公司为企业提供信用担保，使企业达到银行的资产抵押要求，解决科技型中小企业贷款融资难的问题。一方面，担保公司代替银行继续进行贷款项目的信用审核，并用自有资产做贷款抵押，分担银行贷款的违约风险；另一方面，企业通过担保公司的增信，达到银行要求的放贷条件，并降低了融资成本。担保公司在对安全性要求较高的银行和需要贷款支持的科技企业之间搭起了桥梁，实现科技企业和银行贷款之间的资本供需的对接。

中国实行较为严格的银行监管，规定了银行贷款利率的上限，所以银行的科技贷款虽然是高风险业务，但只能获得和一般贷款同样的利息收益。某些高新区为了绕过银行监管，制定了允许政策性担保公司进行股权投资的政策，实现投资方（科技银行和科技担保）在企业成长过程中获得相应的收益。例如，杭州高新区创投服务中心的政策性担保公司开展了股权投资业务，其收益可以在创投服务中心的总盘子下与科技银行的科技贷款业务实现收益平衡。中关村科技担保公司也开展了股权投资业务，对发展前景较好的投保企业进行股权投资。

"科技贷款＋政策性担保（＋风险投资）"模式是在中国以银行为基础的金融体系，并对银行实行严格监管的制度下，灵活使用硅谷银行"债务投资＋股权投资"的本土化模式（图15-5）。

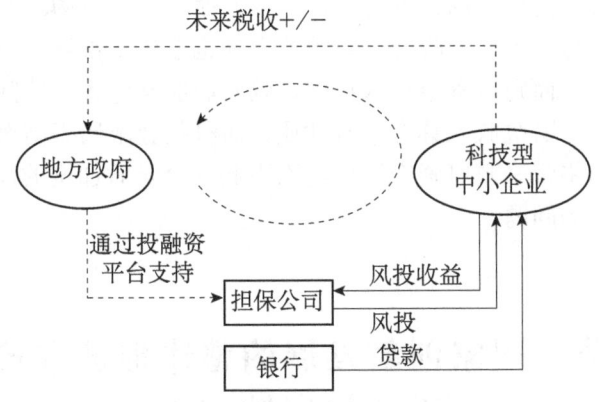

图 15-5 科技贷款和科技担保资金流转

3. "政府引导基金＋创业投资母基金"模式

以以色列创业投资母基金和澳大利亚创新投资基金为代表的政府创业投资母基金模式也被我国各地政府积极效仿。北京、上海、深圳、苏州等地的政府引导基金发展较早，并已颇具规模。而2008年10月《关于创业投资引导基金规范设立与运作的指导意见》的出台，更是鼓励了其他地方政府积极设立政府引导基金和出台政府引导基金管理办法。近些年，我国各地地方政府普遍设立政府引导基金。2014年，新一届中央政府设立了注册资本400亿规模的引导基金。

在政府积极设立政府引导基金的基础上，我国甚至出现了以投资和管理政府引导基金为主营业务的创业投资公司，如深圳市创新投资集团有限公司。该公司通过与政府合作成立政府引导基金的实践，积累了丰富的经验，建立了一套完善的政府创业投资引导基金的管理办法，在一定程度上弥补了地方政府运作创投引导基金经验不足的缺陷。

"政府引导基金＋创业投资母基金"的模式，一方面有效地放大了政府资金的作用，使有限的政府资金通过参与发起设立子基金，吸引了大量社会资本参与到创业投资行业；另一方面，由于政府资金的介入，以及合理的制度安排，能有效降低商业性资本参与创业投资的风险，提高了商业资本的收益。

4. *存在的问题*

在中国特色的科技金融业发展，政府资金占据了大半江山——政府资金或者直接以财政拨款的形式，或者以政府融资平台建立创投公司的形式，或者设立引导基金，或者进行科技贷款绿色通道和提供科技担保，或者对相关机构直接进行奖励和补贴，形成了鲜明的政府主导的特点。

这种特点使政府发展科技企业和战略新兴产业的主观能动性得到极大发挥，

并且在调动资源、整合资源、搭建平台等各方面起到了市场和私人部门不可替代的作用。但是另一方面，政府主导的特点却也造成了市场活力调动不足、民间资本参与不足，而财政资金投入过多、政府职能延伸太广等问题。由于政府的社会公共属性，财政收入具有公有性质，而科技金融属于高风险投资，政府资金的广泛介入将带来政府资产流失进而引起社会矛盾加剧的风险。这是需要今后探索和研究的问题。

第四节　国家创新发展的整体推进方式：从工业化到城市化

国家创新发展能否取得成功最终取决于它所根植的社会基础，即创新发展是否与社会进步的方向相一致，若相一致，社会将成为创新发展的沃土；若不一致，社会将以各种方式阻碍创新发展的进程。基于这一本质内涵，我国创新发展的整体推进方式表现为改革开放以来的城市化进程和近几年的创新型城市建设。

一、工业化与城市化

近代城市的出现是近代工业发展的伴生现象。工业发展吸引劳动力从农业区向工业区聚集，而人口的聚集首先发展起了为人口的衣、食、住、行等基本生存服务的产业和部门，接着又发展起了医疗、教育、卫生、娱乐休闲等公共服务业。随着工业化发展，逐渐形成人口聚集和发展起满足这些聚集人口需求的基础设施、基本消费服务和公共品服务，就是近代城市。

改革开放以来，中国延续了之前的工业化目标，优先发展工业，带来了中国工业超常规的发展。工业化促进了城市化。一般用工业在 GDP 中的比重衡量工业化水平，用城市人口占总人口的比例来衡量城市化的程度。按此指标衡量，改革开放以来，我国工业在 GDP 中的比重长期保持在 45% 左右；农业比重持续下降，农村劳动人口加速向城市转移，城市人口比重从改革开放初期的 20% 上升到 20 世纪末的 30%，最近十多年，又迅速上升到 50% 以上（图 15-6）。所以，我们一般说中国的城市化率已超过 50%。

但是，中国城市化的衡量有其特殊性。因为我国特有的户籍制度，在其他国家表现为同一数值的城市中生活的人口（城镇户籍人口＋农民工）、城市服务（特别是公共服务）人口（主要是城镇户籍人口），与城市承载的家庭人口（城镇户籍人口＋农民工＋由农民工供养但滞留农村的家庭成员）有很大出入。根据《国民经济和社会发展统计公报》统计的人户分离人口和流动人口显示，我国2013年人户分离的人口为2.79亿人，其中流动人口为2.36亿人。这2.36亿的流动人口中，大多数为进城工作和生活而其户籍仍在农村的农民工。这样，根据户籍计算的户籍城镇化率2013年仅为35.7%左右。在中国城市化率和户籍城市化率的巨大差距中还未包括主要依靠农民工工资生活而依然滞留农村的老幼妇孺，这部分非完全劳动人口也应该逐渐纳入城市人口之中。基于这样的考量，中国城市化虽然在近十多年进程加速，但仍然滞后于工业化。2012年中国社会科学院发布的《工业大国国情与工业强国战略》指出，与发达国家的发展阶段（1920年城市化率就达到51.2%）相比，和与这些国家发展水平（按购买力平价计算的人均GDP相近）相比，我国的城市化进程也比较滞后（图15-6）。

城市化水平不应仅指承载的人口规模，还应包含所有成员能够享有的城市基础设施、市政服务、社会福利和公共服务水平，以及由此生成的城市生活、人文环境和宜居程度。中国城市化过程中形成的大规模的流动人口，他们参与工业建设，却不能享受城市福利，这正是中国劳动力成本低廉因而能成为全球加工制造中心的公开的秘密。中国城市化严重滞后于工业化也同样基于此。中国城市落后的基础设施、不完善的社会福利、被牺牲的生态环境，不仅无法为中国经济持续发展提供动力，而且已经成为中国经济、社会、文明进一步发展的制约。因此，城市化转型是中国下一步亟待解决的问题。

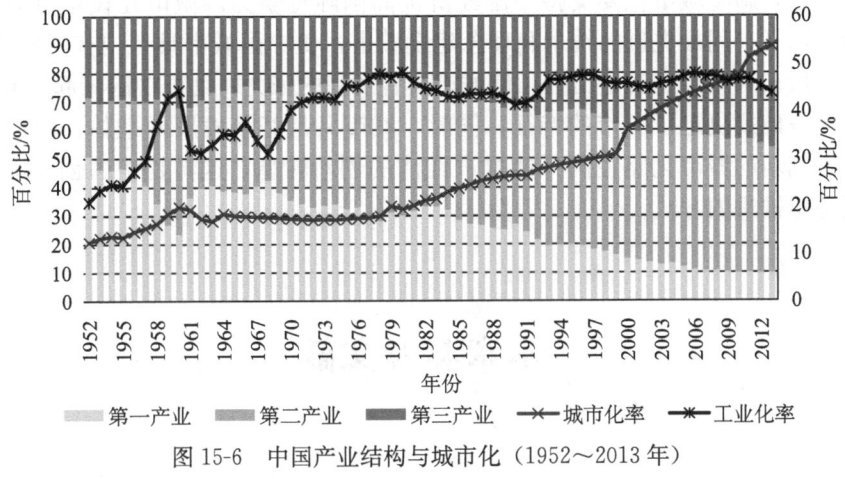

图15-6 中国产业结构与城市化（1952～2013年）

二、新型城市化与创新型经济

城市化发展路径必然和经济发展方式联系在一起，当前中国城市化转型之所以任务紧迫，是因为中国经济发展方式已经遇到了内部和外部环境的制约。着眼于发展创新型经济，中国城市化必须向新型城市化快速迈进。可以认为，过去三十年，中国是在跟发展中国家竞争，而今后的发展将与发达国家竞争，因此中国新型城市化建设需要作为提升与发达国家相比较的竞争优势的措施。

首先，新型城市化要为新兴产业提供领先市场。新兴产业在发展早期阶段严重依赖国内市场，需要通过国内市场需求为产业发展提供动力，正如中国高铁产业是由于依托国内的大市场和上万亿投资的拉动而迅速崛起一样。中国今后会有更多萌芽阶段的新兴产业需要新型城市化提供领先市场。例如，通过示范性工程，如节能工程，对LED照明、太阳能发电、智能交通、智能水务等尚处于成长期的产业创造市场；通过制订环保标准、排污标准，倒逼相关产业发展和企业在节能减排方面的技术进步。

其次，新型城市化要为创新经济提供基本支持条件，以新的生活方式和新型组织方式来推动创新经济发展。创新经济是知识密集型经济，需要人才、知识载体、知识交流平台等要素的聚集，以及重视知识和创新的社会氛围，这些都需要新型城市化来支撑；同时，中国新型城市化可用新的方式解决城市化的遗留问题。例如，用新兴农业技术和现代服务业发展城郊农业，实现城郊现代农业发展和城市空间结构优化同步进行。建设新一代信息技术基础，如普及智慧交通、智慧医疗，改变城市生活方式和改善前期城市化过程中的一些"城市病"。

最后，新型城市化要支持中国经济提高国际竞争力。城市建设本身具有国际领先水平，用最先进的技术和理念建设城市，使中国城市具有内在的吸引力。并支持城市和城市经济走出去，使城市具有发展的张力，助推中国崛起和赶超。

经济模式决定了城市的特征，同时，城市又是经济发展的载体，所以一个有利于创新的城市化路径同样能推进经济的创新转型，这将是中国创新下一步发展整体推进的方式。

本章参考文献

樊纲.1993.渐进之路：对经济改革的经济学分析.北京：中国社会科学出版社.
郭熙保.2011.论中国经济发展模式及其转变.当代财经，(3)：5-11.
渠敬东.2012.项目制：一种新的国家治理体制.中国社会科学，(5)：113-130.
王胜光，程郁.2013.国家高新区创新发展报告——二十年的评价与展望.北京：中国经济出版社.

王旭琰.2012.国家高新区 20 周年纪念主题文章之七 科技金融发展之中国特色.中国高新区,(8):140-144.

魏杰.2008.30 年中国对外开放战略的变革——纪念改革开放 30 周年.理论前沿,(10):9-13.

杨圆圆.2010.土地财政:规模估算及影响因素研究.财贸经济,(10):69-76.

杨峥.2011.我国土地财政现状及其原因分析.城市,(3):54-61.

赵夫增,王胜光,程郁,等.2014.中国自主创新的战略问题.中国科学院院刊,(2):158-171.

周飞舟.2012.财政资金的专项化及其问题:兼论"项目治国".社会,(1):1-37.

第十六章

对中国创新发展的战略分析[*]

中国经过 30 多年来的改革开放实现了在全球化条件下的经济追赶，现在已经到了能否跨越中等收入陷阱实现后发赶超的阶段。后发赶超，走创新驱动发展的道路是必需的选择。对此，需要对中国面临的内外部环境和走创新发展道路的客观必然性做深入的分析判断，从而形成走创新发展道路的自信。

第一节　全球化与中国的自主创新

中国今后要走创新发展之路是由中国在国际关系中的特殊地位和中国自身的特殊国情决定的。与其他国家相比，中国能否持久地保持经济增长、成功跨越中等收入陷阱和实现后发赶超，面临前所未有的特殊挑战，挑战的根源在于中国是全球化下的东方后发大国。

全球化下的东方后发大国意味着中国的技术赶超需要在发达经济体和跨国资本的全球创新部署和竞争压力下实现，这是中国与历史上的日本、韩国乃至美国的后发赶超的不同之处。在赶超过程中，日本和韩国是美国的盟国，而美国也是西欧的衍生国，它们与先发经济体虽有竞争的一面，但同时也属同一文化体系，或者在国际竞争格局中属于同一利益阵营。而今中国由于与西方发达国家在文化背景和社会制度上的差异，其创新崛起对既有格局有造成全方位冲击的可能性，中国自然会遭遇全方位的压制和围堵。这是中国当前面临的基本背景。

其次，中国已经从人口大国发展为经济大国，要在此基础上进一步成为创新大国乃至强国，有其大国的特殊性。与小国乃至其他大国不同的是，大国拥

---

[*] 本章由赵夫增、王胜光等撰写。本章内容参考已发表于《中国科学院院刊》2014 年第 2 期的《中国自主创新的战略问题》。

有更为完整的产业体系。由于技术创新体系和产业生态系统的存在,各行业技术水平和创新能力虽然参差不齐,但有"一损俱损,一荣俱荣"的一面,因此中国产业技术的赶超是各行各业全面面临的问题,这在历史上是前所未有的。

不仅如此,作为历史上第一个实现现代化的非西方大国,而且是规模超大的国家,中国自主创新战略目标的实现将不可避免地对国际现有产业和创新格局形成全方位冲击。这反过来意味着,随着自主创新能力的提高,在全球舞台上,中国将会越来越多地在所谓高端产业或价值链高端环节与西方国家形成正面竞争。后者不仅具有长期积累的科技资源和产业创新能力优势,而且掌握产业技术标准、规范、平台和话语权,控制全球价值链网络(Dedrick et al.,2009)和产业生态系统,对中国更是长期实施严格的技术封锁和知识产权布控。全球化虽然带来全球采购和价值链全球部署的便利,但发达国家在核心技术方面的严防死守却从未改变,加之人类现有的成熟产业在演进历史中已经形成技术路线锁定和利益格局固化的客观局面,中国要实现技术突围会面临重重困难,要实现多数产业乃至整个产业体系的创新突破会面临空前压力,在战略技术领域更可谓是在以一己之力追赶所有发达国家数百年的积累。

因此,在新的历史阶段中国要全面突破国际创新格局实现技术赶超,或者说全面赶超,只能走自主创新的发展道路。就历史经验而言,如果说冷战时期苏联霸权在中国逼出个相对独立的工业体系,那么今日全球化时期西方技术封锁终将会在中国逼出个相对独立的创新体系。这个相对独立的创新体系并不否认中国技术创新体系的高度开放性,而是意味着中国产业技术特别是核心技术的独立自主性和体系完整性。

第二节 中国创新发展的现状

一、创新发展的现状

从统计指标看,中国已经是创新大国。从研发投入看,2012年,全国共投入 R&D 经费 10 298.4 亿元,居世界第三位;研发投入强度(R&D/GDP)为 1.98%,虽然与美国、日本等国家相比仍有较大差距,但已超过部分发达国家如意大利和英国。此外,全国研发人员总量达到 320 万人年,稳居世界第一位;SCI 收录的我国科技论文数快速增长,连续四年居世界第二位;论文共被引用 709.88 万次,排在世界第五位;发明专利授权量达 21.7 万件,稳居世界第三位。从产业创新发展角度来看，后发赶超的态势愈加明显。

1. 军工和航空航天

中国军工在最近几年特别是2012年以来呈现出重大装备成果井喷之势。在空军装备领域，同时研发J20和J31两款四代隐形战机，空警2000领跑世界预警机，军用大型运输机运-20首飞成功，以及翔龙大型无人机、利剑隐身无人机、武直-10直升机、轰-6K轰炸机、歼-11B重型战斗机、歼-15重型舰载战斗机等代表性装备成果集中爆发；在海军装备领域，辽宁号航空母舰的快速改造和入役，052D型驱逐舰的下水，054A型护卫舰的服役，056轻型护卫舰的快速批量建造，国产野牛气垫登陆艇的建造，071级船坞登陆舰的开工等；东风21-D反舰弹道导弹和中段反导等战略防御技术的突破，燃气轮机、大型低速柴油发动机曲轴、大型螺旋桨等关键部件技术的突破等；我国航天领域稳步快速推进的事实有目共睹，探月工程、载人航天、北斗导航、空间站计划、规模已达世界第二的每年卫星发射和在轨卫星数量、国际商业卫星和卫星发射市场的迅速开拓、国家空间基础设施和航天装备体系的稳步建设。这些无不反映出军工成果的井喷之势和这种军工井喷背后的体系化进步。

2. 装备制造业

在上一个十年里，以重大技术装备为代表，以重大工程为牵引，中国的装备制造业实现了跨越式发展。2002~2011年，我国装备制造业总产值从1.86万亿元增长到16.89万亿元，产业规模增长近10倍。目前发电设备占世界总产量50%左右，机床工业2009年产值位就居世界首位。自主创新能力或装备技术层次显著提升。风电设备国产比例由2004年的10%上升至2010年的90%；火电厂超临界机组的比重从2006年的29.4%提高到2010年的52.2%；机械工业在科技创新方面取得一大批标志性成果，如80米碳纤维臂架泵车、1000吨以上履带吊、1000吨全路面起重机、5200吨米塔机、510马力推土机、46吨叉车、直径11.22米泥水平衡盾构机、70万千瓦混流式水轮机组、6兆瓦风电机组、特高压交直流输变电成套装备、20兆瓦级电驱压缩机组、第三代核电蒸发器支撑、高铁建设成套设备、混合动力挖掘机，以及大型旋挖钻、挖掘机、装载机、平地机等产品；目前，全球最好的火电厂（超超临界机组）、水电站（最大单机容量）、核电站（第三代与第四代核电站）、电网（特高压电网）、全球最好的煤制油工厂、最好的石油开采技术、最大的模锻压机、最好的大件铸造技术、最大规格最大承重的数控机床等都建在中国，并且其中使用的大型成套装备多由中国企业提供。尤其表现为轨道交通、特高压输电、水电装备、海洋工程装备等产业的技术和生产开始引领世界。

3. 高技术行业

高技术产业曾经是中国与国际差距最大的领域，但这些年也在加速追赶。

信息、新能源和生物技术是高技术产业的主要热点。在信息通信技术领域，从 3G 到 4G，中国提出的技术标准已被国际接受；全球五大通信设备制造商已有两家中国企业；中国的腾讯、阿里巴巴、百度等企业依托本土市场优势已在规模意义上成长为全球为数不多的互联网巨头；在新能源领域，中国在水电与核电领域具有独特优势，在光伏和风电领域已经形成世界最大产业规模，在技术上也在快速跟进；在生物技术领域，近些年中国在基础研究和特色环节方面取得快速进展，如北京生命科学研究所、华大基因等都正在形成科学和技术优势。除了这些现有产业形态外，几乎前沿领域的技术和产业，中国都在紧密跟进。例如，在石墨烯和碳纳米管材料、量子通信和量子计算技术、核聚变工程、3D 打印、云计算、大数据等技术和产业前沿，中国不仅在密切跟进，而且已经形成了部分领先优势，为后发赶超奠定基础。

4. 消费品行业

相较而言，这一领域过去中国是被贴"低端制造"标签最多的领域。但目前中国在这一领域整体上不断取得进步，如家电产业和液晶面板产业等一些骨干环节的技术都在突破。特别是在对传统产业进行互联网化和绿色化改造的历史机遇面前，中国这一领域已经走在前头。

二、加速赶超的态势与特征

中国创新能力的加速提升始于 20 世纪末。新中国成立以来，我国技术创新能力虽然经历波动，但总体上一直在进步，并总体表现为军工主导的特点。改革开放以来至 90 年代末，尽管经济的规模和范围快速扩大，但对自主创新的技术依赖程度低，创新能力的建设投入也相对不足。在进入 21 世纪后，随着中国经济的持续增长与发展，加入 WTO 后国际竞争压力的骤然增加，以及科教兴国和人才强国战略的实施，中国经济迎来了创新能力加速提升的历史阶段。我们从中国 R&D 投入强度就会看出这样的趋势[1]，见图 16-1。

当前中国已经可称为创新大国，并且创新的领域尽管参差不齐，但在各行各业各环节均有表现。对于这样的表现，可总体归纳出五大特征。

一是追赶的特征。所谓追赶的特征，指的是在技术、产品及产业方面，先进国家已经有了成熟形态或方向，中国随后跟进乃至后来居上的情况。无论是在机械装备（包括轨道交通）等传统领域、航空航天等高技术领域，还是信息和生物技术等新兴产业领域，中国基本都呈现出追赶或跟随的特征，这也是后

---

[1] 20 世纪 90 年代末以来，中国的研发投入增速显著高于经济增速；研发投入强度（R&D/GDP）呈现稳定上升之势，从 1997 年的 0.6% 上升至 2012 年的 1.98%。

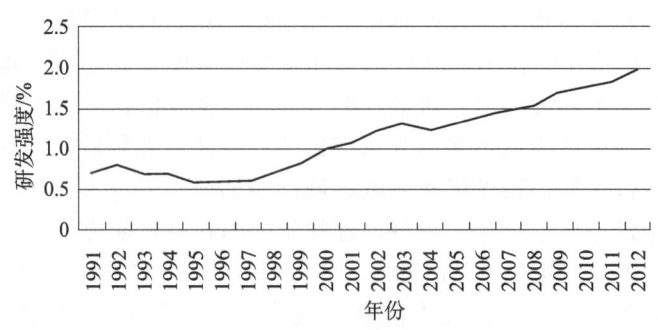

图 16-1 中国历年研发强度

发赶超的应有之意。但是，在新兴产业领域，如 4G 网络、云计算和大数据，随着中国日益接近技术和产业前沿，中国今后将不可避免地要参与前沿探索或产业引领。

二是投资驱动的特征。所谓投资驱动的特征，指的是伴随着中国的大规模国土建设和加速重工业化进程，中国技术进步最快的领域主要是在传统重工业，而非新兴技术或消费领域。20 世纪初以来，中国不仅是世界工厂，同时也是世界工地。在此背景下，中国的重大技术装备和工程施工技术实现了跨越式发展，初步形成全球领先之态势，如高铁、特高压输变电、水电装备等。从统计数据看，2012 年中国工业企业 R&D 投入强度（与主营业务收入之比）的平均水平为 0.77%，投入强度超过 1% 的除了医药制造业、计算机、通信和其他电子设备制造业（1.51%）以外，全部为装备制造业，包括通用设备制造业（1.24%）、专用设备制造业（1.48%）、汽车制造业（1.12%）、铁路、船舶、航空航天和其他运输设备制造业（2.18%）、电气机械和器材制造业（1.29%）和仪器仪表制造业（1.86%），这与发达国家如美国研发投入主要集中在信息和生物为代表的新兴技术产业领域的情况形成鲜明对比。

三是以重大工程为牵引和复杂系统集成为引领实现价值链突破的特征。这样的特征，指的是虽然许多产业领域在设备、工艺、材料、设计、核心零部件等环节仍然严重对外依赖，但与此同时，中国通过基础设施和基础产业的重大工程引领，以少数系统集成商为龙头，在引进消化吸收技术基础上建立自主技术平台，进而带动国内供应链整体崛起。这种模式实际上是举国体制的集中表现，在多个以重大工程为依托的复杂产品系统领域已经形成优势，高铁是最为典型的产业案例。

四是尖端技术或平台项目大量突破但应用体系还很薄弱的特征。这一特征指的是作为平台的产品或系统刚刚有了尖端突破，其应用价值潜力无限但尚未大规模开发的情况，或者是样机刚刚突破但有待量产的情况，如超级计算机、北斗导航、八万吨模锻压机、蛟龙号载人潜水器及 J20 隐形战机等。但是，在平台基础上进行应用创新所面临的技术挑战并不亚于平台技术突破本身,这也是中国下一步有待大力强调的创新方向。

五是前沿跟踪日益紧密和大量落后产业技术并存,少量企业形成较强创新能力、高新技术企业创新创业日益活跃、海量中小企业缺乏甚至没有技术创新能力,以及多数大企业大而不强现象并存的特征。所谓前沿跟踪日益紧密和大量落后产业技术并存的特征,指的是在大量企业技术、工艺和管理仍然十分落后的情况下,我国无论是在新兴技术热点如石墨烯、碳纳米管和量子信息,还是在新兴产业热点如云计算、物联网、大数据、新能源和3D打印,跟进的步伐越来越快,在部分领域已经走在国际前列;所谓少量企业形成较强创新能力、高新技术企业创新创业日益活跃、海量中小企业缺乏甚至没有技术创新能力,以及大企业多数大而不强现象并存的特征,指的是由于中国规模巨大和发展参差不齐的原因,中国虽然大量企业缺乏创新能力,但也有华为、中兴、三一重工这样具有国际竞争力的少数企业,以及成千上万家日益活跃的创新导向的中小企业的情况。

第三节　中国后发赶超的战略优势

全球化下的东方后发大国不仅意味着有巨大的挑战,同时意味着中国有克服挑战实现自主创新战略目标的战略优势,我们可以从五大方面对这些优势重点分析。

一、巨大规模优势

中国已经是世界第二大经济体。巨大经济规模是中国实现创新突破的最根本优势,主要体现在以下三个方面。

首先是市场规模。随着中国成为最大经济体,中国的内需市场和进口规模也将成为世界第一,这对技术赶超进程将会带来决定性影响。由于市场需求是技术创新的根本导向(Edler and Georghiou,2007;埃里克·冯·希普尔,2007),中国市场将在越来越多的领域对产品(或服务)的创新方向进行定义,符合中国需求的技术标准、产业规范将会具有越来越大的国际影响力,中国标准将会越来越多地成为世界标准。这在重大工程牵引的装备业已有初步迹象,如重工业领域的高铁、特高压输电、水电设备等。实际上,通过适当的开放创新战略，利用市场规模优势有效实现技术的引进消化吸收再创新目标，已经成为中国重大装备业在较短时间内实现技术突破的典型模式。不仅如此，随着中国市场规模的不断膨胀从而对于跨国资本重要性的增加，以及中国人才资源的规模扩张和质量提升，外资研发机构越来越多地落户中国，从而具有有效融入中国国家创新体系（弗里曼，2004）的可能性，从而像美国那样使外资成为加强本土创新能力的有利因素。

其次是中国在众多领域工业产值均居世界第一，中国在越来越多领域成为全球制造基地的同时，工业产能在全球所占比例也越来越高。在基础建设方面，2012年中国新增的公路里程、高速公路里程、铁路里程、高铁里程、发电装机容量等均位居世界首位。在新兴产业方面，中国发展更为迅猛。例如风电产业，2012年中国已经成为世界第一风电大国，中国用5年半时间走过了美国和欧洲15年的风电发展历程。从技术创新角度而言，产业规模的意义在于：其一，企业是技术创新的主体，生产是技术创新的母体，中国独步天下的产业规模为吸收整合全球科技资源提供了基础。当前中国产业技术水平总体较低，相对于产量而言附加值水平不高是个基本事实，但在过去十多年里中国产业创新能力普遍加速提升也是基本事实。例如，中国向英国出售用于制造航母的龙门吊、向德国出售的高速高精度五轴数控机床、向美国福特公司出售的轿车生产线等，都是中国产业创新能力和国际竞争力迅速提升的鲜活案例。其二，就产业组织而言，与发达国家相比，中国是少数龙头企业和大量中小企业并存的局面，这一方面形成了激烈的竞争环境，另一方面也形成了强大的创业活力，从而为新技术应用、多样化的技术发展和商业模式探索提供了企业主体基础。

最后是投入规模。随着中国经济的持续高速增长，中国的创新投入以更快的速度持续增长。资金和人才是创新的两个关键要素。从资金角度而言，企业的研发投入、各级政府的财政科技投入，无疑是中国推动创新的基础条件。科技重大专项等各类科技计划和项目、战略性新兴产业规划、各类产业技术升级计划、重大技术装备工程等都是科技投入的具体形式。从人才角度而言，资金投入为大规模的人才培养和引进提供了基础。占世界一半左右的理工科毕业生和研发人员、各级政府大力推进的人才引进计划，以及越来越多的中国企业在全球范围内招引人才等都是具体表现。

二、产业体系优势

中国在计划经济时代已经形成完整的工业体系，这一体系在改革时代得到进一步发展。中国产业广为诟病的问题在于所谓大而不强，而这正是自主创新所要着力解决的问题。但是，中国工业体系的完整性是个客观基础，我国拥有

39个工业大类，191个中类，525个小类，是全世界唯一拥有联合国产业分类中全部工业门类的国家。产业体系优势与巨大规模优势有着密不可分的联系，特别是只有巨大的市场规模才使得完整的产业体系显得合理。例如，对于基础性产业或重大平台来说，只有巨大市场才能形成足够需求，从而使之具有商业合理性。

产业体系优势对于自主创新意义极大。技术创新能力不能仅从孤立技术或单一企业角度来理解，实则取决于包括设计、材料、工艺、装备和零部件等在内的整个产业链。这种产业链依赖关系，一方面意味着，某项技术瓶颈及其国际管制可能在多个产业领域同时形成制约，另一方面也意味着，一项技术特别是基础平台性技术的突破将会带来辐射效应，将会促进产业链和产业生态系统的群体式技术突破。由于中国产业领域分布最为宽泛，一个领域的技术突破和平台建设对其他领域形成辐射带动的可能性也最大。例如，在重型装备领域已经投入使用的八万吨模锻压机，除了军工领域以外，还可大量用于民用领域，我国航空航天、动力发电、海洋工程、西气东输、深部开采等行业所需性能最高、尺寸最大、结构最复杂的构件大多能够通过该锻压机进行加工。中国完整的产业体系优势也是抢抓新兴产业机遇的基础，如中国在新能源产业领域的快速跟进和赶超就是庞大工业体系支撑的结果。可以说，完整的产业体系是中国实现全面赶超战略目标的结构性基础。

三、举国体制优势

举国体制在当今世界各主要国家都有不同形式的存在，而中国更加突出。举国体制的要义在于集中力量办大事，它不仅体现在国家层面，而且体现在省市等各级地方政府层面，如在政府文件里"举全省之力""举全市之力"和"举全区之力"等提法都是鲜活体现。就实际情况来看，目前地方政府往往较多参与资本密集型的装备产业领域，如汽车领域的奇瑞、显示面板领域的京东方和华星光电，背后都有地方政府的参与和支持。

举国体制与规模优势相结合，有助于撑起中国自主创新的脊梁。举国体制对于具有明确目标、需要巨大投入和长期努力的技术追赶领域，特别是复杂产品系统攻坚具有特别优势，而以基础产业、关键技术和重大工程为代表的这类复杂产品系统正是中国自主创新的脊梁（Hobday，1998；Prencipe，2003）。事实上，与其他产业领域相比，中国在重大技术装备领域的创新能力总体上已经走在前头。不过，需要强调的是，举国体制主要适用于追赶目标明确、具有资本密集型和复杂系统集成特点，特别是有重大工程牵引的领域，而一般来说不适于目标高度不确定和需要多元化探索的新兴产业，以及需要对大众市场进行灵活响应的消费行业。

社会主义市场经济与计划经济条件下的举国体制有着重大区别。前者的要点在于对政府和市场力量的有机整合，使自上而下的顶层设计和自下而上的主体能动性相结合，近些年国家组织的重大产业工程和科技专项无不如此，至于地方项目更是如此。例如大型铸锻件行业，由于工艺复杂，成品率低，企业一般不愿意啃这种"硬骨头"，科技部、国家发展和改革委员会等多部门协同联动，围绕产业需求，从工艺入手，以重大工程为依托，以市场应用为目标，全面融入"工艺＋产品＋设备一体化"的思想，保证了我国大型铸锻件产业的逐渐突围。这一案例实际上是举国体制优势的生动体现。

四、后发优势

处于追赶过程中的技术后发国家，一方面要面对先发国家控制产业格局、掌控创新资源乃至进行技术封锁的压力，另一方面也拥有这些国家所不具备的后发优势（林毅，2003），包括可参考先发国家的技术路线和产业路径，利用已有的配套产业、科技资源和技术平台，以及在采用最新技术时没有先发国家的过时资产包袱等。更重要的是，在面临产业范式转型的历史机遇时，后发优势突出体现在弯道超车的历史可能性上。

当前产业范式转型（Geels，2002；卡萝塔·佩蕾丝，2007）主要体现为绿色经济和互联经济两大趋势。这里仅作简单概述。首先是绿色经济。在能源资源方面，绿色经济主要体现为能源资源利用方式的集约化和新能源新资源的开发；在环境方面，绿色经济主要体现为降低进而逆转人类对自然生态环境的破坏。如果说历史上的能源危机曾经推动日本节能汽车的发展，那么绿色发展理念的深入落实将会促进全部产业的变革，这将是全球产业体系乃至人类文明发展模式的转型。随着以中国为代表的一批新兴经济体的现代化，落实绿色发展理念已经迫在眉睫，因为按照传统方式实现十几亿乃至几十亿量级人口的现代化是完全不可能的事情，绿色发展已经是中国实现现代化的华山一条路。其次是互联经济。互联网的革命意义在于它超出自身进而对各行各业各领域形成全方位的渗透和改造（凯文·凯利，2012）。从媒体、贸易、物流到医疗、教育等领域，互联网改造传统产业和社会的过程既是发生在眼前的现实，更是不断加深加速的历史趋势，最终将会根本颠覆现有社会组织形态，使大规模等级组织为大规模灵活组织所代替，同时将会建立起全面互联的智能生产系统。

后发优势和技术赶超对于落后国家来说只是一种抽象可能性。中国使这种可能性变成现实性，根据在于两点。首先，中国不仅规模巨大，而且在可预见的未来仍将持续快速增长，从而带来应用新技术和发展新产业的巨大增量需求空间。换句话说，中国经济增长不是简单复制发达国家的传统产业及低端环节，而是同时在大量应用新技术和发展新产业。例如，在绿色经济方面，与发达国家相比，中国存在大规模发展可再生能源的巨大增量需求；在互联经济方面，中国在推进新型工业化和城镇化过程中可直接开展智慧城市建设。其次，经过多年积累，中国在资本、技术、技能工人、基础设施和配套产业等方面，已经初步具备实现弯道超车的基础能力。中国在资本、基础设施和配套产业方面的基础能力有目共睹；至于最为核心的技术基础能力（Kim，1998），中国完整的工业体系及其长期技术和经验积累、初步具备创新能力和形成创新平台的一批龙头企业和大量创业企业，以及科研院所和大专院校的科研积累等都是基础。中国近些年创新能力的快速提升既是技术基础能力发挥实效的体现，也进一步加强了这种基础能力。

五、成本优势

成本优势也是后发优势的一个方面，但由于其重要性，值得单独强调。中国在创新方面的成本优势主要体现在三个方面。首先是中国的人力成本相对较低。在未来相当长一段时间内，即使达到经济总量世界第一的水平，中国人均收入仍然远低于发达国家。相应地，中国研发人力成本也会较低。其次，作为后发追赶的国家，中国在产业和技术方面有许多国际经验可资借鉴，从而能够有效降低研发成本和加快产品开发速度，这在诸多产业和技术领域已有明显表现。技术领先的原创企业的确能够收获高利润，但它们同时也需要巨额研发投入，相对而言，实施跟随战略的追赶者能够在付出较少成本的情况下，以更快的速度开发出类似产品。最后，中国市场和生产的巨大规模效应可有效分摊创新成本。因此，如果说过去中国的低成本优势主要表现在生产方面，那么现在将会越来越多地表现在创新方面（Immelt et al.，2009；Govindarajan et al.，2012），低成本创新的现象在一段时间内将会在中国持续存在。

低成本创新的优势显著表现在相关产品的价格上。事实上，一旦中国出现填补国内空白的技术产品，国际有关产品价格立刻腰斩的案例俯拾皆是，如 MOCVD 设备、铸锻件、医疗设备、无人机等。随着中国技术突破的领域越来越多，以及所谓高端产品的规模化生产，许多从传统观点看来的高科技产品会不可避免地降至白菜萝卜价，就像电视、手机等产业的历史显示的那样。

第四节　对中国创新发展的战略预判与政策需求

一、中国创新爆发机遇期即将来临

在人类历史上，迄今兼具这五大优势的国家绝无仅有。可以说，过去十来年不仅是中国经济规模开始影响世界，同时中国创新也开始了全球意义上的全面赶超。五大优势带来了中国主导全球技术创新体系重建的可能性，也会推动中国进入全面和大规模的创新爆发机遇期。原因在于以下几方面。

一是规模优势会达到临界点。2012年我国研发经费总量居世界第三位，强度超过部分发达国家。随着创新驱动发展战略的实施，社会各界对于创新的重要性的认知加深，有理由相信中国创新投入将会持续高速增长，创新能力提升将会进一步加快。根据过去十年的平均增速计，中国研发投入强度在这个十年将会达到发达国家平均水平。随着中国经济总量赶超美国，中国技术研发投入总量也将随之赶超美国。同时在需求方面，在世界第一基础上持续膨胀的市场规模将会越来越多地左右产业创新方向，中国标准将会越来越多地成为世界标准。

二是创新需求已经达到临界点。刘易斯拐点在中国已经确定到来，机器代替工人的趋势在中国已经不可逆转，机器人、自动化和智能化产业正在加速发展，中国正在快速成为全球最大的机器人市场和生产国。更加具有普遍意义的情况在于：能源、资源、环境、劳动力、产品质量等要素成本的上升已经成为持久趋势，单纯依靠压低成本来形成竞争力的做法已经是穷途末路，甚至开始危及经济增长和政治稳定。在低成本优势快速减退的情况下，必有越来越多的企业和部门坚定推进创新转型。

三是产业范式转型将会实质性推进。在互联经济方面，以移动互联网为过渡，互联网改造实体产业的过程正在呈现四面开花之势。在绿色经济方面，各地触目惊心的环保事件、中国成为石油进口第一大国等事实无不表明，中国已经没有继续拖延绿色转型的政治空间和经济空间，必须立即在开发新能源和推进节能环保工作等方面展开行动。挑战同时也是机遇。随着中国技术创新能力的增强，中国将会在互联经济特别是绿色经济方面形成特色和话语权。在互联经济领域，中国互联网龙头企业依托中国本土市场优势，在全球互联网巨头中占据半壁江山是一件非常可能的事情；互联网改造各行各业各领域的趋势在这个十年将会比上一个十年有更加深入的发展，2013年中国互联网电视产业的空前活跃是个值得注意的信号；互联经济时代在面板产业、芯片产业、移动通信和物联网等领域也为中国产业提供了弯道超车的机会。在绿色经济领域，根据新兴产业的发展规律，可再生能源产业经过泡沫破裂的洗牌，将会进入稳步发展的轨道，而中国的巨大增量市场提供了产业大发展的空间；至于节能环保产业，在政府强有力政策导向的前提下将会实现大发展。因此完全有可能，上个十年中国在传统重工业领域发生的事情，在这个十年将在互联经济和绿色经济领域重演。

四是平台带动效应将会显著体现。具体体现在多个方面。①重大装备的带动效应。例如，航母对航空、动力、机械、电子、材料等领域都提出了极高要求，将带动高端装备制造、航空武器系统、动力系统、高端材料和信息系统的产业链整体水平的提升。其他如核电、航空、海洋工程等重大技术装备无不如此。②重大平台的应用体系发展。这种平台可以是基础装备如世界最大吨位的模锻压机和黑色金属垂直挤压机，可以是基础材料如碳纤维，可以是工艺技术如3D打印，可以是重大科研和应用开发平台如超级计算机、载入潜水器、北斗导航、空间站和风洞群等，在这些领域我国均已取得重大技术突破或建立重大平台，其应用体系的发展将对下游产业创新带来深远影响。③通用产品平台的拓展潜力。在产品核心型号开发过程中可形成通用平台，在此基础上进行型号拓展要容易得多。例如，我国研制歼-10飞机，从型号立项到生产定型，用时20多年，而从歼-10到歼-15、歼-20、歼-31等，用时均不足10年，其中包括集成、设计、加工、生产和试验试飞等环节在内的平台建设是个关键。④在创新过程中形成的团队平台。这显然是比任何物质平台都更重要的人才平台。中国技术团队普遍较为年轻，以航天系统为例，"嫦娥"团队和"神舟"团队平均年龄33岁，北斗团队平均年龄35岁，"东方红"四号团队平均年龄29岁，卫星应用团队平均年龄28岁。这种团队年轻化现象是中国自主创新能力建设"年轻"的最好体现。

这些内生的动力都会推动中国进入创新爆发期。可以认为，创新爆发期的到来是中国创新能力在长期艰苦积累基础上从量变到质变的结果。

二、政策需求

创新爆发期是中国迎来的历史性机遇。因此，政府的战略和政策必须要有新的响应。主要应着眼于这样一些方面。

一是厘清政府角色和发挥体制优势。首先稳定的政治经济环境是构建政策的前提。从历史上看，落入中等收入陷阱或现代化进程中断的国家多是由于政治、经济和社会秩序的动荡。在这个前提下，要着眼于在社会主义市场经济框架下，厘清政府角色和发挥中国特有的体制优势。①在市场规模巨大且高度集中、产品具有复杂系统集成特点的产业，包括军工、航空航天、能源、交通，以及各种重大技术装备和关键材料等领域，总结推广高铁创新模式；②在科技基础设施、重大技术装备等领域推进政府主导的"平台＋生态"计划，通过基础平台建设，在数据、知识库、人才社区、信息乃至政策和管理方面形成平台化的思维和体制机制；③政府牵头，对于投资大、变革快、不确定性较强的新兴产业等领域（如技术标准、设计、装备、工艺、核心零部件，以及电子信息领域的核高基等），针对核心环节引导支持企业合作攻关，形成平台和标准，以争夺产业竞争主导权。

二是利用大市场优势，营造创新发展的市场。①随着中国在越来越多产业领域成为全球最大的市场，中国市场需求左右产业创新方向的现象越来越明显。使市场成为杠杆，将会成为中国形成国际创新领导力的主要手段。为了更好地发挥市场杠杆对创新的牵引作用，需要建立创新导向的开放市场。特别是对于体制内市场来说，有必要加强采购过程中技术创新的评价权重，促进体制内市场采购对社会创新主体的开放，逐步取消外国企业和产品的超国民待遇，以及加大对垄断行为的打击力度等。②建立规章和制度，尤其是绿色规制和安全壁垒。绿色规制可以创造市场。通过建立和执行节能、减排、降耗的绿色规制，在改进社会福利的同时，创造绿色产业发展的巨大空间，促进中国产业的整体绿色转型；要加强国家的安全壁垒。例如信息通信产业，由于各关键部门、行业和领域在信息通信技术领域对国外供应商的严重依赖，中国信息安全存在严重隐患，因此，有必要从国家信息安全的战略高度，对本土企业的自主创新进行引导和支持。

三是全面促进形成新经济范式。①积极迎接互联经济变革。互联经济将对传统产业和社会组织带来颠覆性变革，要在这一变革浪潮中掌握主动，全面调整结构和促进适应互联网变革的经济形态。②新的变革更加需要吸引和整合全球创新资源。例如，设立面向全球的科技计划和人才计划，为全球人才流入提供全方位的政策便利。③互联网时代使得大众创新成为可能，而大众创新是中国自主创新能力提升的土壤。因此，需要在政策层面全面推进创业计划和建设全民创新文化。④加强政府的创新学习。对于政府来说，创新的公共管理是一个全新课题，如何把握新兴产业的机会窗口，政府何时及以何种方式介入特定产业更为有效等问题，在这方面中国整体而言仍有很大盲目性，要改善这一局面没有捷径，唯有加强学习和研究。

本章参考文献

埃里克·冯·希普尔. 2007. 民主化创新. 陈劲, 朱朝晖译. 北京：知识产权出版社.
弗里曼. 2004. 工业创新经济学. 华宏勋, 华宏慈, 等译. 北京：北京大学出版社.
卡萝塔·佩蕾丝. 2007. 技术革命和金融资本. 田方萌, 胡叶青, 刘然, 等译. 北京：人民大学出版社.
凯文·凯利. 2012. 技术元素. 张行舟, 余倩, 周峰, 等译. 北京：电子工业出版社.
林毅夫. 2003. 后发优势与后发劣势——与杨小凯教授商榷. 经济学（季刊），2（4）：989-1004.
Dedrick J, Kraemer K L, Linden G. 2009. Who profits from innovation in global value chains: A study of the iPod and notebook PCs. Industrial and Corporate Change, 19 (1): 81-116.
Edler J, Georghiou L. 2007. Public procurement and innovation—Resurrecting the demand-side. Research Policy, 37: 949-996.
Geels F W. 2002. Technological transitions as evolutionary reconfiguration processes: A multi-level perspective and a case-study. Research Policy, 31 (8/9): 1257-1274.
Govindarajan V, Trimble C, Nooyi I K. 2012. Reverse Innovation: Create Far From Home, Win Everywhere. Cambridge: Harvard Business Review Press.
Hobday M. 1998. Product complexity, innovation and industrialorganization. Research Policy, 26 (6): 689-710.
Immelt J, Govindarajan V, Trimble C. 2009. How GE is disrupting itself. Harvard Business Review, 87 (10): 56-65.
Kim L. 1998. Crisis construction and organizational learning: Capability building in catching-up at Hyundai Motor. Organization Science, 9 (4): 506-521.
Prencipe A. 2003. Corporate strategy and systems integration capabilities: Managing networks in complex systems industries//Prenciple A, Hobday M, Davies A. The Business of Systems Integration. Oxford: Oxford University Press.

第十七章

中国的大市场地位与创新发展*

中国经济具有潜在超大规模。在不远的将来，中国经济总量将跃居世界第一并继续快速增长，这一点日益获得共识。随着中国成为全球最大经济体，中国的内需市场和进口规模也将位居世界第一。实际上，截至目前，中国多数工业领域的产出规模和市场规模已居世界首位，这一情况将对中国创新发展的前景和路径带来深远影响。

第一节 国家的市场规模与创新发展

一、市场与创新

产品和创新是响应需求的产物，市场需求最终决定产品的存在和技术创新的方向，因此，产品和创新都是由市场定义的。

一项新产品（或服务）的成功推出，自然离不开资本、技术、技能工人、基础设施和配套产业等供给面的全方位支撑，但新产品是否有价值以及价值大小的判定标准却完全在于需求。在新产品推出之前，用户可能无法清晰表达有关需求，但产品一旦面市，产品是否符合需求却完全是用户说了算，在这个意义上可以说是市场定义产品，或者说，市场决定产品创新的根本方向（埃里克·冯·希普尔，2007）。这无论对于技术推动型还是市场拉动型产品都适用。前者指的是先有新技术，然后企业利用新技术开发满足潜在需求的新产品，后者指的是先有新需求，然后企业开发新技术和新产品以满足这种需求，早期的信息产业和当前的新能源产业分别是相应案例。特别是后者，当市场存在对某种产品或功能的迫切需求时，它会通过市场机制调动一切资源来开发新产品以

---

* 本章由赵夫增、王胜光撰写。

满足这种需求,"社会一旦有技术上的需要,则这种需要就会比十所大学更能把科学推向前进"(马克思和恩格斯,1972)。

二、大市场与小市场

大市场指的是规模远超多数国家从而在世界市场上举足轻重的国家市场或高度整合的国际区域市场,当前主要有美国、欧盟和发展中的中国市场。例如美国市场,其压倒性的规模优势意味着长期以来该市场是全球资本的决定性市场。对跨国公司来说,在某种意义上只有成功占领美国市场才是全球化的成功,这也是美国能够经常动用市场大棒惩罚其他国家的根本原因。从中也可以看出,人口大国未必是市场大国,但市场大国一定是人口大国。

大市场还是小市场的划分不仅具有规模含义,而且具有结构含义。市场规模需求越大和结构越复杂,产业门类自成体系的可能性就越大。齐全的产业门类为重要技术的实际应用提供了广阔空间,有利于通过技术扩散形成连锁反应和网络效应,从而能够提高技术创新的绩效。对于基础性的重大装备、重大平台和重大工程来说,只有在大规模的市场需求条件下才具有商业或战略可行性。因此,大市场对基础性和战略性的创新能否成立具有决定性意义。市场规模是决定一国能否左右产品创新方向的首位因素。

三、领先市场与跟随市场

由于不同国家(或区域)的经济发展水平不同,同一需求提出的时间也会不同,那些位于人类需求前沿即最先提出需求的区域和国家会成为领先市场(Beise,2004),能够有效响应这种需求进而形成先发优势的企业会成为领先企业,而其他区域、国家和企业则会不同程度地成为跟随市场和跟随企业。一般来说,经济发展水平最高的国家往往是位于需求前沿的国家从而成为领先市场,如蒸汽机革命之于英国,以及信息技术革命之于美国(卡萝塔·佩蕾丝,2007)。但是这一点不能绝对化。后发国家在发展成熟产业时,一方面面临不同的技术空间,另一方面面临不同的约束环境,可能在技术、管理方面形成新的路径与模式,从而使自身在某种程度上或某个方面成为领先市场,而先发国家虽有先进技术却仍然会在有关产业成为跟随市场,如历史上美国汽车产业的发展和大规模生产管理模式的创造、日本节能汽车技术的发展和精益生产管理模式的创造,以及今日中国高铁后来居上的态势,都是这种情况。

大市场还是小市场,领先市场还是跟随市场,是决定一国创新发展程度的两个主要方面。世界市场在表现一体化趋势的同时,也呈现异质性格局,突出表现为不同国家市场的差异。当兼具大市场和领先市场的特征时,一国市场就能定义有关产品创新方向。因此,以大市场为基础所构建的领先市场是一个国家在全球化条件下能够实现后发赶超或领先全球的关键。

第二节 中国的大市场地位与发展机遇

快速膨胀的中国市场正在成为大市场。如果说上一个十年世界看到的是"中国制造",那么这一个十年人们将会日益感受到"中国购买"的力量,"世界工厂"正在成为"世界市场",中国市场定义产品的时代正在到来。

一、急剧增长的创新需求

伴随着中国经济的崛起,中国对技术创新的需求愈发强烈。

首先,刘易斯拐点在中国已经确定性到来,机器代替工人的趋势在中国已经不可逆转,机器人、自动化和智能化产业正在加速发展,中国正在快速成为全球最大的机器人市场和生产国。更加具有普遍意义的情况在于:能源、资源、环境、劳动力、产品质量等要素成本的上升已经成为持久趋势,单纯依靠压低成本来形成竞争力的做法已经是穷途末路,甚至开始危及经济增长和政治稳定。在这种情况下,唯有加速技术创新才能形成竞争优势。同时,中国消费结构的不断升级也不断带来技术进步的需求刺激。

其次,中国面临空前的资源环境压力。由于具有世界最大规模的人口和作为全球最大规模的制造基地,中国面临的资源环境压力在人类历史上是空前的,能否实现绿色发展对中国来说不是一个抽象概念,而是事关现代化成败的战略问题。这一问题必须通过包括技术和规制在内的新理念、新模式来创造性地解决,如中国的离岸深水港、清洁煤技术、可再生能源都是这方面的典型。在技术创新的基本方向上,中国发展不仅需要大规模工程的支撑,而且需要精细化发展的思路,美国在前一个方面的经验和日本在后一个方面的经验都具有参考价值。

如果说要素成本上升是后发国家技术赶超的共性特征,那么资源环境压力是中国面临的特别重大的挑战。如果不能应对这种挑战,中国现代化就会中断;如果能够成功应对这种挑战,中国就会在有关方面成为领先市场。对于发达国家来说,由于发展模式、产业结构和消费结构早已定型,走绿色发展道路意味着推倒重来，是非常困难的事情；对于发展中国家来说，绿色发展虽然类似挑战但相对而言历史包袱较轻。在发展中国家里中国目前首当其冲，因此绿色发展对中国一方面意味着巨大挑战，另一方面也意味着成为领先市场的历史性机遇。

二、大市场提供了广阔的创新空间

中国大市场具有无与伦比的复杂性和多样性。

首先，中国人口和国土的庞大规模，以及包括地质、气候、人口和文化等在内的国情的复杂多样性，必然对技术创新提出独特挑战，并推动中国形成多样化的产品（或服务）创新形态，如地质和气候条件的多样性对重大工程和装备业的技术刺激，以及人口和文化的多样性对消费品产业的塑造。不妨看一下特高压输电和离岸深水港的案例。在特高压输电方面，中国通过上百家单位联合攻关，已经掌握了特高压交流输电核心技术，研制成功全套设备，建成世界上电压等级最高、输电能力最强的交流输电工程，而中国发展特高压是负荷中心远离能源中心的空间格局决定的，也是满足经济快速发展的选择。在离岸深水港建设方面，随着国民经济的飞速发展、沿海港口吞吐量的大幅增长，以及运输船舶的不断大型化，深水港需求越来越紧迫。我国虽拥有 18 000 千米的大陆海岸线，但适合建设大型专业化深水码头的天然岸线却十分稀缺，迫使海港工程建设向深水水域发展。为此，我国打破围绕码头岸线建设港口和"深水深用，浅水浅用"的传统思路，经过多年实践，形成一套国际领先的建设离岸深水港的完整技术（矫阳，2013）。

其次，有大市场才可以支撑完整的产业体系。现在中国不仅是世界工厂，也是世界工地，从而带动了重工业特别是重大工程和装备的大发展，这些产业多数情况下只有大市场才能养得起。中国在供应世界主要工业品的同时，在基础设施方面创造的重大工程或超级工程比比皆是，如南水北调、西气东输、西电东送、北煤南运、高铁组网、跨海大桥、海底隧道、深水港口、水电、核电、特高压输电等，这些工程在多个领域带动了重大技术装备的突破性发展。而且，中国已经形成了齐全的产业门类，目前拥有 39 个工业大类，191 个中类，525 个小类，是全世界唯一拥有联合国产业分类中全部工业门类的国家。中国经济在高度开放的同时，能够形成如此独立完整且快速进步的产业体系，根本原因就是大市场提供的需求基础。

三、中国能够成为以大市场为基础的领先市场

中国与美国市场有着明显区别。其一，美国是现状，中国是趋势，同样是

大市场，美国是对现状和存量的静态描述，中国则是对未来和增量的动态描述；其二，美国多是原创引领，中国则多是改进引领。美国位于高新技术产业前沿，会率先遇到有关技术产品的开发需求，因此美国高新技术产业不仅具有大市场规模优势，而且能够对全球有关技术创新形成领先之势，这在信息技术产业方面表现最为明显。而中国作为经济追赶型国家，在产业发展方面是在一个压缩期内走完发达国家长期走完的道路，其中既有对最新技术的应用，也有对已有产业发展路线的因循，如中国的高铁产业具有明显的改进引领的特征。

因此，目前中国在整体上还不是领先市场，但中国已经具有成为领先市场的局部特征和持久趋势，终将会成为全球领先市场。首先，中国的大市场具有独特性和异质性。由于历史的差异、经济发展水平的差距，以及民族、语言、文化、教育、政治经济制度等的区别，中国的这种异质性突出表现在国家层面。这也决定了中国的创新在很多方面需要源自本土或本国的需求来定义，而在中国市场上定义出来的满足多样化需求的创新必然会有世界市场上特定的需求空间（如有许多国家都有负荷中心远离能源中心的输电需求），从而形成领先市场。其次，在全球化时代，新产品在全球同步推出是个基本趋势，特别是在电子信息为代表的高新技术产业。这在一定程度上使得企业从一开始即面向全球市场开展经营成为可能，实际上在这方面已经有许多案例，如诺基亚、三星等来自小国的跨国公司，以及在细分产业领域诸多来自小国的跨国中小企业或所谓天生全球化企业。中国广阔的创新空间和多发的创新机会，在新的全球化时代并伴随互联网技术的拓展，有利于中国最终形成引领的创新能力。全球市场的一体化趋势会加速中国形成领先市场的步伐。

当兼具大市场和领先市场的特征时，一国市场就会决定有关产品的创新方向即能够定义产品。因此，从静态视角看，目前美国市场在许多产业特别是高新技术产业领域具有定义产品创新方向的能力。但从动态视角看，中国作为一个人口和市场大国，将会在越来越大的程度上和越来越多的领域影响产品创新方向，领先市场的特征会越来越鲜明。

第三节　营造领先市场，实现技术赶超

中国的大市场地位为领先市场的形成提供了可能。领先市场既是中国实现后发赶超的目标，也是在产业领域进而形成创新竞争力和争夺产业主导权的战略依托，中国能够形成持续和稳定的领先市场是取得全球化成功的标志。因此，

未来政策必须重视营造领先市场和利用市场优势实现技术赶超。

一是规范和引导市场，如通过技术标准、行业规范、市场准入、国际贸易和投资规制等方式，从绿色发展和技术升级的角度对市场进行规范和引导。

二是创造和激励市场，如通过市场补贴、政府采购和公私合作等方式形成鼓励自主创新的需求侧政策。

三是开放和保护市场。首先是开放市场和整合全球创新资源，包括在全球范围内开放技术性并购、产学研合作、技术引进和消化吸收、技术交易和人才交流，以及创业等；其次是保护市场，对新兴产业和幼稚产业以及涉及国家经济安全等重点产业要采取适度的进出口管制等措施来保护。

本章参考文献

埃里克·冯·希普尔. 2007. 民主化创新. 陈劲，朱朝晖译. 北京：知识产权出版社.

矫阳. 2013年4月15~17日. 托起璀璨的海上明珠——离岸深水港建设关键技术研究与工程应用项目创新发展纪实之一、二和三. 科技日报，第1版.

卡萝塔·佩蕾丝. 2007. 技术革命和金融资本. 田方萌，胡叶青，刘然，等译. 北京：中国人民大学出版社.

马克思，恩格斯. 1972. 马克思恩格斯选集（第四卷）. 中共中央马克思恩格斯列宁斯大林著作编译局译. 北京：人民出版社.

Beise M. 2004. Lead markets: Country-specific drivers of the global diffusion of innovations. Research Policy, 33 (6/7): 997-1018.

附 录

中国的创新发展政策概览

新中国成立后,中国走上以计划经济和公有制为基本特征的社会主义道路,建立了独立自主的国民经济体系。改革开放后,以邓小平为核心的领导集体放弃传统的计划经济模式,提出"以经济建设为中心",发展社会主义市场经济,带来了中国经济长达30余年的高速经济增长。2013年,我国人均GDP已经达到6700美元,总体上进入中等收入国家行列。高速发展的背后,中国政府面对内外环境变化不断进行的制度建设和政策推进发挥了主导作用,这样的主导作用也表现在创新驱动发展方面。

第一节 树立创新发展的理念

一、对增长与发展的关系认识

在日常使用中,人们经常混淆发展与增长,甚至将二者等同起来,认为经济增长就是经济发展。这样的认识也在改革开放后的很长时段内主导着中国经济的发展。但实际上,增长不能等同于发展,增长本身除对经济规模和数量的考量外还有对质量的考量,而发展也与全社会的幸福及满足程度紧密关联。伴随人类社会的发展,对增长与发展关系的认识也在不断深化。

从全球经济的发展看,传统发展观基本上是一种"工业化发展观",它以工业化作为实现现代化的标志。工业发展观把人的发展等价于物的发展,因而把物质财富的生产、分配、交换和消费作为唯一目的,以物为本的传统发展观把表现物质财富的产量及其价值表现的GDP作为衡量经济增长的指标。在这种思想主导下,西方国家在20世纪90年代前基本完成了工业化,发展中国家也先后开启了快速的工业化追赶。由于工业化推动了全球总量经济规模的迅速攀升,因此各国都简单地用GDP和人均GDP这样的数量指标来衡量发展。所以,传统发展观可表达为：发展＝经济"增长"。

但这种片面强调增长速度和数量的发展观，忽视了对资源的合理开发和使用，也忽视了对污染的预防和治理，GDP 导向下的增长给资源与环境造成巨大灾难，同时也形成了资源与环境对 GDP 持续增长的约束。不论发达国家和后发追赶的发展中国家都为此付出了极为沉重的代价，并反过来又制约着经济的增长和人民生活质量的改善，这使得人们逐步认识到不能用单纯的量化增长指标衡量发展。

首先是基于避免工业化所造成的资源与环境灾难，发展本身需要克服对自然资源的浪费、生态环境的破坏及对国民健康造成的危害，许多经济学家和统计学家们开始倡导修正对国民经济的计量方式，尝试将环境因素纳入传统的国民经济核算体系，即绿色 GDP。希望通过绿色 GDP 能相对更真实地反映能为全体国民带来幸福感的经济发展。这使得对发展的认识逐步倾向于：发展＝经济增长＋社会进步＋治理环境污染。

其次是发达国家进入后工业化后，科技进步突破了传统工业化对资源和环境的依赖，形成了知识驱动的增长和发展。科技进步使生产性质、内容和产业结构发生巨大变化，劳动生产率大大提高，特别是以信息科学技术革命为基础的信息产业的形成和发展，给社会和经济发展带来无限生机，由此逐步形成了对现代经济增长的理解和认识，即强调现代经济增长除需要考虑经济活动的规模和速度外，还必须考虑"在经济活动中融入创新的方式和速度"。美国等西方国家也开始尝试把研发投入等指标纳入对国民经济增长的衡量。

最后是以往片面对工业化和 GDP 增长的指标衡量导致社会矛盾加剧，尤其是发展中国家前期的工业化实践提供了许多教训，如城乡差别、收入差距加大、不公平和不平等，都形成了对经济发展的社会约束。不顾及这种约束的结果会造成严重的社会危机，因此也就谈不上有持续的经济发展。因而，单纯以数量为标志的传统经济增长没有持续性，现代经济发展还必须考虑经济结构和社会其他方面的变化，即强调以人为本的发展。这就形成了对发展更为全面的认识：发展＝经济发展＋社会进步＋生态良好＋人的全面发展＋科技持续进步。

二、中国创新发展观念的形成

改革开放以来，我国也同样经历了这些不同的发展阶段和所伴随的观念转变。

改革开放初期，我国基本奉行的是以追求经济增长为核心的传统发展观，这种发展观带来了高速经济增长，同样也造成了环境污染、生态失衡、贫富差距加大和社会失序等诸多问题。伴随经济起飞过程，资源、环境和社会对发展的约束也不断加大，尤其是 20 世纪 90 年代中期后，这些问题不断加深加重。因此，自 90 年代中期后我国就开始了对增长与发展的关系以及树立什么样的发展观等问题的不断讨论。1995 年 5 月中共中央国务院颁布《关于加速科学技术进步的决定》，首次提出在全国实施科教兴国的战略。此后，科学发展观、以人为本的发展和创新驱动发展战略等相继被提出。

科学发展观是在 2003 年 10 月的中共中央十六届三中全会上首次提出的。科学发展观是一个涉及经济、社会、文化、技术及自然环境的综合概念，立足于人的意志与环境和自然资源的协调，因此是以人为核心。在科学发展观的统领下，2005 年 10 月中共中央十六届五中全会在通过的《关于制定十一五规划的建议》中又提出了以人为本的发展，中国发展经济的理念从根深蒂固的 GDP 主义转向强调以人为本的发展。

党的十八大以后的中央政府，着眼于中国经济所面临的劳动力和资源成本上升、环境危机扩大的现实，同时着眼于全球经济新的发展趋势，更加深刻地认识到原有发展模式难以为继，因此必须为持续发展寻找新的动力源泉和实现中国经济的全面转型。由此，2012 年党的十八大报告提出全面实施创新驱动发展的战略，提出要从要素驱动、投资驱动转向通过创新驱动来实现中国经济的再增长和再发展。

中国对创新发展的认识也经历了不断深入的过程，伴随着认识的不断深入，创新驱动发展的理念也开始形成。但观念的形成能否落实到实际，需要全社会的跟进，尤其是需要来自政府层面的配套制度建设、法律法规建设，以及各级政府行使有效的促进创新发展的政策。在这些方面我们也已经能够看到政府不断加大的努力，以下几个部分是我们为此进行的简要梳理。

第二节　创新发展的法律建设与规划引领

一、法律建设

1.《中华人民共和国科学技术进步法》

全国人民代表大会常务委员会 2007 年修订的《科学技术进步法》是我国科技进步工作的总方针和总指导，规定了政府、科技组织、企业及社会各方面在促进科技进步方面的责任义务。

2.《中华人民共和国促进科技成果转化法》

全国人民代表大会常务委员会 1996 年通过的《促进科技成果转化法》的目的是

促进科技成果转化为现实生产力,以法律形式对科技成果转化过程中的各类主体的权利义务关系以及政府推进科技成果转化的职责和保障措施进行了规范。目前,全国人民代表大会常务委员会正组织对《促进科技成果转化法》的第二次修订。

3.《中华人民共和国专利法》

全国人民代表大会常务委员会 2008 年第三次修订的《专利法》,目标是保护专利权人的合法权益、鼓励发明创造、推动发明创造的应用、提高创新能力,涉及对象包括发明、实用新型和外观设计。

4.《中华人民共和国科学技术普及法》

《科学技术普及法》从法律上明确了政府、政府的科技行政部门和科学技术协会、各级人民政府,以及全社会在科学普及方面的职责,为科普工作的开展提供了物质的支撑条件。

5.《中华人民共和国著作权法》

全国人民代表大会常务委员会 1990 年通过、2001 年和 2010 年两次修订的《著作权法》,目的为保护文学、艺术和科学作品作者的著作权,以及与著作权有关的权益,鼓励有益于社会主义精神文明、物质文明建设的作品的创作和传播,促进社会主义文化和科学事业的发展与繁荣。

6.《中华人民共和国商标法》

《商标法》于 1982 年由第五届全国人民代表大会常务委员会通过,1993 年、2001 年、2013 年分别进行了三次修订,目的是加强商标管理,保护商标专用权,促使生产、经营者保证商品和服务质量,维护商标信誉,以保障消费者和生产、经营者的利益,促进社会主义市场经济的发展。

7.《中华人民共和国公司法》

全国人民代表大会常务委员会 2013 年修订的《公司法》,尤其拓展了对高新技术公司的出资入股方式,知识产权可以作为非货币财产作价出资,并不再设比例设限。

8.《中华人民共和国企业所得税法》及《中华人民共和国企业所得税法实施条例》

全国人民代表大会常务委员会 2007 年通过的《企业所得税法》,在鼓励企业技术创新方面,规定对国家需要重点扶持的高新技术企业,减按 15% 的税率征收企业所得税;对企业开发新技术、新产品、新工艺发生的研开费可以在计算应纳税所得额时加计扣除;创业投资企业从事国家需要重点扶持和鼓励的创业投资,可以按投资额的一定比例抵扣应纳税所得额;企业的固定资产由于技术进步等原因可以加速折旧的技术转让所得免征、减征企业所得税。同年,国务院第 197 次常务会议通过了《中华人民共和国企业所得税法实施条例》。

9.《中华人民共和国中小企业促进法》

全国人民代表大会常务委员会 2002 年通过的《中小企业促进法》，对鼓励中小企业技术创新的扶持政策作了专章规定，提出要积极发展科技型中小企业，政府有关部门要在金融、规划、用地、财政等方面为中小企业的技术创新提供政策支持。

10.《中华人民共和国反垄断法》

全国人民代表大会常务委员会 2007 年颁布了《反垄断法》，目的是预防和制止垄断行为，保护市场公平竞争，提高经济运行效率，维护消费者利益和社会公共利益，对限制竞争性协议、滥用市场支配地位、不适当的企业合并等进行禁止，并对行政垄断和地方封锁等妨碍充分竞争的行为进行必要抑制，以创造充分竞争的法律环境，促进社会主义市场经济健康发展。

11.《中华人民共和国政府采购法》

全国人民代表大会常务委员会 2002 年颁布、2014 年修订的《政府采购法》，主要目的是规范政府采购行为，提高政府采购资金的使用效益，维护国家利益和社会公共利益。政府采购法要求政府采购要有利于经济和社会发展，并优先采用本国产品和服务。

12.《中华人民共和国可再生能源法》

全国人民代表大会常务委员会 2005 年通过、2009 年修订了《可再生能源法》，主要目的是促进风能、太阳能、水能、生物质能、地热能、海洋能等非化石能源的开发利用，增加能源供应，改善能源结构，保障能源安全，保护环境，实现经济社会的可持续发展。

二、战略和规划引领

1.《国家中长期科学和技术发展规划纲要（2006—2020 年）》及配套政策

国务院 2006 年制定的《国家中长期科学和技术发展规划纲要（2006—2020 年）》，提出了科学技术发展的指导方针、战略目标、重点任务及重要的政策措施等，对未来 15 年科学和技术发展做出了全面规划与部署，是新时期指导我国科学技术发展的具有重要地位的纲领性文件。作为对《国家中长期科学和技术发展规划纲要（2006—2020 年）》的补充。国务院同年颁布了《实施〈国家中长期科学和技术发展规划纲要（2006—2020 年）〉的若干配套政策》，配套政策从科技投入、税收激励、金融支持、政府采购、引进技术吸收消化再创新、创造和保护知识产权、科技人才队伍、教育与科普、科技创新基地与平台、加强统筹协同等 10 个方面提出了 60 条配套政策措施。

2.《国家知识产权战略纲要》(2008 年)

国务院 2008 年出台的《国家知识产权战略纲要》将知识产权工作上升为与科教兴国战略和人才强国战略并举的国家战略进行统筹部署和整体推进，重点是促进知识产权创造和运用。为深入实施国家知识产权战略，引导市场主体提高运行知识产权的能力，国家知识产权局、教育部、科技部、工业和信息化部、国资委、工商总局、版权局、中科院 2014 年联合发布《关于深入实施国家知识产权战略加强和改进知识产权管理的若干意见》(国知发协字〔2014〕41 号)。

3.《国家中长期人才发展规划纲要（2010—2020 年）》

党中央、国务院 2010 年印发的《国家中长期人才发展规划纲要（2010—2020 年）》是我国第一个中长期人才发展规划，提出了到 2020 年我国人才发展的总体目标，以及实施人才战略的十项重大政策和十二项重大人才工程。

4.《"十二五"国家自主创新能力建设规划》(2013 年)

国务院于 2013 年 1 月印发《"十二五"国家自主创新能力建设规划》，旨在引导创新主体行为，指导全社会加强自主创新能力建设，加快推进创新型国家建设。该规划从创新基础设施、创新主体、创新人才队伍和制度文化环境等方面对我国自主创新能力建设进行总体部署，主要包括：加强政府统筹规划指导，更加发挥市场在资源配置中的基础性作用，引导社会创新主体积极参与，重点推进科学研究实验设施和各类创新基地建设，加强科技资源整合共享和高效利用，健全国家标准、计量、检测和认证技术体系。

5.《国家技术创新工程总体实施方案》(2009 年)

科技部、财政部、教育部、国务院国资委、中华全国总工会、国家开发银行六部门 2009 年 6 月印发的《国家技术创新工程总体实施方案》，目的是"形成和完善以企业为主体、市场为导向、产学研相结合的技术创新体系，大幅度提升企业自主创新能力，大幅度降低关键领域和重点行业的技术对外依存度"，为此提出六大主要任务和四项主要保障措施。

第三节 支撑科技创新的政策

1998 年，国务院成立国家科技教育领导小组，科技创新开始受到高度重视。自 1996 年以来，国务院下属部门出台大量支撑科技创新的政策，我们就三个方面进行了简要梳理，简略涵盖了 19 年间由科技部、教育部、国家自然科学基金委员会等十余个部门出台的共计 160 余项政策。

一、科学研究和经费投入

1. 中华人民共和国财政部

财政部、国家自然科学基金委关于印发《国家杰出青年科学基金项目资助经费管理办法》的通知（财教〔2002〕64 号）；财政部、教育部关于印发《高等学校博士学科点专项科研基金管理办法》的通知（财教〔2002〕123 号）；财政部 教育部关于印发《"985 工程"专项资金管理办法》的通知（财教〔2004〕117 号）；财政部、科技部关于印发《国家重点基础研究发展计划专项经费管理办法》的通知（财教〔2006〕159 号）；科学技术部、财政部关于印发《国家重点基础研究发展计划管理办法》的通知（国科发财字〔2006〕330 号）；财政部、科学技术部、国家发展和改革委员会关于印发《民口科技重大专项资金管理暂行办法》的通知（财教〔2009〕218 号）；"985 工程"专项资金管理办法（财教〔2010〕596 号）。

2. 中华人民共和国科学技术部

科学技术部、财政部关于印发《国家重点基础研究专项经费财务管理办法》的通知（国科发财字〔1998〕508 号）；国家重点基础研究发展规划项目管理暂行办法（国科发基字〔1998〕543 号）；科学技术部、财政部关于发布《中央级科研院所科技基础性工作专项资金管理暂行办法》的通知（国科发财字〔2000〕176 号）；科学技术部关于印发《关于进一步促进 863 计划与 973 计划交流、协调和集成的措施》的通知（国科发技字〔2002〕109 号）；科学技术部、财政部关于印发《国家重点基础研究专项经费财务管理办法》的通知（财教科发财字〔1998〕508 号）；科技部、教育部、中科院、中国工程院、国家自然科学基金委等五部门关于印发《关于加强基础研究工作的若干意见》的通知（国科发基字〔2001〕81 号）；科学技术部关于印发《国家科技计划项目承担人员管理的暂行办法》的通知（国科发技字〔2002〕123 号）；科技部、教育部、中国科学院、中国工程院、国家自然科学基金委员会关于进一步增强原始性创新能力的意见（国科发基字〔2002〕180 号）；科学技术部、教育部关于印发《关于充分发挥高等学校科技创新作用的若干意见》的通知（国科发政字〔2002〕202 号）；关于印发《国家"十一五"基础研究发展规划》的通知（国科发计字〔2006〕436 号）；关于印发《国家重点基础研究发展计划（973 计划）"十一五"发展纲要》的通知（国科发计字〔2006〕433 号）；科学技术部、财政部、中央机构编制委员会办公室关于加大对公益类科研机构稳定支持的若干意见。

3. 中华人民共和国教育部

留学回国人员科研启动基金管理规定（2002年）；教育部关于加强国家重点学科建设的意见（教研〔2006〕2号）；教育部、科技部关于进一步加强地方高等学校科技创新工作的若干意见（教技〔2006〕3号）；教育部、国家外国专家局关于印发高等学校学科创新引智基地管理办法的通知（教技〔2006〕4号）；教育部关于加快研究型大学建设、增强高等学校自主创新能力的若干意见（教技〔2007〕5号）。

4. 国家自然科学基金委员会

资助国际合作研究项目实施办法（1996-11-12）；国际合作交流项目资助经费管理暂行办法（1996-11-20）；国家杰出青年科学科学基金实施管理办法，技术新概念、新构思探索课题专项基金管理办法，资助项目研究成果管理暂行规定（1996-11-20）；基金面上项目管理办法、重点项目管理办法、重大项目管理办法、面上项目评审办法、面上项目申请办法（1997-1-3）；优秀国家重点实验室研究基金管理办法、海外青年学者合作研究基金管理办法、香港青年学者合作研究基金管理办法、国家杰出青年科学基金（外籍）实施管理暂行办法（1998-4-2）；国家自然科学基金委员会与香港研究资助局联合科研基金实施暂行办法（1999-2-3）；创新研究群体科学基金试行办法（2001-2-27）；关于印发《国家自然科学基金重点项目管理办法》的通知（2002-5-15）；香港、澳门青年学者合作研究基金管理办法（国科金发计〔2002〕67号）；关于印发《国家自然科学基金项目管理规定》（试行）、《国家自然科学基金面上项目管理办法》（试行）、《国家自然科学基金重点项目管理办法》（试行）、《国家自然科学基金重大项目管理办法》（试行）、《国家杰出青年科学基金实施管理办法》（试行）、《海外青年学者合作研究基金管理办法》（试行）的通知（2002-12-13）；国家自然科学基金重大研究计划（试点）实施方案（2000-4-20）；关于印发《国家自然科学基金面上项目管理办法》的通知（国科金发计〔2009〕45号）；关于印发《国家自然科学基金青年科学基金项目管理办法》的通知（国科金发计〔2009〕46号）；关于印发《国家自然科学基金地区科学基金项目管理办法》的通知（国科金发计〔2009〕47号）；主任基金管理办法（国科金发计〔2009〕48号）；关于印发《外国青年学者研究基金实施方案（试行）》的通知（2009-4-2）。

5. 中国科学院

国际合作重大项目专项科研基金管理办法（科发政字〔1997〕0573号）；关于印发《中国科学院知识创新工程试点专项经费管理办法》的通知（科发计字〔1999〕0029号）；关于印发《中国科学院知识创新工程试点专项经费管理办法

的补充规定》的通知（科发计字〔1999〕0030号）；关于印发《知识创新工程重要方向项目首席科学家遴选办法》的通知（科发资字〔2000〕029号）；关于印发《中国科学院知识创新工程试点经费管理办法》的通知（科发计字〔2004〕51号）；关于印发《中国科学院国防科技创新基金项目管理暂行办法》的通知（国科发政字〔2007〕765号）；关于印发《中国科学院知识创新工程试点专项经费管理办法》的通知（科发计字〔199〕号）。

6. 中华人民共和国工业和信息化部

关于废止原国防科学技术工业委员会《国防科技工业技术科研管理办法》和《国防基础科研管理办法》的决定（工业和信息化部令第17号）。

7. 国家测绘地理信息局

关于加强测绘基础研究和能力建设的意见（国测国字〔2008〕27号）。

8. 国家食品药品监督管理总局

关于印发创新药物研发早期介入实施计划的通知（国食药监注〔2004〕82号）。

9. 中华人民共和国水利部

关于加强水利科技创新的若干意见的通知（水国科〔2006〕569号）。

10. 国家海洋局

关于做好国家海洋局青年海洋科学基金资助项目管理工作的通知（2003-3-21）；中国极地科学战略研究基金管理办法（2005-12-9）；海洋公益性行业科研专项经费管理暂行办法（国海财字〔2007〕305号）。

11. 中华人民共和国国防科学技术工业委员会

委属高校科研经费管理暂行办法。

12. 中华人民共和国国土资源部

公益性行业科研专项经费项目管理暂行办法（国土资发〔2008〕19号）。

二、科技装备和重点实验室建设

1. 中华人民共和国财政部

财政部、发展改革委关于改进和加强重大技术装备研制经费管理的若干意见（财建〔2007〕1号）；关于印发《首台（套）重大技术装备试验、示范项目管理办法》的通知（发改工业〔2008〕224号）；科学研究和教学用品免证进口税收规定（财关税〔2009〕55号）；财政部、国家发展改革委、工业和信息化部、海关总署、国家税务总局、国家能源局关于调整重大技术装备进口税收政策的通知（财政部、海关总署、国家税务总局令第 45 号）。

2. 中华人民共和国科学技术部

关于印发《国家重点实验室评估规则》的通知（国科发基字〔1999〕113号）；关于印发《国家重点实验室建设与运行管理办法》的通知（国科发基字〔2002〕91 号）；关于印发《国家重点实验室评估规则》的通知（国科发基字〔2003〕234 号）；关于开展国家重点实验室公众开放活动的通知（国科发基字〔2004〕277 号）；《关于依托转制院所和企业建设国家重点实验室的指导意见》（国科发基字〔2006〕559 号）；国家重点实验室专项经费管理办法（财政部、科学技术部财教〔2008〕531 号）；科学技术部、财政部关于印发《国家重点实验室建设与运行管理办法》的通知（国科发基〔2008〕539 号）；关于印发《国家重点实验室评估规则》的通知（2008 修订）（国科发基〔2008〕731 号）；科学技术部、财政部关于进一步推动国家科技基础条件平台开放共享工作的通知（国科发计〔2008〕772 号）；依托企业建设国家重点实验室管理暂行办法（国科发基〔2012〕716 号）；关于印发《国家重点实验室评估规则》的通知（国科发基字〔2014〕124 号）。

3. 中华人民共和国教育部

关于印发《高等学校重点实验室建设与管理暂行办法》的通知（教技〔2003〕2 号）；关于印发《教育部重点实验室评估规则》（试行）的通知（教技〔2003〕9 号）；关于印发《教育部重点实验室评估规则》的通知（教技〔2007〕3 号）。

4. 国家自然科学基金委员会

国家重点实验室国际合作与交流专项经费管理试行办法（1996）；优秀国家重点实验室研究项目基金管理办法（1998）；国家重点实验室国际合作与交流专项经费管理办法（2001）；关于印发《国家重点实验室评估实施细则（试行）》的通知（国科金计函〔2004〕10 号）；关于印发《国家重点实验室评估实施细则》的通知（2008）。

5. 中国科学院

关于印发《中国科学院重点实验室"十五"发展规划》的通知（科发技字〔2001〕408 号）；关于印发《中国科学院科研装备建设计划管理办法》（试行）的通知（科发计字〔2002〕62 号）；关于印发《中国科学院科研装备采购管理办法》（试行）的通知（科发计字〔2002〕63 号）；关于印发《中国科学院重点实验室择优支持经费管理办法》的通知（科发技字〔2002〕106 号）。

6. 中华人民共和国国防科学技术工业委员会

国防科技重点实验室管理办法，国防科工委、解放军总装备部（2003-1-2）；

关于印发《国防重点学科实验室管理办法》的通知（科工技〔2007〕1349号）。

7. 中华人民共和国国土资源部

关于部重点实验室建设申报工作的通知（国土资发〔2003〕56号）；关于组织申报部重点实验室的通知（国土资发〔2007〕58号）；关于印发《国土资源部重点实验室建设与运行管理办法》的通知（国土资发〔2012〕182号）。

8. 中华人民共和国环境保护部

关于建立重点实验室的通知（环科〔1996〕079号）；关于印发《国家环境保护重点实验室管理办法》的通知（环发〔2004〕138号）。

9. 国家海洋局

关于印发《国家海洋局重点实验室管理办法》（试行）的通知（国海科发〔1997〕111号）。

10. 国家测绘地理信息局

《重点实验室建设与管理办法（试行）》（国测国字〔2007〕12号）；实验室评估规则（试行）（国测科发〔2009〕1号）；重点实验室管理办法（国测科发〔2014〕1号）。

11. 中华人民共和国农业部

农业部重点实验室发展规划（2010—2015年）（2010）。

12. 中华人民共和国水利部

重点实验室建设与管理暂行办法（水国科〔2003〕387号）。

13. 中华人民共和国交通运输部

交通部重点实验室认定办法（交科教发〔1999〕25号）；关于印发交通行业重点实验室管理办法的通知（交科教发〔2005〕308号）。

三、科技人才队伍建设

1. 中共中央办公厅

2008年12月，中共中央办公厅转发《中央人才工作协调小组关于实施海外高层次人才引进计划的意见》，旨在围绕国家发展战略目标，重点引进一批能够突破关键技术、发展高新技术产业、带动新兴学科的战略科学家和科技领军人才。

2. 中共中央组织部

2010年11月，中共中央组织部印发《青年海外高层次人才引进工作细则》，提出面向国内高校、科研机构（含转制科研院所）实施"青年海外高层次人才引进计划"（简称"青年千人计划"）。

3. 中华人民共和国人力资源和社会保障部

人事部、国家科委、国家教委、财政部、国家计委、中国科协、国家自然科学基金委员会关于强化"百千万人才工程"人选培养的通知（人发〔1996〕98号）；中共中央组织部、人事部、科学技术部关于印发《关于深化科研事业单位人事制度改革的实施意见》的通知（人发〔2000〕30号）；留学人员科技活动项目择优资助经费申请与管理办法（人发〔2001〕33号）；人事部、教育部、科学技术部、财政部、国家发展计划委员会、国家自然科学基金委员会、中国科学技术协会新世纪百千万人才工程实施方案（人发〔2002〕55号）；人事部、教育部、科学技术部、财政部关于印发《关于在留学人才引进工作中界定海外高层次留学人才的指导意见》的通知（国人部发〔2005〕25号）；人事部、教育部科技部等关于印发《关于建立海外高层次留学人才回国工作绿色通道的意见》（国人部发〔2007〕26号）；"千人计划"高层次外国专家项目工作细则。

4. 中华人民共和国财政部

财政部、国家自然科学基金委员会、教育部、科技部关于印发《国家基础科学人才培养基金项目资助经费管理办法》的通知（财教〔2002〕36号）。

5. 中华人民共和国教育部

教育部关于加强和改进研究生培养工作的几点意见（教技〔2001〕1号）；关于奖励全国高等学校优秀骨干教师的通知（教技〔2002〕4号）；关于实施研究生教育创新计划加强研究生创新能力培养进一步提高培养质量的若干意见（教研〔2005〕1号）；关于进一步加强引进海外优秀留学人才工作的若干意见（教外留〔2007〕8号）；教育部关于妥善解决优秀留学回国人员子女入学问题意见（教外留〔2011〕1号）；"长江学者奖励计划"实施办法（教人〔2011〕10号）；中组部、人力资源和社会保障部、国家外国专家局中央人才工作协调小组关于实施海外高层次人才引进计划的意见（组通字〔2011〕45号）。

6. 中华人民共和国科学技术部

国家科委、财政部、国家教委、国家自然科学基金委员会关于印发《国家基础科学人才培养基金实施管理暂行办法》的通知（国科发高字〔1997〕029号）；关于印发《关于在重大项目实施中加强创新人才培养的暂行办法》的通知（国科发计字〔2007〕2号）；科学技术部、财政部、人力资源和社会保障部创新人才推进计划实施方案（国科发政〔2011〕538号）。

7. 中国科学院

关于重新修订印发《中国科学院博士生重点培养基地评审办法》和申报、评审1997年度院博士重点培养基地的通知（科发政字〔1997〕0130号）；关于印发《中国科学院关于引进海外杰出人才的管理办法》的通知（科发人教字

〔2001〕357号）；关于印发《中国科学院关于引进海外杰出人才的管理办法》的通知（科发人教字〔1999〕0228号）；关于印发《中国科学院关于中外联合培养博士生的暂行办法》的通知（科发人教字〔1999〕0532号）；关于印发《中国科学院海外杰出学者基金实施细则》的通知（科发人教字〔2000〕0387号）；关于下发《关于加强研究生基础教学师资队伍建设的意见》的通知（科发人教字〔2003〕33号）。

8. 国家自然科学基金委员会

国家基础科学人才培养基金实施细则（国科金计〔2002〕45号）；与教育部关于印发《国家基础科学人才培养基金实施细则》及受理国家基础科学人才培养基金申请的通知（国科金发计〔2002〕45号）；国家基础科学人才培养基金实施细则（国科金计〔2002〕45号）。

9. 中国科学技术协会

关于贯彻落实海外高层次人才引进工作，深入实施海智计划的指导意见(2009-2-2)。

10. 中华人民共和国国防科学技术工业委员会

关于印发《国防科工委关于进一步加强国防科技工业人才工作的若干意见》的通知（科工人〔2004〕351）；关于进一步加强委属高校与军工科研院所和企业联合培养研究生工作的若干意见（科工人〔2006〕108号）。

11. 中华人民共和国国土资源部

关于国土资源部科技创新人才工程遴选首批人员的通知（国土资发〔2002〕55号）。

12. 中华人民共和国海关总署

高层次留学人才回国和海外科技专家来华工作进出境物品管理办法（中华人民共和国海关总署令第154号）。

第四节 促进产业创新发展的政策措施

一、建设创新发展的产业化环境

1. 国家高新区建设

早在1985年中共中央、国务院颁布的《关于科技体制改革的决定》就提出，在一些知识与技术密集的大中城市和沿海地区建立发展高新技术的产业开发区，1988年国务院正式批准北京新技术产业开发试验区。1991年、2007年、2008年、2010年、2011年、2012年、2013年国务院先后批准建设的国家级高新区共有114家。

科技部于2012年1月发布的《高新技术产业化及其环境建设"十二五"专项规划》提出，以火炬计划为引领，结合重点新产品计划、科技型中小企业技术创新基金等资源，以国家高新区为核心载体，以产业集群为抓手，以科技中介服务体系建设为支撑，拉动全社会资源，全面推进创新型国家建设。

2. 国家高技术产业基地建设

2008年3月国家发展和改革委员会发布了《关于建设北京等30个国家高技术产业基地的通知》，决定在高技术产业发展具有优势和特色的地区，建设6个综合性国家高技术产业基地和24个行业性国家高技术产业基地。并于2009年12月16日出台《关于加快国家高技术产业基地发展的指导意见》（发改高技〔2009〕3211号），旨在加快培育形成一批创新能力突出、产业链完善、产业特色鲜明的高技术产业基地。

3. 孵化器和大学科技园建设

自1996年起，科技部先后出台了《国家高新技术创业服务中心认定办法》《科技企业孵化器（高新技术创业服务中心）认定和管理办法》（国科发高字〔2006〕498号），会同教育部出台《国家大学科技园认定和管理办法》（国科发高字〔2006〕487号），开始认定国家级科技企业孵化器和大学科技园。2007年8月，财政部、国家税务总局发布《关于科技企业孵化器有关税收政策问题的通知》，从国家层面对国家孵化器和大学科技园给予了减免税的支持。科技部于2012年12月印发《国家科技企业孵化器"十二五"发展规划》，对全国孵化器发展进行规划引领。

4. 技术市场建设和完善知识产权交易市场

科技部于2013年2月5日发布《技术市场"十二五"发展规划》，目标是到2015年建成制度健全、结构合理、功能完善、运行有序、统一开放的现代技术要素市场。国家发展和改革委员会、财政部、科技部、国家工商总局、国家版权局、国家知识产权局2007年联合发布的《建立和完善知识产权交易市场指导意见》（发改企业〔2007〕3371号），围绕建立完善的知识产权交易市场体系，提出了加大政策扶持力度和加强领导和监督管理等五大举措。

5. 促进创新型产业集群发展

为贯彻落实国务院《关于进一步支持小型微型企业健康发展的意见》（国发〔2012〕14号），2013年2月，科技部制定了《创新型产业集群试点认定管理办法》及创新型产业集群评价指标体系，旨在通过政府的组织引导、集群的科学规划和产业链的协同发展，促进传统产业的转型升级和新兴产业的培育发展，提升产业竞争力。预计在"十二五"末期，科技部将建设100家创新型产业集群，以发挥集群内新兴产业对全国工业的转型升级产生牵引和带动作用。

二、促进科技成果转化、技术转移和产学研合作

1. 《关于促进自主创新成果产业化的若干意见》

国务院办公厅于2008年12月转发发展改革委、科技部、财政部、教育部、人民银行、税务总局、知识产权局、中科院、工程院等部门制定的《关于促进自主创新成果产业化的若干意见》，旨在加快推进自主创新成果产业化、提高产业核心竞争力、促进高新技术产业的发展。重点政策措施一是启动实施自主创新成果产业化专项工程；二是加快发展创业风险投资。

2. 设立科技成果转化引导基金

中央财政设立国家科技成果转化引导基金，财政部、科技部于2011年7月制定了《国家科技成果转化引导基金管理暂行办法》。转化基金主要用于支持转化利用财政资金形成的科技成果，包括国家（行业、部门）科技计划（专项、项目）、地方科技计划（专项、项目），以及其他由事业单位产生的新技术、新产品、新工艺、新材料、新装置及其系统等。

3. 国家技术转移促进行动实施方案

科技部于2007年9月10日出台《国家技术转移示范机构管理办法》，对国家技术转移示范机构进行政策扶持；科技部、教育部、中国科学院于2007年12月5日出台《国家技术转移促进行动实施方案》，总体目标是通过实施国家技术转移促进行动，使我国技术转移的环境得到明显优化；国家与区域技术转移体系逐渐完善；大学和科研院所与企业之间，以及行业和领域间、区域间、国际间的知识流动和技术转移进一步活跃；国家公共财政资金投入项目的产业化、商业化取得重大突破；企业的自主创新能力和核心竞争力获得较大提升，为建设创新型国家提供有力支撑；2013年4月26日，科技部、北京市政府发布《关于建设国家技术转移集聚区的意见》，决定在以中关村西区为核心共建国家技术转移集聚区，以推动科技与经济结合为目标，建设国内首个以技术转移为主要内容的创新资源"集散中心"。

4. 技术转让减免企业所得税

根据《中华人民共和国企业所得税法》及《中华人民共和国企业所得税法实施条例》，国家税务总局于2009年4月24日印发《关于技术转让所得减免企

业所得税有关问题的通知》(国税函〔2009〕212号),财政部、国家税务总局于2010年12月31日印发《关于居民企业技术转让有关企业所得税政策问题的通知》(财税〔2010〕111号),就符合条件的技术转让所得减免企业所得税有关问题进行界定。

5. 实施技术创新引导工程,组建产业技术联盟

2006年1月,科技部、国资委和中华全国总工会出台《"技术创新引导工程"实施方案》,2008年科技部出台《国家科技计划支持产业技术创新战略联盟暂行规定》,提出建立包括企业、高校、科研机构或其他组织机构的产业技术创新战略联盟,以共同的发展需求为基础,以重大产业技术创新为目标,以具有法律约束力的契约为保障,形成联合研发、优势互补、利益共享、风险共担的利益机制和合作形式。同年12月,科技部、财政部、教育部、国资委、全国总工会和国开行联合发文《关于推动产业技术创新战略联盟构建的指导意见》,旨在建立以企业为主体、市场为导向、产学研相结合的技术创新体系,加快提升产业技术创新能力。2009年,科技部印发《关于推动产业技术创新战略联盟构建与发展的实施办法(试行)》,2010～2013年,科技部共批复产业技术创新联盟150家。

6. 促进国立科技机构的科技成果的溢出

2008年到2009年,财政部先后印发《中央级事业单位国有资产管理暂行办法》和《中央级事业单位国有资产使用管理暂行办法》,对中央级事业单位处置管理科技成果进行了明确规定。财政部于2011年先后印发《关于在中关村国家自主创新示范区进行中央级事业单位科技成果处置权改革试点的通知》和《财政部关于在中关村国家自主创新示范区开展中央级事业单位科技成果收益权管理改革试点的意见》,2013年出台《财政部关于扩大中央级事业单位科技成果处置权和收益权管理改革试点范围和延长试点期限的通知》。2014年7月2日,国务院常务会议决定,在国家自主创新示范区和自主创新综合试验区选择部分中央级事业单位,开展为期一年的科技成果使用、处置和收益管理改革试点。允许试点单位采取转让、许可、作价入股等方式转移转化科技成果,所得收入全部留归单位自主分配。

三、搭建产业技术创新公共服务平台和促进创新服务

1. 推动科研基地和科研基础设施向企业及社会开放

2006年12月,科技部出台《关于进一步推动科研基地和科研基础设施向企业及社会开放的若干意见》,提出政府投资建立的科研基地、科研基础设施均应

向企业及社会开放。

2. 支持国家中小企业公共技术服务示范平台建设

2011年11月，财政部、工业和信息化部、海关总署、国家税务总局共同制定了《国家中小企业公共服务示范平台（技术类）进口设备免征进口税收的暂行规定》，旨在鼓励中小企业公共技术服务示范平台向中小企业提供科学研究和技术开发类的公共服务。

3. 中央企业技术创新信息平台建设

2009年3月，国资委出台《关于中央企业技术创新信息平台建设有关工作的通知》，初步建成了中央企业技术创新信息平台，旨在进一步促进中央企业科技资源共享和信息交流，推动中央企业技术创新。

4. 知识产权信息服务队伍和信息服务平台建设

科技部2006年发布的《关于提高知识产权信息利用和服务能力 推进知识产权信息服务平台建设的若干意见》，提出在知识产权信息服务队伍和信息服务平台方面的建设举措。

5. 培育和发展知识产权服务业

国家知识产权局与国家发展和改革委员会、科技部、农业部、商务部、国家工商行政管理总局、国家质量监督检验检疫总局、国家版权局、国家林业局九部委2012年共同制定的《关于加快培育和发展知识产权服务业的指导意见》，提出把知识产权服务业发展成为高技术服务业中最具活力的领域之一，确定的知识产权服务业重点发展的领域包括知识产权代理服务、法律服务、信息服务、商用化服务、咨询服务、培训服务等。

6. 科技服务体系火炬创新工程实施方案

科技部火炬中心于2011年8月发布《科技服务体系火炬创新工程实施方案（试行）》，启动组织实施科技服务体系火炬创新工程，以国家高新区、创新型产业集群为重点，每年开展一批科技服务体系建设试点。

7. 认定技术先进型服务企业及税收优惠

财政部、国家税务总局、商务部、科技部和国家发展改革委2010年发布的《关于技术先进型服务企业有关企业所得税政策问题的通知》，规定对21个中国服务外包示范城市实行企业实行优惠政策，包括对经认定的企业减按15%的税率征收企业所得税和对认定的企业发生的职工教育经费支出在计算应纳税所得额时扣除。2013年，《国务院办公厅关于进一步促进服务外包产业发展的复函》（国办函〔2013〕33号）将上述所得税优惠政策延续至2018年。

四、企业技术创新能力建设

1. 国家认定企业技术中心、国家工程实验室、国家工程研究中心、国家工程技术研究中心、企业国家重点实验室

国家发改委、科学技术部、财政部、海关总署、国家税务总局2007年制定的《国家认定企业技术中心管理办法》；国家发改委2006年出台的《关于建设国家工程实验室的指导意见》和2007年制定的《国家工程实验室管理办法（试行）》；国家发展和改革委2007年制定的《国家工程研究中心管理办法》；在原国家科委在1993年制定的《国家工程技术研究中心暂行管理办法》的基础上，2001年科技部印发《关于"十五"期间国家工程技术研究中心建设的实施意见》再次明确了国家工程技术研究中心的功能和职责；科技部2007年发布的《关于依托转制院所和企业建设国家重点实验室的指导意见》，开始认定企业国家重点实验室，2012年制定了《依托企业建设国家重点实验室管理暂行办法》。财政部、海关总署和国家税务总局2007年发布的《科技开发用品免征进口税收暂行规定》（财政部、海关总署、国家税务总局〔2007〕第44号令），对科技体制改革过程中转制为企业和进入企业的主要从事科学研究和技术开发工作的机构、国家工程研究中心、企业技术中心、国家重点实验室和国家工程技术研究中心，以及其他科学研究、技术开发机构明确了免征进口关税和进口环节增值税、消费税。

2. 支持民营企业研发机构建设的政策

2012年发布的《科技部关于进一步鼓励和引导民间资本进入科技创新领域的意见》，在布局建设国家和地方工程（技术）研究中心、工程实验室、重点实验室等产业关键共性技术创新平台时，支持有条件的行业大型骨干民营企业发展综合性研发机构和海外研发机构，提高其利用全球创新资源和参与国际分工协作的能力。并针对民营企业的研发机构建设，还专门出台了鼓励政策。

3. 研究开发仪器设备加速折旧

财政部、国家税务总局2006年发布的《关于企业技术创新有关企业所得税优惠政策的通知》，对企业加速研究开发仪器设备折旧做出了明确规定；2014年9月24日，国务院常务会议进一步出台了完善固定资产加速折旧政策的新举措。

五、促进产业创新和扶持重点产业

1. 认定和支持高新技术企业

科技部、财政部和国家税务总局于2008年颁布了《高新技术企业认定管理

办法》及其附件《国家重点支持的高新技术领域》。国家对认定的高技术企业享受所得税减免优惠。

2. 企业研究开发费用税前扣除

2008 年，国家税务总局依据《企业所得税法》及其实施条例等政策法规制定了《企业研究开发费用税前扣除管理办法（试行）》（国税发〔2008〕116 号），对研究开发活动的费用在计算应纳税所得额时按照规定实行加计扣除。

3. 设立科技型中小企业创新基金和科技型中小企业创业投资引导基金

国务院办公厅于 1999 年 5 月 21 日转发了科技部、财政部《关于科技型中小企业技术创新基金的暂行规定》（国办发〔1999〕47 号），批准设立科技型中小企业技术创新基金，用于支持科技型中小企业技术创新。财政部、科技部于 2007 年 7 月 6 日印发《科技型中小企业创业投资引导基金管理暂行办法》（财企〔2007〕128 号），该基金专项用于引导创业投资机构向初创期科技型中小企业投资。

4. 知识产权质押融资

财政部、工业和信息化部、银监会、国家知识产权局、国家工商行政管理总局、国家版权局《关于加强知识产权质押融资与评估管理 支持中小企业发展的通知》（财企〔2010〕199 号），系统地提出了加强中小企业知识产权质押融资工作的意见和措施。国家知识产权局在 2010 年和 2011 年先后发布了《专利权质押登记办法》和《专利实施许可合同备案办法》，对专利的质押登记和实施许可行为进行了规范。2013 年，中国银监会、国家知识产权局、国家工商行政管理总局、国家版权局共同印发《关于商业银行知识产权质押贷款业务的指导意见》。

5. 专项产业创新发展扶持政策

国家发改委、科技部、农业部等部门组织实施了多项专业技术领域产业化专项工作：①生物育种能力建设与产业化专项。国家发展和改革委员会、财政部、农业部决定自 2012 年起联合组织实施生物育种能力建设与产业化专项，提升我国生物育种产业的持续发展能力。②生物基材料高技术产业化专项。国家发展和改革委员会决定于 2008~2009 年组织实施，主要目标是突破制约生物基材料产业发展的关键技术瓶颈，加速技术成果的产业化进程，构建生物基材料技术与产品标准体系，实现重要生物基材料产品的规模化生产，有效提升我国生物基材料产业的国际竞争力。③新型平板显示器件产业化专项。2008 年国家发展和改革委员会组织实施过该专项，目标是提高自主创新能力，形成我国平板显示器件产业可持续发展能力。④电子专用设备仪器、新型电子元器件及材料产业化专项。2008 年，国家发展和改革委员会组织实施过该专项。

6. 认定软件企业和集成电路企业的政策优惠

国务院先后发布《关于印发鼓励软件产业和集成电路产业发展若干政策的通知》(国发〔2000〕18号)和《国务院关于印发进一步鼓励软件产业和集成电路产业发展若干政策的通知》(国发〔2011〕4号),对软件企业和集成电路企业制定了财税、投融资、研发、进出口、人才、知识产权和市场等多方面的优惠政策。据此,财政部和国家税务总局发布《关于进一步鼓励软件产业和集成电路产业发展企业所得税政策的通知》《关于软件和集成电路企业认定管理有关问题的公告》《关于执行软件企业所得税优惠政策有关问题的公告》《软件企业认定管理办法》等,对软件和集成电路企业的认定和管理以及所享受的优惠政策进行了详细的规定。

7. 实施智能电网重大科技产业化工程

科技部于2012年3月27日印发《智能电网重大科技产业化工程"十二五"专项规划》,总体目标是:突破核心关键技术,形成具有自主知识产权的智能电网技术体系和标准体系,推动我国电网从传统电网向高效、经济、清洁、互动的现代电网的升级和跨越。

8. 节能技术改造财政奖励政策

根据《节约能源法》和《国民经济和社会发展第十二个五年规划纲要》,中央财政将继续安排专项资金,采取"以奖代补"方式,对企业实施节能技术改造给予适当支持和奖励。财政部、国家发改委于2011年6月21日制定了《节能技术改造财政奖励资金管理办法》。

9. 国家文化领域的科技创新

为深入贯彻党的十七届六中全会精神,落实《国家"十二五"时期文化改革发展规划纲要》部署,2012年6月,科技部会同中宣部、财政部、文化部、广电总局、新闻出版总署编制了《国家文化科技创新工程纲要》。该纲要旨在加强文化和科技融合,探索建立文化和科技融合路径,全面提升文化科技创新能力,转变文化产业发展方式,推动文化事业和文化产业更好更快发展,解放和发展文化生产力,不断满足人民群众日益增长的精神文化需求。

10. 加强中央企业知识产权工作

2009年,国资委出台《关于加强中央企业知识产权工作的指导意见》,要求中央企业要努力提高企业核心技术领域的专利实施率,鼓励知识产权成果的资本化运作,推进知识产权成果的广泛应用。提出要将知识产权的拥有量和实施效益作为衡量企业科技进步和经营管理水平的重要依据,并将其作为科技人员、经营管理人员绩效考核、职称评定、职级晋升的重要指标。

六、鼓励人才创新创业

1. 创新人才推进计划

为深入落实《国家中长期人才发展规划纲要（2010—2020年）》，根据中央人才工作协调小组的统一部署，由科技部牵头，会同七部门联合制定了《创新人才推进计划实施方案》。该计划旨在培养具有世界水平的科学家、高水平的科技领军人才和工程师，以及优秀创新团队和创业人才，为提高自主创新能力、建设创新型国家提供有力的人才支撑。该计划的主要任务包括：①培养和支持3000名中青年科技创新人才；②扶持1000名运用自主知识产权或核心技术创新创业的优秀创业人才；③建设500个重点领域创新团队和300个创新人才培养示范基地。

2. 留学人员归国创业

根据《留学人员回国工作"十一五"规划》（国人部发〔2006〕123号），人力资源和社会保障部决定实施中国留学人员回国创业启动支持计划，每年在全国范围内遴选一批创新能力强、发展潜力大、市场前景好的留学回国人员创办的企业，在创办初始启动阶段予以重点支持，以加快其科技成果转化，实现企业快速发展。

3. 高技能人才培养

根据《国家中长期人才发展规划纲要（2010—2020年）》，人力资源和社会保障部、财政部、科技部、教育部、中国科学院实施了专业技术人才知识更新工程，在装备制造、信息、生物技术、新材料、海洋、金融财会、生态环境保护、能源资源、防灾减灾、现代交通运输、农业科技、社会工作等12个重点领域，每年培训100万名高层次、急需紧缺和骨干专业技术人才。

4. 高技能人才享受国务院颁发政府特殊津贴

2008年起，中组部、中宣部、统战部、人事部、原劳动和社会保障部将高技能人才纳入享受国务院颁发的政府特殊津贴人员选拔范围。高技能人才享受国务院颁发的政府特殊津贴的选拔周期、津贴标准、经费来源和发放办法，与享受政府特殊津贴专家相同。

5. 建设国家级专业技术人员继续教育基地

根据《国家中长期人才发展规划纲要（2010—2020年）》和《专业技术人才知识更新工程实施方案》，2013年5月，人力资源和社会保障部制定了《国家级专业技术人员继续教育基地管理办法》。该基地将围绕经济社会发展重点领域和现代服务业领域，每年培训不少于2000名专业技术人才。中央财政按规定为国家级继续教育基地提供一定的专项经费资助,人力资源和社会保障部将为国家级继续教育基地建设提供政策和项目支持。

6. 农业高技能人才培养金蓝领计划

2007年8月,农业部出台《高技能人才培养金蓝领计划试点工作方案》,促进农业技能人才队伍建设与农业农村经济的发展要求相协调。

7. 中央科研设计企业实施期权激励

为贯彻实施《国家中长期科学和技术发展规划纲要(2006—2020年)》,促进中央科研设计企业自主创新和可持续发展,2007年5月,国资委、财政部和科技部制定了《中央科研设计企业实施中长期激励试行办法》。该试行办法提出,通过绩效奖励、技术奖励(分成)等非股权激励方式,以及知识产权折价入股、折价出售股权(股份)、奖励股权(股份)、股票期权、限制性股票等法律、行政法规允许的股权激励方式,对为企业发展做出突出贡献或对企业中长期发展有直接作用的科技人员和从事研发的管理人员实施中长期激励。

8. 中关村国家自主创新示范区企业股权和分红激励实施办法

2010年2月,财政部和科技部出台《中关村示范区企业股权和分红激励实施办法》,提出在示范区内的国有高新技术企业、院所转制企业、高校、科研机构中进行股权和分红权激励改革,对为企业科技成果研发和产业化做出突出贡献的技术人员,以及对企业发展做出突出贡献的经营管理人员实施技术入股、股权奖励、期权、分红权等多种形式的激励。2013年武汉东湖、上海张江示范区和安徽合芜蚌综合试验区都已开展股权激励试点。

9. 中关村国家自主创新示范区有关股权奖励个人所得税试点政策

2010年10月,科技部和国家税务总局出台《中关村科技园区建设国家自主创新示范区有关股权奖励个人所得税试点政策》,提出示范区高新技术企业转化科技成果,以股份或出资比例等股权形式给予本企业相关技术人员的奖励,技术人员可分期缴纳个人所得税。

10. 建立科技特派员制度

2009年5月,科技部、人力资源和社会保障部、农业部、教育部、中宣部、国家林业局、共青团中央、中国银监会联合出台《关于深入开展科技特派员农村科技创业行动的意见》;2013年8月,科技部按照《关于深入开展科技特派员农村科技创业行动的意见》,提出建设科技特派员创业链、创业基地和创业培训基地。

第五节　营造创新发展的市场

一、首台套政策

2008年1月22日，国家发改委、科技部、财政部、国防科工委共同颁布《首台（套）重大技术装备试验、示范项目管理办法》，明确："国家优先审批、核准和安排首台（套）重大技术装备试验、示范项目，国家政策性银行应在自身业务范围内给予信贷支持，国家有关部门优先安排用地审查、优先安排环保评估、优先纳入科技支撑计划。对开发符合规定条件的首台（套）重大技术装备所需进口关键配套部件或系统及原材料，可申请享受专项税收政策。项目单位采购的首台（套）自主创新重大技术装备，符合税法规定加速折旧条件的，允许加速折旧。对首台（套）重大技术装备的成套装备、单台设备、核心部件研制或总成过程中可能出现的风险，实施单位可申请国家给予必要风险补助。"

二、新能源汽车的政府采购和价格补贴

为了全面贯彻落实《国务院关于印发节能与新能源汽车产业发展规划（2012—2020年）的通知》，加快新能源汽车的推广应用，2014年国务院办公厅下发《关于加快新能源汽车推广应用的指导意见》，提出"扩大公共服务领域新能源汽车应用规模。各地区、各有关部门要在公交车、出租车等城市客运以及环卫、物流、机场通勤、公安巡逻等领域加大新能源汽车推广应用力度，制定机动车更新计划，不断提高新能源汽车运营比重。新能源汽车推广应用城市新增或更新车辆中的新能源汽车比例不低于30%"。

2013年，国家财政部、科技部、工信部、发改委共同下发《关于继续开展新能源汽车推广应用工作的通知》，规定"纳入中央财政补贴范围的新能源汽车可享受补助，补助对象是消费者，消费者按销售价格扣减补贴后支付"。2014年7月21国务院办公厅发布的《关于加快新能源汽车推广应用的指导意见》提出新能源汽车免征车辆购置税。北京市等地方政府也制定了相应的补贴政策，如《北京市示范应用新能源小客车财政补助资金管理细则》。

三、对光伏产业的市场营造

1. 分布式光伏发电补贴

国务院于 2013 年发布《关于促进光伏产业健康发展的若干意见》，提出完善电价和补贴政策，对分布式光伏发电实行按照电量补贴的政策。继后国家发改委颁布《关于发挥价格杠杆作用促进光伏产业健康发展的通知》，规定对分布式光伏发电实行按照全电量补贴的政策，分布式光伏发电系统自用有余上网的电量由电网企业按照当地燃煤机组标杆上网电价收购。"对分布式光伏发电系统自用电量免收随电价征收的各类基金和附加，以及系统备用容量费和其他相关并网服务费。"上海市等地方政府也制定了《上海市可再生能源和新能源发展专项资金扶持办法》等政策对分布式光伏发电进行补助。

销售分布式发电余电产品的发电户多是居民业户、非企业性单位，如逐一到税务机关代开普通发票，将会增加发电户销售电力产品的复杂程度，不利于分布式光伏发电项目的推广。因此，为便于国家电网公司所属企业购买电力产品时与发电户之间进行结算，国家税务总局于 2014 年发布《关于国家电网公司购买分布式光伏发电项目电力产品发票开具等有关问题的公告》。

2. 光伏电站标准和规模控制

国务院在 2013 年发布的《关于促进光伏产业健康发展的若干意见》中提出推进标准化体系和检测认证体系建设。国家能源局于 2013 年发布《光伏电站项目管理暂行办法》和《分布式光伏发电项目管理暂行办法》，"实行光伏电池组件、逆变器、控制设备等关键产品检测认证制度，未通过检测认证的产品不准进入市场"。国家认监委、国家能源局于 2014 年 2 月联合发布《关于加强光伏产品检测认证工作的实施意见》，对光伏产品认证的管理工作进行了明确。2014 年国家能源局又下发《关于下达 2014 年光伏发电年度新增建设规模的通知》，对光伏发电实行年度指导规模管理，确定了各地光伏电站和分布式电站的建设规模。

3. 光伏制造行业规范

工业和信息化部根据国务院在 2013 年发布的《关于促进光伏产业健康发展的若干意见》，制定了《光伏制造行业规范条件》和《光伏制造行业规范公告管理暂行办法》，对光伏制造业进行规范。明确提出光伏制造企业应具备的条件，并根据能耗、环境保护、质量管理，以及安全、卫生和社会责任等对新建和改扩建企业及项目产品提出了具体要求，符合条件的企业才能进入。

4. 光伏发电增值税退税政策

为鼓励利用太阳能发电，促进相关产业健康发展，财政部和国家税务总局于 2013 年发布《关于光伏发电增值税政策的通知》，规定"对纳税人销售自产的利用太阳能生产的电力产品实行增值税即征即退 50% 的政策"。

四、对风电产业的市场营造

1. 风电上网电价政策

2009 年，国家发改委下发《关于完善风力发电上网电价政策的通知》，将全国分为四类风能资源区，并制定了相应的风电标杆上网电价。2014 年，国家发改委发布《关于海上风电上网电价政策的通知》，对海上风电上网价格进行了明确。2014 年，国家发改委发布《关于适当调整陆上风电标杆上网电价的通知》，对陆上风电标杆上网电价进行调整。

2. 创造风力发电和光伏发电的市场

2014 年，国家能源局和国家工商行政管理总局发布了《风力发电场并网调度协议（示范文本）》《光伏电站并网调度协议（示范文本）》《风力发电场购售电合同（示范文本）》和《光伏电站购售电合同（示范文本）》，运用政府规制，营造风电和光伏发电市场。

结　束　语

我们对中国创新发展政策的梳理还很初步，因此还谈不上对中国的创新发展政策有全面和深入的认识。而着眼未来，研究和制定推动中国创新发展的政策难度更大。这两个方面都有待于政策研究者们今后的不断努力。